越中・能登・加賀の城郭

切山城

作画：香川元太郎
画像提供：金沢市
一部文字加筆

加賀と越中の国境に築かれた城郭で、前田利家の家臣が治めていた。北陸街道脇道の小原道を監視・掌握するための城である。

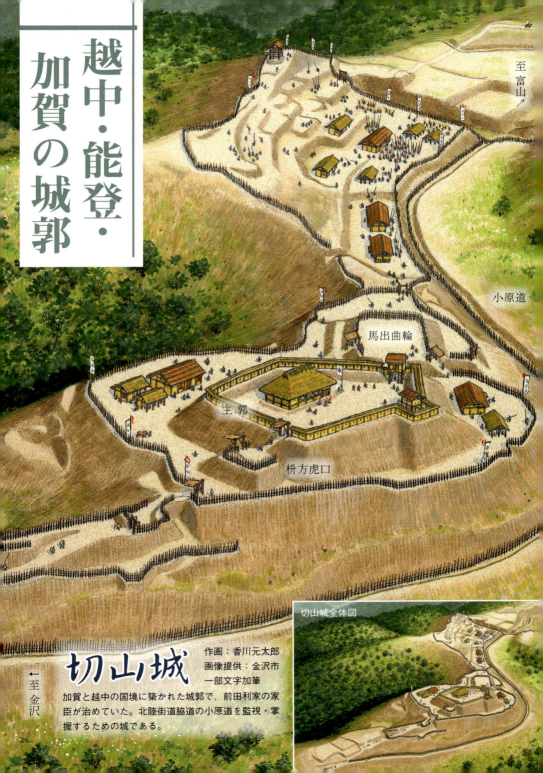

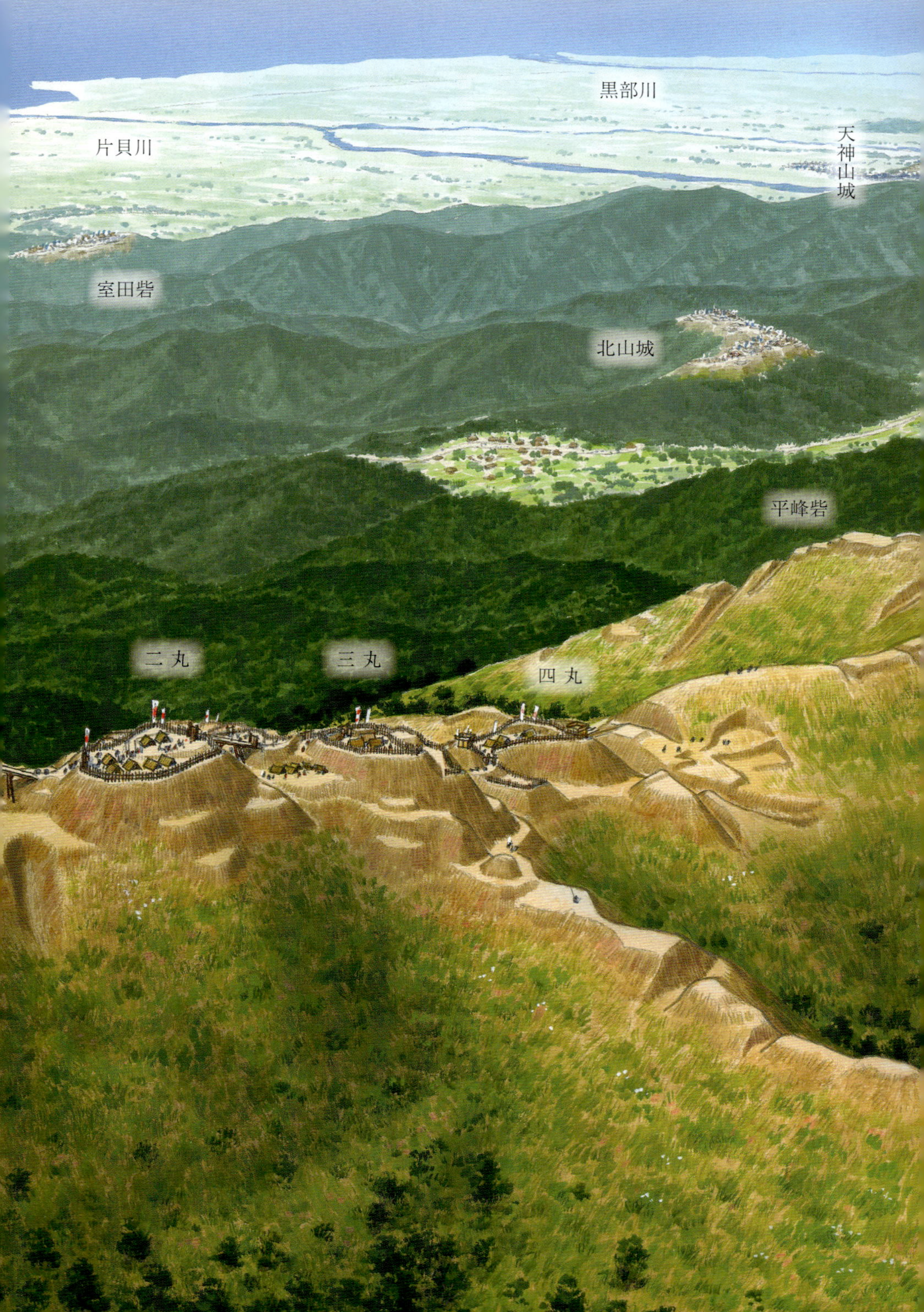
黒部川
片貝川
天神山城
室田砦
北山城
平峰砦
二丸
三丸
四丸

松倉城

作画：香川元太郎
監修：佐伯哲也

越中国新川郡の守護代を務めた椎名氏の居城で、上杉軍の猛攻に5年も耐えた山城だ。椎名氏の降伏後には、越中における上杉軍の最大拠点となる。上杉景勝は織田軍の侵攻に対抗するため改修し、防御力を強化したものの、織田軍の快進撃によって落城してしまった。 初出：『歴史群像』№89 2008年6月号「越中松倉城」一部文字加筆

鐘撞堂
主郭
下町大道
大手道
武家屋敷
城下町

増山城

作画：香川元太郎
砺波市教育委員会蔵
一部文字加筆

砺波平野をほぼ眼下におさめ、城の西側には和田川が流れる富山県内で最大級の山城。越中国婦負・射水二郡の守護代である神保氏の拠点で、上杉軍との激戦を繰り返した城としても知られる。織田軍が進出すると、越中の統一を果たした佐々成政の重要拠点となった。

主郭
桜馬場
調度丸
大手道

七尾城

能登国守護の畠山氏が16世紀前半に築いた城で、全国を代表する山城だ。天正５年に本城を攻略した上杉謙信が「城と山と海が一体化し、島々の風景といい、とても絵像に写すことができない絶景」と感嘆するほどであった。　画像提供：七尾市教育委員会　中心部全景　一部文字加筆

▲紙本著色石動山境内古絵図　石動山区蔵　写真提供：中能登町教育委員会　一部文字加筆　石動山城が防御した天平寺の伽藍を描く

石動山城

魚津城

▼越中魚津町惣絵図（部分）　魚津市立図書館蔵　一部文字加筆　上杉氏の越中統治の最重要拠点であった魚津城の縄張りがわかる貴重な絵図

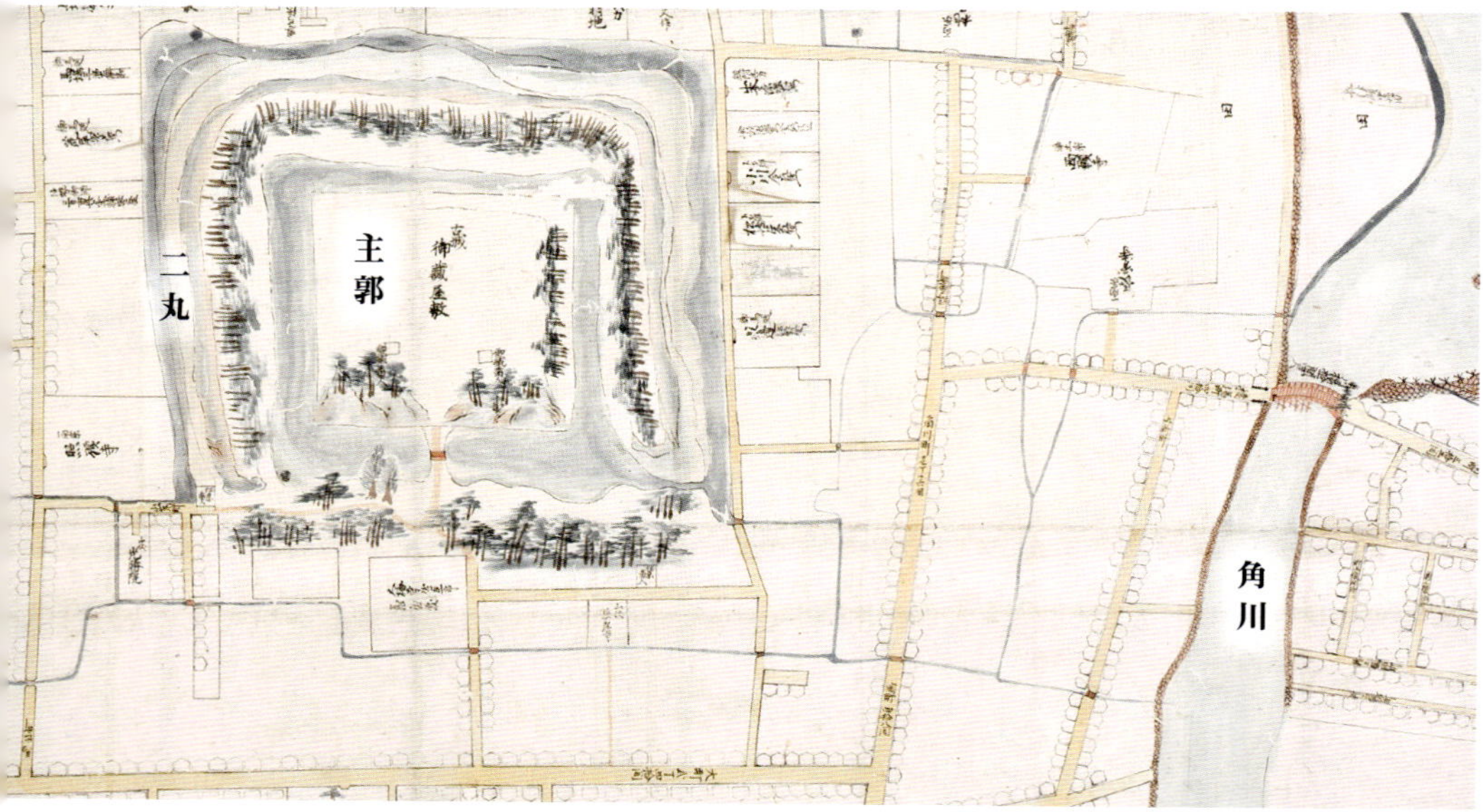

戦国の北陸動乱と城郭

図説 日本の城郭シリーズ 5

佐伯哲也

戎光祥出版

目次

Ⅰ、越中の城郭

Ⅱ、能登の城郭

Ⅲ、加賀の城郭

凡例

編集部

一、本書は、富山県・石川県に遺存する中世城館のうち、上杉・北陸織田軍・一向一揆の戦国時代末期に利用された主要な50城を選び、解説したものである。

一、「越中」（富山県）「能登」「加賀」（ともに石川県）の三部に大別し、さらに各城郭を同一市町村単位で配列した。ただし、都合によって掲載順が前後する場合もある。

一、各城の記事には、①所在地、②別称、③標高・比高、④登城の難易度、の四項目を付した。

一、本書の縄張り図・拡大図は、著者が作成したものである。図面等は紙面の都合により、最も全体を拡大できる配置とし、基本的に北を上とした。

一、図中の主たる曲輪にはA・B・C等、堀切等には①・②・③などの記号を付し、本文の説明もこれに対応させて記述した。これらは単なる説明記号であり、「一の曲輪」「二の曲輪」などを意味するものではなく、Aが主郭を示すとも限らない。

一、本書の掲載写真は、一部を除き著者の撮影によるものである。

一、本書掲載の地図は、国土地理院発行の1／25000地形図（平成二十九年現在）を利用した。

◎本書で扱う史料の名称は、左記の通り省略した。

①「越登加賀三州志故墟考」　加賀藩の歴史学者富田景周が執筆し、寛政十三年（一八〇一）に成立。「故墟考」と略。

②「長家家譜」　特に注記しないかぎり、『新修七尾市史7 七尾城編』（二〇〇六、七尾市）所収のものを使用。

③『新修七尾市史7 七尾城編』（二〇〇六、七尾市）所収の史料は、「七尾城編」第〇章〇〇と略。

④『新修七尾市史3 武士編』（二〇〇一、七尾市）所収の史料は、「武士編」第〇章〇〇と略。

⑤加能史料戦国Ⅰ～XⅣ（一九九八～二〇一六、石川県）所収の史料は、「史料戦国〇〇」と略。

⑥『上越市史別編1上杉氏文書集一』（二〇〇三、上越市）所収の史料は、（文書集一―〇〇〇）と略。
⑦『上越市史別編2上杉氏文書集二』（二〇〇四、上越市）所収の史料は、（文書集二―〇〇〇）と略。
⑧『金沢市史資料編2中世二』（二〇〇三、金沢市）所収の史料は、『金沢市史2』〇〇〇と略。
⑨『金沢市史資料編3近世一』（一九九九、金沢市）所収の史料は、『金沢市史3』〇〇〇と略。
⑩『新修小松市史資料編1小松城』（一九九九、小松市）所収の史料は、『小松市史1』〇〇〇と略。
⑪『新修小松市史資料編4国府と荘園』（二〇〇二、小松市）所収の史料は、『小松市史4』〇〇〇と略。
⑫『富山県史史料編Ⅱ中世』（一九七五、富山県）所収の書状は、（県史中世―〇〇〇）と略。
⑬『富山県史史料編Ⅲ近世上』（一九八〇、富山県）所収の書状は、（県史近世上―〇〇〇）と略。
⑭『高岡市史』（一九五九　高岡市）記載の史料は、（高岡市史〇〇〇頁）と略。
⑮『氷見市史3資料編―古代・中世・近世（一）』（一九八八、氷見市）記載の史料は、（氷見市史―〇〇〇）と略。

越中・能登・加賀の城郭を読む「視点」

はじめに

石川県教育委員会が実施した中世城館悉皆《しっかい》調査で三四三城、富山県教育委員会が実施した悉皆調査で四二五城の中世城郭が報告されている。本書では、このうち石川県から二十六城、富山県から二十四城、合計五十城を選んで解説した。

選抜の基準は、次の通りである。

①知名度／②地域の重要度／③遺構の残存度／④一次史料の有無／⑤意外性

特に拘ったのが、意外性である。意外性があれば、遺構の残存度が悪くても記載した。というのも、意外性のある城郭を紹介すれば、北陸の中世城郭に好奇心を持っていただくことができ、知名度アップに繋がると思ったからである。一人でも多くの城郭ファンに北陸を訪れていただき、停滞しがちな北陸の城郭研究に新風を吹き込みたいと願うからである。

Ⅰ　越中国の城郭

1、概要

富山県は、越中《えっちゅう》一国から構成されている。平安末期、木曽義仲の北陸進攻の際に登場する城郭はわず

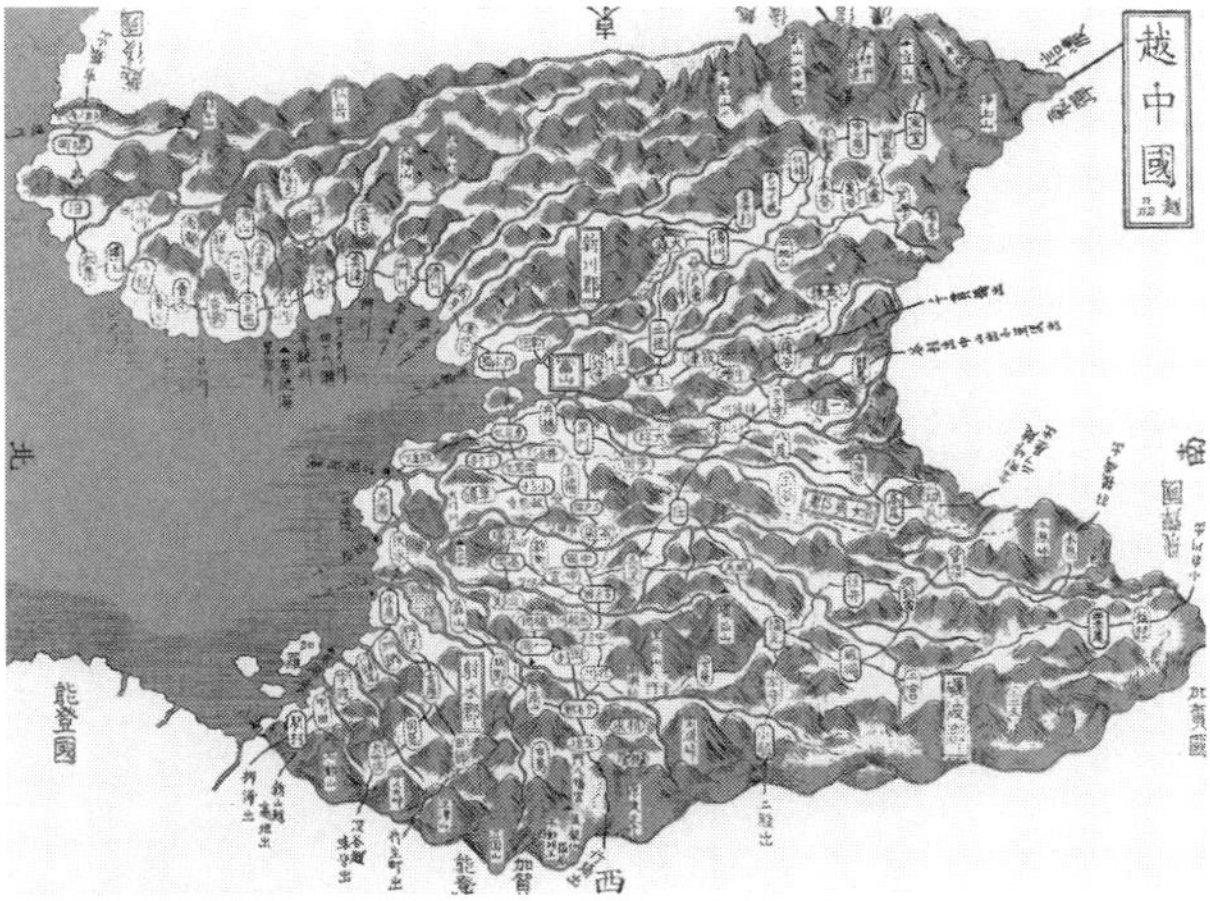

越中国絵図　当社蔵

かながらあるが、内容はほとんど不明だ。また、南北朝期の存在が確認できる城郭も、現存する遺構はすべて戦国期である。このため、戦国期以降の城郭を紹介することにした。

越中の守護は畠山氏である。畠山氏は在京守護だったため、実質的な領国支配は守護代の神保《じんぼ》氏に任せていた。しかし、神保慶宗《よしむね》が反守護行動を見せたため、畠山尚順《ひさのぶ》は隣国の越後《えちご》守護代長尾為景《ためかげ》（上杉謙信の父）に神保氏討伐を依頼した。こうして、越中の戦国時代が始まる。為景は越中に進攻し、永正十七年（一五二〇）、神保慶宗は討ち死にする。このとき、慶宗の居城として登場するのが守山城（本書掲載ナンバー18〈以下同〉）である。守護代の居城の守山城は、すべての意味において越中の要衝であり、それは約八十年後、前田利長《としなが》が守山城を越中西半国統治の拠点としたことからもわかる。

守護・守護代の拠点クラスの城郭には、奇妙な共通点がある。それは、奈良～平安期にかけての遺物が出土していることである。筆者が確認しているだけで、松倉城（4、新川《にいかわ》郡守護代椎名氏）・増山城（19、射水《いみず》・婦負《ねい》郡守護代神保氏）・守山城（射水・婦負郡守護代神保氏）・七尾城（30、能登《のと》守護畠山氏）・一乗谷城（越前《えちぜん》守護代朝倉氏）の五城にのぼる。

おそらくこの五城には、城郭が築かれる以前に古代寺院が存在していたと考えられる。寺院跡に城郭を築くメリットはいくつかあるが、現実的なものとしてライフラインが整備されていたことがあげられる。寺院を維持管理していくのも、城郭を維持管理していくのも、必要とする職人集団にさほど変わりはない。もちろん、道路・交通網も整備されていただろう。つまり、ライフラインが整備されていたからこそ守護・守護代は拠点を置いたし、初期投資に巨費が必要な未開の原野に、拠点は置かないのである。

越中が本格的な戦国期に突入するのは、長尾景虎《かげとら》（上杉謙信）の進攻からだ。神保氏討伐の恩賞として越中新川郡守護代職に就任した為景だが、その死（天文十一年＝一五四二）により神保氏は再興を達成し、さらに新川郡に進攻する。危機感をつのらせた景虎は、永禄三年（一五六〇）三月に越中へ進攻し、神保長職《ながもと》の居城、富山城（富山市）・増山城をあっという間に攻め落とす。簡単に神保討伐は終了するが、景虎の越後帰国後、すぐに増山城は長職によって奪還される。景虎の領国統治の拙さを早くも露見させる格好となった。

上杉謙信画像　個人蔵

ちなみに、増山城は神保氏の後に上杉氏・佐々《さっさ》氏・前田氏が重要拠点として利用し、富山城は富山藩一〇万石の居城として利用される。重要拠点は、支配者が変わっても同様に利用され続けるのである。

上杉謙信の越中統一戦で最大の難敵となったのが、越中一向一揆である。元亀年間には、すでに鉄砲を主力武器として戦場に投入しており、それはおそらく、本願寺から支給されていたのであろう。上杉氏も元亀年間には鉄砲を使用しており、元亀三年（一五七二）の日宮・富山城攻防戦で両軍とも大量に投入している。ちなみに、越中で鉄砲の使用が確認できるのは、上杉・一向一揆のみである。このことが、城郭が鉄砲戦対応の構造（例えば石垣の普及）に変化しなかった理由の一つといえよう。

永禄五年（一五六二）、神保長職を完全に屈服させたことで、謙信の越中統一は早急に完成すると思われた。しかし反乱が相次ぎ、天正四年（一五七六）にようやく統一している。実に、十六年間も費やしており、しかも、謙信が死去する二年前のことである。半生を費やして統一したと言ってよい。おそらく、

佐々成政が雪中の強行軍を強いられたことで名高い「更々越之雪」 個人蔵

織田信長画像　長興寺蔵・豊田市郷土資料館画像提供

領国経営は安定せず、戦費の調達も不安定な状況の結果、勝ち戦であっても恩賞は少なく、不満を抱く武将も少なからずいた。それでも連戦連勝できたのは、上杉謙信というカリスマ的、軍事的天才がいたからにほかならない。

天正六年三月十三日に謙信が死去すると、織田信長はすばやく対応し、四月七日に神保長職の嫡男長住《ながすみ》を二条城へ呼び出し、越中進攻の先発隊長を命じている。信長は、「越中守護代の嫡系」という室町幕府体制の権威を最大限に利用したのである。織田軍の越中制圧は上杉家の内乱もあって順調に進み、天正十年には神保氏の権威を借りなくても制圧できるメドがついた。この結果、神保長住は越中を追放される。つまり、利用価値がなくなった結果、捨てられたわけである。このようなことを、いとも簡単にやってのける信長は、やはりわれわれ凡人をはるかに超越した天才なのであろう。

神保長住の越中追放後、越中一国の主となったのが織田信長の家臣・佐々成政《なりまさ》である。天正十年六月二日の本能寺の変や、天正十一年四月の賤ケ嶽《しずがたけ》合戦があったものの、天正十一年六月から七月に越中を統一する。成政の絶頂期はこの頃で、翌十二年の小牧長久手合戦では徳川家康方に付いたため、加賀の前田利家と越後の上杉景勝から挟撃されてしまう。そして天正十三年八月、豊臣秀吉の佐々討伐により、成政は降伏する。

これにより越中の戦国時代が終結し、平和が訪れたと考えるのは誤りである。それもそうであろう。昨日まで殺人戦争を繰り広げていた前田・佐々・上杉氏である。成政が降伏したからといって、恨みまで一挙に解消するはずがない。特に、前田氏は新領土として佐々氏の旧領を与えられている。見方を変えれば、昨日まで敵地だった土地に、ポツンと取り残された形になったわけである。成政は大した抵抗もなく降伏しているため、佐々軍はほとんど無傷のまま温存されていた。つまり豊臣軍帰坂後、新領土に孤立（?）している前田軍めがけて、佐々軍が攻勢に出てくる可能性もあったわけである。

新領土（越中西半国）に取り残された前田軍の恐怖心は尋常ではなく、佐々軍への反撃の対策を取り始める。まず、領国経営の拠点を天然の要害が期待できる山城の守山城に置いた。そして佐々軍を監視するために、やはり山上に位置する白鳥城（12、富山市）を大改修し、山麓には近世城郭に匹敵するほどの大城郭・大峪《おおがけ》城を新築した。

このような前田氏の佐々対策からみても、平和な世が訪れたことは微塵も感じられず、山城を必要とする乱世が続いたことを物語っている。越中にほんとうの平和が訪れるのは、天正十五年、佐々成政の肥後《ひご》転封後であった。それでも前田氏は、細々とながら山城を使用し続ける。これらがすべて廃城となるのは、慶長五年（一六〇〇）、関ヶ原合戦前後のことである。

広瀬城（岐阜県高山市国府町）の畝状空堀群

2、各城郭の紹介

①上杉氏の城郭……越中における上杉氏最大の拠点は魚津城（6、魚津市）で、軍事拠点は松倉城（魚津市）、越中と越後を繋ぐ中継地として宮崎城（1、朝日町）を使用した。上杉氏はこの三城を最も重視していたが、天正十一年（一五八三）まで使用していたため、現存する遺構の大部分は上杉景勝によって改修されている。景勝による改修は、防御に重点を置いた抜本的な大改修であった。おそらく、謙信時代は籠城して敵軍から攻撃されるような機会はあまりなかったのであろう。それが景勝時代になると、織田

井波城の水堀跡

軍から激しい攻撃を受け、少数でも耐えうる城郭に改修する必要があった。越中西部の拠点・増山城には、大規模な内堀・外堀ラインが残る。これらは佐々成政の改修とされてきたが、畝状空堀群《うねじょうからぼりぐん》とセットで使用しているため、景勝時代の改修だろう。上杉軍の逼迫した状況を如実に物語る縄張りなのだ。

畝状空堀群の構築者は、ほぼ上杉氏に限定できそうである。その用法は、越中最大の軍事拠点だった松倉城に使用せず、地方の城郭に用いている。これは、春日山城（新潟県）に畝状空堀群を設けていないのと共通した用例といえる。

②一向一揆の城郭……越中で一向一揆を無視することはできない。しかし、一向一揆を下支えしていたのは在地の領主で、その城郭は基本的には在地領主の城郭と同じ構造である。ただし、拠点クラスは別である。越中一向一揆の触頭《ふれがしら》だった瑞泉寺は、井波城（20、南砺《なんと》市）を築城する。曲輪の塁線に土塁を巡らすが、その規模は巨大なもので、折れや櫓台まで構築している。これは山科本願寺（京都府）の構造と酷似する。もちろん、井波城は織豊系武将による部分的な改修も認められるが、基本的な構造は瑞泉寺と考えてよい。加賀一向一揆の拠点・金沢御堂（42、金沢城）は遺構を残さないので、井波城の遺構は実に貴重だ。

③在地領主の城郭……戦国大名クラスまで発達した領主が存在しないため、おおむね小規模かつ単純な構造である。ただし、天正十一年まで存在していた土肥《どひ》氏の千石山城（7、上市《かみいち》町）や、天正十三年まで存続していた狩野氏の飯久保城（26、氷見《ひみ》市）は、虎《こ》口《ぐち》を枡形《ますがた》虎口にまで発達させている。在地領主単独での発展過程を見ることができる、貴重な遺構である。この中で、ひときわ異彩を放つのが大道城（15、富山市）だ。中途半端に発達した縄張りの構築者は在地領主とも違うし、織豊系武将でもなさそうである。そこで筆者は、上杉氏の技術指導による在地領主の構築とする。この妙案（？）の賛否

森寺城の主郭Ａ石垣

もさることながら、なぜ、山奥かつ高所に城郭を築城しなければならないのか、考えさせられることが多い城である。

④織豊系城郭……慶長年間まで存続した城郭は意外に多いが、遺構まで織豊系城郭に改修されているものは少ない。遺構を残すのは、富山城・高岡城などの近世城郭を除けば、森寺城（24、氷見市）・海老瀬城（25、氷見市）・今石動《いまいするぎ》城（小矢部《おやべ》市）・松根城（22、小矢部市）・一乗寺城（21、小矢部市）・守山城・白鳥城の七城のみである。さらに森寺城と守山城を除けば、極度に軍事的緊張が高まった地域に築かれた城郭で、織豊系武将は極めて限定的な地域に、限定的な理由でしか城郭を改修（築城）しなかった。別の言い方をすれば、ほとんどの城郭を改修もせずに、そのまま使用していたわけだ。特に石垣のスペシャリストでありながら、石垣を導入したのは前述の森寺城と守山城のみである。これは織豊系城郭の用法を考える上で、重要な事実となるだろう。ちなみに、森寺城の主郭虎口を固める石垣は圧巻である。ぜひ一度、訪城されることをお勧めする。

織豊系城郭で上杉氏や在地領主の城郭と決定的に違うのが、従郭に対する主郭からの求心力が非常に強いことである。縄張りを見れば一目瞭然だが、敵軍は従郭を制圧しなければ主郭に到達できない仕組みである。つまり、従郭は主郭の犠牲になっているわけで、従郭の城兵たちは城主のために戦死することになる。これは縄張りもさることながら、籠城側の権力構造も根本的に変えなければならず、絶対的な権力を与えられた独裁城主の誕生が必要となる。守護・守護代の権力構造は領主連合体の盟主のような存在で、主郭と従郭はほとんど身分差を感じさせない縄張りである。主郭からの求心力は、ほとんどうかがえない。このように、織豊政権はそれまでの旧態依然とした権力構造そのものを変化させることに成功し、その結果、求心力の強い主郭を持つ城が築けたのである。

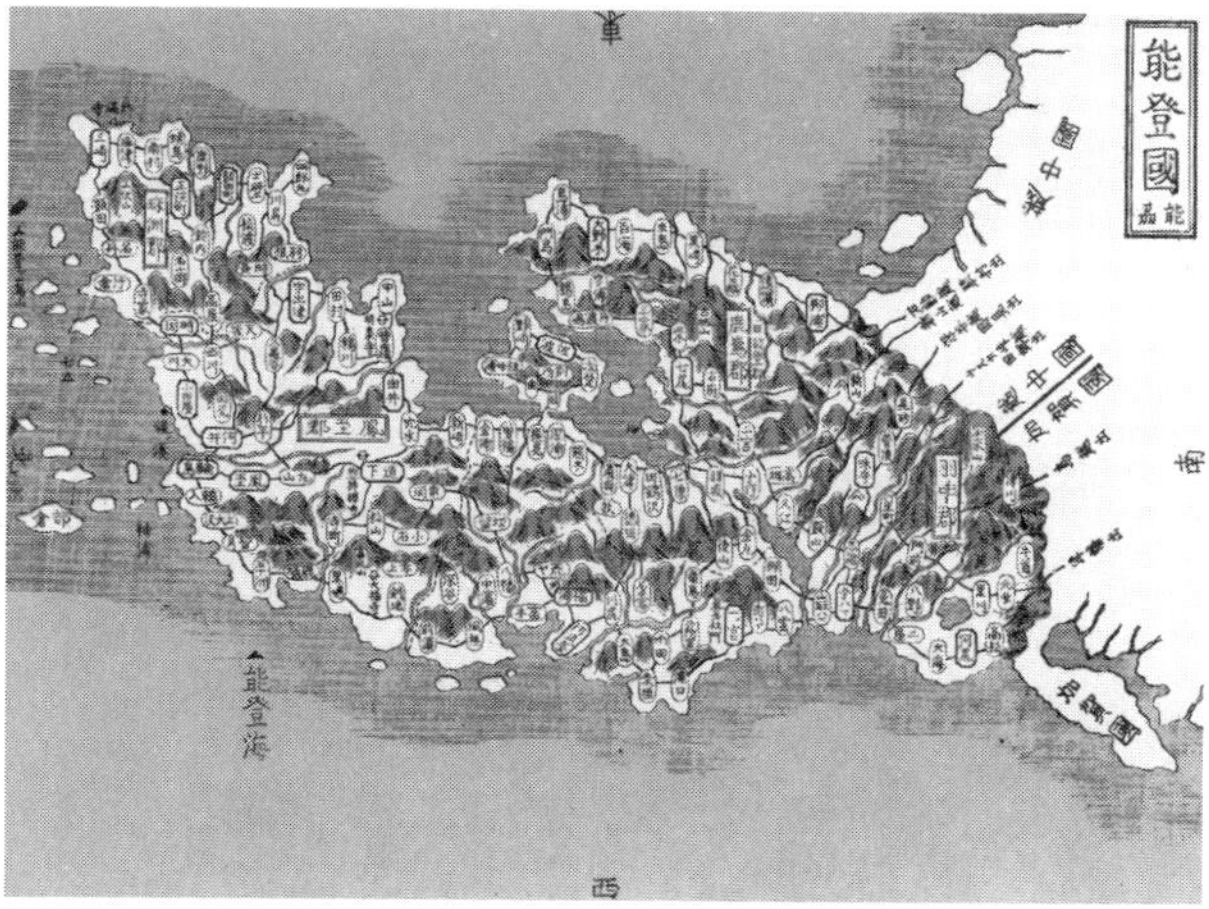

能登国絵図　当社蔵

Ⅱ　能登国の城郭

1、概要

南北に細長い石川県は、北半分（およそ能登半島）が能登国、南半分が加賀《かが》国となる。能登国の中世は、ほぼ、能登守護の畠山氏によって支配された。

多くの守護大名が没落していく中で、能登畠山氏は在国守護ではなかったため、応仁の乱の被害を受けることもなく、能登において安定的な政権を継続していた。応仁の乱を逃れた京都の文化人たちが畠山氏を頼って下っており、「畠山文化」とよばれる京風の文化も開花した。

能登畠山氏の居城・七尾城（30、七尾市）は、少なくとも一六世紀第二四半期までに、軍事・居住の両施設を整えた畠山氏の拠点城郭として機能していた。天文十四年（一五四五）に義総《よしふさ》が死去すると、畠山氏の権力は弱体化し、天文二十年頃には畠山重臣七名からなる「畠山七人衆」が領国支配の実権を握る。九代畠山義綱《よしつな》は実権を取り戻そうとするが、かえって重臣たちの反感を買い、永禄九年（一五六六）に父義続《よしつぐ》とともに能登を追放されてしまう。

以後、七尾城と能登国の支配は畠山氏重臣たち、特に長《ちょう》氏が実権を握るようになる。天正四年（一五七六）十二月から天正五年九月までの上杉謙信による第一次・第二次七尾城攻めにおいて、七尾城の実質的な城主も長氏だった。このため、九月十五日の七尾落城後、謙信は長一族を徹底的に処刑して

前田利家肖像模本　東京大学史料編纂所蔵

いる。天正六年三月、謙信が死去すると、能登上杉政権は急速に弱体化する。謙信の代官で、実質的な七尾城主だった鯵坂長実《あじさかながざね》は、畠山旧臣たちから七尾城を追放された。上杉氏の七尾城支配は、わずか二年しか続かなかったのである。

畠山旧臣たちによる一時的な七尾城支配時代もあったが、次の城主は織田信長の家臣・前田利家である。従来は、不便な山城である七尾城を廃して、港湾施設も整えた小丸《こまる》城（七尾市）に入ったとされていた。しかし、小丸山築城は天正十七年頃であり、利家やその妻子が入城したのは七尾城である。さらに、天正十一年、利家の金沢城移転後も七尾城は使用されるが、このことは織豊系大名の拠点選定方法について、重要なヒントをもたらしてくれる。

隣国の越中国主・佐々成政が天正十三年に降伏しても、七尾城はなおも使用される。廃城になるのは、天正十五年の成政肥後転封後であろう。そして天正十七年頃に、平城である小丸城の築城が開始される。軍事的緊張が解消され、平和な時代が訪れたことを物語る。おそらく、この時点で中世の城郭もほとんどが廃城になったのであろう。

2、各城郭の紹介

①上杉氏の城郭……上杉氏の能登支配は、わずか二年間だ。したがって、上杉氏の城郭は少ない。その中で、上杉謙信段階の遺構を残すのが、天正五年（一五七七）に謙信の家臣・飯田《いいだ》長家が奥能登支配の拠点として築城した飯田城（27、珠洲《すず》市）である。上杉氏城郭に多い櫛の歯状畝状空堀群を巡らせているが、虎口は明確でなく、古式の様相を示す。奥能登という位置的条件が幸いして後世の改修を受けず、謙信

紙本著色石動山境内古絵図　石動山区蔵　写真提供：中能登町教育委員会

段階の遺構を残している。謙信最終段階の遺構は富山・石川両県でもほとんど残っておらず、貴重な存在だ。

②水軍の城郭……海国能登で忘れてならないのは、水軍の城郭である。甲山城（29、穴水《あなみず》町）は、上杉水軍が在城していたことが一次史料によって判明する。水軍は、遠く離れた本国越後と能登を繋ぐ情報伝達の役割や、大量の物資・弾薬・兵員を運搬する輸送手段として重要な役割を果たしたことだろう。甲山城が貴重なのは、城郭遺構の残存度が良好なことに加え、水軍城郭にとって必要不可欠な舟入《ふないり》（内海となっている港湾施設）もセットで残存している点だ。能登半島には、舟入を備えた水軍城郭が多く存在していたと考えられるが、その後の開発で破壊されてしまい、良好な形で残るのは甲山城しかない。末永く保存されることを切に希望する。

③山岳寺院の城郭……一向一揆勢力は、能登にはほとんど存在しなかった。その代わり、石動山天平寺《せきどうさんてんぴょうじ》という山岳寺院勢力が存在していた。天平寺は最盛期には寺領七万石を有したといわれ、北陸でも屈指の宗教武装集団である。石動山のほぼ頂上には石動《せきどう》山《さん》城（32、中能登町）があり、天平寺の伽藍を防御している。

石動山七口と呼ばれる登拝道が七本あり、注目は、そこに築かれた城郭である。登拝道を完全に封鎖するように堀切などを二重・三重に巡らし、稚拙ながらも枡形虎口まで構築している。山外方向に対する防御は鉄壁だが、山内に対してはほとんど防御施設を設けない。つまり、登拝道を攻め上る敵軍に対抗するためだけに構築された、関所のような城郭である。天正十年六月、本能寺の変で織田政権が動揺すると、天平寺はその混乱に乗じて上杉氏・畠山旧臣と組み、能登一国を前田利家から奪い返そうとした。おそらく、このときに天平寺が構築したと考えていいだろう。山岳寺院なら

七尾城桜馬場西斜面石垣

ではの、登拝道を死守するための城郭として注目したい。

④能登畠山氏の城郭……全国の五大山城に数えられる七尾城は、能登守護畠山氏代々の居城である。一次史料から城内に居住施設が存在し、さらに山頂に壮麗な御殿が存在していたことも判明している。これをもって、山頂に畠山氏の私的な居住施設があったと推定する説もあるが、特別な行事（連歌会等）だけに使用する迎賓館《げいひんかん》のような施設だった可能性もあり、いまだ断定はできない。

　天正九年、前田利家の入城によって石垣が構築された。本丸から三之丸に残る石垣は利家期のものと考えられる。特に、本丸大手虎口は安土城（滋賀県）、三之丸虎口は笑路《わろうじ》城（京都府）との類似性があり、天正九年の利家による改修を裏付けている。一方、一城別郭のように聳え立つ長屋敷は、利家期の整備範囲外だったのであろう。そこにも稚拙な石垣や枡形虎口が残ることから、畠山氏・上杉氏（景勝）時代には、すでに石垣や枡形虎口を導入していたことがわかる。であれば、温井《ぬくい》屋敷に残る九尺石《きゅうしゃくいし》の構築者は、従来は前田利家とされていたが、畠山氏時代でも問題がないことになる。

⑤在地領主の城郭……在地領主の城郭は小規模かつ単純な構造が多いが、その中で鉈打郷《なたうちごう》を代々支配してきた国分《こくぶ》氏の居城・西谷内城（31、七尾市）は、独自に進化させた縄張りとして興味深い。城はなだらかな丘陵上に選地しており、天然の要害は期待できない。したがって、人工的な防御施設が必要となる。石川県内の中世城郭で、水堀が残るのは西谷内城のみである。さらに、虎口は平虎口だが塁線からの横矢が掛かり、しかも横矢掛け箇所に櫓台まで備えている。こうした縄張りは、織豊政権が進攻する以前の天正四年から五年に国分氏が構築したものだろう。在地領主の独自の進化を見ることができる、貴重な城郭だ。

⑥織豊系城郭……七尾城以外に、織豊系城郭の遺構を残す城郭も、また、慶長年間まで存続した城郭も皆無である。これは、能登国のほとんどが能登半島という隔絶された地域ということに起因しているのかもしれない。天正十二年から十三年に発生した前田利家と佐々成政の加越国境紛争は、能越国境にも波及した。このときに、石動山城や荒山城（33、中能登町）・勝山城（中能登町）を利家や成政が利用したことが一次史料でも確認できるが、改修は認められない。この点、加越国境の城郭とは決定的に違う。単に戦闘が発生したからといって、織豊系武将は城郭を改修しないのである。

天正十二年、末森合戦の舞台となったのが末森城（34、宝達志水町《ほうだつしみず》）である。たしかに巨大城郭だが、織豊系城郭の要素は主郭周辺にわずかに見られるだけで、基本的には在地領主の城郭である。加賀・能登を繋ぐ要衝の城郭でありながら、さらに隣国成政との戦闘中でありながら、利家は改修もせずに使用していた。やはり、両氏の主眼は加越国境に向けられており、成政はその隙を突いて末森城を攻めたと言えよう。

Ⅲ　加賀国の城郭

1、概要

石川県の南半分は加賀国である。ここでは長享二年（一四八八）六月に、加賀守護富樫政親《とがしまさちか》が籠城する高尾城（41、金沢市）を加賀一向一揆が攻める、いわゆる長享一揆が発生している。

善戦むなしく高尾城は落城し、政親は戦死する。これにより守護体制が崩壊し、「百姓ノ持タル国」と言われる百姓共和制国が誕生したという。しかし、加賀守護職はその後も富樫一族に引き継がれた。つま

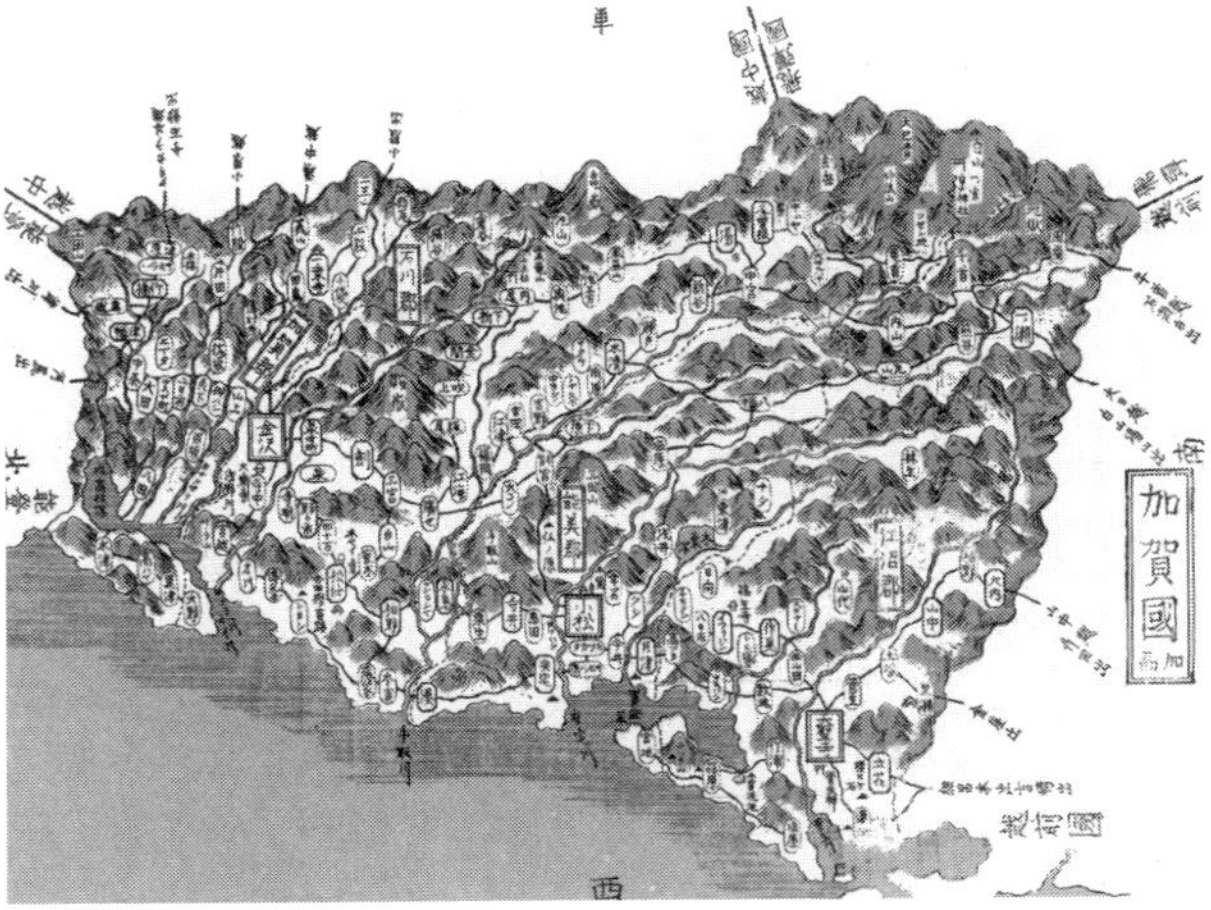

加賀国絵図　当社蔵

り、室町幕府体制によって加賀国は支配され続けるのである。また、加賀一向一揆の拠点・金沢御堂が天文十五年（一五四六）に建立されると、加賀一向一揆の支配層である御堂衆や、本願寺から派遣された内衆が加賀国を支配する。百姓共和国など、どこにも存在しなかったのである。

加賀国内で大規模な戦闘が発生するなか、現存する遺構が構築されたのは、一六世紀中頃から始まった越前朝倉氏と加賀一向一揆の戦いからである。この戦いの中で、大聖寺城（50）・日谷城（49）・柏野城・松山城・黒谷城（以上、すべて加賀市）の名が見える。両者の戦いは一進一退の攻防を見せていたが、永禄十年（一五六七）、足利義昭の仲介により和睦する。天正三年（一五七五）、越前全土が織田軍に制圧されると、その先鋒隊は南加賀にまで進攻している。以後、天正十年まで続く織田軍との攻防の始まりである。加賀一向一揆は単独では織田軍に対抗できないため、長年の恨みを捨てて上杉謙信と同盟を結ぶ。当然、それは越中一向一揆とも手を結ぶことになり、謙信にとって越中経営の安定化にも繋がった。在地勢力の反乱に苦しんでいた謙信にとって、願ったりかなったりであった。

当初は、天正五年の湊川《みなとがわ》の戦いで織田軍を撃破していた上杉謙信だが、天正六年三月に死去してしまい、加賀一向一揆は窮地に追い込まれる。さらに当時の加賀一向一揆は、一向一揆の支配層である御堂衆と本願寺から派遣された内衆が内部闘争を繰り広げており、とても磐石といえる内容ではなかった。

著しい内部矛盾を抱える一向一揆は、高尾城や堅田城（39、金沢市）などを構築して抵抗するものの、天正八年には織田軍の進攻を簡単に許し、同年四月、一向一揆の拠点・金沢御堂（42）は陥落する。生き

戦旗　石山合戦キハタ組　長善寺蔵

残った一向一揆の指導者たちは、同年十一月、舟岡山城（43、白山市）・鳥越城（44、白山市）・虚空蔵山城（46、能美市）・波佐谷城（47、小松市）・松山城・日谷城に籠城して軍事行動を開始する。しかし、これも十一月中には鎮圧され、指導者の首は安土城下に晒されている。完全に鎮圧されたかに見えた加賀一向一揆だが、白山山内地域に蟠居する一揆だけは別で、天正九年三月、天正十年二月に鳥越城を織田軍から奪還している。これも束の間、天正十年三月には再度織田軍に奪還され、山内衆数百人が磔にされて、加賀一向一揆は完全に滅亡する。

天正十一年、北加賀（河北郡《かほく》・石川郡）を与えられた前田利家は金沢城に居城し、鷹ノ巣城（40、金沢市）や舟岡山城といった支城も整備する。舟岡山城は当時、丹羽氏との領地境にあった城郭で、石垣で完全武装している。同じ豊臣政権大名といえども、領地境の軍事的緊張はわれわれが想像する以上に高かったのである。

南加賀（能美郡《のみ》・江沼郡《えぬま》）は丹羽氏・溝口氏・山口氏といった小大名の領地であり、慶長五年（一六〇〇）の関ヶ原合戦後に前田領となった。江沼郡に位置する大聖寺城は、天正十一年から慶長二年まで溝口秀勝の居城として使用された。近年、絵図の発見により、大聖寺城の山麓居館は聚楽《じゅらく》第《てい》型城郭だったことが判明した。また、天正十一年に前田利長が居城した松任城（松任市）や、天正十六年に金森長近が築城した増島城（岐阜県飛騨《ひだ》市）も聚楽第型城郭だったことが判明している。いずれも豊臣政権創設期の直臣大名の居城であり、豊臣政権による大名統治政策の一端がうかがえて興味深い。

加賀国では、慶長五年の関ヶ原合戦以降も存続した中世城郭は大聖寺城しかない。その意味で、慶長五年をもって中世城郭はほぼ廃城になったと言えよう。

2、各城郭の紹介

①加賀一向一揆の城郭……加賀において一向一揆の存在は、あまりにも有名である。しかし、一向一揆を下支えしていたのは在地領主であり、一向一揆の城郭は基本的には在地領主の城郭と同じ構造になる。天正八年（一五八〇）、加賀一向一揆が在城したことが確実な虚空蔵山城・波佐谷城・日谷城は、在地領主の城郭と変わることはない。ただし、一向一揆の拠点クラスは別である。一向一揆の拠点の一つである鳥越弘願寺（36、津幡《つばた》町）には、巨大な土塁が残る。さらに、折れや張り出しなど山科本願寺の構造と酷似していることから、本願寺の指導により構築されたと考えられる。加賀一向一揆の拠点・金沢御堂（金沢城）は遺構を残さないので、鳥越弘願寺は実に貴重な遺構である。

②在地領主の城郭……虚空蔵山城・波佐谷城は、天正八年に一向一揆の指導者たちが籠城しているが、指導者は在地領主のため、城郭も純然たる在地領主の城郭である。天正八年に改修されているため、両城の縄張りはハイレベルだ。塁線土塁と横堀がセットになった防御ラインで曲輪を固め、虎口は櫓台を設けて防御力を増強し、波佐谷城は横矢が掛かる構造である。稚拙だが、一部石垣も構築している。防御施設のみに注目すれば、在地領主もハイレベルな技術を保有していた。しかし、主郭と従郭の関係は希薄で、主郭からの求心力は従郭にほとんど及ばない。つまり、縄張り全体として連動しておらず、各個撃破されて簡単に落城してしまう。ここが織豊系城郭と決定的に違う点だ。

③織豊系城郭……天正八年から十年にかけて、鳥越城攻防戦での城郭が挙げられる。普通、鳥越城に視線が集まるが、鳥越城を攻めた織田軍の陣城にも着目してほしい。岩倉城（48、小松市）・岩淵城・小山城・

覆山砦が該当し、本書では岩倉城を紹介した。岩倉城はすべての曲輪を塁線土塁で固め、強い求心力によって主郭と従郭が繋がり、歯車のように連動する、見事な織豊系城郭だ。さらに、城兵たちが駐屯する平坦面にも土塁を巡らして、防御力を持たせている点は、岩淵城も同様である。しかし、賤ヶ嶽合戦の城塞群に見られる城兵たちの平坦地には土塁が設けられておらず、無防備のままである。

なぜ、岩倉・岩淵城は城兵たちが駐屯する平坦面にまで土塁を設けたのか。これは、単純に一揆軍の反撃が怖かったからだろう。それもゲリラ戦のような反撃で、いつ寝込みを襲われるかわからない恐怖と、織田軍は戦っていたのである。圧倒的優位だったはずの織田軍が、二度も鳥越城を一揆軍に奪還されている。その恐怖心が、土塁を構築させたのであろう。

天正十一年、北加賀を与えられた前田利家は、金沢城の支城として舟岡山城を大改修する。舟岡山城は領地境を固める城として、そして相対する領主（丹羽《にわ》氏）に前田家の権威を示すため、必要以上の大城郭にする必要があった。結果、舟岡山城の主要曲輪群は総石垣造りとなり、高さ一〇メートルに及ぶ高石垣が出現した。現在、これほど見事な石垣を残す中世城郭は、石川県では七尾城と舟岡山城だけである。さらに、富山・石川・福井県を見渡しても稀な事例だ。ぜひ一度、訪城されることをお勧めする。城主には、前田一門の高畠定吉《たかばたけさだよし》（一五〇〇〇石）が置かれる。おそらく、領地境ということもあって、丹羽氏とさまざまな問題が発生していたのだろう。このため、前田家を代表できる大身の家臣を置く必要があった。舟岡山城は、対外的には前田家の「顔」だったと言えよう。

＊　＊　＊

なお、本書掲載の城郭について、時代的な流れを理解するため、合戦・城郭の略年表を掲載した。一読されてから本文に進むことをお勧めする。

年号	西暦	事蹟
応永十五年	一四〇八	能登守護畠山氏誕生。このとき**七尾城**築城か。
長享二年	一四八八	六月七日、加賀一向一揆、加賀守護富樫政親の居城**高尾城**を攻撃。六月九日、高尾城落城。政親戦死。
永正十七年	一五二〇	十二月二十一日、越後守護代長尾為景、越中守護代神保慶宗を攻め、慶宗戦死する。慶宗の居城**守山城**も落城。
天文十三年	一五四四	三月、京都東福寺の僧彭叔守仙が、能登畠山氏重臣温井総貞の求めに応じて『独楽亭記』一巻を著し、その中で**七尾城**主郭（山頂）に壮麗な御殿が存在していることを記載する。
天文十五年	一五四六	加賀一向一揆の拠点、**金沢御堂（金沢城）**完成。
弘治元年	一五五五	七月、朝倉宗滴、南加賀に進攻。一揆方の**大聖寺城・日谷城**を攻め落とす。
永禄三年	一五六〇	三月、長尾景虎（上杉謙信）、神保長職の居城**富山城**、ついで四月、**増山城**を攻め落とす。七月頃、長職増山城を奪還。
永禄五年	一五六二	七月、長尾景虎、越中に再征。これにより神保長職降伏。
永禄九年	一五六六	七月、能登畠山氏、重臣たちにより能登を追われる。以後、**七尾城**は重臣たちにより支配される。
永禄十年	一五六七	越前朝倉氏、足利義昭の仲介により加賀一向一揆と和睦。和睦の条件として、一向一揆は**柏野城・松山城**を破却、朝倉氏は**黒谷城・日谷城・大聖寺城**を破却。
永禄十一年	一五六八	**松倉城**主椎名康胤、上杉謙信に反旗を翻し、武田方に付く。神保氏旧臣寺島職定が同調し、**池田城**に籠城。この頃、飛騨の国人江馬輝盛、**中地山城**築城か。
元亀元年	一五七〇	飛騨の国人三木良頼、上杉謙信より**樫ノ木城**の守備を命ぜられる。
元亀三年	一五七二	五月、加賀一向一揆越中に進攻。**日宮・白鳥・富山城**を攻め落とす。九月末、上杉謙信が富山城を奪い返す。

元亀四年	一五七三	一月、椎名康胤、上杉謙信に降伏。これにより、**松倉城**は越中における上杉氏の拠点となる。同じ頃、寺島職定も降伏したと考えられる。五月、謙信、**宮崎城**将に守備に関する詳細な指示を与える。
天正三年	一五七五	織田信長軍、南加賀に進攻。**大聖寺城**・**日谷城**を攻め落とす。
天正四年	一五七六	九月、上杉謙信、**増山城**・**栂尾城**・**森寺城**を攻略し越中を統一。十二月、石動山城を本陣として**七尾城**攻めを開始。
天正五年	一五七七	九月十五日、上杉謙信、**七尾城**を攻略。九月二十三日、謙信、**湊川の合戦**で織田軍を撃破。
天正六年	一五七八	三月十三日、上杉謙信死去。四月、織田軍先発隊が神保長住の越中に進攻。
天正七年	一五七九	八月頃、七尾城代の鯵坂長実、畠山旧臣たちにより**七尾城**を追われる。これにより上杉氏の七尾城支配終了。
天正八年	一五八〇	四月、柴田勝家を主将とする織田軍加賀に進攻。加賀一向一揆の拠点金沢御堂陥落。十一月、生き残った一向一揆の指導者たちは、**舟岡山城**・**鳥越城**・**虚空蔵山城**・**波佐谷城**・**松山城**・**日谷城**に籠城して軍事活動を開始。しかし、これも十一月中には鎮圧され、指導者の首は安土城下に晒される。
天正九年	一五八一	三月、菅屋長頼が織田信長の代官として**七尾城**に赴任。このとき、**森寺城**を大改修したか。同月、加賀一向一揆（白山山内衆）**鳥越城**を奪還。同月、佐久間盛政が鳥越城を山内衆から奪い返す。五月、上杉氏、織田軍の攻撃に耐え切れず、越中西部の拠点**増山城**を放棄。八～九月頃、前田利家能登国主として七尾城に入城。
天正十年	一五八二	二月、白山山内衆が**鳥越城**を奪還。三月、織田軍が鳥越城を再度奪還し、山内衆数百人を処刑。これにより、加賀一向一揆滅亡。
天正十年	一五八二	五月二十二日、長連龍、前田利家の命により、長景連が籠城する**棚木城**を攻め落とす。利家、生け捕った捕虜を火炙り・釜煎りといった残虐な刑で全員処刑する。五月二十六日、上杉軍、**松倉城**を放棄。六月三日、織田軍が**魚津城**を攻め落とす。六月二十三日までに上杉軍、松倉城・魚津城奪還する。六月二十五日、天平寺衆徒・上杉軍・能登畠山旧臣が籠城する**荒山城**を、佐久間盛政・前田利家連合軍が攻め落とす。

天正十一年	一五八三	三月、佐々成政が**魚津城**・**松倉城**を攻略する。四月、北加賀を与えられた前田利家、**金沢城**に入城。利家これ以降、**舟岡山城**を大改修する。六～七月、成政、**城生城**を攻略し、越中を統一。
天正十二年	一五八四	八月、前田利家・佐々成政が加越国境を挟んで交戦状態となる。成政、加越国境の**松根城**・**一乗寺城**・**加賀荒山城**を大改修する。九月九日、成政、**末森城**を攻める。九月十一日、利家が成政軍を背後から襲い、成政は加越国境へ後退。
天正十三年	一五八五	八月二十六日、豊臣秀吉が加越国境の倶利伽羅峠に着陣。同日、佐々成政降伏。越中西半国は前田氏（利長）の所領となる。利長、越中西半国の拠点として**守山城**に入城。
天正十七年	一五八九	この頃、**小丸山城**築城か。
天正十九年	一五九一	この頃、**七尾城**廃城か。
慶長三年	一五九八	この頃、**守山城**廃城か。
慶長五年	一六〇〇	八月一日、前田利長、**松山城**を本陣として**大聖寺城**を攻め、同日攻略。この頃、**増山城**廃城か。
慶長十四年	一六〇九	四月、前田利長が**高岡城**の築城を開始する。九月、本丸完成し、利長入城する。
慶長十九年	一六一四	五月二十日、前田利長死去。
元和元年	一六一五	一国一城令により**大聖寺城**・**高岡城**廃城か。このほか、多くの中世城郭が廃城になったと考えられる。

I、越中の城郭

1 宮崎城
2 天神山城
3 升方城
4 松倉城
5 蓑輪城
6 魚津城
7 千石山城
8 池田城
9 論田山城
10 中地山城
11 樫ノ木城
12 白鳥城
13 城生城
14 富崎城
15 大道城
16 日宮城
17 高岡城
18 守山城
19 増山城
20 井波城
21 一乗寺城
22 松根城
23 阿尾城
24 森寺城
25 海老瀬城
26 飯久保城
入善町
朝日町
黒部市
魚津市
滑川市
舟橋村
立山町
上市町
富山市
射水市
高岡市
氷見市
小矢部市
砺波市
南砺市

謙信・景勝が重視した国境の中継基地

1 宮《みや》崎《ざき》城《じょう》

①下新川郡朝日町宮崎
②堺城、境城（要害）、新山城、荒城
③標高248・8m、比高240m
④A（大手口まで車が入る）

【立地】北アルプスの北端に位置する、通称「城山」山頂に築かれた山城である。両越（越中・越後）の国境に位置し、城址北麓に北陸街道が通る交通の要衝でもある。山頂からの眺望はすばらしく、北陸街道を往来する人馬はもちろんのこと、日本海を航行する船舶までも眼下に見下ろすことができる。両越をつなぐ地点は当地しかなく、水運・陸運を掌握し、越中を支配するには必要不可欠の城郭だった。

【城主・城歴】「故墟考」は、寿永年間（一一八二〜八五）に源（木曽）義仲に従った越中武士団の一人、宮崎太郎の居城ではないかと伝えている。以降、承久の変や南北朝時代にかけて宮崎周辺は合戦の舞台となるが、宮崎城の動向は、その存在を含めて判然としない。

一六世紀後半になると越後の上杉（長尾）氏が越中支配に乗り出し、上杉謙信は越中に進攻するときの中継基地として宮崎城を重視する。（元亀四年〈一五七三〉）上杉謙信書状（文書集一―一五八）によれば、謙信は宮崎城将の庄田隼人佑・河隅忠清に、実に興味深い指示を出している。まず、庄田隼人佑に対して鉄砲を十五挺用意するよう命じている点である。

井上鋭夫『謙信と信玄』によれば、天正三年（一五七五）時点で上杉部将一人の鉄砲所持数は平均八挺で、庄田氏と同じ旗本でも一部将平均十挺にすぎないという。そのことから考えても、たいへん多い所持数だったことが判明する。それは、そのまま謙信が宮崎城を重視していた尺度となるだろう。また、両将に「みぢやう」（実城＝主郭）はもちろんのこと、「二のくるは」「三のくるま」

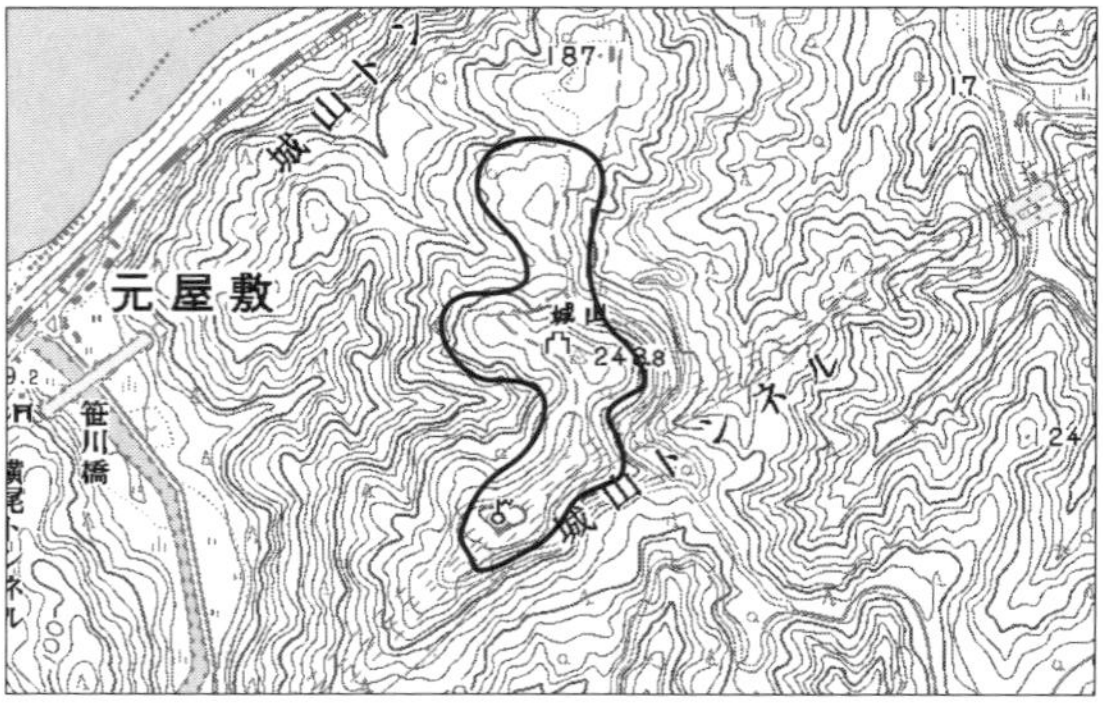

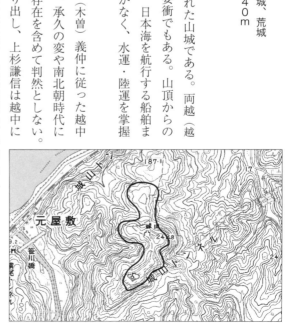

に「へい」を設けるように指示している。当時の宮崎城が三曲輪以上から構成され、塀を巡らしていたことが判明する。さらに謙信は、宮崎城や付近の集落の竹木について、「むらよふがい」（村要害）が手薄に見えるので、伐採を禁じている。日常的な防戦態勢が判明し、おもしろい。

このように謙信は、細々とした具体的な指示を直接、城将に命じている。いかに宮崎城を重要視していたかわかるであろう。上杉景勝の代になっても宮崎城の重要度は変わらず、宮崎城周辺が上杉氏の直轄領になっていたことからも判明する（文書集二―二四九五）。

越中上杉軍司令官だった河田長親《かわだながちか》が天正九年に松倉城で死去すると、上杉景勝は越中上杉軍の引き締めを行うため、松倉・魚津・宮崎の三城から人質を取っている（文書集二―二一一五）。上杉氏にとって宮崎城は、あくまでも死守すべき越中の重要拠点だったのである。

『英名百雄伝』に描かれた上杉景勝　当社蔵

本能寺の変による劣勢を挽回した佐々成政は、順調に越中制圧戦を展開し、最後に上杉氏の宮崎城を残すのみとなった。当時、宮崎城には上杉部将の岩船藤左衛門尉が籠城していたが、これも天正十一年二月上旬に攻め落とし、ついに越中を平定する（文書集二―二七九三）。成政は「普請を申し付け、丈夫人数を入れ置き」と述べており、越中国境線を死守する宮崎城を重視していたことが判明する。

翌十二年、成政が加賀の前田利家と敵対すると、景勝はチャンス到来とばかりに宮崎城奪還へ動き出す。成政が同年九月、前田方の末森城攻めに出陣した隙を突いて上杉軍も出撃し、宮崎城周辺に放火している（文書集二―二九七七）。

主郭A。周囲を取り巻く石垣は昭和40年代の公園化によるもの

主郭Aにつながる土橋。太平洋戦争時に陸軍が構築したもの

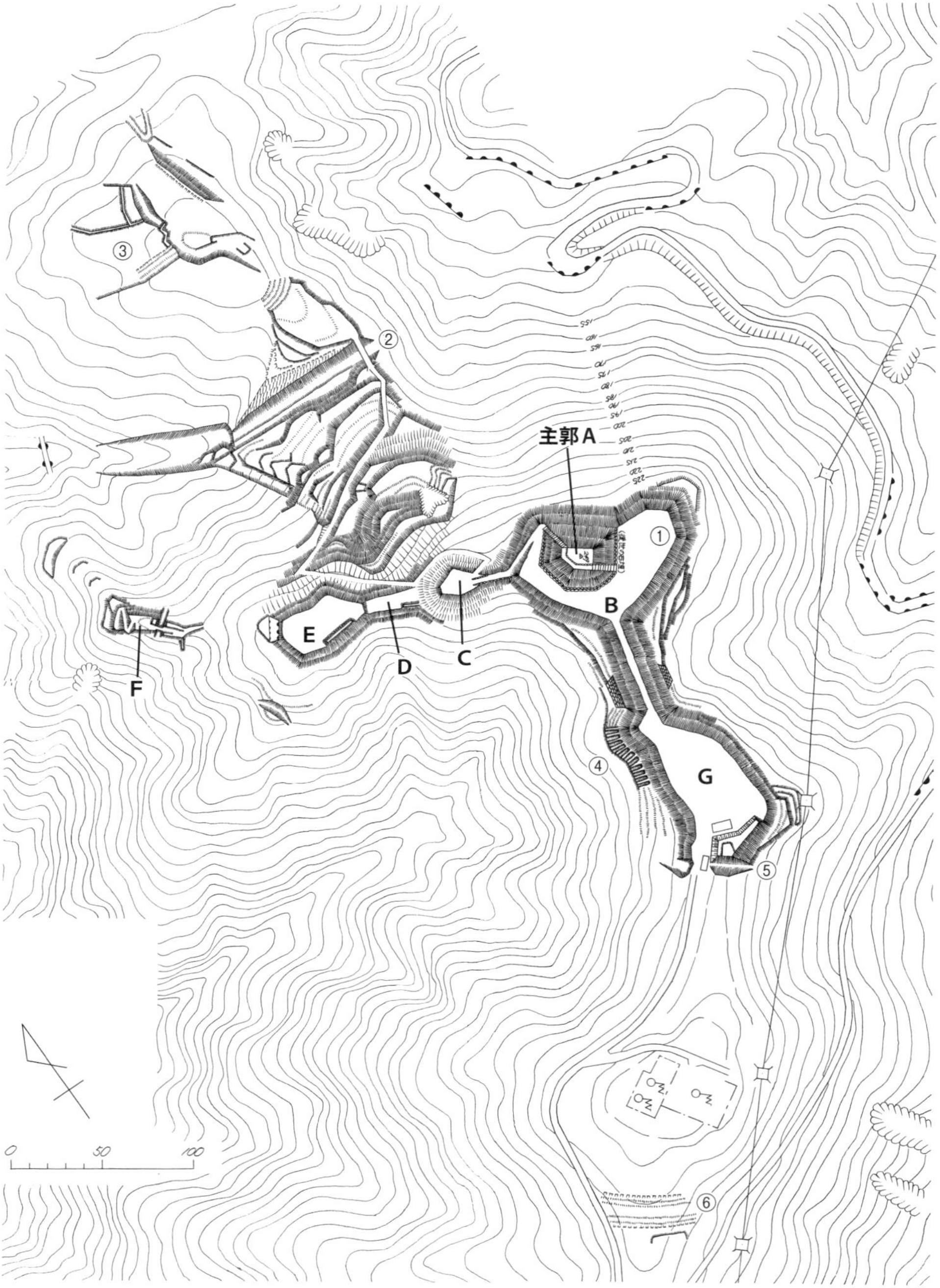

図１　縄張り図　作図：佐伯哲也

この出撃でも宮崎城は落城しなかったが、景勝が出馬した結果、十月二十六日、奪取に成功する（文書集二―二九九〇）。このとき、景勝は「取り篭めの逆徒壱人も洩らさず討ち果たす」と述べており、凄惨な攻城戦だったことが推測される。

天正十三年閏八月、佐々征伐で越中に出陣した豊臣秀吉と同調するため、景勝も宮崎城まで出陣している（文書集二―二九七七）。このときの景勝は、富山城に在陣している秀吉と会見を行う予定になっていたが、秀吉との会見はそのまま臣従したとみなされるため、景勝は約束を反故にして越後春日山に帰陣してしまう。

その後の歴史は判然としないが、「故墟考」によれば、文禄四年（一五九五）に前田氏が新川郡を領有すると、前田氏の部将高畠定吉が在城したという。とすれば、一七世紀初頭まで使用されていたのであろうか。残念ながら、その年代を明確にすることはできない。

【城跡】 現在、城跡は太平洋戦争中の陸軍による電波観測所設置、電波塔設置、さらに昭和四十年頃の公園等による改変が著しく、保存状態は悪い（図1）。大正十年に発行された『富山県史蹟名勝天然記念物調査（会）報告』に記載された調査図（以下、調査図と略す。図2）が、旧態を知る手掛かりとなる。

城内最高所のA曲輪が主郭。その周囲には石垣が残っているが、

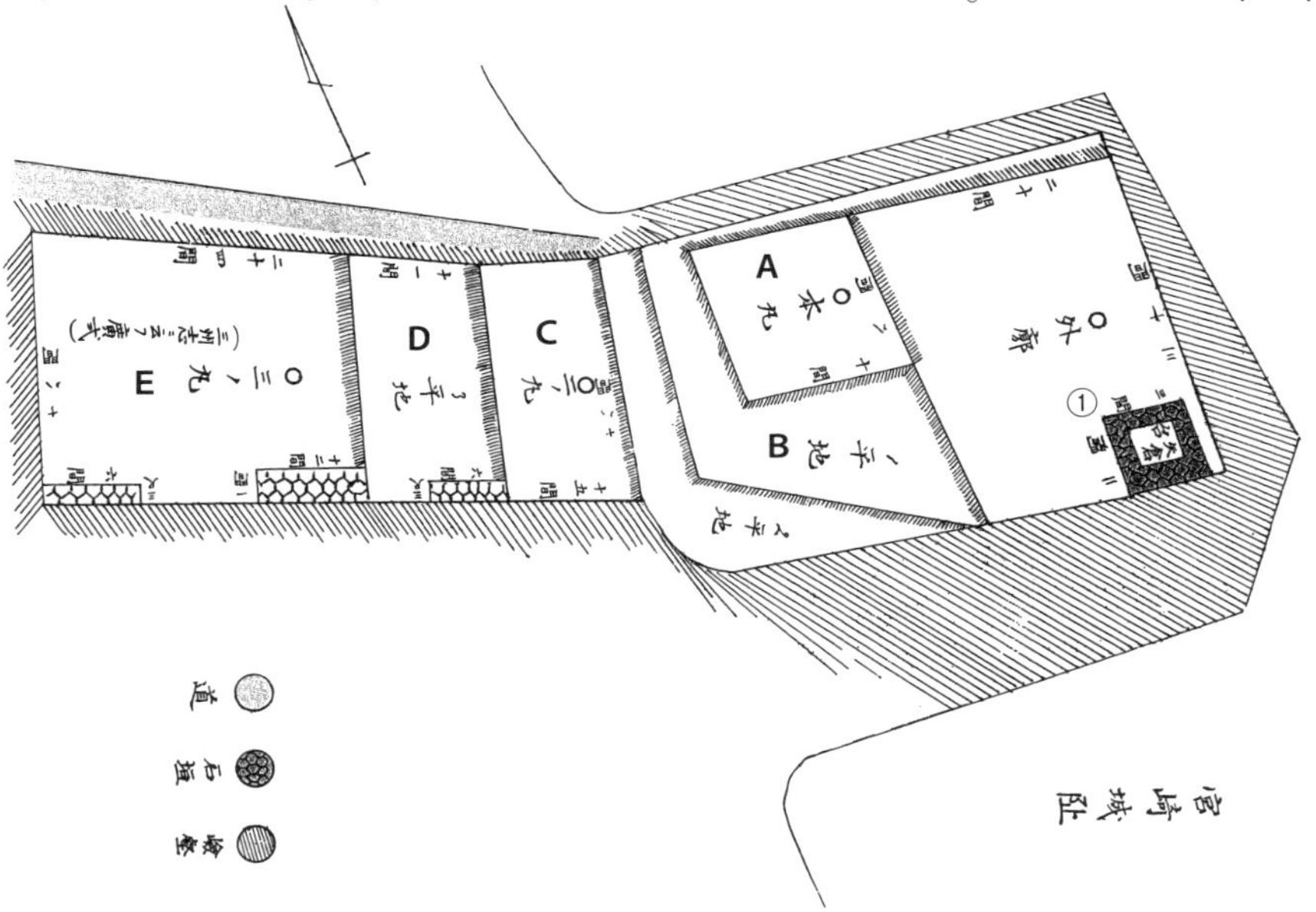

図２　『富山県史蹟名勝天然記念物調査（会）報告』記載の調査図

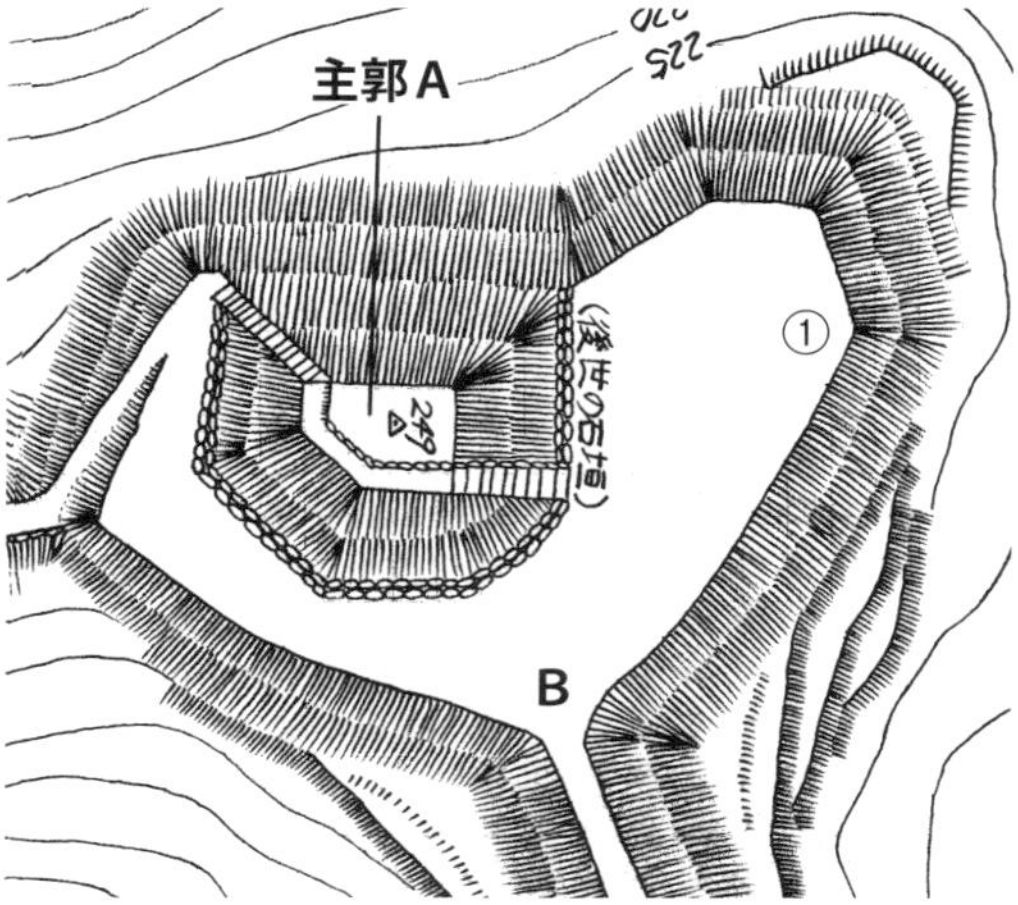

図３　主郭部拡大図

これは昭和四十年代の公園化により構築されたもので、調査図には記載されていない。主郭Aの周囲にB曲輪が取り巻き、調査図の①地点には二間×三間の石垣造りの「矢倉台」が記載されているが、現在は跡形もなくなっている。三・六×五・四メートルと小規模なため、城郭遺構ではなかったかもしれない。

尾根続きにCDE曲輪を並べている。調査図はD曲輪の土塁に石垣を描いているが、現存していない。E曲輪の石垣は現存しており、調査図にも描かれているため、旧来の石垣と考えてよいだろう。さらに、その先端にはF曲輪があり、土塁や両竪堀・土橋等が旧態をよく保っている。

北斜面には大小さまざまな平坦面が残っているが、城郭にともなう遺構かどうか判然としない。その下部には大堀切②を設けて、北側からの攻撃を遮断している。③地点には、切岸や土塁・堀切状遺構が残るが、城郭遺構かどうかは判然としない。

B曲輪から南側にG曲輪が存在し、土橋でつながっている。この土橋は調査図には描かれておらず、おそらく陸軍が電波観測所を設置するために構築したのであろう。G曲輪南端の⑤地点はトイレの設置によって改変されたが、堀切が残存する。かつては推定復元図（図４）のように、巨大な櫓台をともなった食い違い堀切だったと考えられるため、こちらが大手と推定される。さ

現在も残る陸軍の表柱

数少ない当時のE曲輪石垣

らに、その先に堀切状遺構が⑥地点に残るが、自然地形の可能性も捨てきれない。

注目したいのは、④地点の畝状空堀群である。十一本の竪堀を櫛の歯状に並べており、越中の上杉氏城郭に多用されるタイプである。畝状空堀群の存在は、上杉氏の改修が推定できる重要な遺構なのである。急な斜面にもかかわらず畝状空堀群を設けているのは、ここを敵軍に突破されれば主郭直下のB曲輪に達するからであろう。使用場所を限定した用法と言える。

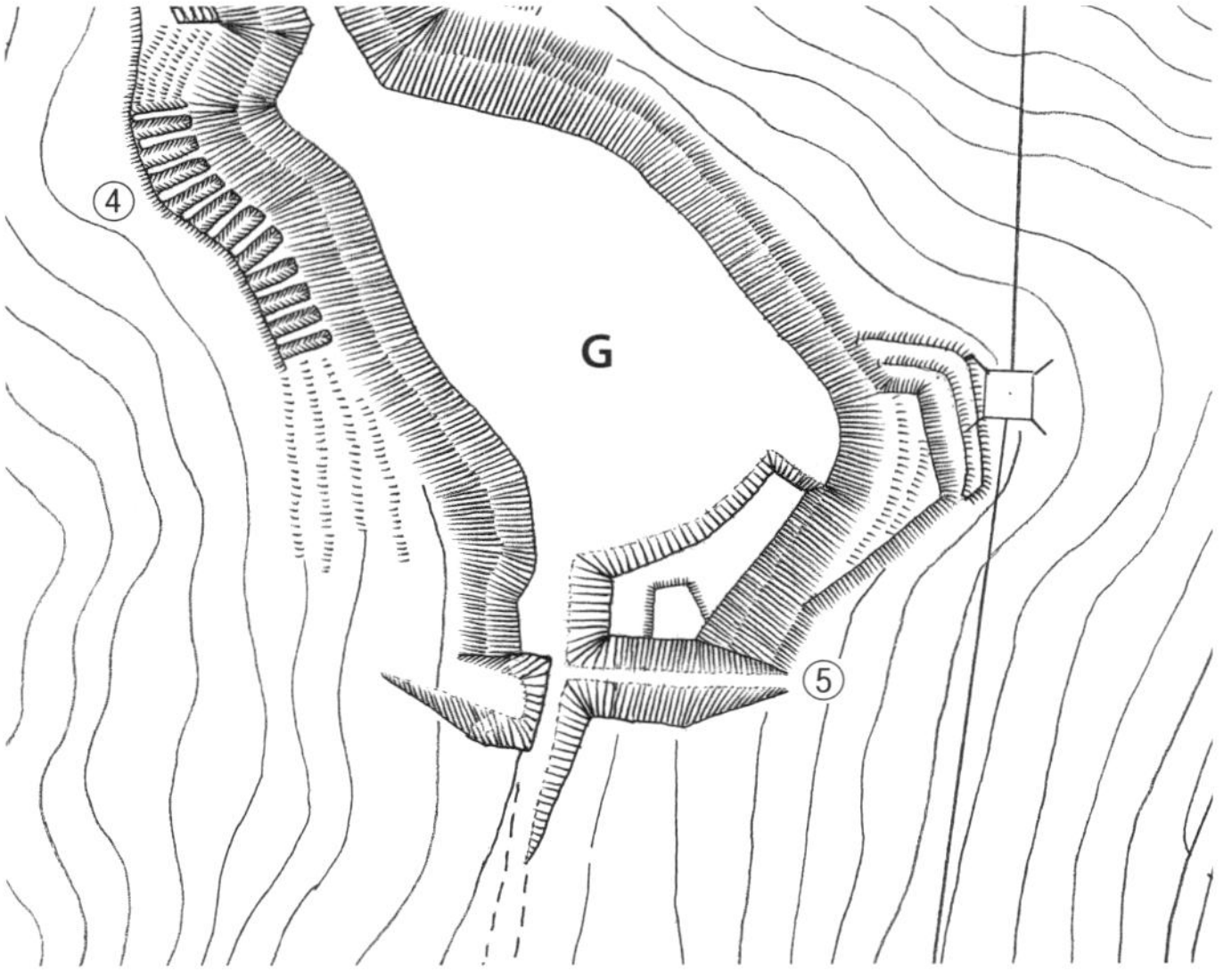

図4　推定復元図

【まとめ】 畝状空堀群が残されていることから、遺構の面からも上杉氏の城郭だったことが指摘できる。当城と同じく、上杉氏の越中・越後国境の重要拠点だった不動山《ふどうさん》城・根知《ねち》城（新潟県糸魚川《いといがわ》市）も、天正年間に使用されていたことが確実な城郭である。

両城とも石垣が残っていることから、天正年間には国境城郭を石垣で固めていたことも指摘できる。遺構の残存状況は悪いが、国境城郭を考える上で、貴重な遺構を残している。

大手方向を防御する堀⑤

春日山への情報伝達を担った城

2 天神山城《てんじんやまじょう》

①魚津市小川寺
②萩城
③標高163・1m、比高60m
④A（大手口まで車が入る）

【立地】　城は、天神山山頂に築かれている。天神山は比高わずか六〇メートルだが、きれいな円錐形をしているため、山頂には宗教施設が置かれている。天神山という名称も、宗教関係からきているのであろう。山容はなだらかで、天然の要害は期待できない。それを補うかのように、西側に片貝川が流れて天然の堀の役割をしている。

【城主・城歴】　江戸期の地誌類には、「上杉謙信陣取りの跡」あるいは「天文二十三年（一五五四）、上杉謙信が築城した」と伝えている。これを裏付ける証拠はないが、元亀年間に春日山城（新潟県上越《じょうえつ》市）と新庄城（富山県富山市）とをつなぐ、上杉氏の中継基地として使用されていたことは事実である。

元亀三年（一五七二）五月、加賀一向一揆が越中西部に大挙襲来し、上杉方の日宮城を攻める動きを見せた。当時、日宮城には小島職鎮《もとしげ》等が在城しており、新庄城に在城していた謙信の家臣・鯵坂長実に五月二十三日付で書状を送り（文書集一‐一一〇〇）、明日にでも援軍を送るよう春日山に伝えてほしいと依頼し、さらに「此の段天神山へもご伝書仰せの所に候」と長実に依頼している。

翌五月二十四日、約束どおり長実は援軍を依頼する書状を春日山城に送っている（文書集一‐

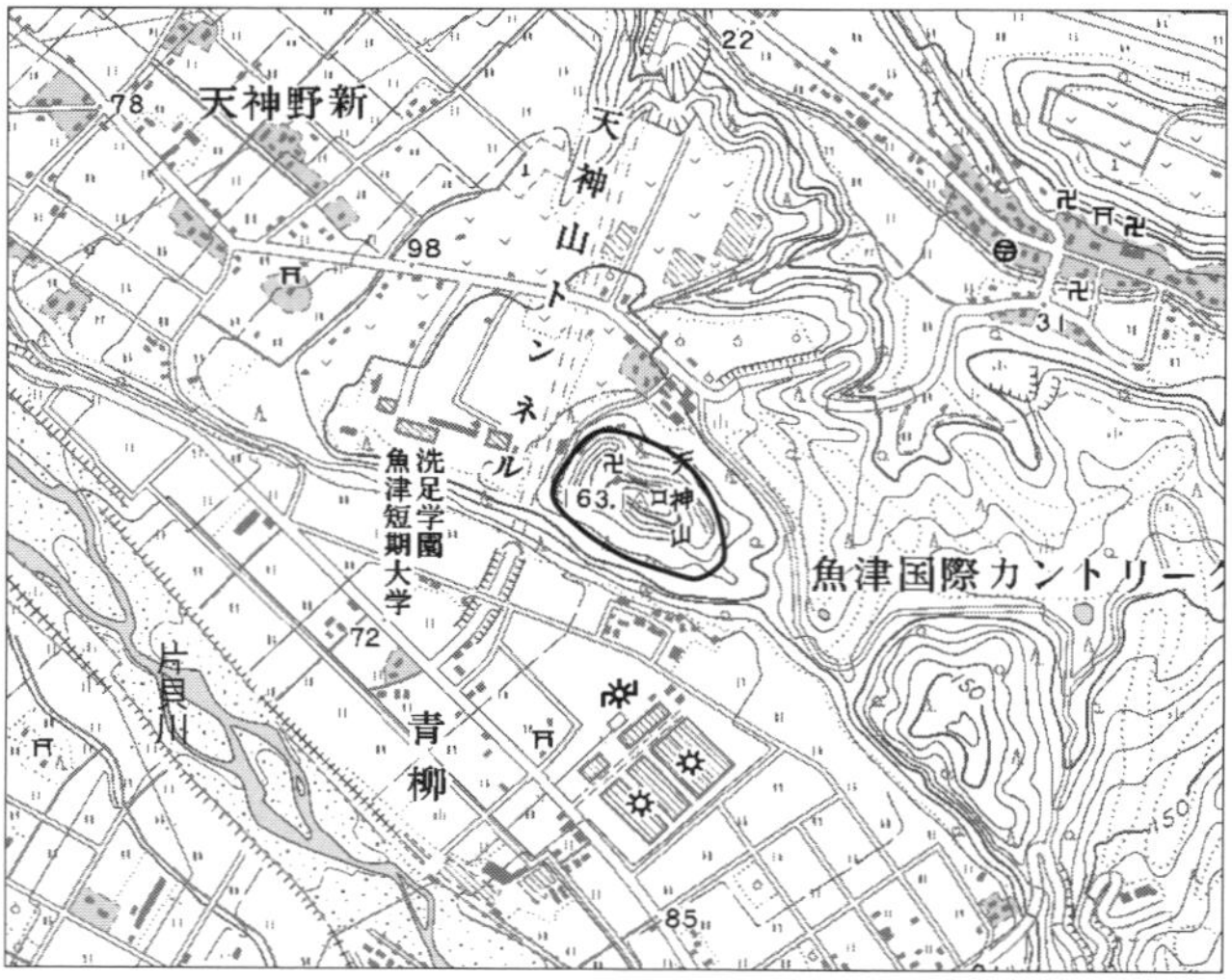

一一〇一）。つまり、当時の上杉氏の情報は新庄城→天神山城→（おそらく宮崎城）→春日山城へと連絡された。天神山城は、上杉氏の情報を本国春日山城へ中継する重要な城郭だったと言えよう。ちなみに、長実はこの文書で「春頃から「鉄砲之玉薬《たまぐすり》」を多く使用して残り少なくなったので、送ってほしい」と依頼している。すでに上杉軍にとって、鉄砲は必要不可欠の武器だったのである。

日宮城は六月十五日、加賀一向一揆の猛攻により落城するが、救援のために日宮城に向かっていた直江《なおえ》景綱《かげつな》は、まだ進軍中だった。その景綱に長実は六月十七日付で書状を送り（文書集一―一一〇九）、「爰元《ここもと》ご着陣の儀、天神山とご談合あり」と述べている。天神山城は、救援に来た部将が自分の着陣を報告しなければならない機関だったのである。それは単なる中継地ではなく、司令塔としての機能[*1]も果たしていたと言えよう。

次に天神山城が史上に姿を見せるのは天正十年（一五八二）で、上杉景勝が織田軍の猛攻で落城寸前となっていた魚津城を救援するときである。魚津城を失うということは、越中をすべて放棄するに等しく、それは本国越後が織田軍の脅威に直接晒されることを意味する。魚津城の死守は、上杉家の命運を左右したのである。このため、上杉景勝は「無二無三の出馬、北国弓箭の是非を付くべく候に相定めて打ち立ち候」（文書集二―二三七二）と決意を述べ、五月四日に春日山城を出陣し、五月十五日頃、天神山城に入城している（文書集二―二三八〇）。しかし、魚津城は織田軍に十重二十重に囲まれており、さらに織田方の森長可《もりながよし》が信濃から春日山城を攻める動きを示したため、景勝は魚津城を救えないまま、五月二十六日に天神山城から撤退してしまう（県史近世上―四〇）。孤立無援となった魚津城は、六月三日に落城する。

天正十年は景勝の本陣として利用されているが、それは一時的なものと考えられる。元亀四年頃から松倉城が上杉氏の重要拠点として使用され始めると、天神山城の重要性は薄れ、廃城同然

天神山城主郭。案外広々としている

竪堀⑦数少ない明確な防御施設

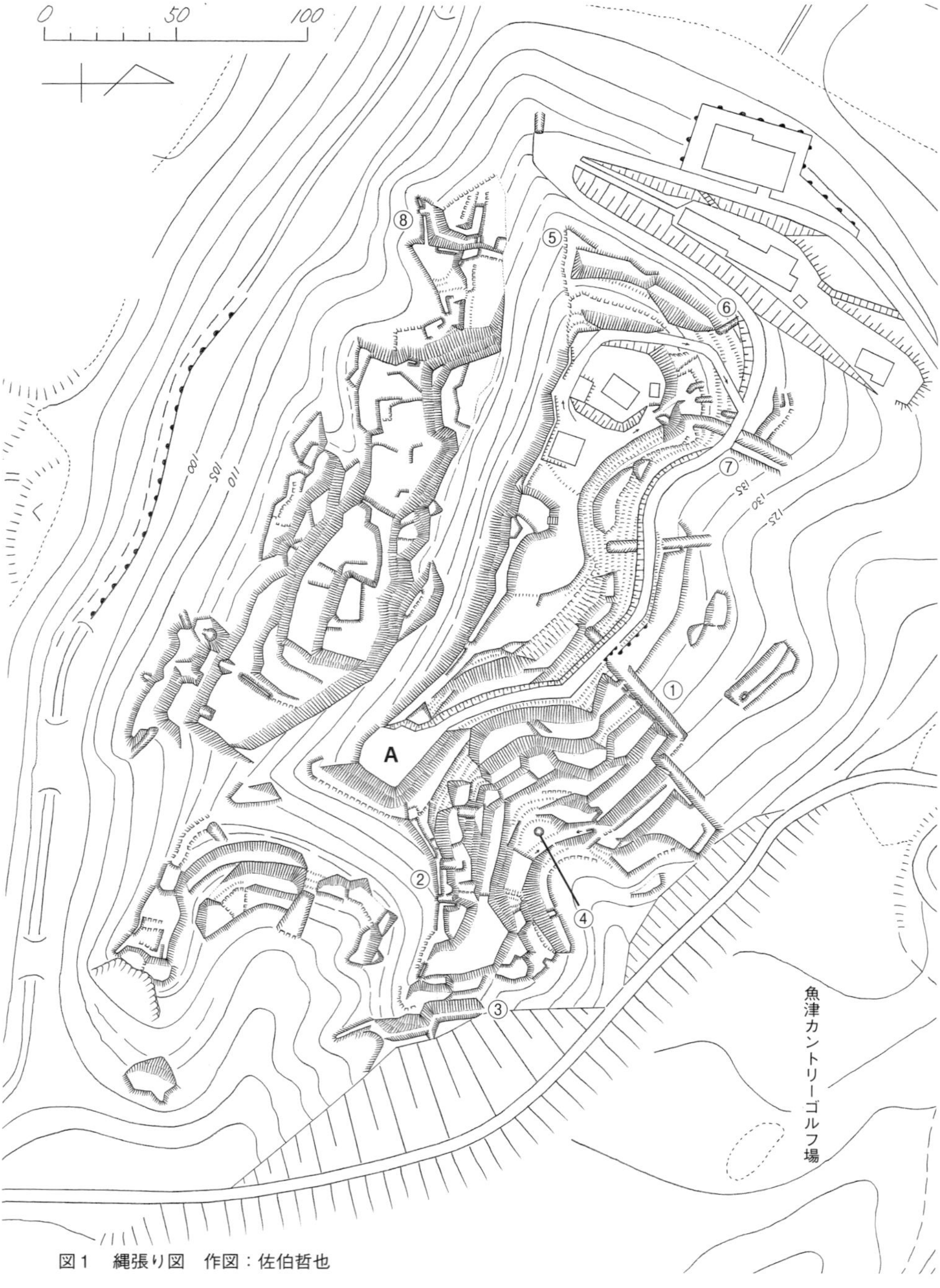

図１　縄張り図　作図：佐伯哲也

になっていたのではなかろうか。

【城跡】　天神山の山頂部は宗教施設の設置、あるいは公園化によって遺構の保存状態はよくない。*2 破壊部分の多い天神山城の中で、竪堀①と竪土塁②に挟まれた小平坦面群は旧態を保っている。現在、駐車場として使用されているA地点はかつて曲輪で、そこから下の腰曲輪《こしぐるわ》に降り、通路状の竪土塁を通って小平坦面群に入ったと考えられる。④の窪地は井戸跡で、ここが居住地区であることを裏付けている。竪堀①は、城内側に土塁を設けて防御力を増強し、さらに中間に折れを設けて竪堀内に横矢を掛けている。

城域の東端は、竪土塁②と横堀③で防御しており、横堀③は中央に折れを設けて防御力を増強する。城域の西端は、道路で破壊されてわかりづらいが、⑤地点から⑥地点まで切岸《きりぎし》を巡らし、さらに竪堀⑦と連結して防御ラインを構築し、西側からの攻撃を警戒している。

南側にも大小さまざまな平坦面が残る。しかし、北側のように山頂主要曲輪群と密接につながっておらず、また、防御ラインも構築していない。城郭遺構かどうかという根本的な問題も残るが、⑧地点に横堀を設けて西側を警戒しているため、城郭遺構としたい。

【まとめ】　天神山城は、天然の要害とは言えないにもかかわらず、大規模な防御施設がない。また、天正十年まで使用されているのに、枡形・虎口などの発達した防御施設もない。これは、実質的な使用は元亀四年で終了しているため、発達した防御施設が構築されなかったのだろう。しかし、初源的な防御ラインの存在は指摘できる。その遺構は下限を元亀四年とすることができ、当時の上杉氏の縄張り技術を知ることができる貴重な城郭である。

*1　椎名氏が降伏する元亀四年以降は、松倉城が上杉氏の拠点となる。それ以前は天神山城が拠点と考えられよう。

*2　昭和四十年代の見取図によれば空堀らしきものを描いているが、現在は確認できない。

畝状空堀群で固めた松倉城最大の支城

3 升《ます》方《かた》城《じょう》

①魚津市升方
②升形山城
③標高235・8m、比高100m
④A（大手口まで車が入る）

【立地】 升方城は、松倉支城群の一城と言われている。早月川《はやつきがわ》が松倉城の西側を守る天然の外堀として機能し、その西側の尾根上には、升方・南升方・水尾・南水尾城が数珠つなぎのように並んでいる。伝承通り、松倉城の西側を守る支城として機能していたのであろう。

【城主・城歴】 残念ながら、一次史料は存在しない。「故墟考」など江戸期の地誌類によれば、応永二年（一三九五）、岡崎四郎義村が入城して数代居城したが、天正年間、上杉謙信によって攻め取られたという。また、佐々成政の部将・佐々新左衛門も在城したという。

また、竹田宮内・小幡九助も居城したと伝えている（小幡九助は椎名氏の家老と伝える）。さらに「故墟考」は、「慶長初期に松倉城を廃して升形山城に移転させた」と述べている。憶測の域を出ないが、一四世紀末に土豪の城郭として築城され、椎名・上杉・佐々・前田氏と長期間にわたって使用されたのであろう。

主郭に立つ石碑

【城跡】 全体については図1、詳細については図2参照。A曲

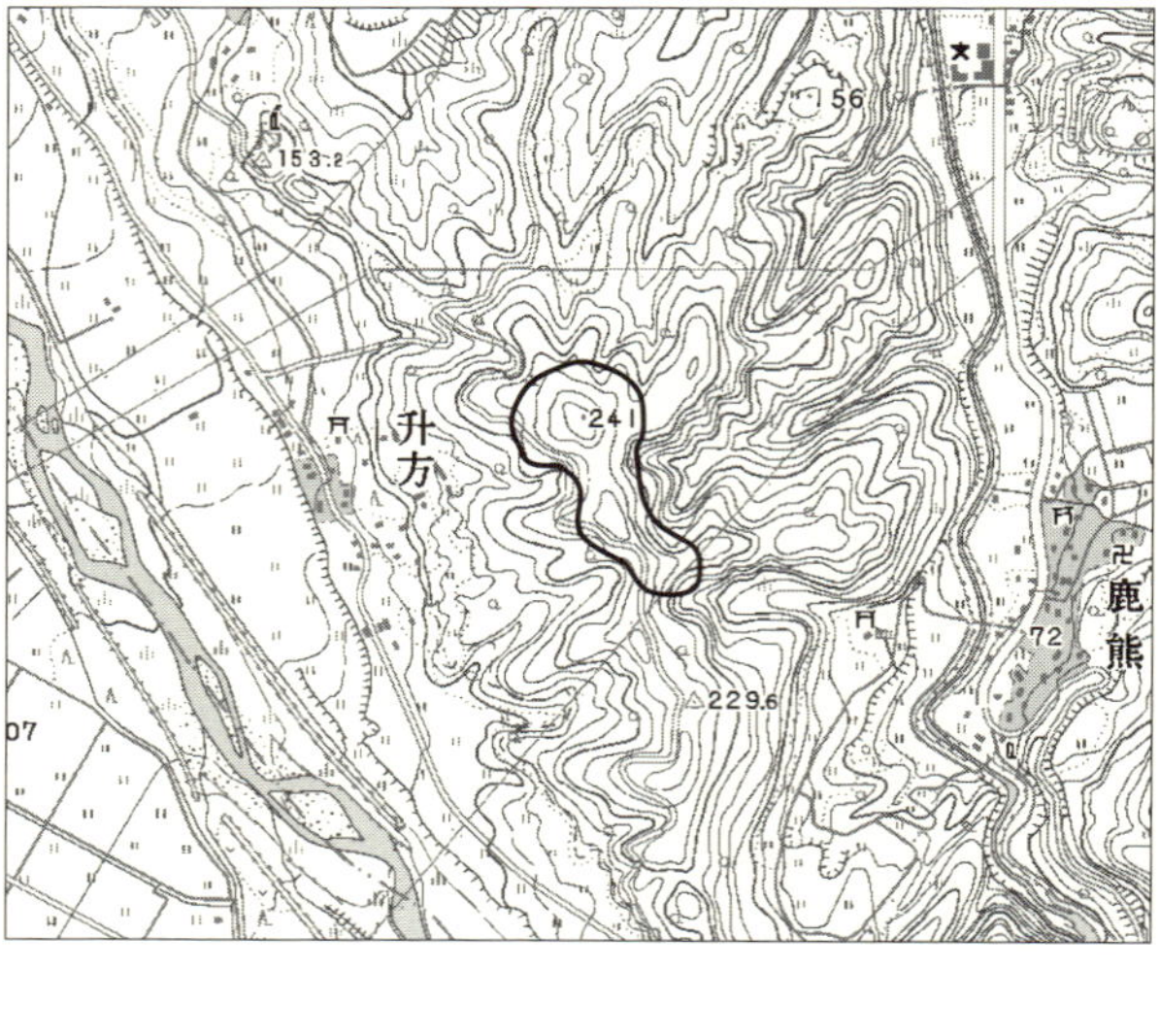

輪が主郭。その直下に腰曲輪としてB曲輪を置く。AB両曲輪の大部分には塁線土塁（図3参照）を巡らせており、一部だが内側に石垣を設けている。本城の松倉城や松倉支城群の中で、これほど多く塁線土塁を巡らしているのは升方城のみである。塁線土塁の内側を石垣で固めているのは、上杉氏の重要拠点・宮崎城と同じである。

主郭Aには現在二ヵ所の登り口があるが、城本来の虎口は①と考えられ、②は公園化による破壊虎口であろう。虎口①は土塁や櫓台で固めているが、基本的には平虎口である。これは櫓台で固めているが、基本的には平虎口の虎口③と同じである。

このように、升方城の虎口は明確で、土塁や櫓台で固めており、戦国末期の改修を示唆している。しかし、完全な枡形虎口まで発達しておらず、織豊系武将による改修の可能性は低い。

大手は升形集落から登る城道④で、C曲輪

図1　縄張り図　作図：佐伯哲也

の横を通り、馬出曲輪Dに入ったのだろう。そこからは、現在の遊歩道と同じルートでE曲輪に入る。E曲輪は塁線土塁で固めており、同じく内側を一部石垣で固めている。E曲輪からは、計画的に設定された通路を通ってF曲輪を経由し、B曲輪の虎口⑤に入る。G曲輪は井戸曲輪とも言うべき曲輪で、現在も水を湛えた井戸が現存する。

升方城で注目したいのは畝状空堀群で、松倉城および支城群の中で唯一の使用である。⑥地点の両脇に集中して設けられている。おそらく、⑥地点から虎口③に向かわず、両脇に分かれた敵兵の移動速度を鈍らせ、城兵たちの弓矢の命中率を向上させるために設けたのであろう。

つまり、虎口③と畝状空堀群はセットの防御施設と考えられ、同時代・同一人物によって構築されたと考えられる。

南側の尾根続きには「山の道」*1が通っていた石の門があり、この方面からの敵軍の

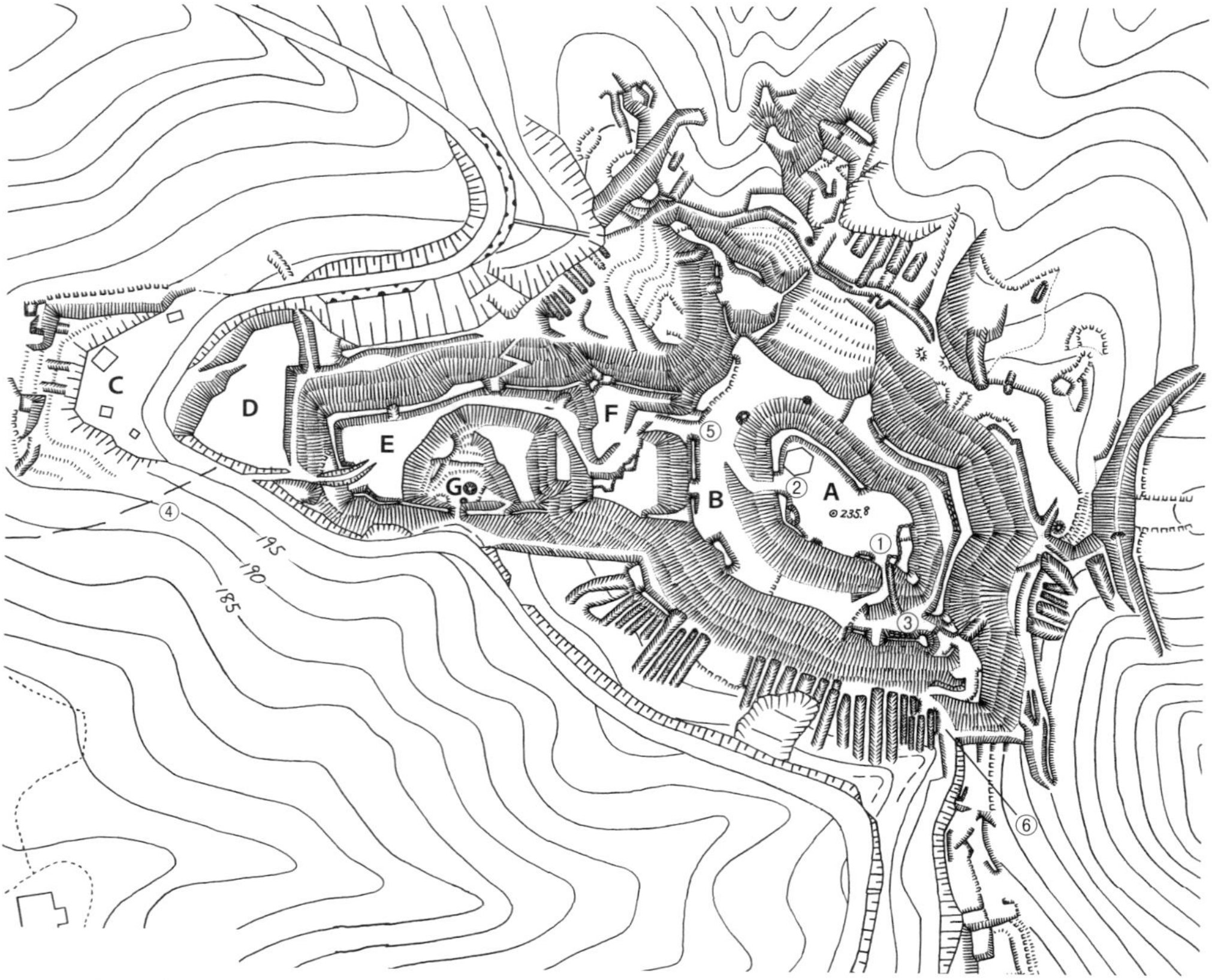

図２　縄張り拡大図

来襲に備えて畝状空堀群を設けたのであろう。破壊される前の図面を見ても、大手方向であるC曲輪周囲に畝状空堀群が設けられていないのは、このためだろう。

南側の尾根続きには、H曲輪（図1）が残る。しかし、虎口や通路が明確ではなく、塁線土塁も設けられていない。主郭A周辺の遺構より古い時代の遺構と考えてよさそうである。

【まとめ】升方城は、塁線土塁を多用し、虎口は明確になっており、計画的に設定された通路を読み取ることができる。これは、松倉城E曲輪周辺の遺構と多くの共通点を指摘できる。おそらく、H曲輪以外の遺構は、天正六（一五七八）～十一年に上杉景勝方の部将によって改修された可能性がある。升方城は織田軍の猛攻を最初に受ける城であり、升方城が落城すれば、織田軍は松倉城下に大挙襲来する。このことを考慮して、上杉氏は升方城を念入りに改修したのであろう。

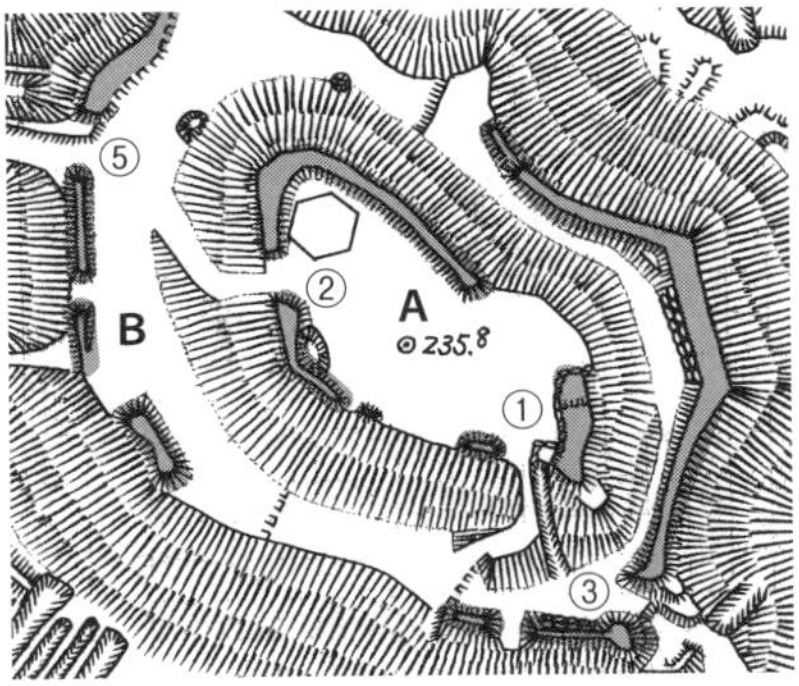

図3　塁線土塁（網掛け部分）部分拡大図

主郭を取り巻く塁線土塁と横堀

周囲の塁線土塁に残る石垣

＊1　北陸街道には、浜辺を通る「浜の道」と山中を通る「山の道」があり、升方城の南方には「山の道」が通っていた。

越中における上杉氏の最重要拠点

4 松《まつ》倉《くら》城《じょう》

①魚津市鹿熊
②鹿熊城、金山城
③標高420m、比高350m
④A（大手口まで車が入る）

【立地】　通称「城山」山頂に位置する山城。林道や公園造成によって一部破壊されているが、遺構はほぼ良好に残っている。西麓の鹿熊《かくま》集落にはかつての城下町があったと考えられ、ここには海岸線を通っていた北陸街道「浜の道」に対する、「山の道」が通っていたとされる。城地選地として山の道を監視・掌握することも、当然、理由の一つだったであろう。金山の存在も理由の一つと考えられるが、その開坑を中世まで遡りうる良質の史料が確認できないので、ここでは言及しない。

【城主・城歴】　松倉城の歴史は古く、暦応元年（延元三〈一三三八〉）には、越中守護普門俊清《ふもんとしきよ》の在城が確認できる。その後、同じく越中守護を勤めた桃井直常《もものいただつね》が幕府に敵対すると松倉城に在城するようになり、応安二年（正平二十四〈一三六九〉）の在城が確認できる。このように南北朝時代、松倉城は越中守護を勤めた武将が在城する城郭として存在していたのである。

一五世紀中頃から、新川郡守護代を勤めた椎名氏の居城として使用される。新川郡守護代職は、大永元年（一五二一）に長尾為景へ与えられると、椎名氏は長尾氏家臣団に組み込まれるが、以前と変わらず松倉城に在城し、新川郡の実質的な支配を行っていたと考えられる。

武田信玄の謀略により椎名康胤《やすたね》が永禄十一年（一五六八）に武田方に寝返ると、早速、謙信は椎名討伐に出陣するが、越後で本庄繁長《ほんじょうしげなが》が武田方に寝返ったため、謙信は越後に帰陣し、康胤

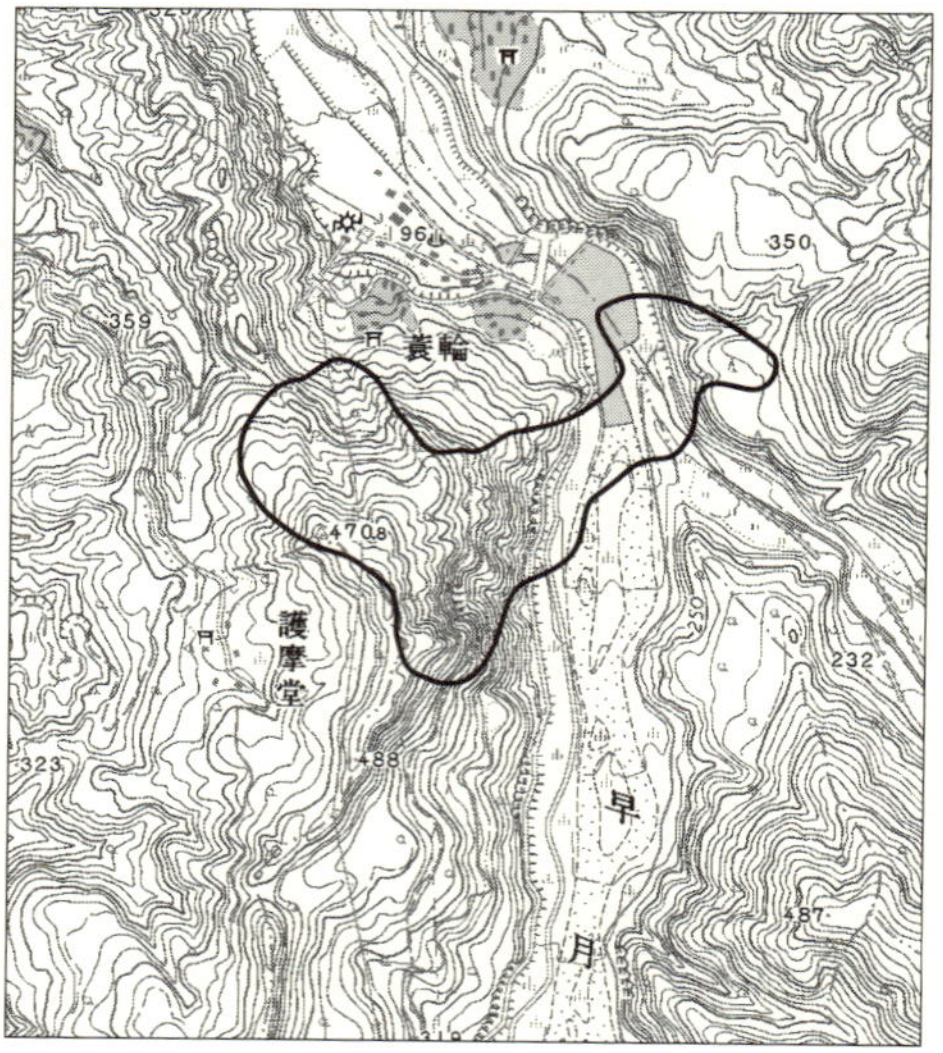

41　松倉城

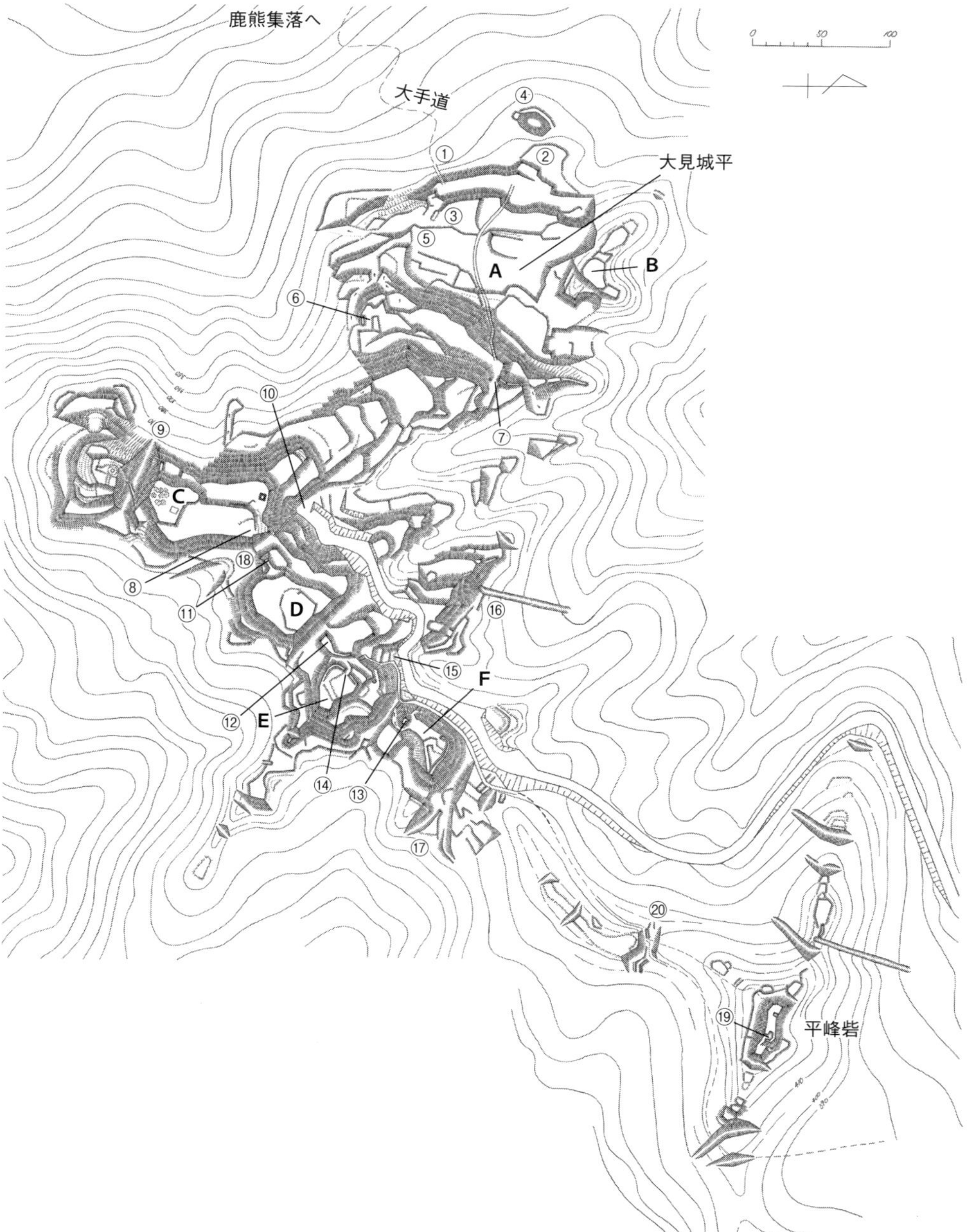

図１　縄張り図　作図：佐伯哲也

は事なきを得る。翌永禄十二年八月二十日、謙信は越中に出陣し、二十二日には松倉城を攻めるとともに新庄城（富山市）を攻め落としている。翌二十三日、根小屋《ねごや》をことごとく放火して松倉城を巣城《すじょう》にし、作毛を打ち散らしている（文書集一-七九九）。しかし、落城させたという記述は見当たらない。康胤の松倉籠城は元亀四年（一五七三）にまでおよび、五年間の籠城戦に耐えたのである。背後に存在していたとされる金山が、椎名氏の経済力を支えていたのであろうか。

五年間の籠城戦で衰弱し、上杉軍の攻撃に耐え切れなくなったのであろう。元亀四年正月に康胤は謙信に降伏する（文書集一-一一三六）。ようやく松倉城は上杉氏の手に落ちたのであり、以後、越中における上杉氏最大の拠点として使用される。上杉越中駐屯軍の最高責任者として河田長親が在城し、この体制は天正九年（一五八一）の長親の死去まで続く。

天正六年、上杉謙信の死去と同時に織田信長の越中進攻が始まり、天正八年九月には早くも松倉城下まで攻め込まれている（県史中世-一九六九）。

天正九年に河田長親が死去すると、上杉景勝は松倉城の弱体化を防ぐため、多数の城将を松倉城に派遣している。しかし、景勝は派遣した城将たちをあまり信用していなかったとみえ、「横《よこ》目《め》」と呼ばれる監視役も派遣している（文書集二-二一六一）。その横目の報告で事が露見したのであろう。松倉城下にあったとされる長禅寺から、「松倉お仕置きのため」として「諸寺院庵の貢借用せらるべき旨」としていたが、これは松倉城将の一人、山田長秀《やまだながひで》の「山田仕様曲事《くせごと》」だったので、「松倉へご運送の土貢返し進らせば、いかがに候の間、相残る土貢堅く貴僧へ付け置き候えば、違儀あるべからず候通り、黒金（景信）方ならびに山田所へ申し断り候」（文書集二-二一九〇）としている。いずれにせよ、寺院用として徴収された年貢を、松倉城の年貢として徴収していたことが判明し、興味深い。

大見城平A。広々とした居住空間

石門③。大見城平Aの正門と推定される

松倉城主として天正九年五月に上条宜順《じょうじょうのぶより》、十一月に須田満親《すだみつちか》が着城する。しかし、織田軍の快進撃により情勢は悪化し、翌天正十年五月二十六日、松倉城から上杉軍は撤退してしまう。

六月二日、本能寺の変によって織田勢が撤退すると、上杉方の巻き返しが始まり、六月二十三日以前に松倉城を奪還したと考えられる。「（天正十一年）二月七日付直江兼続《かねつぐ》書状（文書集二一二六五四）」によれば、松倉城将の蓼沼友重《たでぬまともしげ》が「其方私曲《しきょく》において」によって「松倉に差し越す地丁（下）人等証人取らされ」としていたので、「証人等異儀なく返し置かれ候上は、更に其方取り分あるまじく」と述べている。この時点で松倉城は上杉方だったことが判明する。しかし、前述の山田長秀といい、蓼沼友重のように、松倉城将は私腹を肥やそうとする部将が多くいたようである。これも横目の派遣で発覚したのであろう。

織田勢の反撃も早かった。織田勢の攻撃による魚津城の落城期日は、上杉景勝書状等により天正十一年三月十九日から三月二十九日の間と考えられる。おそらく、松倉城も同じ頃に落城したと考えられる。つまり、上杉氏による使用期間は一年にも満たなかったのである。

以後、松倉城は一級史料には登場しない。「故墟考」によれば、慶長の初め頃まで存続したとしているが判然とせず、これ以降に関しては言及しないこととする。

【城跡】 図1を参照。現在、主要曲輪群に繋がる城道は二ルートが確認できる。かつて、城下町が存在していた鹿熊集落から登ってくるルートが大手道と考えられ、①地点に繋がる。もう一つのルートは尾根続きのルートで、こちらは一六世紀後半に上杉氏により改修されたと考えられる。

大手道である①地点の城道は、現在も遊歩道として使用されているが、当時のルートは若干違っていたと考えられる。かつては、②地点の内枡形虎口から通称石門《いしもん》（魚津市升方の「石の門」とは別の遺構）と呼ばれる石垣で構築された内枡形虎口③を通って大見城平《おおみじょうだいら》Aに入ったと考えられ

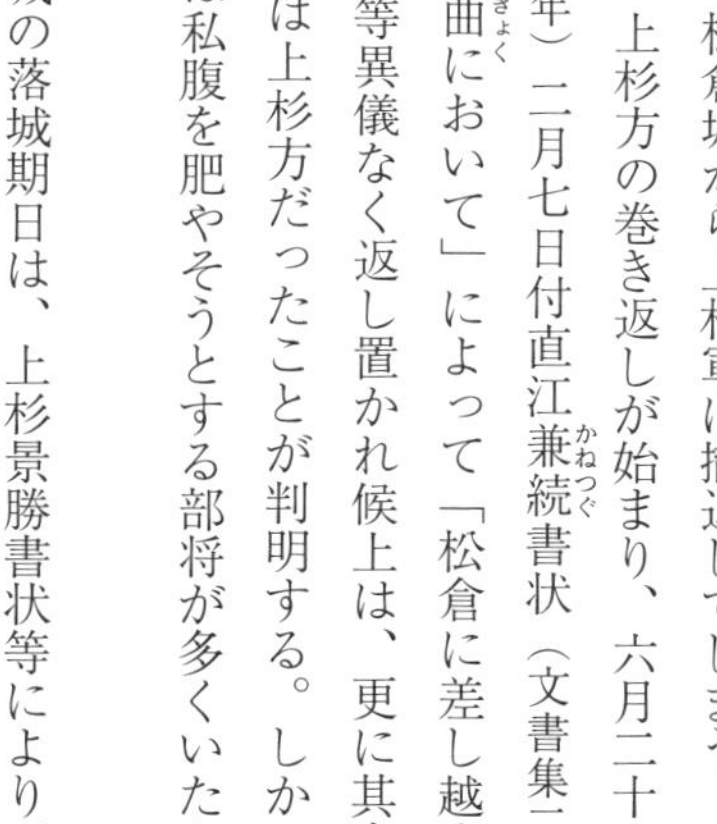
主郭C。ゴールデンウィーク頃は桜が美しい

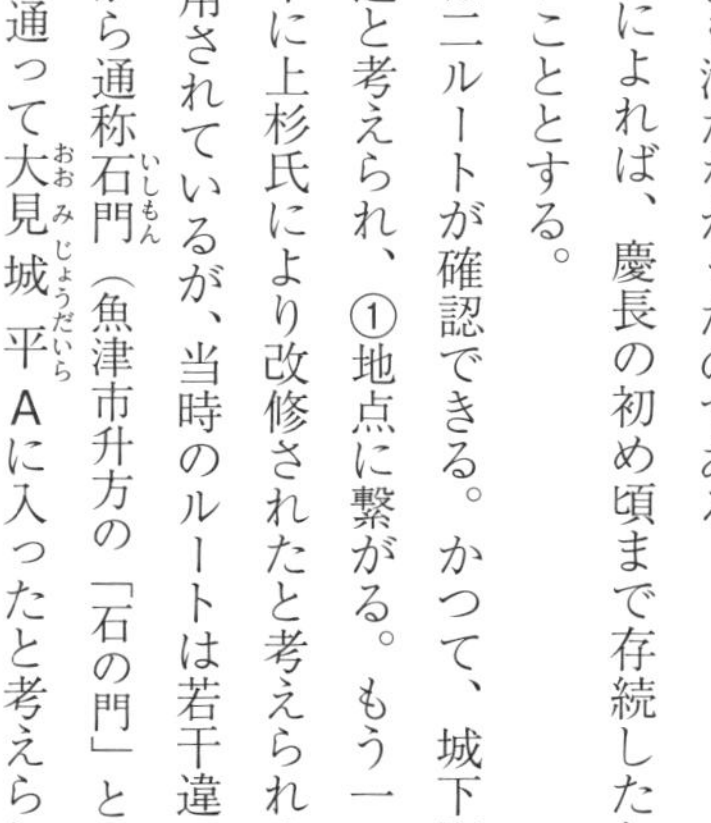
主郭Cに残る石垣。稚拙なため、上杉氏時代の石垣と推定される

る。大見城平は、上級武士あるいは城主の山上居館が存在していたと伝える。「大見城」は、かつて「御実城」だった可能性が高い。大見城平に居住していた武士たちの飲料水は、雨池と称される人工的な窪地④であろう。B曲輪は諏訪神社の跡と伝えられており、大見城平全体を見下ろし、監視するのには良い場所である。

大見城平からは、⑤から⑥の内枡形虎口、そして土塁と石垣で構築された虎口⑦を通ったと推定する。ここからは曲輪の両脇に付設された小段のような腰曲輪にいったん取り付き、上部の曲輪に入ったのだろう。階段状に並べられた尾根上の各曲輪を進み、虎口⑧に入ったと推定できる。これが山麓から主郭Cまでのルートで、直接、主郭に到達している点に注目したい。

次に、尾根上の主要曲輪群について述べる。ほぼ尾根の突端に位置し、山麓からの曲輪群と直結し、最大の面積を持つC曲輪が伝承通り「主郭」である。南側は上幅二六メートルの大堀切⑨で尾根続きを完全に遮断する。主郭Cは上下二段の平坦面から構成され、下段平坦面は二三×五六メートルの広々とした平坦面で、しかも整然と削平されており、いかにも城主が駐屯するにふさわしい曲輪だ。西側切岸には一部、石垣が残っている。井戸⑩（現存せず）は、山頂主要曲輪群に駐屯する武士たちの飲料水をまかなっていたのであろう。

主郭Cから北東へ続く尾根上にDEF曲輪が設けられ、各曲輪間には遮断性の強い大堀切がある。おそらく、平時は吊り橋を掛けて通行し、合戦時は敵軍の侵入を防ぐために外していたと考えられる。土塁⑪⑫⑬は、橋台であろう。主郭C～F曲輪の基本的な縄張りは、尾根続きを堀切で遮断する単純な縄張りで、一六世紀後半以前と推定する。

E曲輪は、主要曲輪群の中で唯一、土塁で構築された明確な虎口⑭を設ける。現在は林道造成で破壊されてしまったが、かつては図3のようになっていたようで、⑮地点から屈曲して入っ

石の門東側石垣

石の門西側石垣

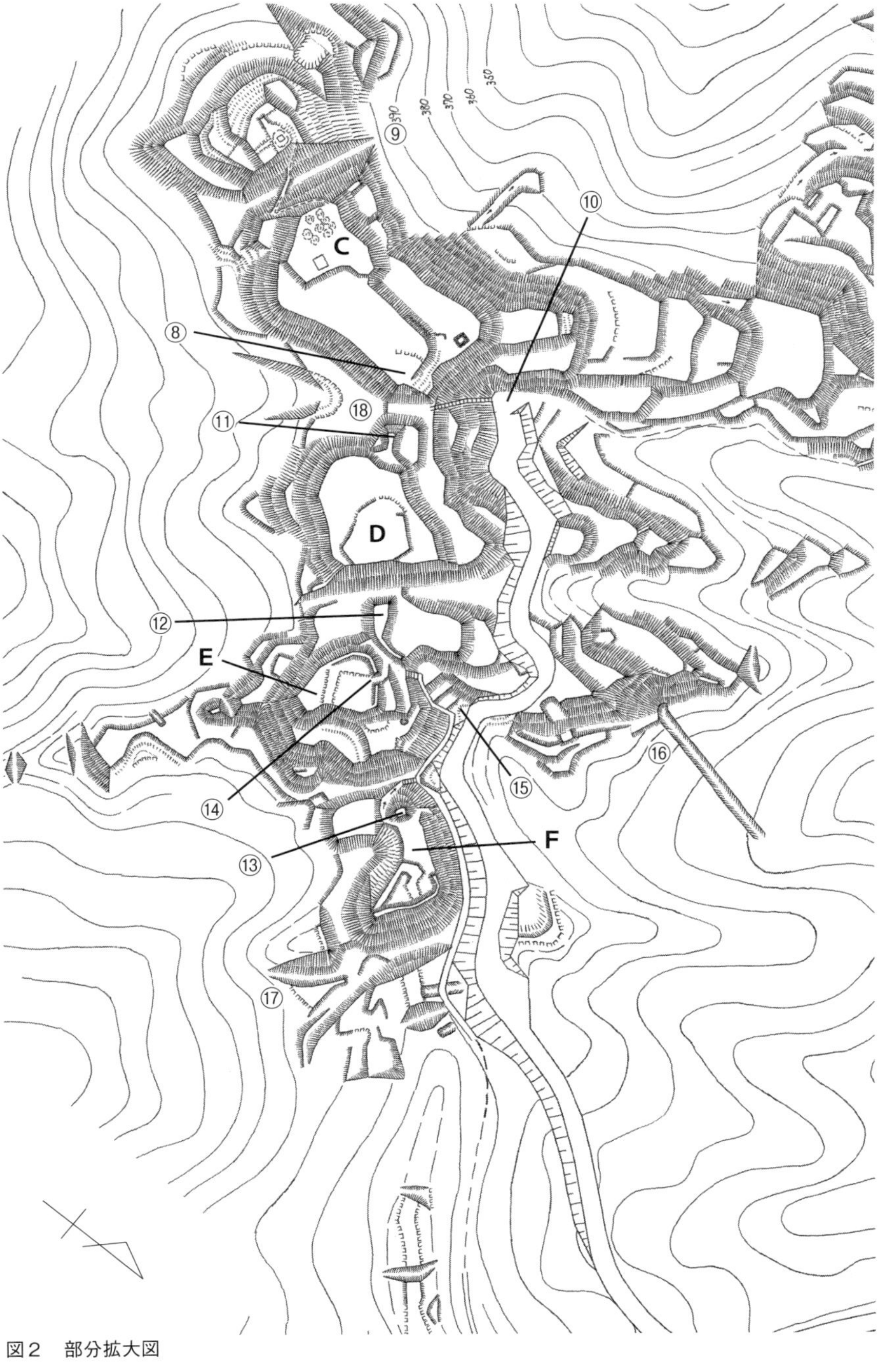

図2　部分拡大図

たと考えられる（矢印参照）。Ｅ曲輪の土塁は、ほぼ虎口⑭方面のみに設けられており、この方面を意識して設けたことがわかる。⑮地点付近は、高さ一〇メートルにもおよぶ切岸と、松倉城唯一の横堀がセットになった遮断線を形成していた。

遮断線に行く手を阻まれた敵兵は、⑮地点から虎口⑭に進んだと考えられ、そのため、虎口⑭周辺だけに土塁が設けられたのである。もちろん、虎口⑭に進まず尾根を回り込もうとする敵兵もいたであろう。そのような敵兵を阻止するために、竪堀⑯を設けた。切岸・横堀・竪堀・土塁虎口・通路・曲輪を効果的に組み合わせた、見事な防御ラインと評価でき、一六世紀後半以降に改修されたものであることがわかる。

Ｆ曲輪の堀切⑰側には湾曲した塁線土塁を設け、この方面を警戒している。堀切⑰は深さが一六メートルもあり、松倉城内で最深である。城域の端部を大規模な堀切で遮断し、曲輪に湾曲した塁線土塁を設けるパターンは、能登七尾城の長屋敷と共通の縄張りで、松倉城の改修者が推定できる重要な縄張りとなる。

以上のことを考えれば、⑮地点から虎口⑭までの一連の防御ラインおよびＥＦ曲輪付近は、天正六年から同十一年に上杉景勝が改修（新築）したと考えられよう。天正六年、上杉謙信死去以降の上杉氏は、織田軍の快進撃で窮地に立たされており、城郭を改

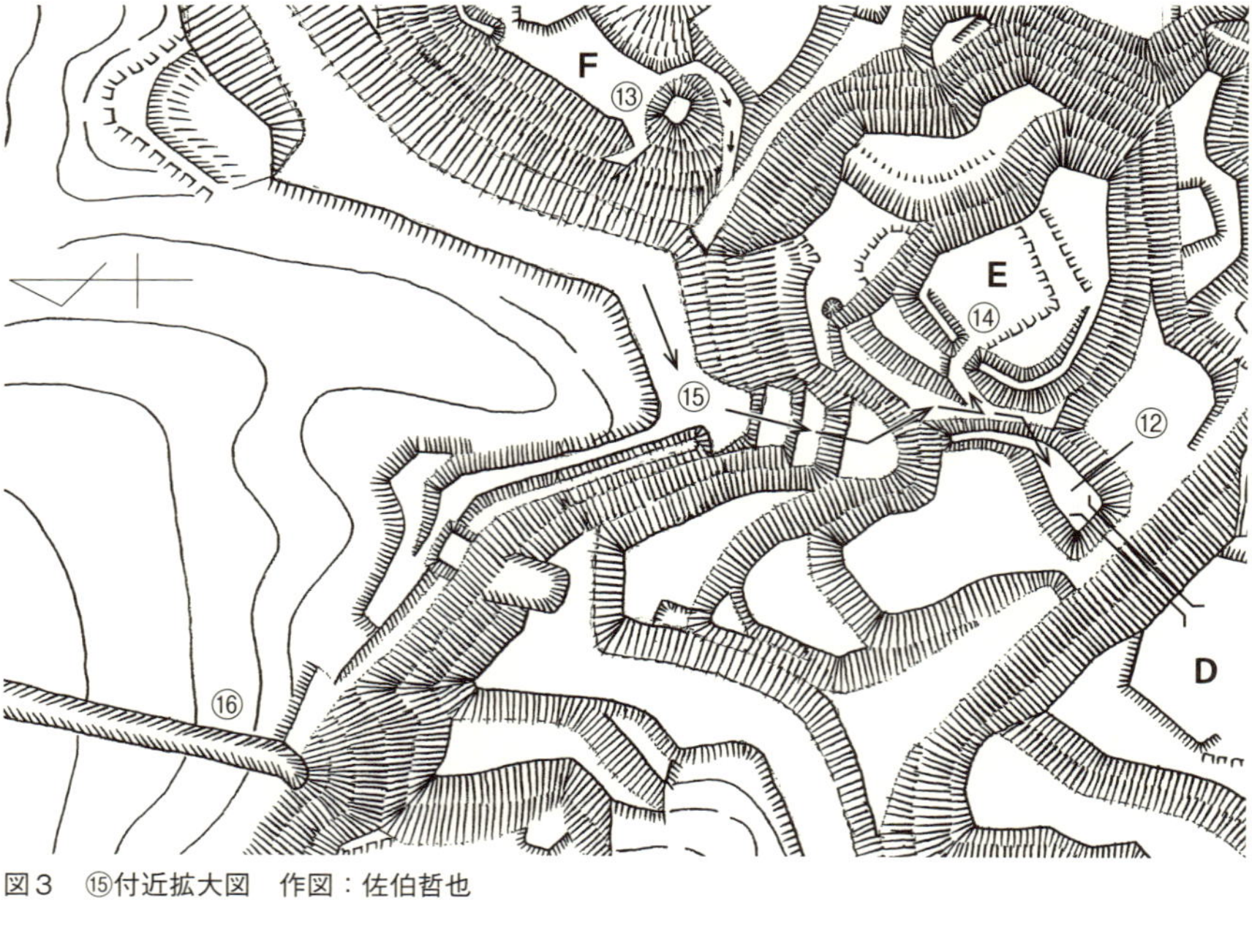

図３　⑮付近拡大図　作図：佐伯哲也

修して防御力を増強する必要性に迫られていたのである。

【発掘調査】　平成四年から同七年度にかけて、魚津市教育委員会が試掘調査を実施している。*1

発掘報告書では、堀切⑱について「一六世紀前半までは空堀の機能を保つための修築が行われていたが、一六世紀中頃から空堀の機能は重視されなくなり、放棄されていたとみなすことができる。一六世紀中頃に、松倉城の防御システムの大きな変革が想定される。一六世紀中頃には本丸・二の丸間の空堀が防衛上あまり意味を持たないような松倉城の拡大・拡充が考えられるのではなかろうか」と述べている。筆者がE曲輪付近の縄張りから考えた推論と、まさに一致する。

大見城平および堀切⑱から出土した遺物は一五～一六世紀のものが大半で、わずかながら一七世紀前半の遺物も出土したので、「故墟考」が慶長年間まで使用していたという記述を裏付ける結論となった。さらに、大見城平の「土師器皿の出土頻度は本丸・二の丸間の空堀とさほど変わらないことから、城主もしくは、それに匹敵する地位に相当する人物が館を構えていた可能性を指摘できる」と述べており、これも城主居館という推定を裏付ける結果となった。

【まとめ】　城下町から登る大手道が、石門を通過して大見城平に入るのは、やはり大見城平が城主居館だったことを物語るのであろう。山上の主要曲輪群の基本構造は一六世紀後半以前に構築され、EF曲輪は一六世紀後半以降に改修されたと推定される。おそらく、上杉景勝時代の改修と思われるが、窮地に立たされた上杉氏の実情を如実に表した縄張りとして興味深い。

織豊政権の改修がどの程度およんでいるか不明だが、大部分は上杉氏時代の遺構だろう。天正十一年までの上杉氏拠点城郭の遺構を考える上で貴重な城郭であるし、畝状空堀群が存在しない点にも注目したい。

*1　麻柄一志・塩田明弘「魚津市松倉城の試掘調査」（『魚津市立博物館紀要』第五号、一九九九年）。

堀切⑰。大規模な遮断施設

〈平峰砦〉　松倉城の北東端を防御する通称「平峰」と呼ばれる尾根上に位置する。松倉城の主要曲輪群を防御するための支城として築城されたのだろう。虎口⑲は、小規模ながら明確な内枡形虎口なので、平峰砦が一六世紀後半に築城されたことを物語る。

　堀切⑳は、堀底に土塁を設けて動きにくくしている。堀底に土塁の障壁を設けているのは、松倉城周辺ではここにしか残らない非常に珍しいものだったが、残念ながら遊歩道によって一部破壊されてしまった。

〈石の門〉　図4参照。古くから松倉城の大手門と伝えられており、中世の北陸道「山の道」が通っていた場所でもある。両側には「石の門」の由来となった石垣（44頁写真参照）が残る。平成十六年度の発掘調査により、石の門の構築年代は一六世紀代と推定された。

　一六世紀代という構築年代に筆者は異論はない。しかし、石垣の上に重量構造物が建っていた形跡はなく、いわゆる櫓門を構築するための石垣とは考えられない。したがって、構築者も織豊政権の武将とするわけにはいかない。さらに、土塁や切岸も含めて防御性は感じられない。おそらく、椎名氏が城下町の正門として、支配者の権力を誇示するために石垣を取り入れたと推定される。

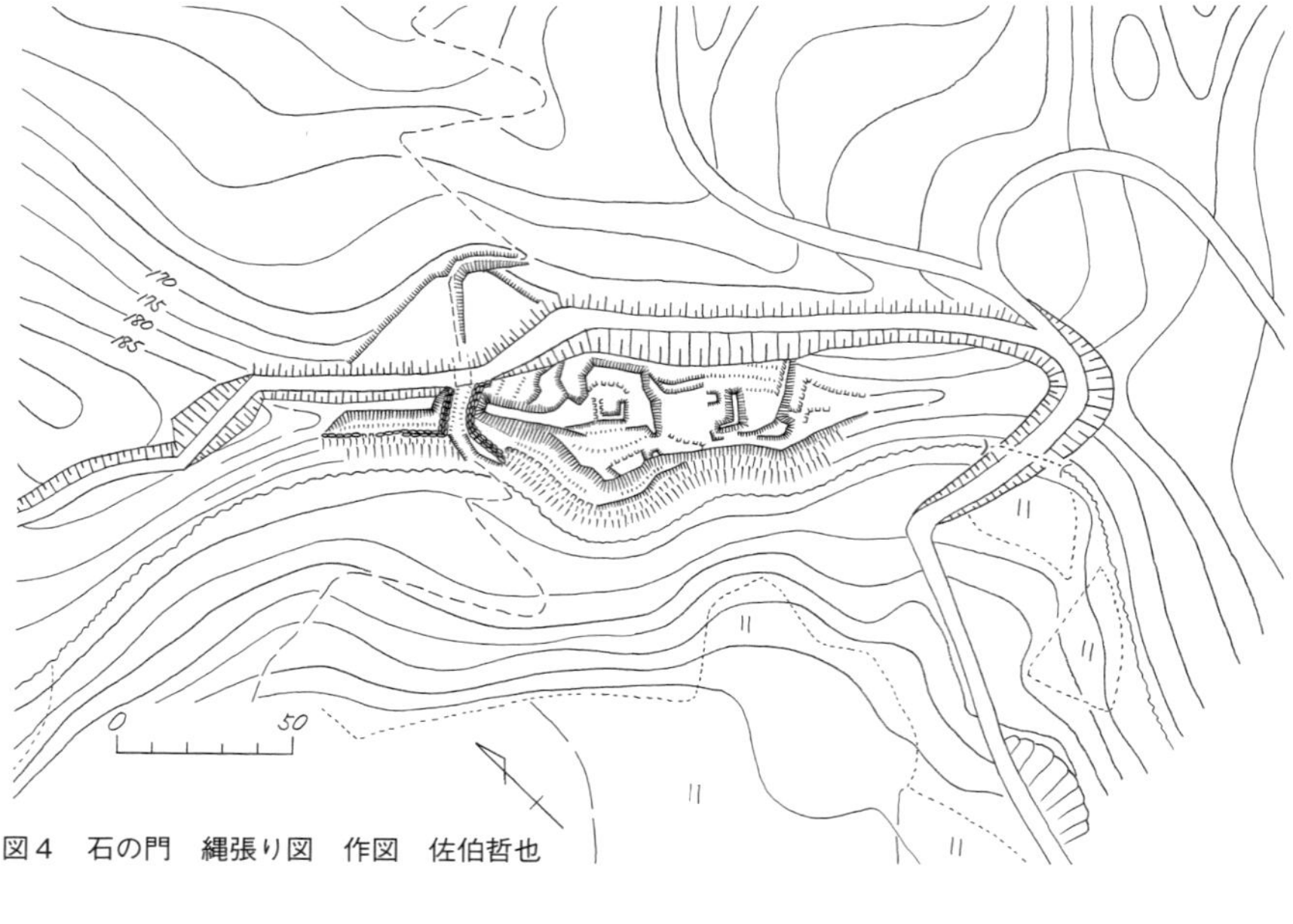

図4　石の門　縄張り図　作図　佐伯哲也

山岳信仰と在地土豪城郭の遺構が混在

5 蓑《みの》輪《わ》城《じょう》

①中新川郡上市町護摩堂及び滑川市蓑輪
②護摩堂城
③標高490m、比高110m
④B（少し登る、やや登城しにくい）

【立地】 通称「城山《しろやま》」山頂に位置する。城跡からの眺望はすばらしく、とくに早月谷の上下流を広範囲に見渡すことができ、これを強く意識して選地されていることを物語っている。早月谷から見た山容は美しい三角形で、信仰の山にふさわしい。城跡の西側に位置する護摩堂《ごまどう》集落は、その名が示す通り宗教遺跡が存在する。城跡を含めた護摩堂集落一帯が、山岳宗教施設として使用されていたのだろう。

【城主・城歴】 ほぼ不明と言ってよく、「故墟考」に蓑輪平太左衛門が居城していたと伝えるのみである。北麓には蓑輪集落が存在していることから、蓑輪氏は蓑輪集落一帯を支配する土豪と考えられる。

【城跡】 城跡に送電鉄塔が建っているため、その巡視路を通れば比較的簡単に城跡まで登れる。送電鉄塔により一部破壊されているが、遺構の保存状態は良好である。城内最高所のA曲輪が主郭。背後に堀切①を設けて尾根続きを遮断する。主郭Aは大型の櫓台となり、そのまま尾根続きを監視している。

　南側の尾根続きを相当警戒していたらしく、土塁囲みのB曲輪を設けて城兵駐屯所とし、二重堀切②を設けて完全に遮断している。二重堀切②より、さらに尾根続きを約四〇〇メートル南下した場所に堀切（図には記載していない）を設けているが、城館施設としての堀切かどうかは慎

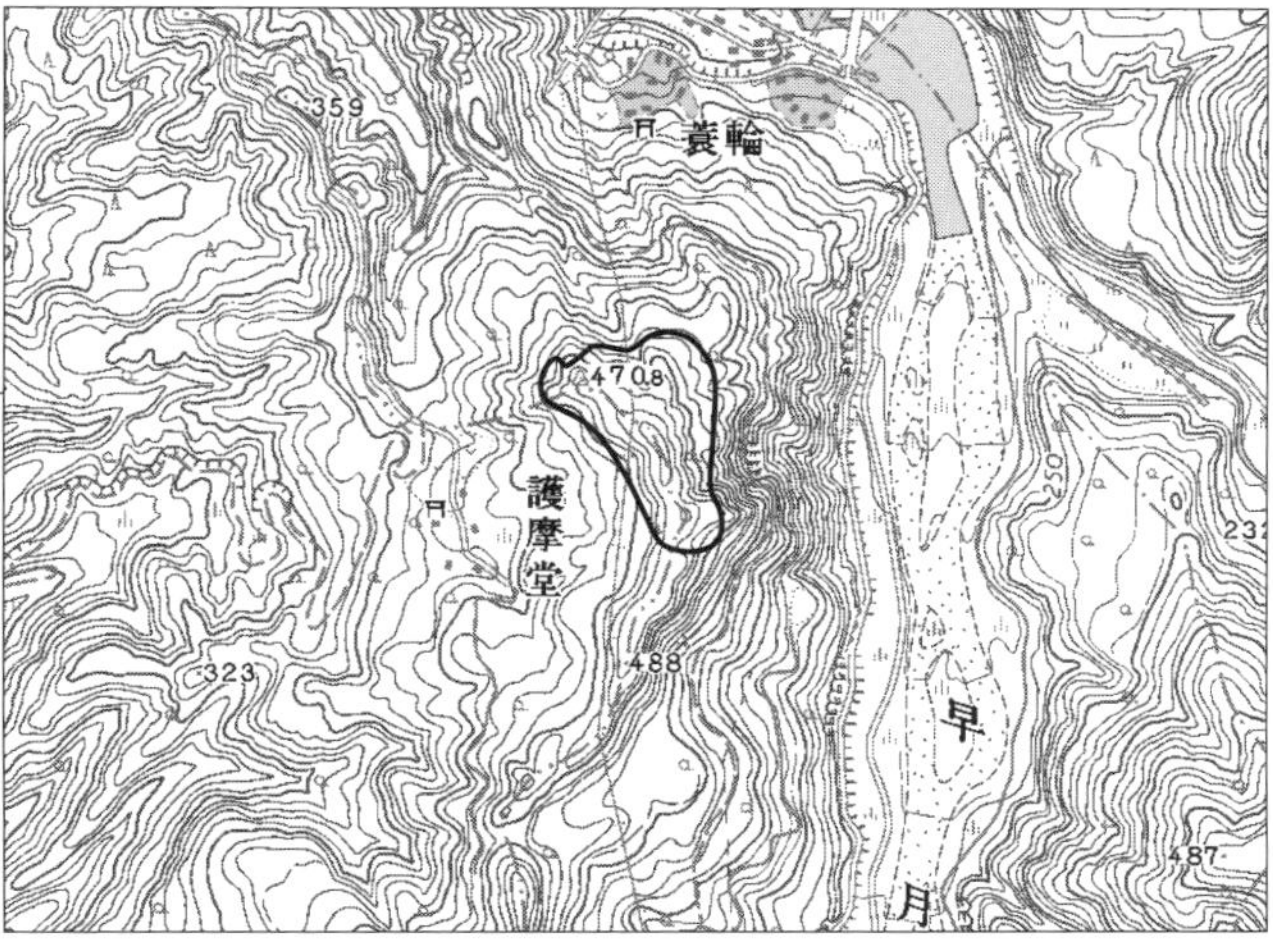

重な検討が必要だ。

主郭Aの両側に土橋状の通路を伸ばし、下部のCD曲輪と連絡している。土橋通路は曲輪の出入り口、すなわち虎口である。虎口は平虎口で横矢はまったく掛かっていないが、それでも虎口が明確になっている点は大いに注目したい。

E曲輪には横矢掛け③が存在

主郭A。大型櫓台として堀切①を監視する

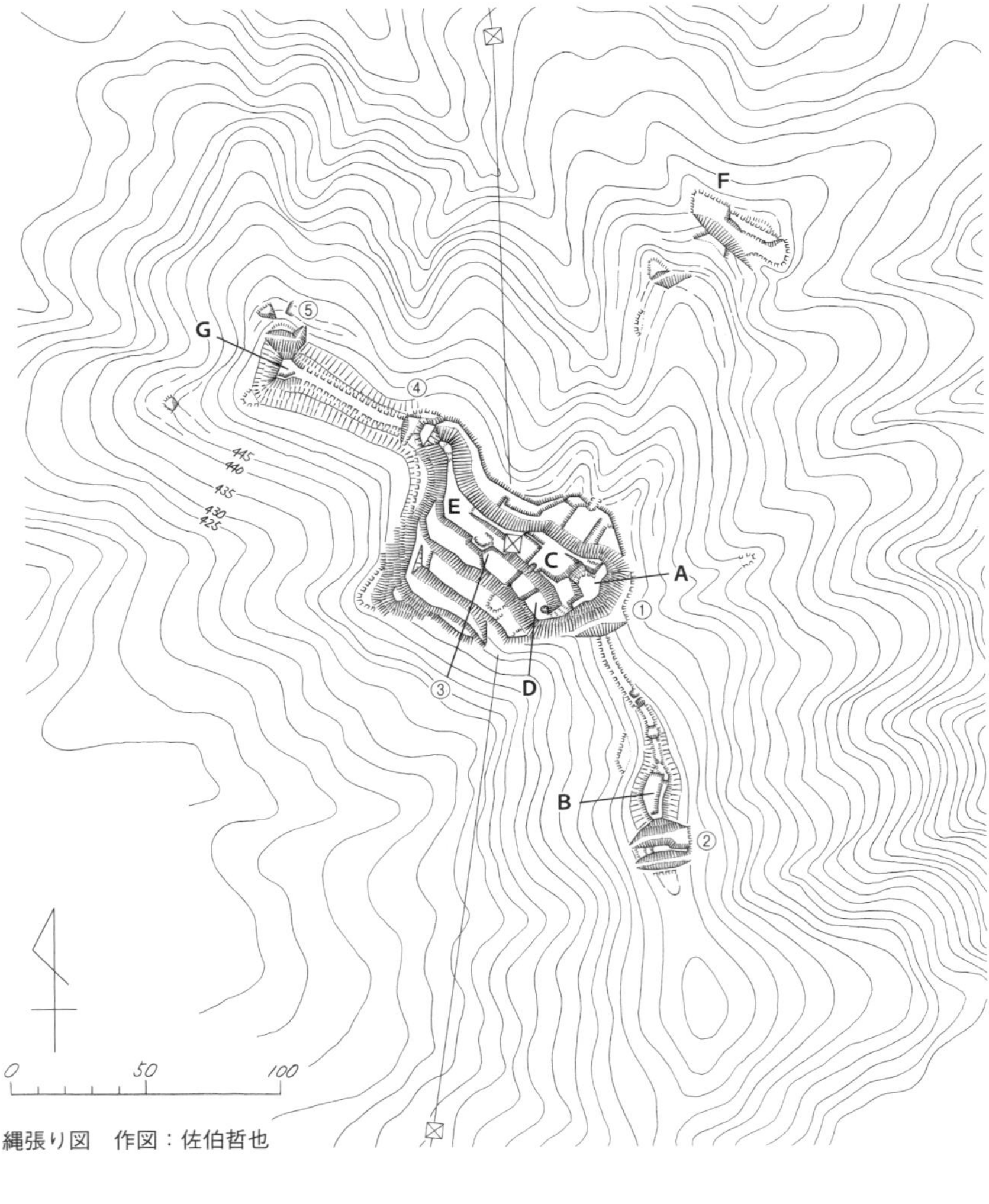

縄張り図　作図：佐伯哲也

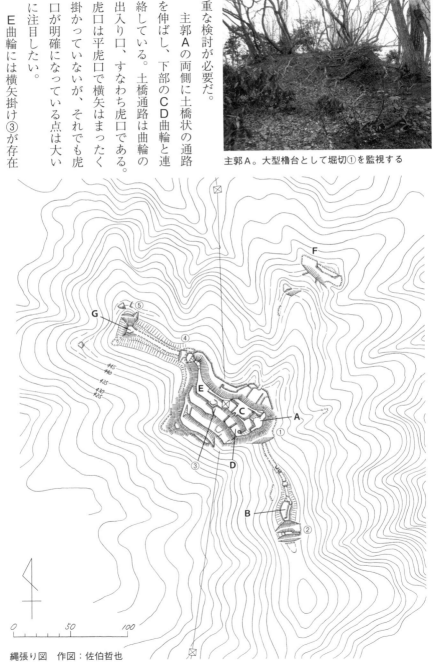

しており、土塁で防御力を増強している。この点も縄張り技術の発展を認めることができる。横矢箇所は敵の攻撃が集中しやすいため、土塁を設けて防御力を増強させているのだろう。D曲輪に残る窪地は、井戸跡と推定される。

北東の斜面側に、「馬出し《うまだ》」と呼ばれるF曲輪が存在する。馬出しとは、出入り口という意味も持つ。F曲輪の下には蓑輪集落が存在するため、蓑輪氏が登城する際の入城門が存在していたかもしれない。

北側の尾根続きには、小規模な堀切④を設けている。かなり破壊されているが、これも堀切とみてよいだろう。突端に小曲輪Gを設け、尾根続きから進攻してくる敵を監視している。堀切⑤を設けて遮断しているが、南側の尾根続きほど大規模な堀切ではなく、城主は敵の主力が南側の尾根続きから進攻してくると推定していたようである。

【まとめ】土橋通路を用いて虎口を明確にし、各曲輪間の通路を確保している点は大いに注目される。しかし、虎口はすべて平虎口で、縄張り全体で防御するまでに発達しておらず、縄張り技術の限界も露呈している。在地土豪城郭の発達過程を示す貴重な城郭と言えよう。天正六年（一五七八）まで下らない一六世紀後半に土豪によって築城（改修）されたと考えられ、蓑輪氏（平太左衛門）在城の伝承は信憑性が高い。

なお、送電鉄塔付近から一四～一五世紀と推定される珠洲《すず》焼と、土師《はじ》皿・天目茶碗・角釘《かくくぎ》・鉄片が採取されている。おそらく、経《きょう》塚《づか》と小祠が存在していたと考えられ、城郭に先行する山岳信仰遺跡の存在が推定されよう。

竪堀①。南側尾根続きを遮断する

「蓑輪城跡」の石碑

北陸における織田・上杉両軍最大の激戦地

6 魚《うお》津《づ》城《じょう》

①魚津市本町
②小津城
③―
④A（平城。遺構は全壊）

【立地】　城跡の西側に北陸街道の浜街道が走る、交通の要衝である。魚津城の水堀は角川《かどかわ》から引水していたと考えられ、角川の河口には中世の魚津港があった。つまり、魚津城は港湾施設を確保した物資の集積地点でもあったのである。角川は、魚津城の南側を防御する天然の堀の役割も果たしていた。角川上流には松倉城[*1]も位置するが、両城ともに上杉氏の最重要拠点であり、両城は角川によって強く繋がっていたといえよう。

【城主・城歴】　松倉城が越中における上杉氏の軍事上の最重要拠点とすれば、魚津城は上杉氏の越中統治の最重要拠点といえる。越後国から船で運ばれてきた武器・弾薬などの物資は、中世魚津港に陸揚げされたあと、いったん魚津城に運ばれ、その後、各地に運ばれていったのであろう。

　のちに、織田・上杉氏最大の激戦地となる魚津城だが、築城時期は明確にできない。魚津城が位置する新川郡の守護代は椎名氏で、『越後下向日記』によれば、冷泉為広《れいぜいためひろ》が延徳三年（一四九一）三月十四・十五日と同年四月十三・十四日に、椎名氏の「椎名館」に宿泊しているのが確認できる。[*2]為広が宿泊した「椎名館」が、魚津城の前身だった可能性は高い。ちなみに、為広は「椎名館」は「風呂アリ」と記述している。椎名氏の居館だった椎名館は、戦国期に入ると城郭（魚津城）として整備されたのであろう。

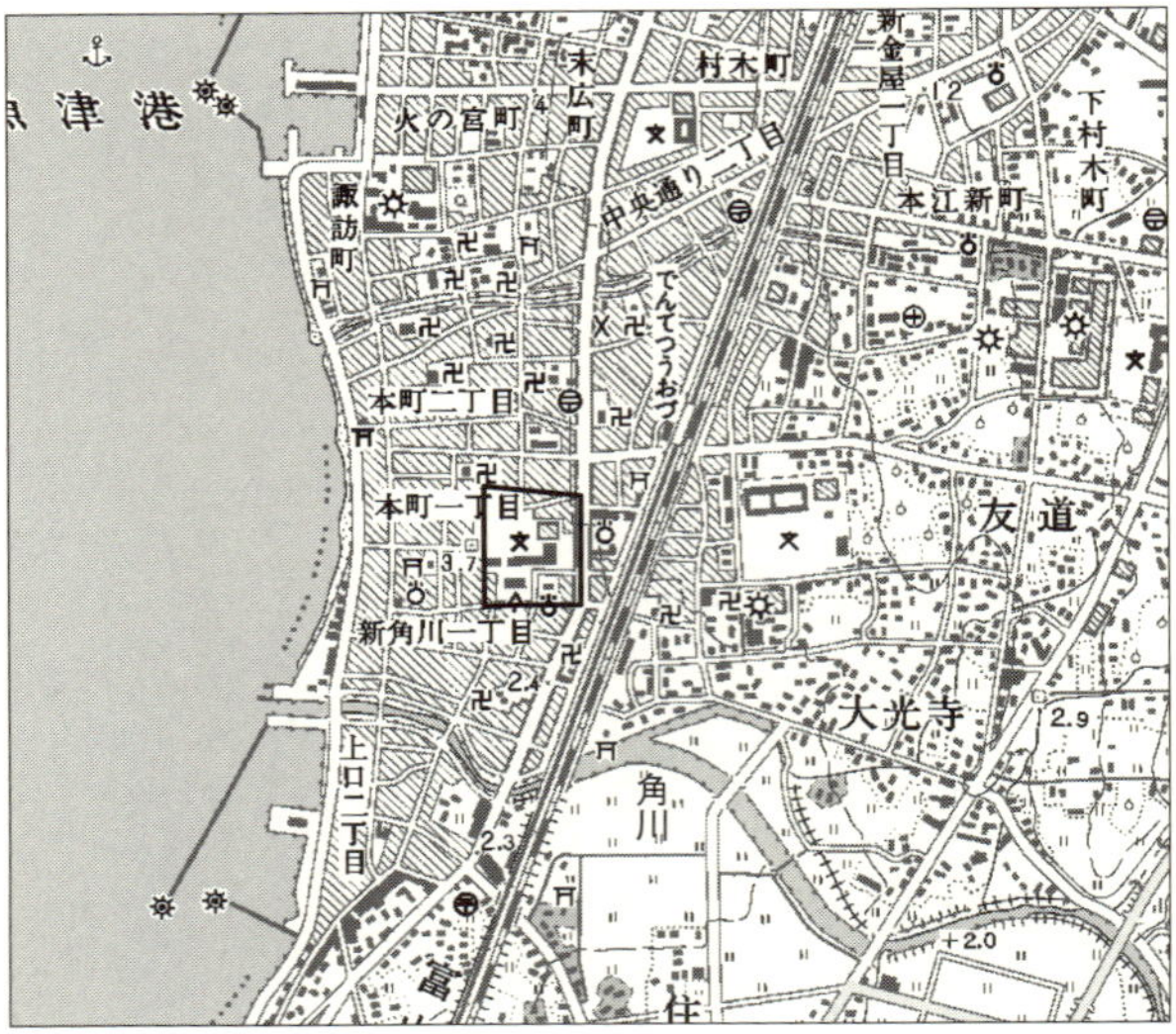

＊1　松倉城　40頁参照。
＊2　小葉田淳「冷泉為広卿の「越後下向日記」と越中の旅路」（『富山史壇』第九十二号、越中史壇会、一九八六年）。

永禄十一年（一五六八）、椎名康胤が武田方に寝返ったため、上杉謙信は康胤の居城松倉城を攻めた。松倉城は難攻不落の堅城のため、元亀四年（一五七三）にようやく落城している。しかし、平城の魚津城は比較的早く落城したと考えられ、永禄十二年十月、謙信は魚津城将に対して、松倉城に籠城する椎名氏の反撃が予想されるので、河田長親が帰城するまで固く守備するよう指示している（文書集一―八一四）。以降、魚津城は松倉城と共に上杉氏の重要拠点として使用された。

天正六年（一五七八）三月、謙信の死去と同時に、柴田勝家を主将とする北陸織田軍の越中進攻が始まり、急速に勢力を拡大する。越中西部の拠点・増山城が天正九年五月に陥落すると、織田軍の攻撃目標は松倉・魚津両城に向けられ、特に攻撃しやすい魚津城に攻撃の重点を置いたと考えられる。上杉氏にとって、魚津城を失うということは越中全土を失うことになる。こうして、越中の覇権をかけて、上杉・織田軍最大の激戦が繰り広げられた。

織田軍は、主将柴田勝家以下、前田利家・佐々成政等三万八千とも四万八千ともいわれる大軍で魚津城を包囲した。これに対して上杉軍は、家中でも名将といわれる中条景泰《なかじょうかげやす》以下の十二将が籠城したが、兵力はわずか五千といわれ、当初から窮地に追い込まれていた。

織田軍の本格的な魚津城攻めは、いつ頃から始まったのであろうか。天正十年四月二十三日付魚津城十二将連署状（文書集二―二三五九）に「夜昼四十日に及び、相責め申し候といえども」とあるので、逆算すれば、三月十日頃から織田軍の攻撃が開始されたことがわかる。

『絵本太閤記』に描かれた「柴田勝家が魚津城を攻める図」　当社蔵

＊　江戸時代の版本『絵本太閤記』（左図・次頁図　当社蔵）には、魚津城の図（想像図）が何枚か収められている。もちろん、当時の状況そのものではないが、江戸時代になっても激戦として伝えられていたことを物語る。

河田豊前守勇戦して魚津の城に入る図

これに対して上杉景勝は、三月十九日付書状（県史近世上―三二）で、「魚津城救援のため、四月十日頃に出陣する予定」だと述べている。しかし、実際に越後春日山城を出陣したのは、一ヶ月も遅れた五月四日だった。このとき景勝は、「北国弓箭の是非を付くべく候に相定めて打ち立ち候」（文書集二―二三七二）と、決戦の覚悟を述べている。

魚津城をめぐる両軍の攻防は激戦を極め、織田軍は「ほりきハ（堀際）までとりつめ、にちや（日夜）てつはう（鉄砲）はなし申候」（文書集二―二三三五）と、一日中鉄砲を放っていたことが判明する。上杉軍もこれに応戦し、大量の弾薬を消費してしまったのだろう。魚津城将の主将中条景泰は、弾薬は「さいけん（際限）なくいり申候」（文書集二―二三四五）と述べている。これにより、両軍が激しく応酬した鉄砲戦が行われていたことがわかる。

鉄砲だけではない。織田軍が大砲を使用していたこともわかっており、中条景泰は織田軍が「大つつ（筒）」を放っていると述べている（文書集二―二三四五）。北陸で大砲が使用された確実な事例としては、最古のものである。ただし、この大砲はあまり役に立たなかったらしく、前田利家は五月二十七日付書状で、兄安勝《やすかつ》に「大鉄砲、すあい（銃腹）ちい（小）さくて、用に立ち申さず候、いなを（鋳直）させ申すべく候」（県史近世上―四〇）と述べている。ちなみにこの「大鉄砲」は、利家が六月一日付書状で「大鉄砲鋳立《いた》て候の由、殊に見事に出来《しゅったい》候の由、満足申し候」（「武士編」第一章―五六）と述べ、修理が完成している。*3

このように、当初から織田軍は兵力・装備の点で上杉軍を圧倒していた。四月二十三日付魚津城十二将連署状（文書集二―二三五九）で、魚津城十二将は、織田軍が「壁きわ迄取詰」ており、このままでは「各《おのおの》滅亡と存じ定め申し候」と述べ、早くも窮地に追い込まれていた。さらに、五月六日に「二丸」が奪われ、「本城」だけとなる（県史近世上―三九）。利家は「兵粮并《なら》びに鉄砲

上杉景勝、柴田が陣中に矢文を送る図

の玉薬これ無く候、城内も正体無く候の由申し候」と述べ、落城が近いことをうかがわせている。

織田軍がすさまじいのは、魚津城攻防戦の最中に、越後国の国人たちの切り崩しを行っていることである。柴田勝家の養嗣子《ようしし》柴田勝豊《かつとよ》は、山浦（村上）義長に*4天正十年四月十六日付の書状を送っている（文書集二-二三四九）。勝豊は義長に「別して御忠信肝要《かんよう》に候」と述べ、魚津城はまもなく落城するので、落城後すぐに越後に進攻したいと述べている。山浦氏は上杉一門で、義長の兄景国《かげくに》は海津城（長野市）主をつとめ、北信《ほくしん》四郡の支配を任された上杉家の重鎮である。織田軍はすでに魚津落城を見据え、落城後に来るであろう越後本土決戦に備えて行動していたのである。

上杉軍の劣勢は目を覆うばかりで、五月二十六日、唯一の支城だった松倉城からも撤退し、決戦を明言していた景勝も、本陣の天神山城を捨ててこの日に越後へ帰陣してしまう（県史近世上-四〇）。

こうして、孤立無援となった魚津城は、約八十日間にもおよぶ激戦の末、六月三日に落城した。六月五日付書状（県史近世上-四一）で、佐々成政は「大将分十三人、その他城中に籠もり候者は一人も残らず悉く討ち果たし申し候、この利に乗じ越後軈《やが》て討ち果たすべき事眼前に候」と述べる。魚津城将十二人（十三人？）*5はもちろんのこと、城兵全員が討ち死にした壮絶な最期だったことが判明する。しかし、ここで重要なのは、六月二日に発生した本能寺の変を成政がまだ知らなかったということである。もちろん景勝も知らず、来襲する織田軍に備えるため、六月七日付書状で越後国境を固める指示を出している（文書集二-二三八九）。

織田軍が本能寺の凶変を知ったのは六月六日のことで、六月九日付書状（「武士編」第一章六〇）で景勝は、「越中柴田修理亮を初め、賀州の者共在陣せしめ候つるに、六日夜中に地利々々を打ち明け、悉く敗北す」と述べている。ちなみに、景勝が知ったのは六月八日のことである（文

（右ページ）魚津の城兵、柴田が人質を殺して生害する図

＊3　魚津落城が六月三日だったことを考えれば、この「大鉄砲」はほとんど役にたたなかったようである。

＊4　山浦（村上）義長はこの裏切り行為により、越後から出国している。

＊5　魚津城に籠城する城将たちは、十二人の連署状で書いている。しかし、成政は十三将としており、一人合わない。

書集二―二三九一）。結果的に景勝が魚津城を見捨てたことが幸いして、損害は必要最小限に止まった。景勝が決戦を強行していたら、上杉家は滅亡していただろう。本能寺の変を考えれば、景勝の英断（?）は最良の結果をもたらしたといえる。

織田軍が放棄した魚津城を、六月二十三日までに景勝が奪還（文書集二―二四二四）し、須田満親を置いている。しかし、佐々成政の反撃も早く、翌天正十一年三月十九日から二十九日の間に攻め落としている（文書集二―二七〇三・二七一七）。このとき景勝は、たびたび魚津城救援のための出陣を約束していながら、ついに出陣しなかった。出陣が遅れる理由として、「縦ひ海上我が儘《まま》成らずとも、順風次第に候」（文書集二―二七〇三）と、なんとも暢気なことを述べ、出陣は四月十日頃になるとしている。結局、景勝は出陣せず、魚津城は落城した。このような言動は、家臣たちにどのように映ったことであろうか。

魚津城を落城させた成政の作戦は誠に用意周到で、まず越後・越中国境の宮崎城を落城させて魚津城を孤立させる。そして、越後勢の反撃に備えるために奪還した宮崎城の普請を強化し、国境付近で放火して人心を動揺させた。成政は魚津城を力攻めにするのではなく、まず「二之丸」を打ち破り、「裸城」になったところで城主の須田満親を助け、船で越後へ送っている（文書集二―二七九三）。爽やかさすら感じる、名将成政の戦いぶりである。

以後、魚津城は佐々氏・前田氏が使用し、元和元年（一六一五）の一国一城令により廃城になったと考えられる。しかし、堀などはそのまま残され、城跡には加賀藩の米蔵や武器蔵が置かれ、明治維新を迎えた。これは万一の場合、籠城するための措置と言われている。

【城跡】　現在、城跡に小学校や裁判所が建ち、遺構は残っておらず、小学校の校庭に「魚津城址」と刻まれた石碑（写真1）がポツンと残るのみである。ただし、江戸時代に作成された絵図

写真1　魚津城址の石碑

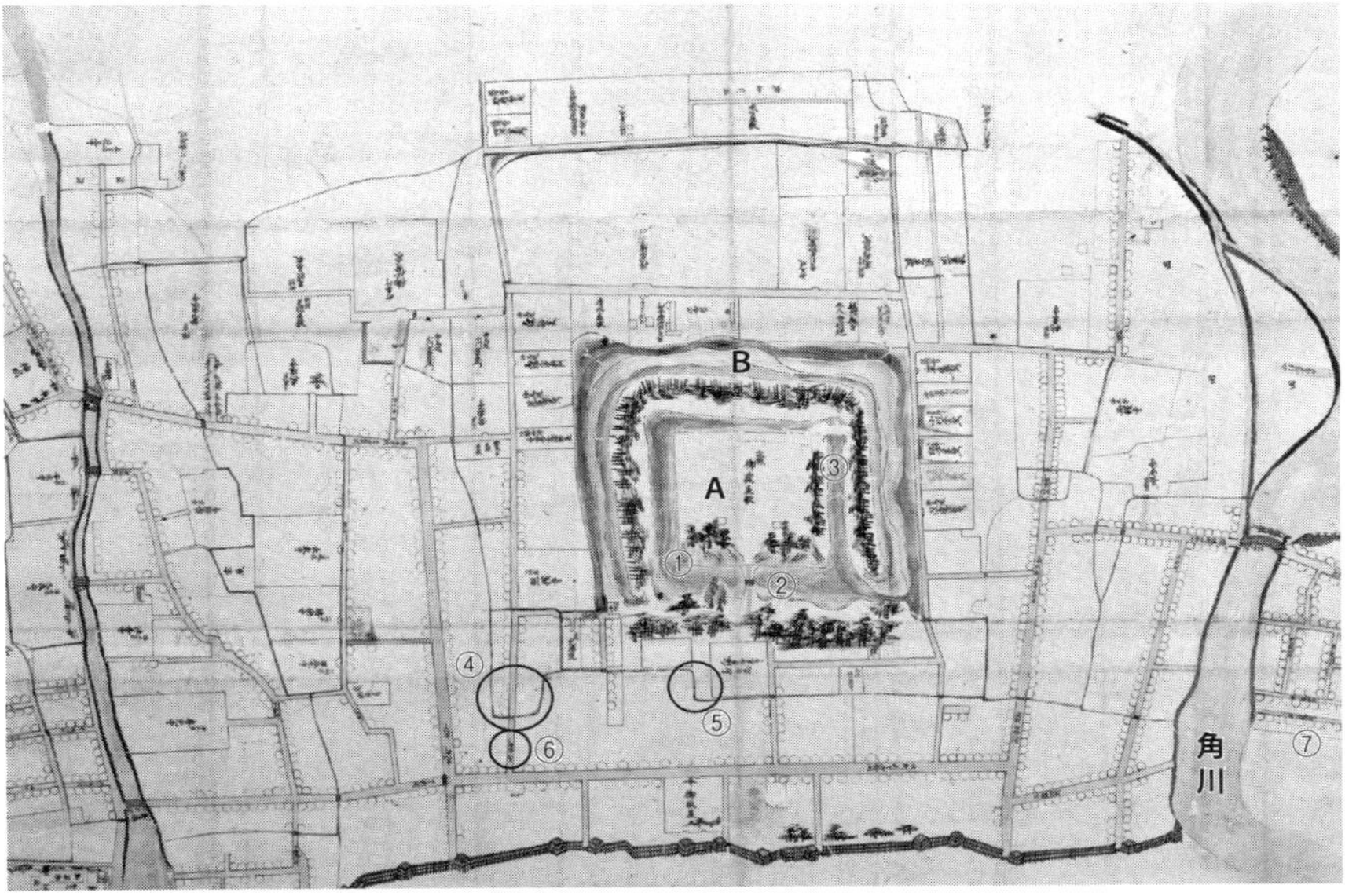

図1　越中魚津町惣絵図　魚津市立図書館蔵

が、当時の魚津城の縄張りを物語ってくれる。それが、天明五年（一七八五）越中魚津町惣絵図（魚津市立図書館蔵、図1、以下、「天明図」と略す）である。

中央に正方形の本丸A、北・東・南の三方を巡る二之丸Bを描く。そして、本丸A・二之丸Bの外側に土塁と水堀を描いている。天明図は二之丸の間にさらに一本の水堀を描くが、他の絵図には描かれておらず、詳細は不明である。いずれにせよ、本丸の周囲に帯曲輪のような二之丸が配置されていた縄張りを読み取ることができる。

注目したいのは、周囲を巡る用水で、必要以上に屈曲している点である。特に④と⑤はその傾向が著しく、用水が魚津城のかつての惣曲輪の外堀だったと考えてほぼ間違いないだろう。⑥は「馬出町」と書いていることから、惣曲輪からの出撃路が存在していたのか

写真2　旧本丸跡地のグランドは周囲より一段高くなっている

写真３　小学校グランド築山。かつての櫓台の可能性がある

もしれない。なお、⑥付近は現在、出丸町と呼ばれている。さらに、用水（惣曲輪外堀）は⑦の角川と繋がっており、魚津城が河口の中世魚津港と繋がっていたことを示している。

上杉家文書の中に、当時の魚津城の構造を示す記述がいくつか見られる。まず、主将中条景泰が駐屯する曲輪は、「いちのとはり」（一の戸張）と呼ばれていた。おそらく、これが本丸Aであろう。なお、景泰は「ひかしのまるとはり」（東の丸戸張）も守備していた。これが二之丸Bだった可能性が高い。寺嶋長資《てらしまながすけ》が守備する「たかなしくるわ」（高梨曲輪）の位置は不明である。

前田・佐々文書では「本城」「二丸」「二之丸」が登場するが、もちろん、これが本丸A・二之丸Bである。さらに、上杉家文書には「そうくるハ」（惣曲輪）が存在し、「うミのくち」（海の口）と船で繋がっていたことが記述されている。つまり、魚津城は中世魚津港と繋がっていたのである。

このように、「天明図」は当時の文献史料との符合性が高く、非常に信憑性が高い。それだけに、遺構が残っていないのは残念でしかたがない。ちなみに、魚津城の推定復元図が図２（『魚津市史上巻』魚津市役所、一九六八年）である。

確定するのは難しいが、当時の遺構と推定される箇所がいくつかある。まず、①に残る築山（写真３）は、本丸のコーナーに位置していることから、かつての櫓台だった可能性がある。また、②（写真２）には段差が認められ、かつて主郭Aは、周囲より一段高かったこと、さらに、③（写真４）は一段下がっており、かつての堀を埋めて整地したことが推定される。

写真４　旧本丸水堀跡は周辺より一段低い

写真５　石碑の周囲に残る矢穴石

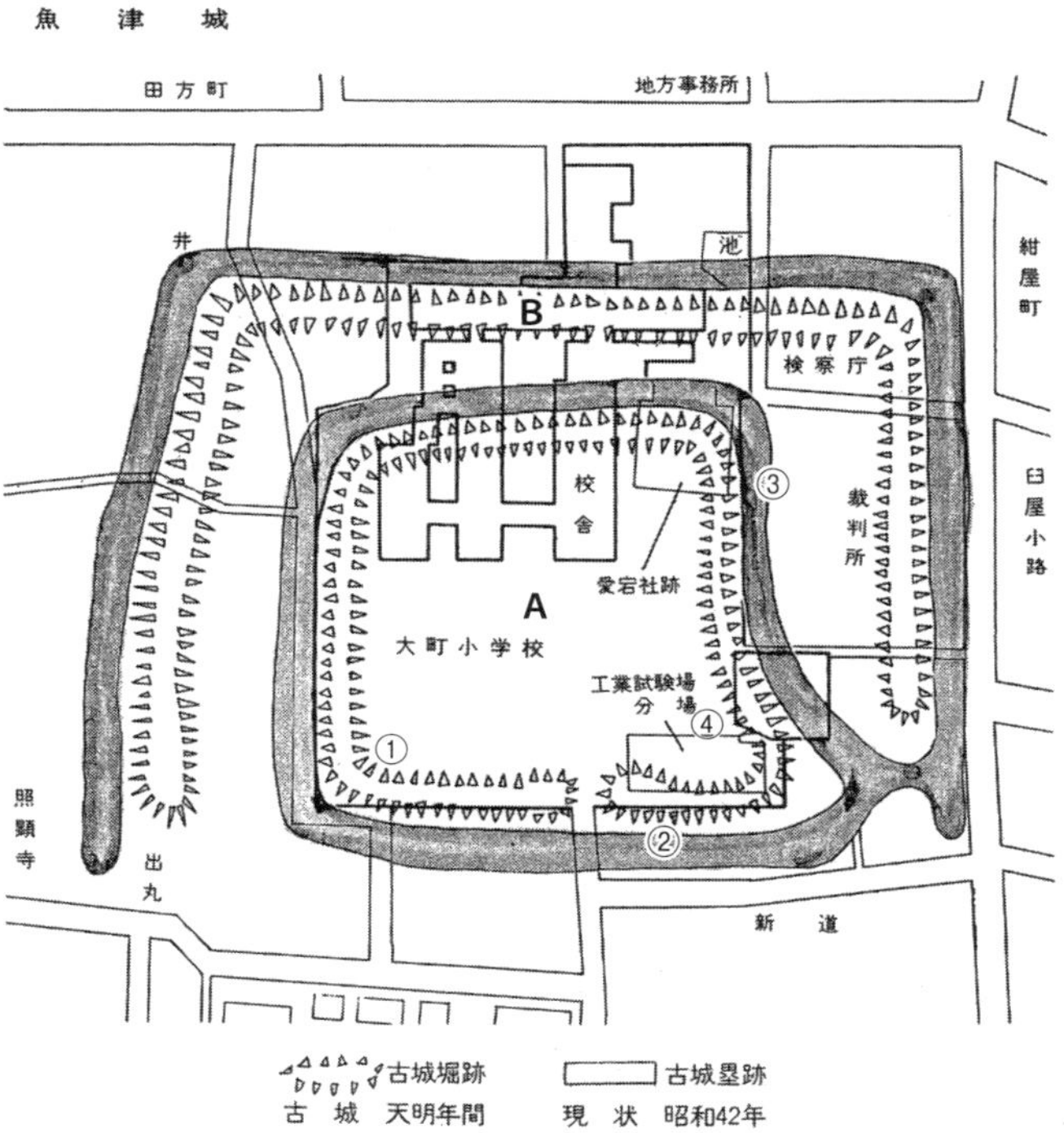

図2　魚津城の今と昔の比較対照図

さて、現在ほとんど注目されていないが、石碑「魚津城址」の周辺に、矢穴石が数個残っている（写真5・6・7）。古川知明氏の教示によれば、矢穴の大きさは富山城石垣の石材と一致するという。明治維新後、魚津城付近に新川県庁や下新川郡役所が置かれていたことを考慮すれば、これらの施設を整備するために、富山城の石垣を解体して石材を当地に運んだ石材こそが、現存する矢穴石であると推定したい。

【まとめ】　以上述べたように、魚津城は上杉・織田両軍の攻防戦を、一次史料によってほぼ再現できる稀有な事例である。そして、信憑性の高い絵図により、縄張りも再現することができる。今後は発掘調査により、確実な情報を基に復元していくことが重要な課題である。

写真6・7　左右とも矢穴石。富山城の石垣の石材と考えられる

在地土豪が構築した内枡形虎口が特徴

7 千石山城《せんごくやまじょう》

①中新川郡上市町千石
②—
③標高757m、比高460m
④B（少し登る、やや登城しにくい）

【立地】　千石集落（廃村）からの比高が四六〇メートルもあり、尾根の両斜面を急峻な地形に守られた天然の要害*1である。上市川《かみいちがわ》および早月川に挟まれた尾根上に位置し、城跡に立てば、両川沿いの集落を一望することができる。

【城主・城歴】　千石山城は、堀江城（滑川市堀江）の詰城と伝えられている。「故墟考」では、土肥弥太郎が堀江落城の際、千石山城に逃げてきた、また、弓庄《ゆみのしょう》城主土肥政繁《まさしげ》が築城したとも記述する。

上市川中流域には堀江庄があり、一四世紀中頃から土肥氏が支配していた。初期の土肥氏の本拠は堀江城で、上市川右岸に位置する。上市川最奥・最高所に築かれている千石山城は、堀江城の詰城としてふさわしい位置といえる。しかし、堀江城は永禄十二年（一五六九）に落城し、土肥氏は弓庄城（上市町柿沢）に本拠を移したが、弓庄城も天正十一年（一五八三）の佐々成政の攻撃によって落城し、千石山城も落城したと考えられる。「故墟考」が述べているように、政繁が成政の攻撃を受けるにあたり、千石山城を改修したことは十分に考えられる。

【城跡】　山頂に主郭Aを設けているが、削平は甘く、ほぼ自然地形である。北寄りに櫓台状の高まりを設けるが不規則な形で、実際にどのように使用し

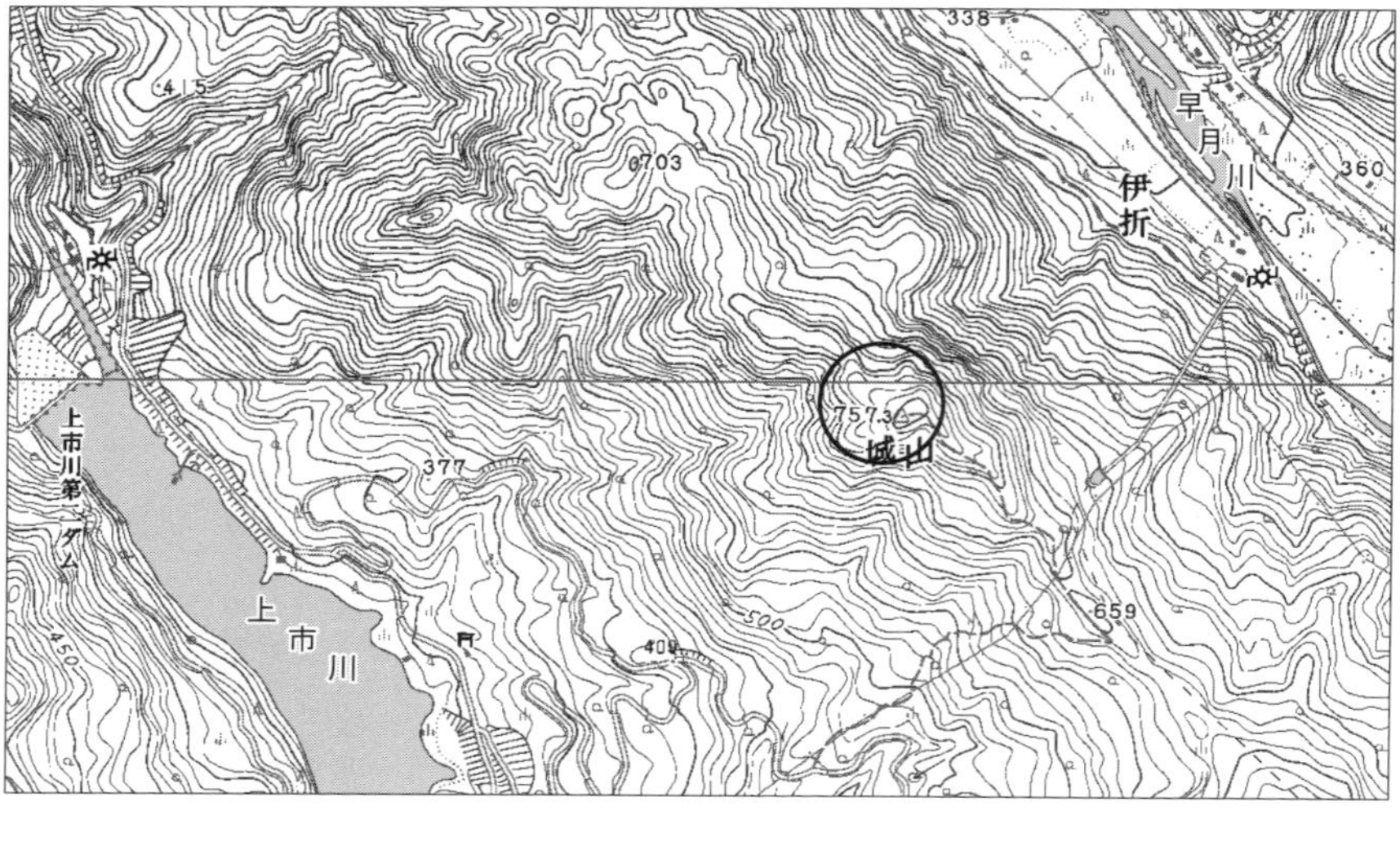

図１　千石山城縄張り図　作図：佐伯哲也

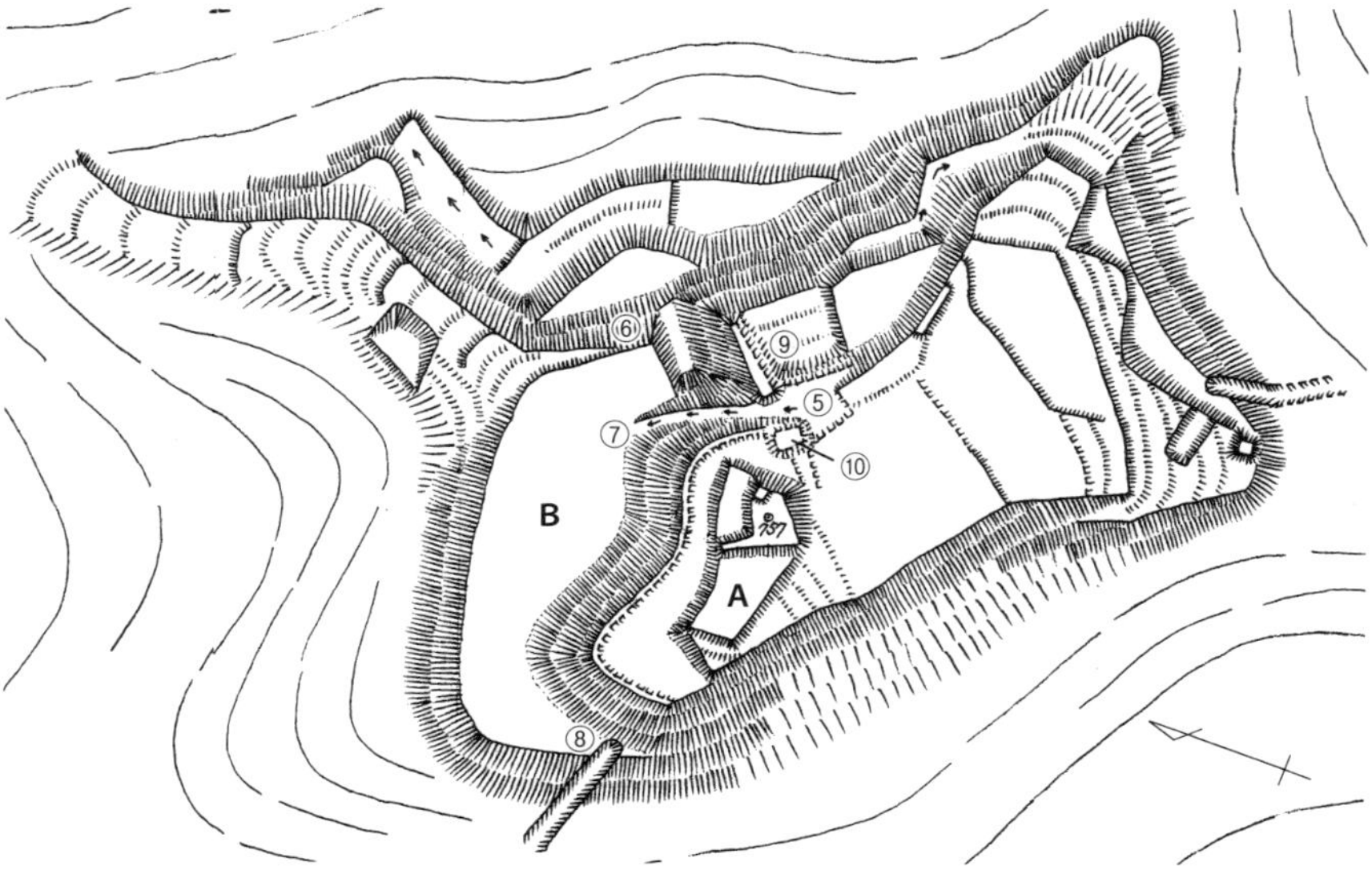

図2　縄張り図　部分拡大図

ていたのかはわからない。主郭Aの南側はゆるやかな傾斜が続くため、南側の尾根続きに堀切①②③を設けて完全に遮断している。北側にも二重堀切④を設けて、こちらも完全に遮断している。

注目したいのは、大手虎口の虎口⑤である（図2）。まず、竪堀⑧と主郭A北側切岸・竪堀⑥で防御ラインを構築し、主郭Aの出入口を通路⑦に限定している。その結果、B曲輪に進攻した敵兵が主郭Aに突入するには、通路⑦を通らざるをえない。もちろん、通路⑦に入らない敵兵もいたであろう。また、東西に廻り込もうとする敵兵を阻止するために、竪堀⑥⑧を設けている。

B曲輪を右往左往する敵軍は、主郭Aからの横矢に晒され、敵軍に直撃される主郭A北側切岸に塁線土塁を構築して、防御力を増強している。

通路⑦を登る敵兵は、主郭Aからの強

＊1　かつては往復一日がかりの大変な山奥だったが、現在は林道と遊歩道が整備され、休日はハイカーでにぎわっている。とくに剣岳を中心とした立山連峰のパノラマは、支障物がなく雄大な眺望が楽しめる。

力な横矢に晒されながら登らなければならない。通路⑦を登りきった敵兵は、土塁⑨と櫓台⑩の間を通過して虎口⑤に入り、直角に右折してようやく主郭Aにたどり着くのである。

　このように、虎口⑤そのものは単純な内枡形虎口だが、それに続く通路は計画的に設けられており、主郭Aからの横矢攻撃や、通路⑦へ誘い込もうとする縄張りの工夫が見られる。単なる内枡形虎口のみにとどまらず、縄張り全体で防御する構造になっており、ハイレベルな縄張りと言うことができる。しかし、虎口⑤は織豊系城郭のように土塁囲みの内枡形にまで発達していないのも、着目点の一つである。

【まとめ】　内枡形虎口と通路がセットになった遺構は、天正六～七年頃に改修されたと推定される樫ノ木城（富山市）や中村城（氷見市、中村城は築城）にも見られ、千石山城の最終年代も、天正年間まで下る可能性を持つ。土塁囲みではないため、土肥氏単独の構築であろう。在地の土豪が上杉氏や織豊政権の影響を受けず、単独で枡形虎口にまで発達させた事例は、富山県内では他に飯久保城（氷見市）しかなく、在地土豪の城郭の発展過程を見ることができる貴重な事例だ。

　弓庄城の詰城は、これまで茗荷《みょうが》谷山《だにやま》城（上市町）だと考えられてきた。しかし、同城には天正年間改修された形跡が見当たらない。したがって、天正十一年頃、佐々成政の攻撃を受けるにあたって、土肥氏が弓庄城の詰城として千石山城を改修したと考えられるだろう。

堀切①。尾根通を遮断する

主郭Aの説明板。主郭からは北アルプスが展望できる

千石山城へ登る遊歩道。整備されて歩きやすい

謙信に叛逆し立山衆徒と同調した寺島氏の城

8 池《いけ》田《だ》城《じょう》

①中新川郡立山町池田
②—
③標高375m、比高130m
④B（少し登る、やや登城しにくい）

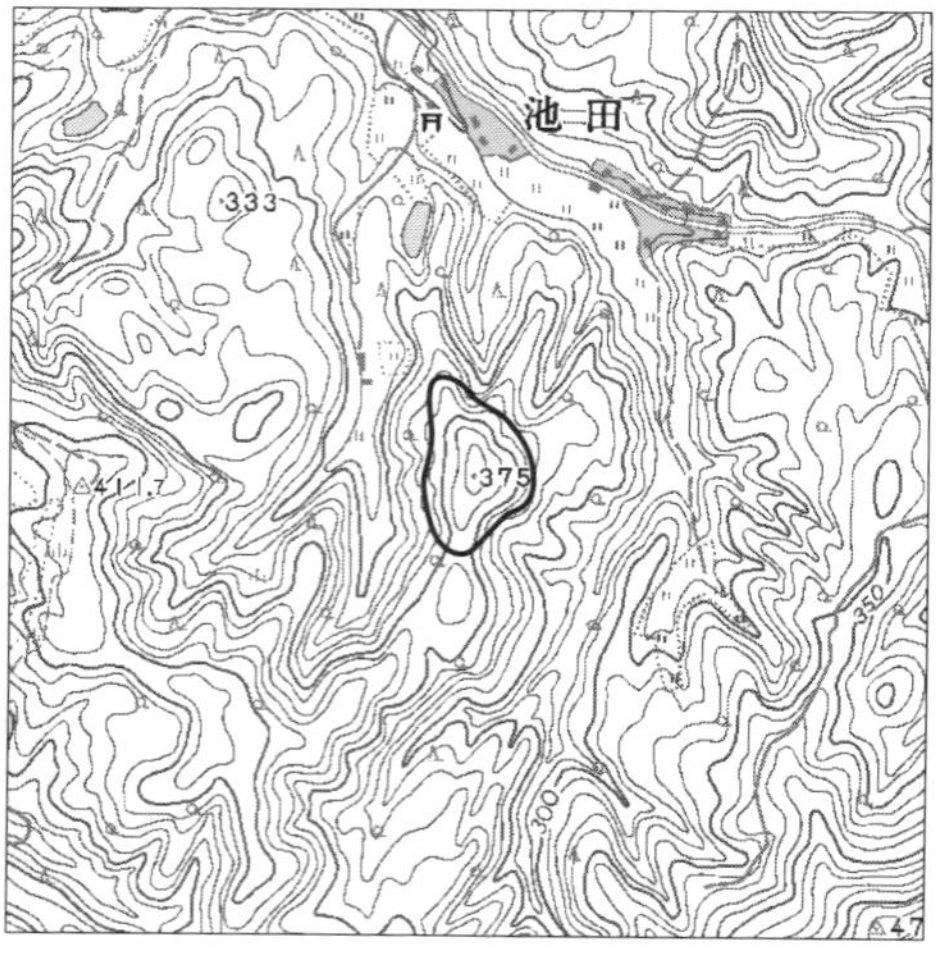

【立地】　通称「城山」の山頂に築かれた山城で、麓の池田集落には、白岩川《しらいわがわ》沿いを上ってきた立山往来《たてやまおうらい》が通る交通の要衝でもあった。立山往来は、池田集落から城前峠を経由して、芦峅寺《あしくらじ》集落に至る。中世の芦峅寺は、多数の僧兵を有する宗教武装組織であり、芦峅寺を監視・掌握することが、池田城の重要な課題の一つだったようだ。

【城主・城歴】　射水・婦負二郡の守護代神保氏の重臣寺島職定《もとさだ》が、永禄十二年（一五六九）から十三年にかけて在城したことが確認できる。寺島氏は守護代神保氏の家臣として、立山の芦峅寺衆徒を監視・掌握する立場にあり、芦峅寺衆徒との関係は文明七年（一四七五）から確認できる。おそらく、池田城は職務執行の基地として築城されたと考えられるが、具体的にいつ築城されたかは不明である。

その後、寺島職定は神保氏から離反し、反上杉方として池田城に籠城する。これにともなって立山芦峅・本宮《ほんぐう》衆徒も職定に同調し、永禄十二年九月に上杉謙信が越中へ出陣した際、立山芦峅・本宮衆徒が池田城に忠節を尽くしてくれた礼として、職定は年貢の三分の一を三ヵ年にわたって免除することを約束している（県史中世―一七〇五）。

職定は反上杉方として池田城に籠城したが、直接、上杉軍に攻撃された形跡はない。しかし、所領を取り上げられていたために年貢を徴収できず、籠城生活は困窮を極めていたようだ。この

主郭Aに立つ石碑と説明板

結果、翌年の永禄十三年十二月に、職定は哀願するように「当城在城の間は、奉行の手前、四ヶ村として拾俵を出だすべく候、この上は少しも奉行に申す事有るまじく候」（県史中世-一七二六）と、立山芦峅・本宮衆に依頼している。

　厳冬期を迎えるにあたり、食料を確保しようとしたのだろうが、厳命ではなく、「最後のお願い」をしているところに、追い込まれた職定の立場がよく現れてい

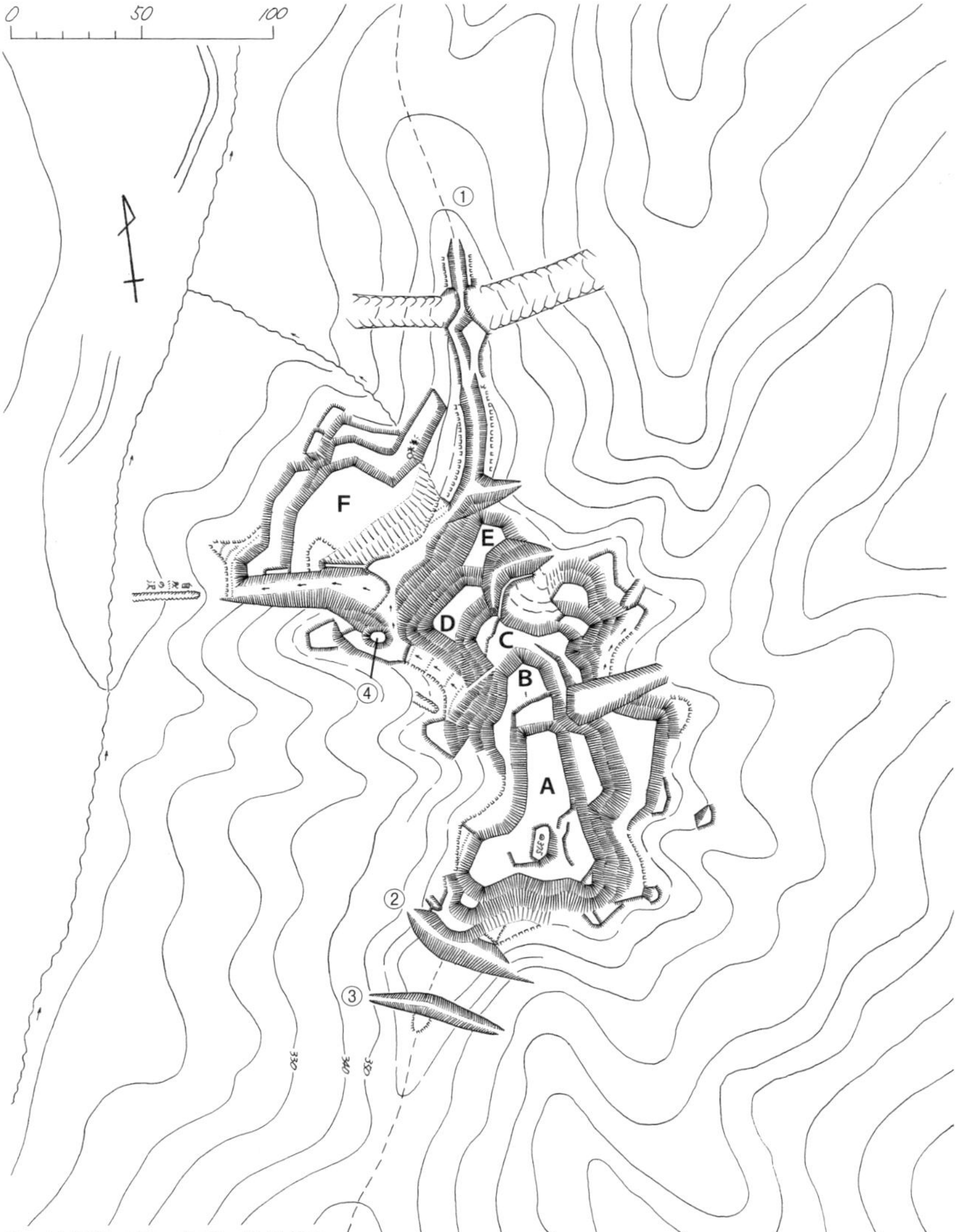

池田城縄張り図　作図：佐伯哲也

る。この後、職定は歴史上から姿を消す。おそらく、池田城で枯れるように没落したのであろう。

「故墟考」は、池田城主として金森中務を記しており、これは中地山《なかちやま》城主・河上中務丞富信《とみのぶ》のことと思われる。中地山城（富山市）と池田城は常願寺川《じょうがんじがわ》を挟んで対峙しており、職定の没落後、上杉方の富信が在城したことを物語るのであろうか。詳細は不明である。

【城跡】 池田集落から登ってくる尾根道①が大手道で、往来する武士たちをE曲輪が監視している。F曲輪は「千畳敷《せんじょうじき》」と呼ばれ、城主の居館があったと伝えており、湧水も確認できる。しかし、二六×五三メートルしかなく、平時の居住スペースとしては狭すぎる。あくまでも、籠城時の臨時的な居住空間と理解すべきであろう。

山頂のA曲輪が主郭で、背後を二本の堀切②③で遮断する。尾根上をABCDE曲輪と階段状に並べているが、各曲輪の虎口は明確ではなく、各曲輪間を繋ぐ通路も確認できない。目立つのは、曲輪を取り巻く高さ四〜八メートルの切岸である。この構造は、敵兵の進攻も遮断できるが、連絡も遮断されてしまうので、各曲輪は合戦時に孤立してしまう恐れがある。さらに、F曲輪や櫓台④に立て籠もる城兵も、敵兵の進攻によっては主要曲輪群から孤立し、全滅してしまう恐れが生じる。つまり、各曲輪の防御力は強力でも、縄張り全体で敵兵の攻撃を防御するようにはなっていないのである。旧態依然とした中世城郭の特徴を色濃く残しているといえよう。

なお、主郭Aの中央部に位置する櫓台は、軍事施設としての櫓台の機能を果たしていない。金銅仏出土の伝承があることから、廃城後に構築された宗教施設跡の可能性も指摘しておきたい。

【まとめ】 池田城の縄張りには、虎口や通路、さらには塁線土塁・横堀といった天正期の特徴は見られないため、寺島職定が没落する永禄十三年頃に廃城になったと考えて問題ない。永禄年間における国人クラスの居城として貴重な遺構である。

堀切②

F曲輪の湧水。城兵たちの貴重な飲料水だったのであろう

江馬氏が銀山確保のため必要不可欠だった城

9　論田山城《ろんでんやまじょう》

①富山市大山町小見
②—
③標高500m、比高130m
④B（少し登る、やや登城しにくい）

【立地】　小見《おみ》集落の背後にある、論田山と呼ばれる台形の山の山頂に築かれている。北麓には立山往来が通り、西麓には小見銀山の銀山道路が走る交通の要衝である。

【城主・城歴】　残念ながら、江戸期の地誌類はもちろんのこと、伝承も残っていないが、後述のように、天正六年（一五七八）頃、江馬《えま》氏が築城したと考えられる。

【城跡】　城内最高所のA曲輪が主郭だろう。背後の尾根続きを堀切①で遮断する。尾根上にABC曲輪と並べ、周囲に塁線土塁を巡らしている。塁線土塁は周辺の城郭には見られず、論田山城の特徴の一つである。

B曲輪には明確な虎口②が存在する。基本的には平虎口だが、土塁で構築された明確な虎口である。また、C曲輪とセットで用いることで、B曲輪から横矢が掛かり、さらに右折しなければB曲輪に入れない構造となっている。明らかに、技術的に進歩した虎口である。

城主が最も警戒していたのが西側である。この方面には、論田山城最大の特徴である防御ラインが存在する。高さ七メートルの切岸により防御ラインを②から③④まで構築し、二つの尾根を一つにまとめる。防御ラインの一番奥まった場所には、土橋⑤を設けて虎口とする。虎口そのものは平虎口だが、入るときに左右の防御ラインから横矢が掛かり、さらに防御ラインの城内側に細長い犬走り状の平坦面を設け、土橋⑤に入らず切岸直下を右往左往する敵兵に対して、長時間、横矢が掛かるようになっている。

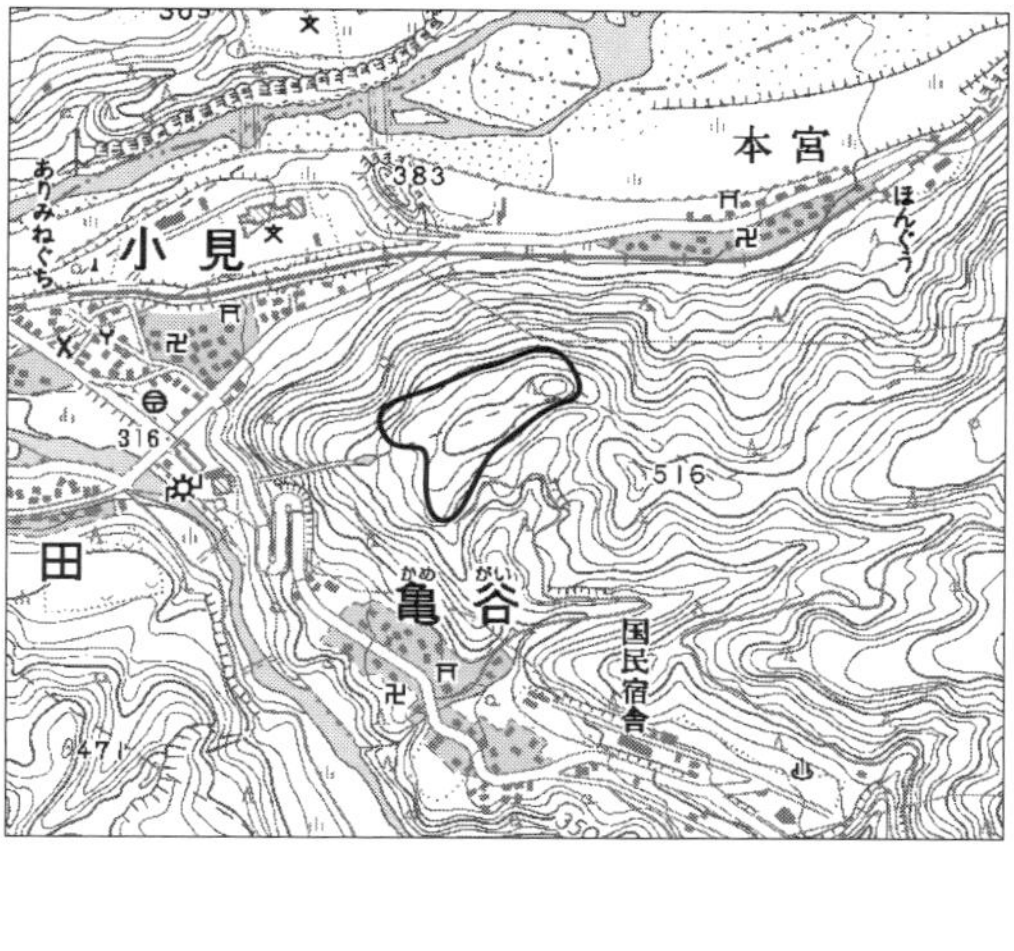

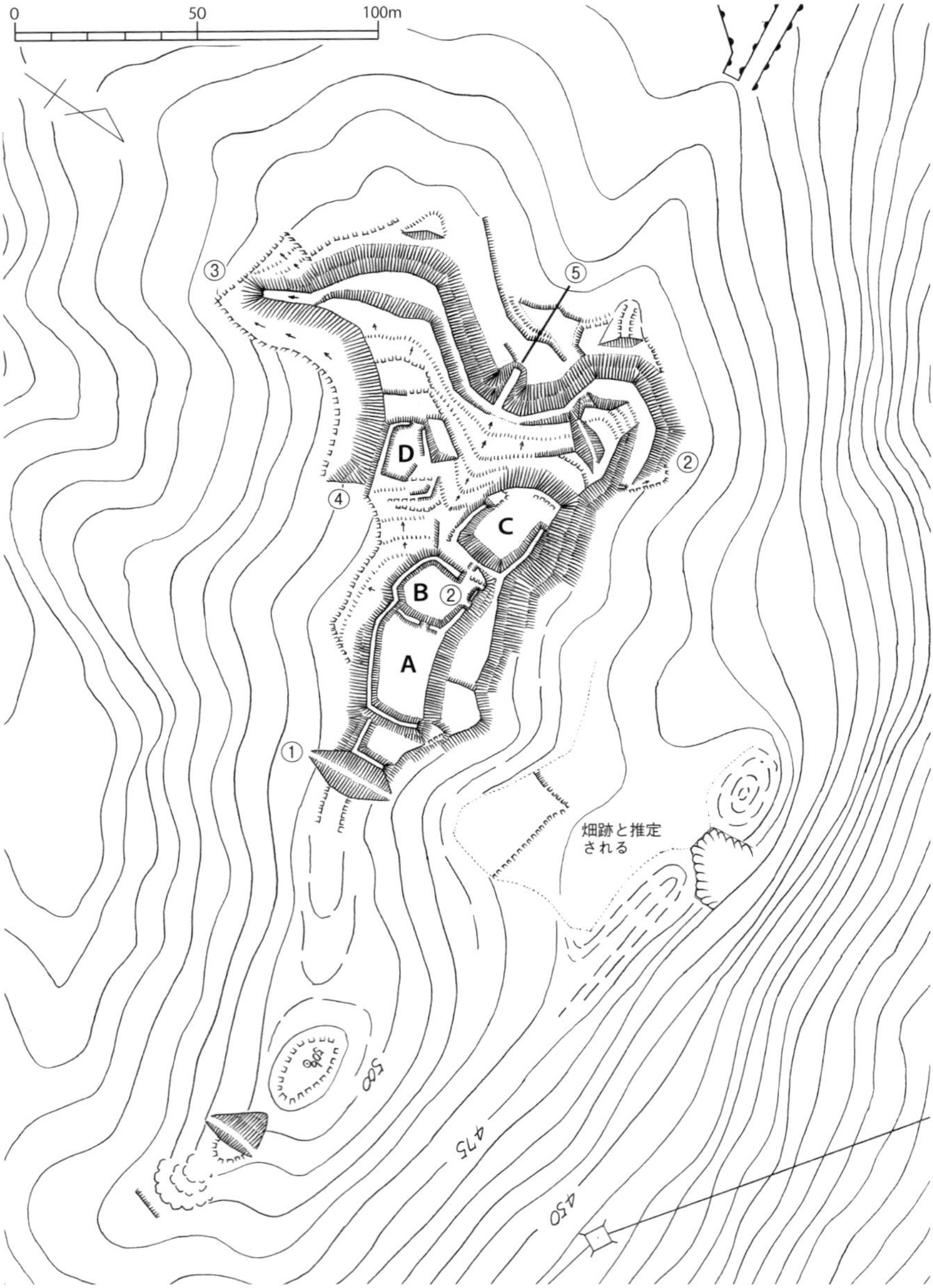

縄張り図　作図：佐伯哲也

防御ラインの構築で縄張り全体での防御方法へと変化しており、これは在地土豪国人の城館には見られなかった縄張りである。論田山城と常願寺川を挟んだ対岸に池田城（上市町）があり、永禄十三年（一五七〇）頃、廃城になったと考えられる。池田城は規模は大きいが、曲輪単独での防御方法にとどまっている。したがって、論田山城の築城はそれ以降と考えられよう。

しかし、防御ラインと主要曲輪群との間には自然地形が広がっており、いったん防御ラインを突破してしまえば、敵軍は再び分散してしまい、城兵たちは攻撃の焦点を絞れなくなる。この点は、旧態依然とした従来の在地土豪国人の城館と同じで、論田山城の縄張り技術の限界を感じる。また、D曲輪も塁線土塁で囲んでいるが、主要曲輪群と連動しておらず、合戦時に孤立してしまう恐れがある。これも技術的な限界を表している。

塁線土塁や虎口②のような明確な虎口も、池田城を含む周辺の城郭には残っていない。ここで注目したいのは、論田山城から約一・九キロ離れた中地山城に在城する江馬氏の存在である。江馬氏が本拠の飛騨高原郷で天正年間に築城した梨打城《なしうち》（岐阜県高山市）には、塁線土塁や初源的な枡形虎口が残っている。自然地形も多く残っていることから、論田山城は天正年間に江馬氏が臨時城郭として築城したことが推定されよう。

【まとめ】　天正六年（一五七八）に上杉謙信という強大な後ろ盾を失った江馬氏は、北上する織田信長軍の圧力に晒されることになる。自然の要害に頼れない中地山城を放棄して論田山城を築城し、一時的に籠城したという可能性も指摘できる。謙信の死去で飛騨に退去してもよい江馬氏が、当城を築いてまで越中に止まった原因は、貴重な財源である亀谷《かめがい》銀山を確保するためだろう。本国飛騨には、強大な宿敵・三木《みつき》氏が飛騨制覇を着々と進めている。三木氏に対抗するために、亀谷銀山は必要不可欠な存在だったのである。

主郭Aの周囲をめぐる土塁

堀切①

飛騨江馬氏が築いた越中の拠点

10 中地山城《なかちやまじょう》

①富山市大山町中地山
②―
③標高370m、比高60m
④B（少し登る、やや登城しにくい）

【立地】常願寺川左岸（図1）の河岸段丘上に築かれた台地城郭である。城跡南麓には、中地山集落内を通る立山往来が走る。立山往来を直接掌握・監視することが、築城目的の一つだったことは明白である。この立山往来は、遙か信州にまで繋がっていた。さらに、西麓には飛騨に繋がるうれ往来[*1]が通っており、中地山城は二つの街道が交差する交通の要衝に築かれていたのである。

【城主・城歴】残念ながら、一次史料は存在しない。「故墟考」によれば、天正元年（一五七三）、飛騨の江馬輝盛《てるもり》が築城し、家臣の川上中務等が在城していたとある。「故墟考」が言うとおり、中地山城は江馬氏によって築城されたと考えられる。

中地山城周辺の軍事的緊張が高まるのは、永禄十一年（一五六八）である。すなわち、中地山城と常願寺川を挟んだ対岸に位置する池田城に、同年夏以降、反上杉方として寺島職定が在城したときである。職定や越中と信濃を繋ぐ立山往来も監視することができるため、謙信が江馬輝盛に命じて中地山城を築城させたという仮説も成り立つ。永禄十二年九月二日付で、輝盛は立山芦峅寺衆徒に制札を下しており、この時点での中地山在城は確実である。

上杉謙信が天正六年（一五七八）に死去し、同年九月、飛騨を経由して越中に入った織田軍が

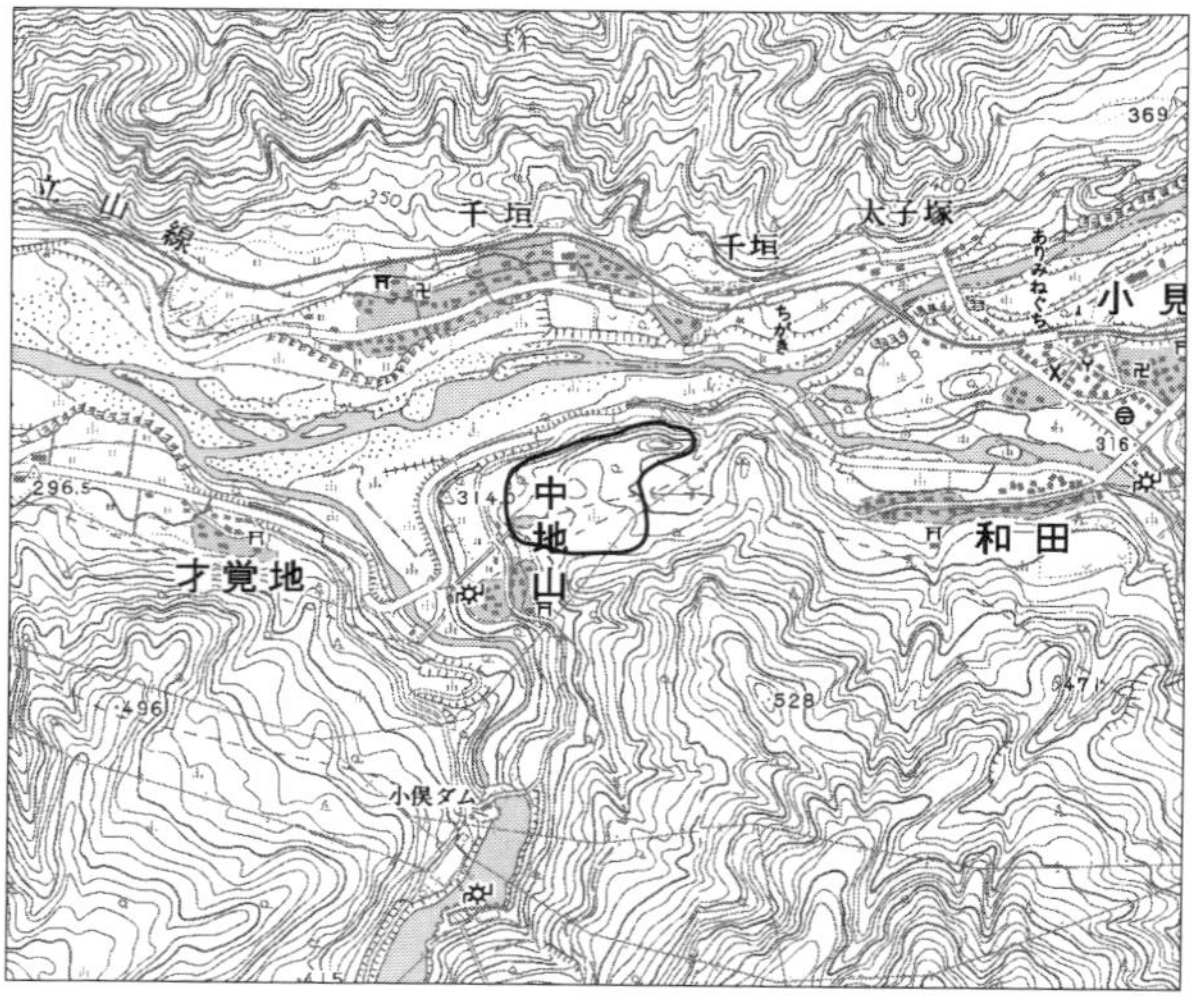

＊1　飛騨高原郷に本拠を置く江馬氏にとって、飛騨につながるうれ往来は重要なルートだった。

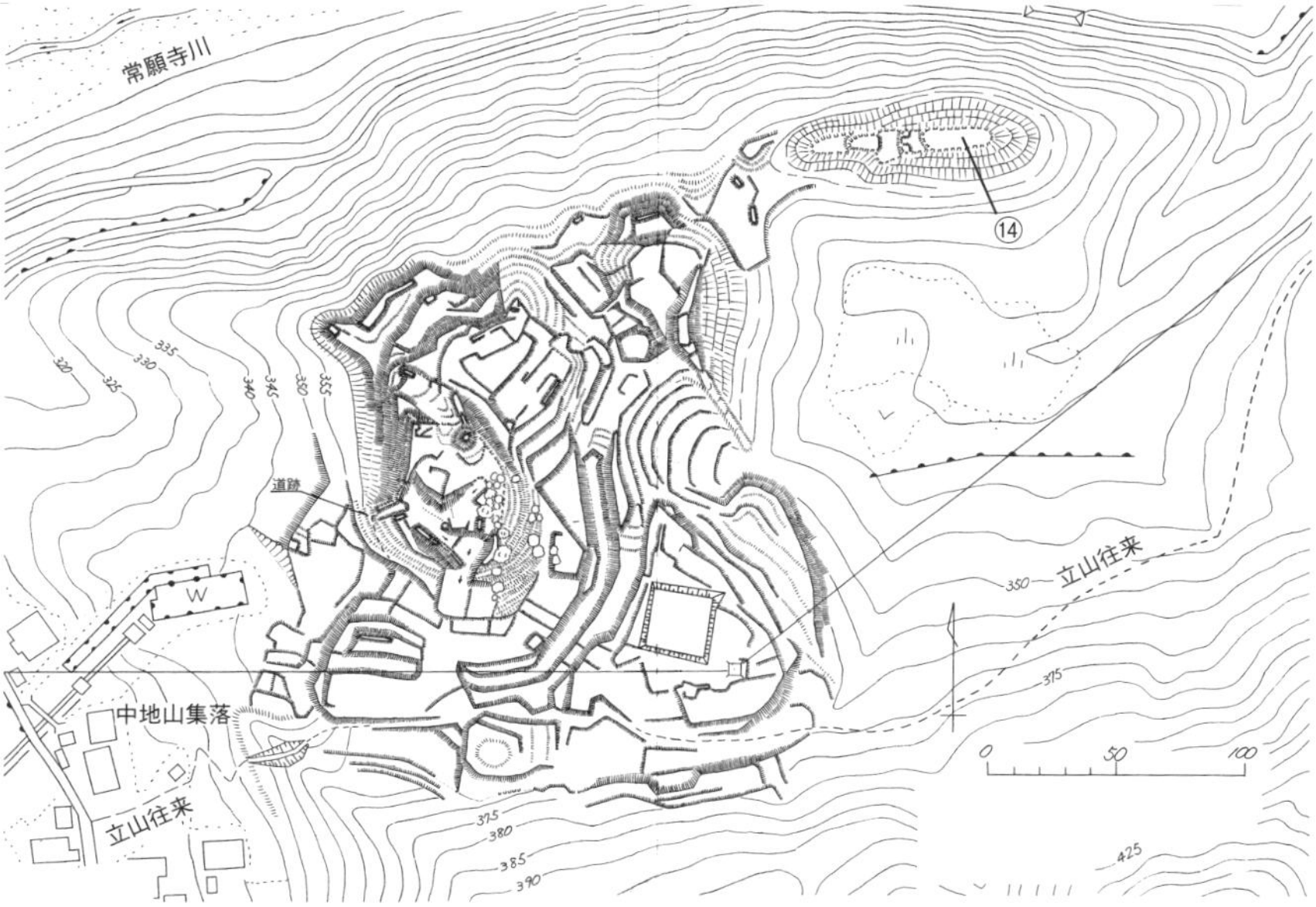

図１　縄張り図　作図：佐伯哲也

越中中央部に覇権を確立する。これにより、江馬氏は織田軍の軍事的圧力に耐えきれず、本国の飛騨高原郷に撤退し、中地山城は廃城になったと考えられる。

【城跡】　中地山城は畑などの耕作による破壊によって、保存状況は決して良くない。それでも、①から②③④⑮に至る防御ラインを読み取ることができる。*2

特に②から③の横堀は、ソーカワ（総曲輪）と呼ばれている。④はウマヤアト（厩跡）と呼ばれているが、防御ラインの一部であることは明白である。⑤⑥は櫓台と推定されるが、横堀内に対して横矢は掛かっていない。横堀の②地点は、横堀①に向かって折れ曲がっている。おそらく、ここに横矢を掛けて横堀①と接続し、虎口を設けていたのだろう。

＊2　河岸段丘上に選地し、横堀で城域を区画するのは、江馬氏の本拠・高原郷に位置する東町城（飛騨市）と同じ縄張りである。

城跡への案内板

主郭Aの櫓台。通称ジョウテン（城天）

横堀。通称ソーカワ（総曲輪）

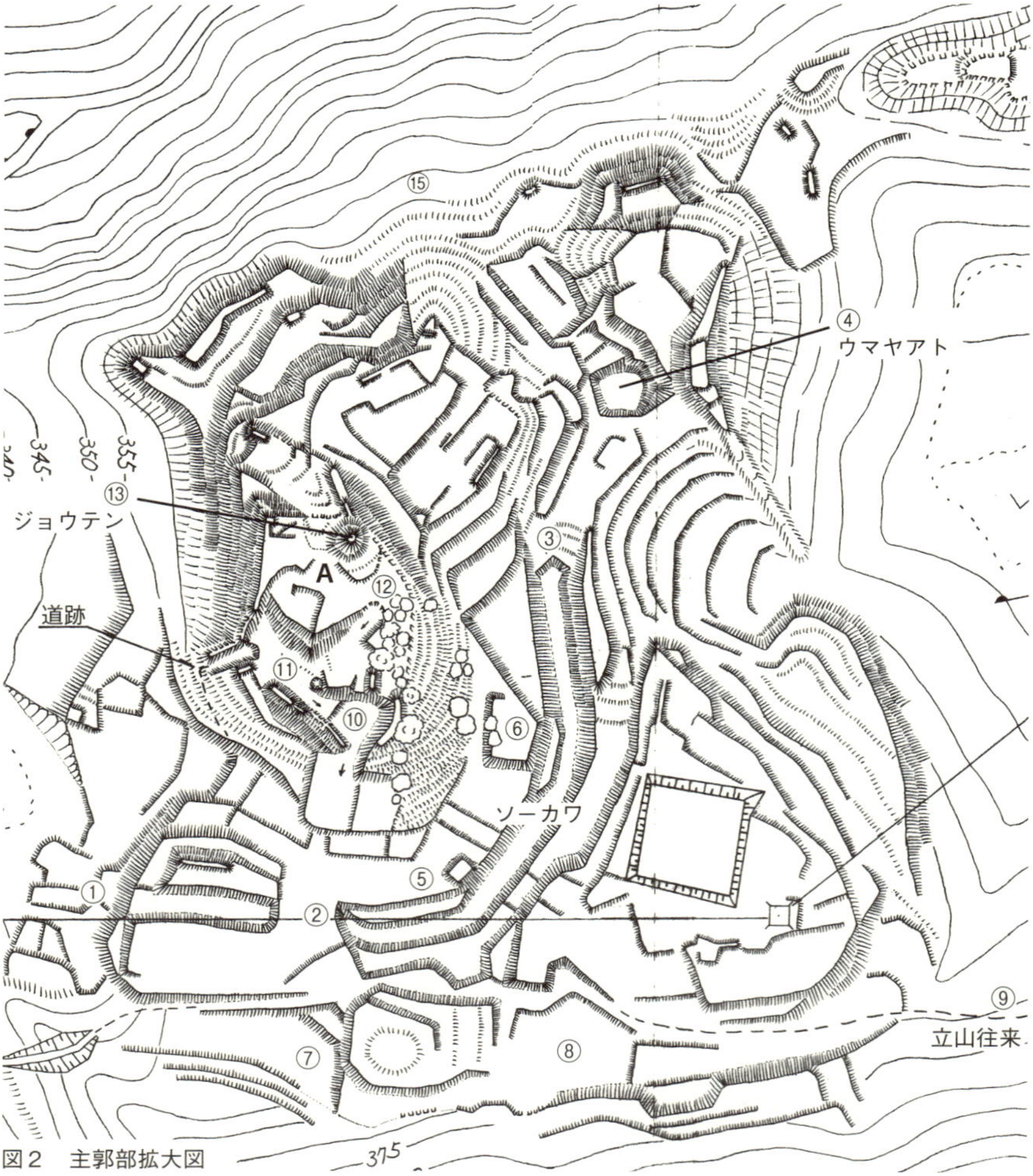

図2　主郭部拡大図

しかし、仮に現在の土橋通路に虎口が存在していたとしても、虎口に横矢は掛からない。

なお、現地の説明看板によれば、⑦⑧は外堀となっているが、畑跡であり城郭遺構ではない。⑨地点を通る古道が信州まで続く、立山往来である。

⑩は、不明瞭ながらも土塁で構築された内枡形虎口と推定され、⑪⑫と通過して主郭Aに到達する。進攻する敵軍に対して、主郭Aからの横矢が効いており、計画的に設定された通路の存在を指摘することができる。櫓台状の高まり⑬はジョウテン（城天）と呼ばれているが、頂部は非常に狭く、とても建物が建っていたとは考えられない。風雨によって削れて狭くなったのか、あるいは初めから現状のように狭かったのか不明だが、初めから狭かったのなら守護神堂のような小祠が建っていた可能性がある。

城内には、城主居館を建てられるスペースは確保できない。おそらく、城外の送電鉄塔付近に存在していたのではなかろうか。なお、⑭地点（図1）にも遺構らしきものが残存しているが、城郭としての遺構なのか判然としない。

【まとめ】　判然としない遺構が多い中で、⑩〜⑫までの通路に計画性を認めることができる。②地点に横矢が効いた虎口が存在していたら、なおのことである。中地山城の下限は天正六年とすることができ、しかも城主を江馬氏に限定できることから、天正六年以前における江馬氏の築城レベルを推測するうえでも重要な城館と言えよう。城域に接するように立山往来が通り、この街道を監視・掌握することが、中地山城の目的の一つだったことも明白である。

なお、背後の山域に中地山城の詰城が存在しないか、かなり広範囲に踏査したが、城館遺構を発見することはできなかった。

上杉方の三木氏が軍役で守備した城

11 樫《かし》ノ《の》木《き》城《じょう》

①富山市大山町楜ヶ原
②－
③標高３４０ｍ、比高１３０ｍ
④Ｂ（少し登る、やや登城しにくい）

【立地】　飛越国境における上杉氏の重要拠点である。飛越を繋ぐ重要な街道だった桧峠越えは、樫ノ木城と尾根一つ隔てた西側を通る。したがって、樫ノ木城から桧峠越えを監視・掌握することはできないため、越中南部の広範囲を受け持つ総合センターのような存在だったのであろう。

【城主・城歴】　元亀元年（一五七〇）八月十日の上杉輝虎書状（文書集一－九二四）によれば、謙信は飛騨の武将三木良頼《よしより》に、軍役として樫ノ木城の守備を命じている。当時の飛騨はほぼ上杉方であり、良頼はその旗頭的存在だった。良頼は軍役として樫ノ木城を守備する見返りとして、武田軍の飛騨進攻の圧力を軽減するよう謙信に信濃出兵を要請していたと考えられる。つまり、越中に領土を拡大するために樫ノ木城を守備していたのではないのである。

さらに同書状で、謙信は良頼に居城を明け渡して新庄城（富山市）に移るように命じている。当時の良頼の居城は桜洞《さくらぼら》城（岐阜県下呂《げろ》市）だが、さすがに飛騨最大の実力者である三木良頼が飛騨を捨てて越中に移ったとは、毛頭考えられない。配下の部将（おそらく塩屋《しおや》秋貞《あきさだ》等）を派遣する程度の命令・履行だったと考えられる。ちなみに、謙信は「良頼が居城を明け渡して新庄城に移るならば、替地五ヵ所を用意する」と述べている。この程度の条件で、ほんとうに良頼が飛

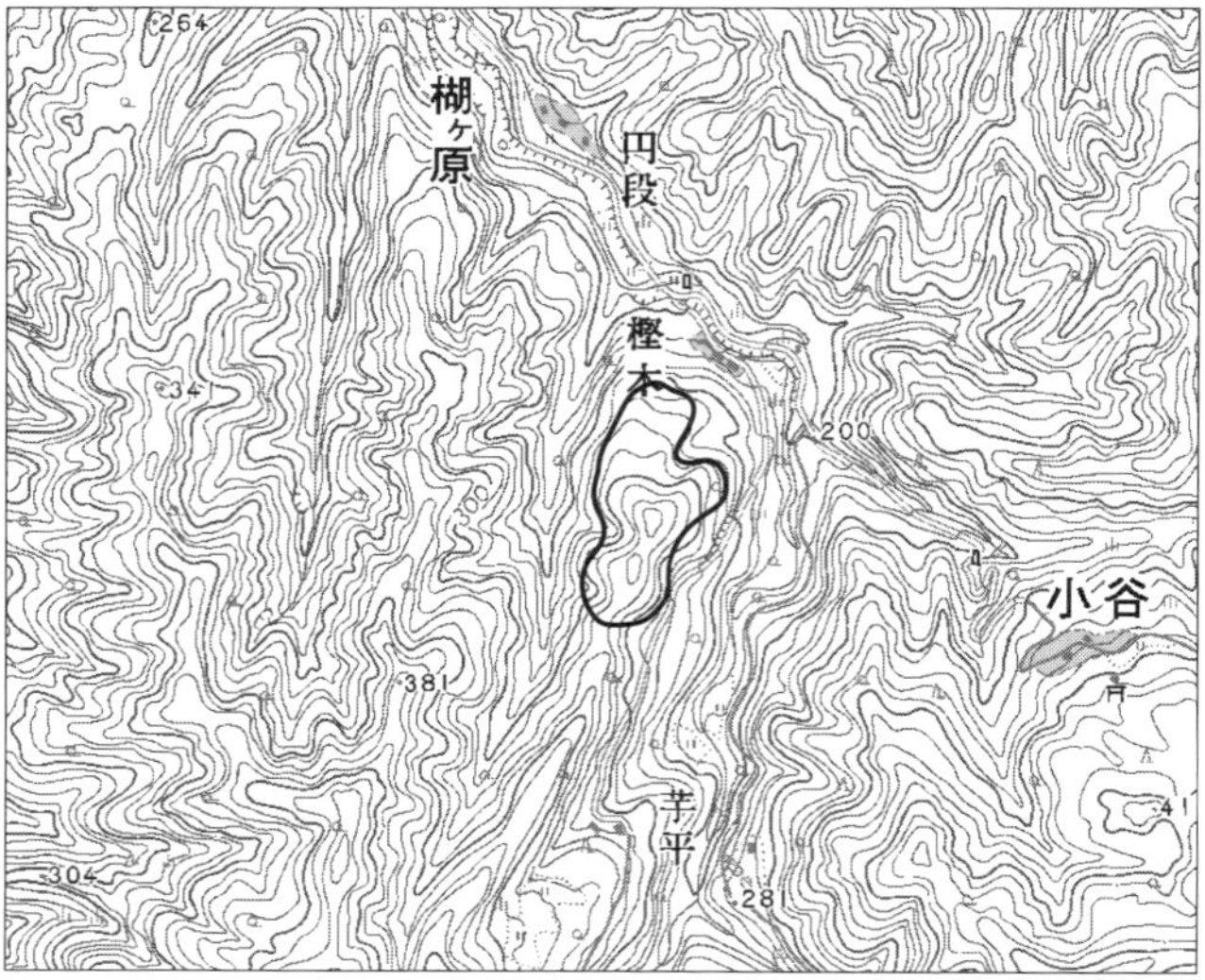

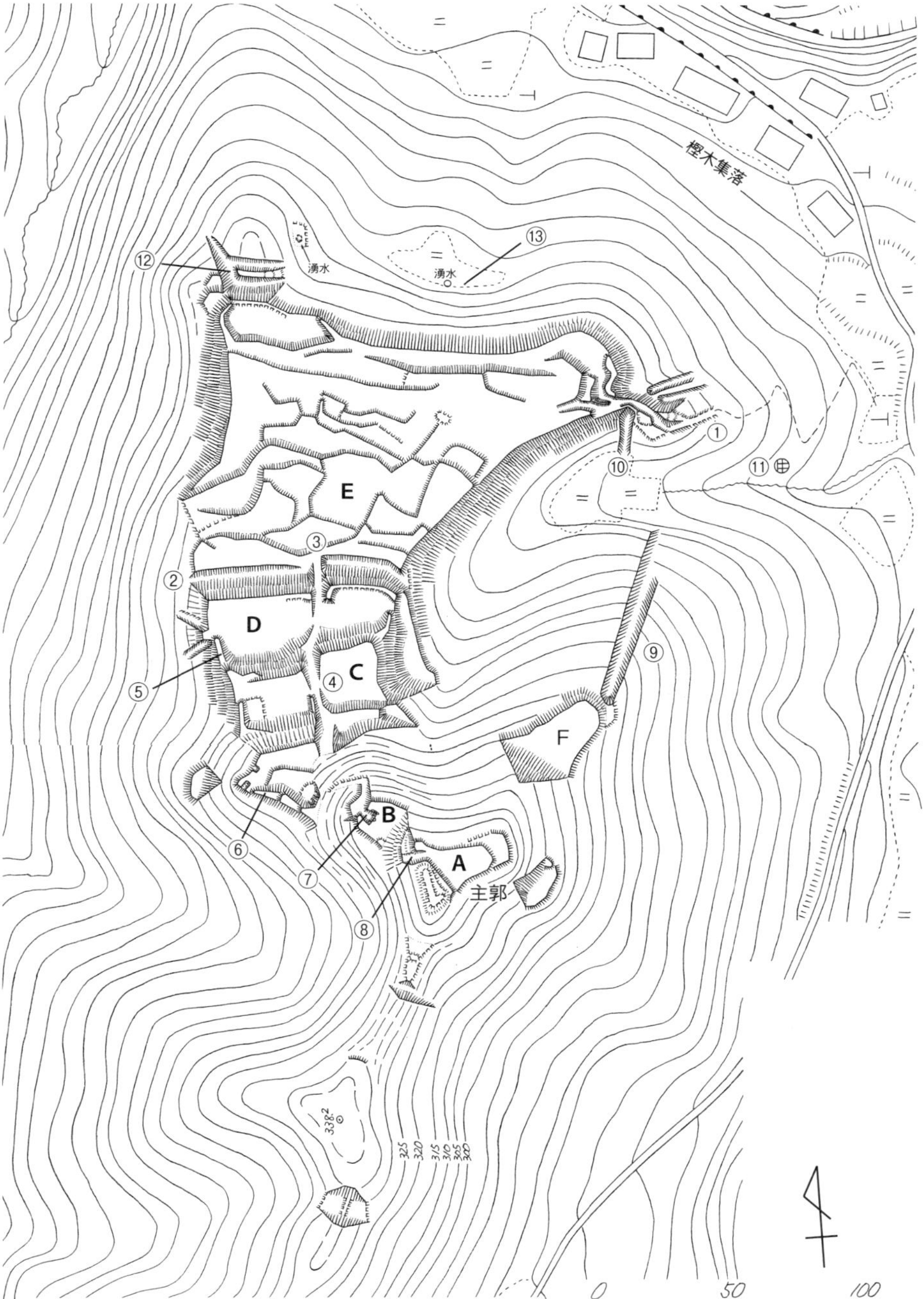

図１　縄張り図　作図：佐伯哲也

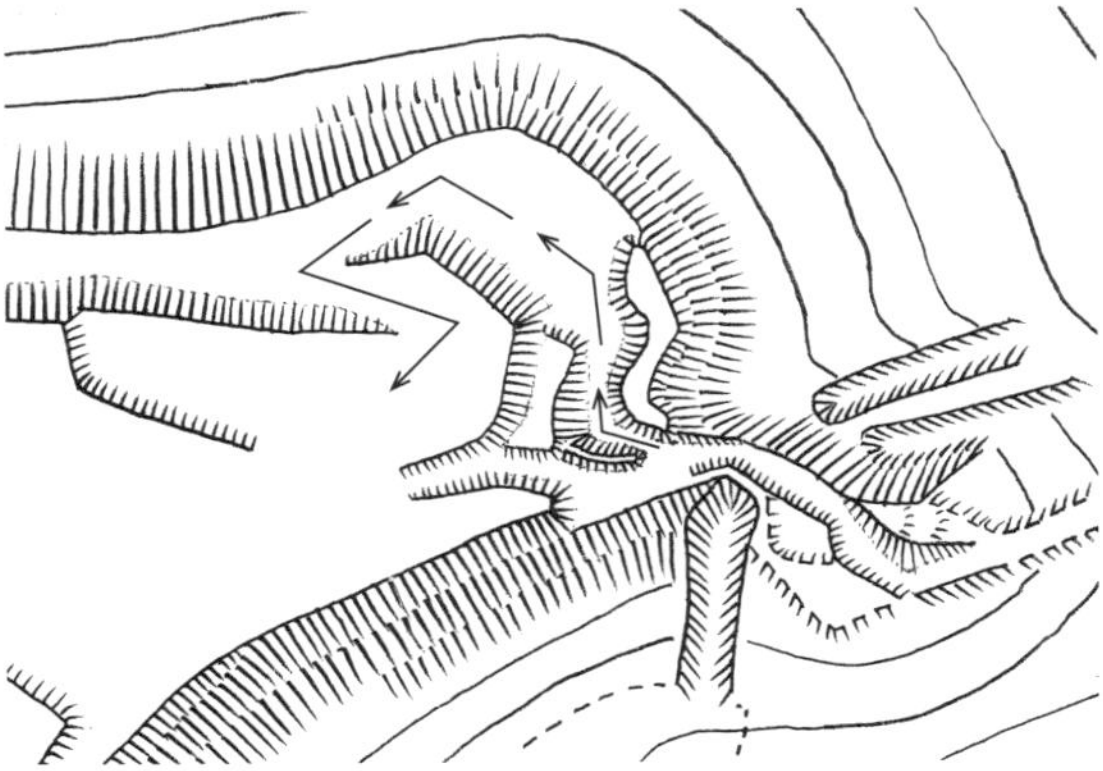
図2　大手道虎口拡大図

騨を捨てて越中に移ると謙信は思っていたのだろうか。

以上は越中の事例だが、制圧した地域の城郭を在地の国人土豪に軍役として守備させていたケースは、信濃や関東にもあったようだ。上杉氏の占領地統治政策の一端が判明して興味深い。

江戸期の地誌類には、樫ノ木城を「村田城」とも記し、「村田氏が在城した」と述べている。村田氏は上杉方の武将で、村田秀頼《ひでより》は天正元年（一五七三）に、謙信より樫ノ木城南方の太田上郷を料所《りょうしょ》として与えられているので、秀頼の樫ノ木在城もこの頃であろう。謙信は樫ノ木城を越中南部の押さえとして、三木氏や村田氏に守らせていたのではないか。*1

廃城時期は不明だが、天正六年三月、謙信の死去によって翌四月に越中南部から織田軍が進攻し、九月には上杉方の拠点だった津毛《つげ》城（富山市）が陥落している。十月にも織田軍との合戦で上杉方は大敗しており、この頃に廃城となった可能性を指摘することができよう。

【城跡】　樫ノ木集落から登る①地点がかつての大手道（図1）で、大手道の両脇を横移動する敵軍を阻止するために三本の竪堀を設ける。現在は直進して城内に入っているが、これは耕作による破壊道で、かつては矢印（図2）のように屈曲して入ったと推定される。敵軍は城内からの横矢攻撃に長時間晒され、大手口の攻防で多大な損害を被ったことであろう。緩斜面が広がり、大

横堀③。ここからが主要曲輪群内となる

内枡形虎口⑥に残る石列

小さまざまな平坦面が設けられたE曲輪は、下級城兵たちの駐屯地であろう。日当たりが良く、居住空間に適している。北側に湧水箇所が二ヵ所もあり、居住空間であることを補強している。

横堀②から上部は、規則正しく平坦面が並んでいるため、上級武士たちの駐屯地と考えられる。ここで考えたいのは、③から④に続く通路である（図3）。直線的であり、しかもCD曲輪のほぼ中央を貫くように通っているため、城郭の通路としては不自然である。矢印のようにD曲輪に入り、土橋通路⑤⑥を通って上部曲輪に上がっていったのかもしれない。

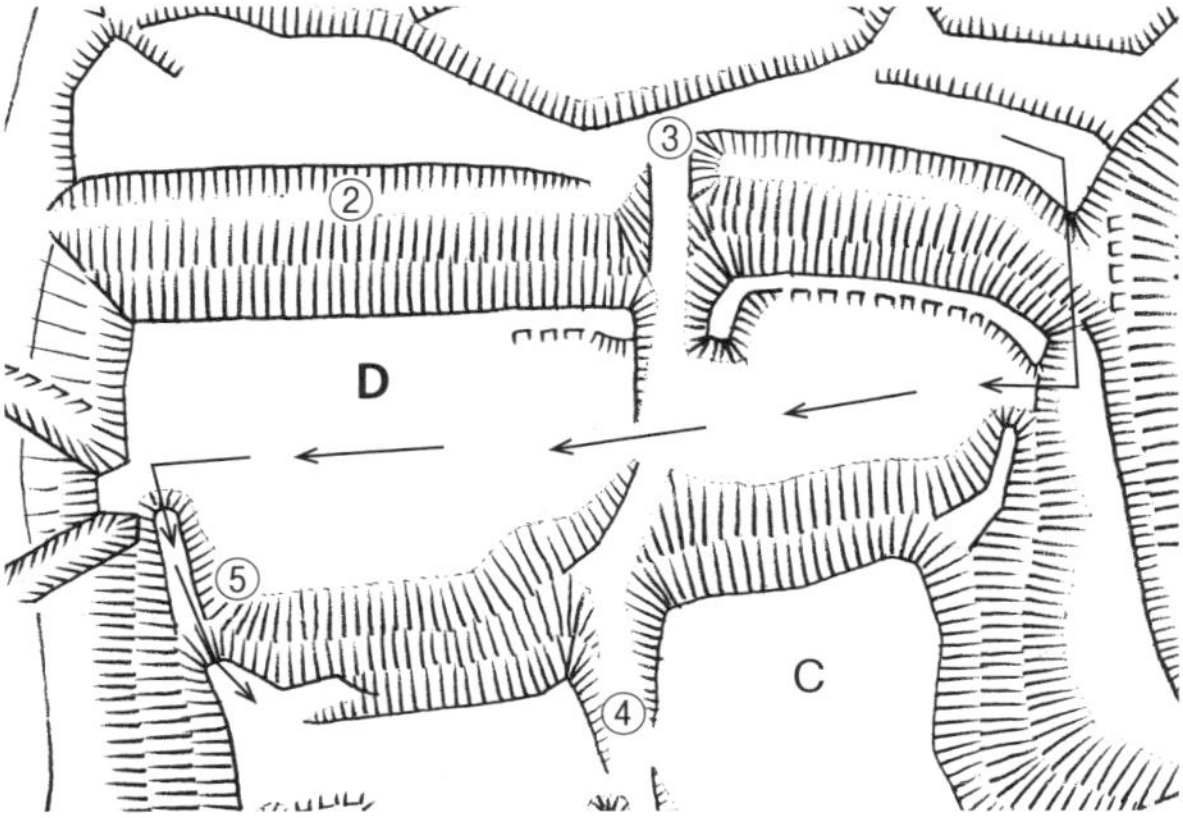

図3　D曲輪虎口拡大図

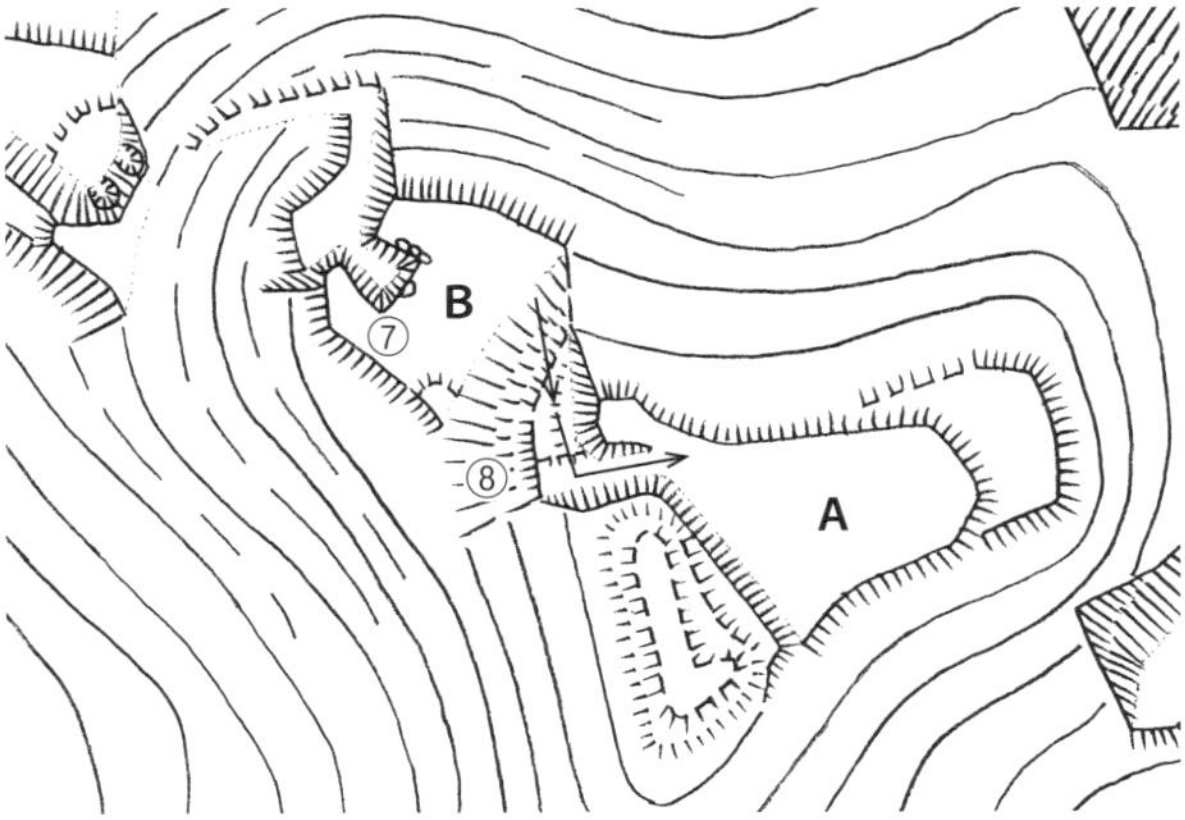

図4　主郭虎口拡大図

二重堀切⑫。残存度がよい

城跡付近に残る湧水⑬。城兵の貴重な飲料水だった可能性がある

⑦（図4）は、小規模な石垣を用いた内枡形虎口。装飾的な石垣と理解され、これも城郭施設としては不自然。あるいは、先の直線通路と合わせて廃城後に再利用されたのかもしれない。⑧は、小規模ながらも櫓台を備えた明確な枡形虎口。この虎口の存在からも、A曲輪が主郭であることが判明し、さらに樫ノ木城の年代を決定するのに重要なパーツとなる。

もう一点注目したいのは、F曲輪から延びる大竪堀⑨と、対岸の竪堀⑩の存在である。通常ならば、東麓を通る街道からの敵軍の攻撃を警戒して、谷筋全体を遮断する防御線であろう。しかし、このような大規模な遮断線を設けてまで防御する必要があったのであろうか。

そこで考えたいのは、③④の直線道路の存在である。これを宗教施設の参道で、竪堀⑨⑩は「結界」[*2]と推定し、廃城後、宗教施設が一時的に存在したという仮説は成り立たないであろうか。直線道路③④は、防御側にとって非常に不利な施設なので、宗教施設は廃城後に存在したと考えたい。

このように考えると、「結界」の外側に位置する小社⑪（通称谷田の宮）は、主郭Aの北東（鬼門）に位置するので、邪鬼の侵入を防止するための「結界」と推定できる。であれば、⑦の小規模な石垣も宗教施設としての石垣と理解することもできる。しかし、城跡にかつて宗教施設が存在していたという伝承もなく、物的証拠に乏しいため、仮説の範疇に止めておきたい。

【まとめ】　以上のように、樫ノ木城にはある程度計画的に設けられた城道と、枡形虎口の存在を確認できる。現存の遺構は天正年間まで下る可能性があって、天正六年の上杉謙信死去により軍事的緊張が高まった結果、上杉方が改修したという仮説も成り立つ。また、廃城後（江戸期？）に再利用された可能性も指摘できる。城跡に残る遺構のすべてが城郭遺構ではないことを指摘できる好例でもある。

＊1　三木氏は天正三年（一五七五）に織田方に付く。したがって、上杉方としての三木氏は天正三年までである。

＊2　現界と神聖界との境界。もしくは邪神侵入防止の堀として構築された。

越中東西の中継基地

12 白《しら》鳥《とり》城《じょう》

①富山市吉作
②五福山城
③標高145・3m、比高130m
④B（少し登る、やや登城しにくい）

【立地】 富山平野のほぼ中央に位置する呉羽《くれは》丘陵の最高峰・城山に築かれている。城跡からは東西の富山平野を一望でき、また、付近に北陸街道が走る交通の要衝でもある。

【城主・城歴】 江戸期の地誌類には、寿永二年（一一八三）、源平合戦のときに木曽義仲方の今井兼平《いまいかねひら》が布陣したと伝えているが、実態は不明である。

一次史料に登場するのは一六世紀後半で、元亀三年（一五七二）のことである。同年五月、加賀一向一揆が大挙越中西部に来襲し、上杉方の拠点・日宮城を落とす勢いを見せていた。日宮城を救うべく魚津城将の一人、三本寺《さんぽんじ》定長《さだなが》は六月十五日に援軍を向かわせた。しかし、すでに日宮城は陥落しており、それを知らずに同日、白鳥城に登って火の手を上げたところ、これも一揆軍に攻められ、上杉軍は何もできずに敗走し、二十人余りが討ち取られた（県史中世―一七六〇）。さらに、一揆軍は攻撃の手を緩めず、神通川《じんつうがわ》の渡し場においても上杉軍を撃破している（県史中世―一七五九）。このように、越中平野を分断する呉羽丘陵の最高所に位置する白鳥城は、上杉氏城郭の中継基地として使用されていたことが判明する。

天正十三年（一五八五）、佐々征伐のため越中に出陣した豊臣秀吉が白鳥城に本陣を据え、成政の居城富山城を攻めたと伝えられるが、これは誤りである。秀吉が同年八月二十六日、倶《く》利《り》伽《か》羅《ら》峠に布陣したとき、成政は織田信雄《のぶかつ》の仲介で秀吉の陣所を訪れ、降伏を願い出ている（「武士編」第一章二九八）。すなわち、秀吉が加越国境に布陣した段階で、成政が降伏してしまうのである。

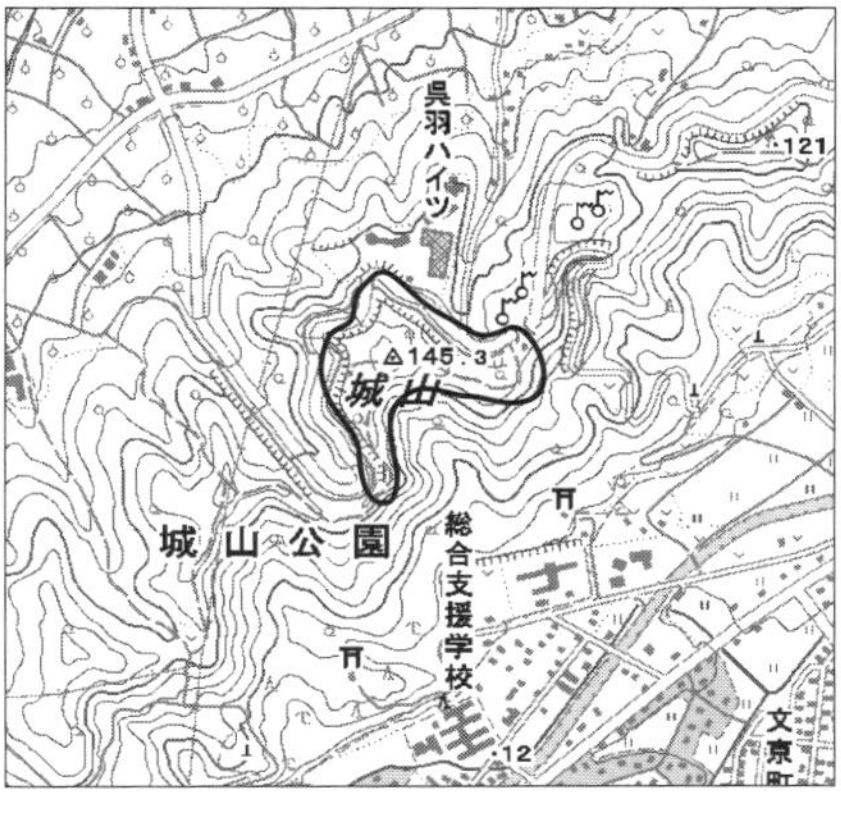

主郭Aに立つ説明板

その後、秀吉は閏八月一日、富山城へ入城する。これに先立って白鳥城に立ち寄ったかもしれないが、すでに富山城は開城したあとである。したがって、秀吉が富山城攻めの本陣として使用したという伝承は、明確に否定できる。ちなみに、成政が倶利伽羅峠の秀吉の陣所を訪れたとき、「髪ヲソリ」（県史近世上―一四〇）・「墨衣体」（県史近世上―一三三）と法体になった成政の姿を各書状は記述している。

　前田利家が佐々征伐の最前線基地として改修したという考えも否定したい。前田利家書状（「武士編」第一章二九七）によれば、豊臣軍の先発隊である前田軍は、八月十七日にはまだ加越国境の加賀側の津幡《つばた》（石川県津幡町）に在陣しており、利家は十九日に越中に攻め入る予定だと述べている。

　仮に利家軍が十九日に越中に攻め入ったとしても、白鳥城を改修するには、まず、守山城と増山城を落とさなければならない。仮に二城を落とすのに四日間費やしたとしたら、利家軍が白鳥城に到達するのは二十三日であり、当然、白鳥城も佐々軍が籠城しているから、これも落とすのに一日費やしたとする。つまり、利家軍が白鳥城の改修に取り掛かれるのは二十四日からである。成政は二十六日に降伏するので、このわずか二日間で現存の遺構に改修するのは不可能である。現存の遺構は成政降伏後に改修されたと考えたい。

　佐々討伐が終了して越中西半国が前田利長領となり、白鳥城は佐々領との境に位置する城郭となった。白鳥城は佐々領を監視する城郭として再び重要視され、白鳥城には前田利家の重臣片山延高《のぶたか》・岡嶋一吉《かずよし》が在城したと考えられる。現存遺構の改修時期の可能性が最も高いのは、このときであろう。天正十四年、上杉景勝が上洛する途中の五月二十五日、西岩瀬において五福山の武将三人からもてなしを受けている（文書集二―三一〇六）。三人のうち二人は、片山・岡嶋両将で

B曲輪。主郭Aを防御している

C曲輪西直下の堀切。尾根続きを遮断する

あろう。

天正十五年、佐々成政は肥後に転封となり、旧佐々領は前田氏預かり地の豊臣領となる。すなわち、白鳥城の役目は完了したはずなのに、その後も白鳥城は存続し続ける。天正後期の世情はまだまだ不安定で、山城を必要としたのである。

白鳥城の廃城時期は不明だが、一吉が寄進した安居寺《あんごじ》（南砺市安居）の石灯籠刻銘に「五福山安　慶長四」とあるため、慶長四年（一五九九）まで存続していたことが判明する（『婦中町史通史編』婦中町、一九九六年）。しかし、多くの城郭が慶長五年以降に廃城になったのと同じく、白鳥城も関ヶ原合戦以降、ほどなく廃城になったのであろう。

【城跡】　白鳥城は南北に伸びる尾根上に築かれているため、尾根方向から進攻する敵の攻撃を遮断するような縄張りである（図1）。まず、北側に対しては大手虎口である虎口①を設け、その前面に堀切・竪堀を設けて敵の攻撃を遮断する。虎口①も櫓台を設けて防御力を増強し、仮に虎口①が占領されても、頭上のC曲輪からの攻撃を受け、結局、撤退を余儀なくされる。C曲輪の櫓台が虎口①を監視していることも注目したい。正規のルートは虎口①を北進し、突き当たりを右折してE曲輪に入り、虎口②からG曲輪に入ったと考えられる。細長い通路を通るため少人数しか進入できず、さらに頭

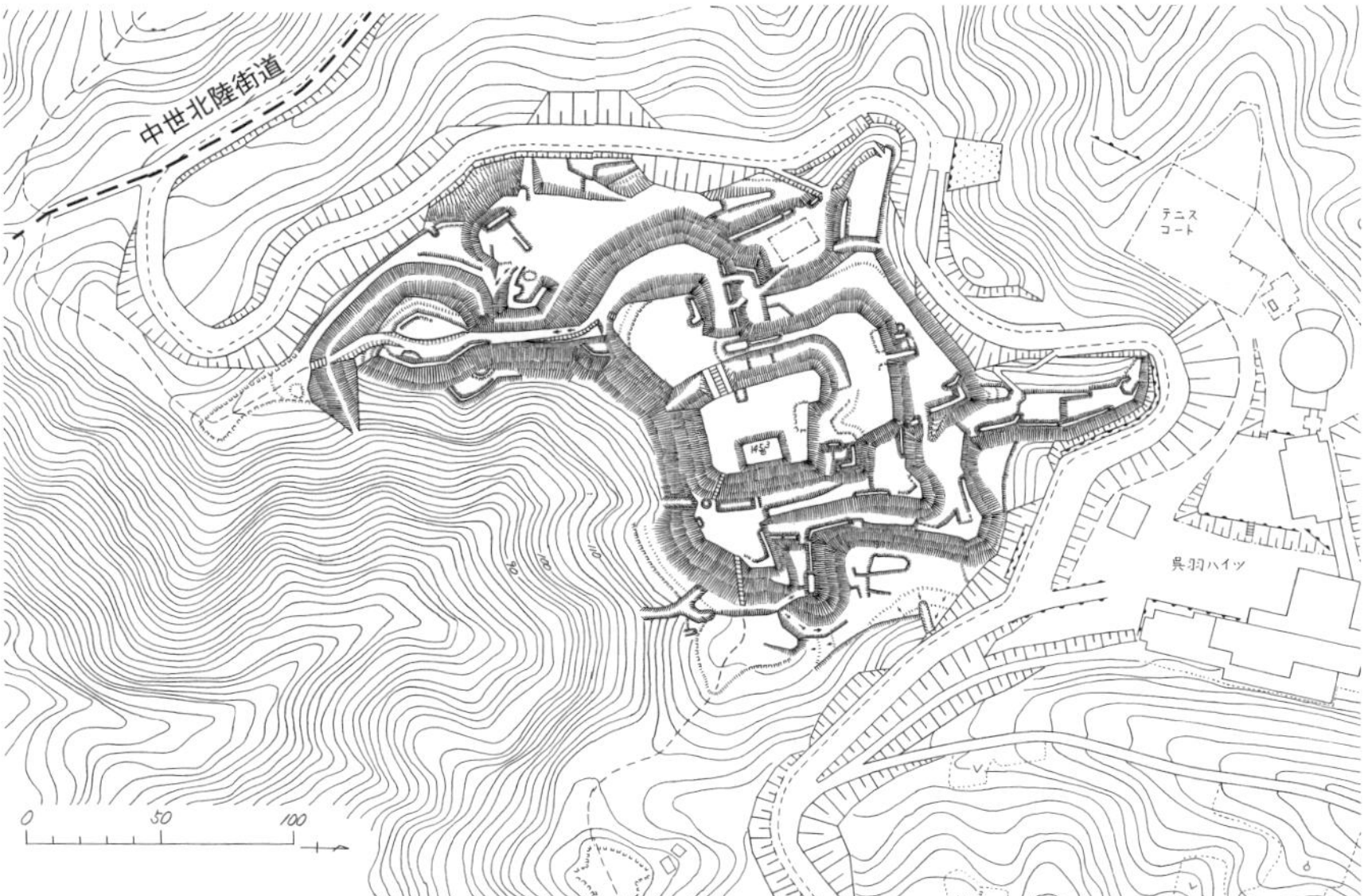

図1　縄張り図　作図：佐伯哲也

上のD曲輪からの攻撃を受けながらの進撃となる。

土橋通路を通ってB曲輪に入り虎口③に入ったと考えられるが、公園化で破壊されているため、図2の虎口③付近は復元形状を記載した。このように主郭Aの張り出し④からの横矢攻撃を受け、虎口③地点を突破して、ようやく主郭Aにたどり着く。CD曲輪の城兵と主郭Aを繋ぐバイパスのような虎口が外枡形虎口⑤である。主郭直下に繋がっているため、土塁で防御力を増強し、主郭Aから横矢が効くように設計されている。

一方、南側の谷沿いには中世の北陸道が通っていた（図1）ため、敵軍の主力が進攻してくる可能性が高く、大規模な横堀によって尾根続きを遮断している。したがって、敵軍はH曲輪の横矢を受けながら細長い土橋状通路を通ることになる。城兵は⑦を通ったが、敵兵は⑥を通らされたと考えられる。

I曲輪とJ曲輪から長時間横矢に晒されて虎口⑧に突入したものの、三方の上部曲輪から攻撃を受けて多数の犠牲を強いられることになる。そして、虎口⑨に進んだとしても、やはり三方の上部曲輪から攻撃を受ける。I曲輪に入っても、F曲輪からの横矢攻撃に晒されながら右往左往するのみである。

F曲輪には⑩から入ったと考えられ、このあとは長時間、主郭Aからの横矢に晒されながら細長い通路を通ってB曲輪に入

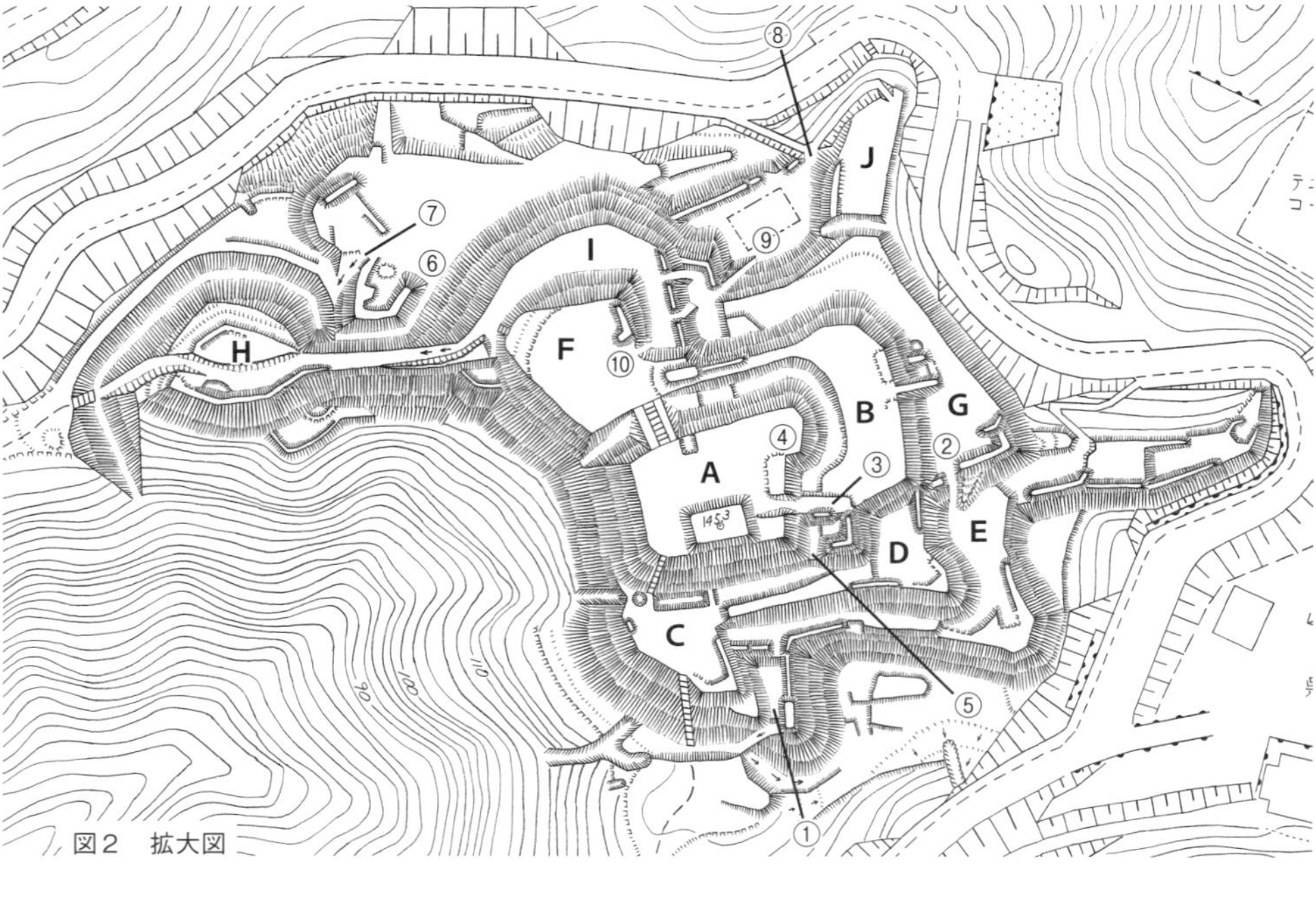

図2　拡大図

り、虎口③を経由して、ようやく主郭Aにたどり着く。

昭和五十五・五十七・五十八年に富山市教育委員会によって発掘調査が実施され、礎石群四ヵ所、石組溝一ヵ所、敷石五ヵ所が確認された。礎石群からは五間×四間の建物一棟が復元され、敷石および礎石の上には、湿気を嫌う火薬・火縄を格納する倉庫が建っていたと推定される。鉄砲を常備していた城郭が推定され、ここからも天正後期の織豊系城郭ということが指摘できる。

【まとめ】虎口から主郭まで計画的に設定されたルートを読み取ることができ、さらに上部の曲輪が下部の曲輪を防御（保護）できるようになっている。要所要所には塁線土塁や櫓台を設け、防御力を増強しているのにも注目したい。現存する縄張りは極めて高度な技術で構築されており、やはり天正十年以降に織豊系の武将によって構築されたと考えたい。また、形式的な陣城ではなく、敵軍の攻撃を遮断できる規模と大きさの防御施設を備えている。明らかに籠城戦を意識した構造である。

上記を考慮すれば、佐々征伐完了後、佐々領を監視するために前田氏が改修したのが現存遺構と考えられ、万一の場合、実際に籠城して戦う予定だったと推定される。

上：敷石遺構　下：礎石
上下とも、発掘により検出された遺構。湿気を嫌う建物（火薬倉等）が建っていたと推定される　写真提供：富山市教育委員会

①H曲輪を巡る横堀

石組溝。発掘により検出。雨水の排水溝であろう。上級武士の駐屯所と考えられる　写真提供：富山市教育委員会

数々の籠城戦の記録が残る斎藤氏の城

13 城《じょう》生《のう》城《じょう》

①富山市八尾町城生
②城尾城
③標高120m、比高40m
④B（少し登る、やや登城しにくい）

【立地】 飛越両国を、ほぼ中央を貫くように流下する神通川左岸の断崖絶壁上に築かれ、さらに城域西側は土川に守られた天然の要害である。猿倉《さるくら》城と同じく飛州口の要衝に位置し、下流には神通川の渡し場が存在していた可能性もある。このような交通の要衝の地に、城生城は築城された。

【城主・城歴】 越中を代表する国人、斎藤氏代々の居城である。斎藤氏は南北朝時代に婦負《ねい》郡南部の楡原《にれはら》保を領有し、神保氏が婦負郡の守護代に就任した後もその被官になることもなく、半独立的な立場を維持していたと考えられる。

天文十四年（一五四五）になると、斎藤氏は惣領《そうりょう》家の藤次郎と庶子《しょし》方の孫次郎利忠《としただ》方に分裂し、利忠方は城内に籠城し、藤次郎が城生城を攻撃する事態にまで発展する。[*1] このとき、城内で籠城生活を送っていた法華僧の日覚は、長期間におよんだ籠城戦を「要害遂日無力に過ぎ候際に候」と、無力化していく城生城について述べ、さらに「見及び候分は、凋落《ちょうらく》危うき候」と、落城が間近いことを述べている。[*2] 籠城戦は天文十六年十二月にようやく終了し、敗れた利忠方は井田館《いだやかた》（富山市）に退去し、藤次郎が入城する。

ここで注目したいのは、城内に僧侶（日覚）がいることで、さらに日覚が天文十六年の夏頃から同年十二月まで毎日一件の法談を行っていたことが判明している。[*3] 長期に及んだ籠城生活で、

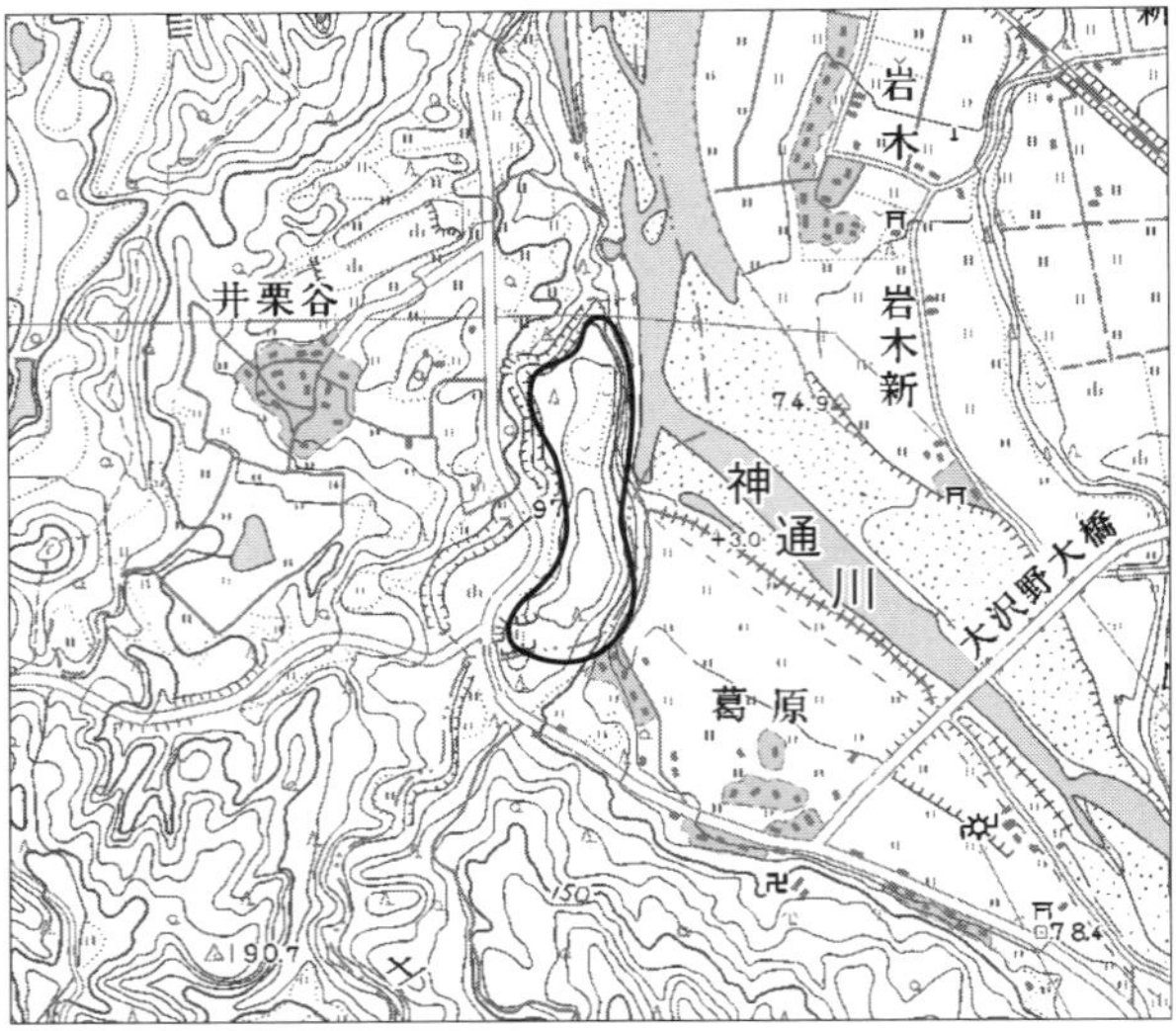

＊1 久保尚文『越中富山山野川湊の中世史』二〇〇八年。
＊2 久保尚文『越中中世史の研究』一九八三年。
＊3 ＊1文献。

法談は何にも勝る精神的な支えになっていたのであろう。籠城生活の一端を知る、貴重な事例である。

上杉謙信の越中平定により斎藤氏も上杉氏に服属し、斎藤信利《のぶとし》（和）も「上杉家家中名字尽」に記載されている。信利は一時期、織田方に属したこともあったが、天正九年（一五八一）秋以降、上杉景勝方に属するようになり、越中統一を進める佐々成政と敵対する。同年十一月、信利は景勝側近の狩野新助に書状を送り、城生・猿倉両城を守っているが、佐々方から攻撃を受けて兵糧が乏しくなり、必ず兵糧を援助してほしいと懇願している（文書集二-一二九九）。この願いもむなしく、上杉方から兵糧はもちろん援軍等の援助は一切無く、天正十一年六月から七月の間に城生城は落城する。

「故墟考」によれば、その後、城生城は成政の重臣佐々与左衛門が守り、天正十三年に前田氏の重臣青山佐渡守、さらに慶長五年（一六〇〇）に篠島織部が守ったとある。篠島氏の在城も関ヶ原合戦にともなう臨時的なもので、慶長五年以降、ほどなく廃城になったと考えられる。

【城跡】 城生城は横堀①（図1）を境として、縄張りが大きく変化している。すなわち北側が居住空間B、南側が防御空間である。居住空間Bは広々とした平坦面が広がり、日当たりもよく、生活地域として最適である。居住空間Bの北端は、神通川と土川《つちかわ》に守られているため、

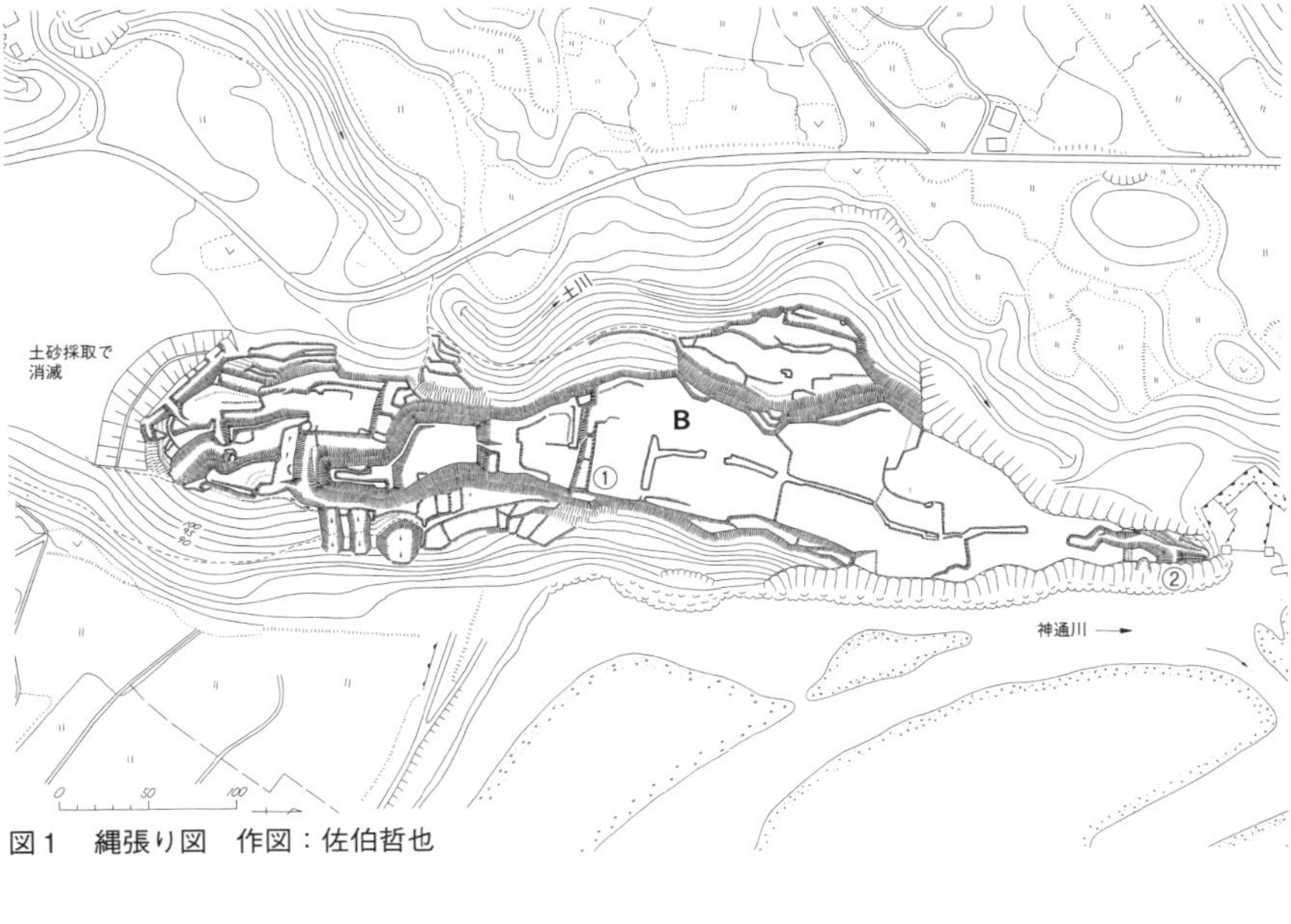

図1　縄張り図　作図：佐伯哲也

上：横堀①　下：大横堀③

防御施設は堀切②しか設けていない。ほとんど防御施設を必要としなかったのである。南北に連なる中央の石列は、近年まで耕作地の境界線として使用されてきたが、出発点は居住空間Bの屋敷地の境界線だった可能性もある。

防御空間の主郭はA曲輪（図2）で、塁線土塁と上幅約二〇メートルの大横堀③とで完全に防御されている。つまり、城生城唯一の尾根続きが南側（大横堀③方向）で、こちらが弱点となるため防御施設を集中させている。CDE曲輪を設けて防御陣地を確保するとともに、土塁や横堀を設けて防御力を増強している。おそらく、敵軍は矢印のように屈曲しながら城内を通過し、城兵からの横矢攻撃に晒されながら進軍したと思われる。効果的な通路設定である。

現在、土砂採取によって破壊された④点に、かつて横堀と直行するような形で、内高約五〇センチ程度の石塁が存在していた。[*4] 土橋を防御する馬出のような曲輪が存在していたと推定するが、確認はできない。

大横堀③まで進んだ敵軍は、東西に分かれて進んだと思われるが、主郭Aからの強力な横矢攻撃に晒され、西に向かった敵軍は城外に出る。東に向かった敵軍は、⑤⑥⑦の三本の竪堀の間を一列縦隊になりながら進んだと考えられる。ここだけに竪堀を三本も設けているのは、⑧から⑨

主郭Aに立つ説明板

＊4　『城生城の調査』八尾町教育委員会、一九八七年。

を通って城内に入るルートがあったからであろう。つまり、櫓台⑩は横堀①内の敵軍に横矢を掛けるとともに、⑨から進攻してきた敵軍に横矢を掛ける櫓台でもあったのである。

敵軍の防御方法はそれで良いとしても、CDE曲輪に駐屯する城兵たちの退却路は、一見すると存在しない。⑪に土塁が残っていることから、⑪から⑫にかけて簡易的な吊り橋が存在し、城兵が全員渡ったあと、切り捨てるような仕組みになっていたのではないだろうか。であれば、吊り橋に対してF曲輪から強力な横矢が掛かる。

このように通路は設定できるものの、CDE曲輪に対する主郭Aからの求心力が及びにくくなっている点は解消されていない。あるいは、一六世紀以前の縄張りを末期に改修した名残りと考えることができる。

【まとめ】　明確な虎口、虎口から主郭までルートを設定しており、さらに城域全体での防御態勢が導入されている。これらは明らかに天正期の縄張りである。しかし、虎口は枡形にまで発達しておらず、また、主郭の求心力が従郭におよびにくくなっている点も見逃せない。天正期の改修者は佐々・前田氏の可能性が高いが、上記の点を考慮するなら、斎藤氏の可能性も視野に入れて再考する必要性がある。

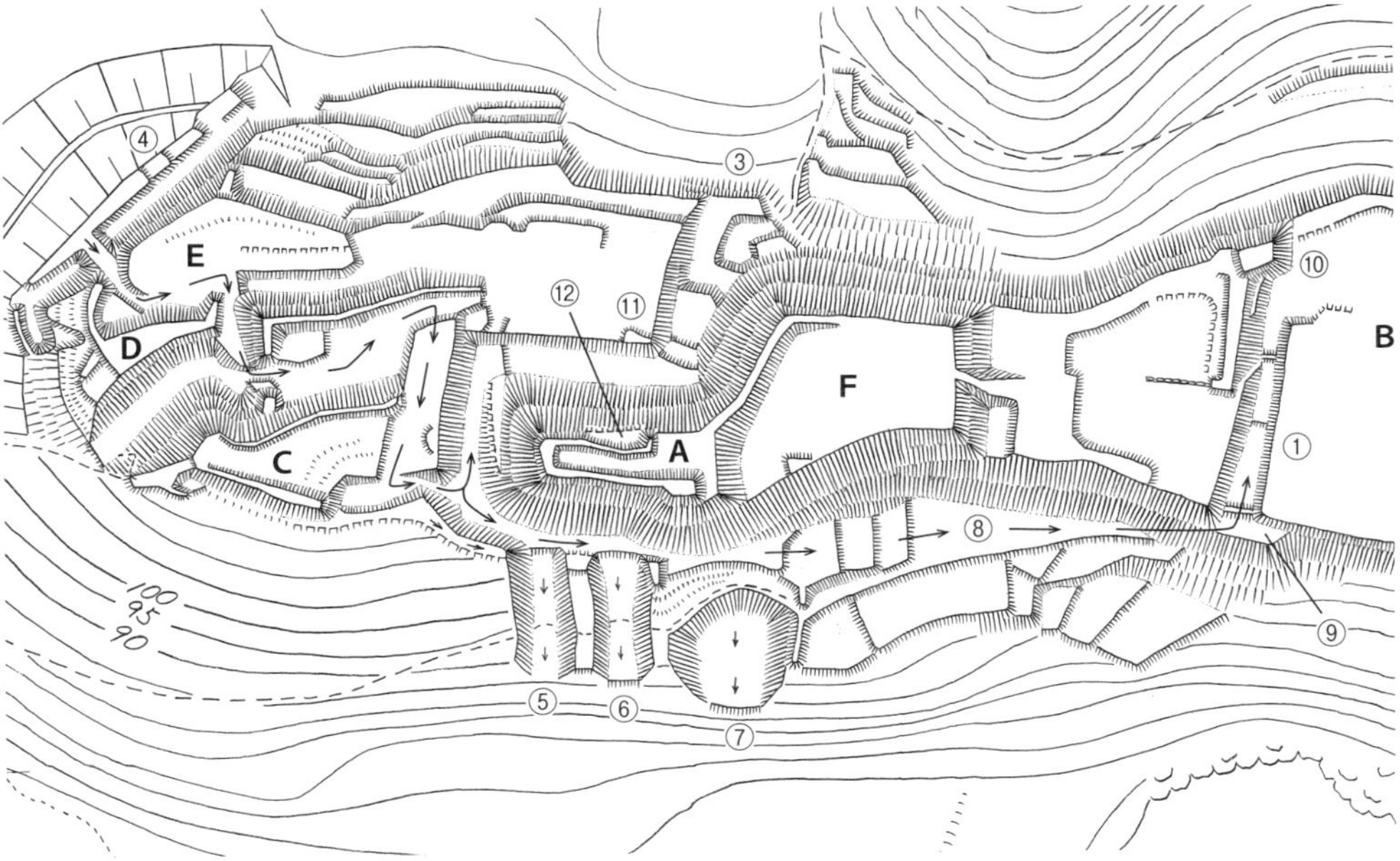

図2　部分拡大図

神保氏婦負郡統治の拠点

14 富崎城《とみさきじょう》

①富山市婦中町富崎
②滝（瀧）山城、福山城、神保城
③標高84・5m、比高50m
④B（少し登る、やや登城しにくい）

【立地】富崎山と呼ばれた尾根の突端に位置し、北側は山田川と急峻な地形に守られた天然の要害である。富崎城は、越中の二大穀倉地帯だった、砺波平野と婦負《ねい》郡平野を繋ぐ音川街道の出入口に位置する交通の要衝である。さらに婦負郡を縦断する八尾街道も富崎山の東麓を通り、婦負郡を統治するには最適の場所と言えよう。

【城主・城歴】「故墟考」には、「嘉吉元年（一四四一）神保八郎左衛門居たり」とある。神保氏は、射水・婦負二郡の守護代に一五世紀中頃に就任しているので、神保庶流家（八郎左衛門？）が婦負郡統治の拠点として築城したのかもしれない。一方、地元では神保安芸守の居城という伝承が根強く残っている。富崎城主としての安芸守は神保長職《ながもと》を示すと推定され、長職の在城は永正十七年（一五二〇）から天文十二年（一五四三）の間であろう。

一次史料に現れるのは、元亀三年（一五七二）のことである。元亀三年九月二十三日付上杉謙信書状（文書集一―一一二四）によれば、当時、滝（瀧）山城（＝富崎城）には加賀一向一揆と神保氏旧臣の水越《みずこし》氏が籠城していた。謙信が九月十八日から十九日にかけて猛攻したところ、「諸廻輪（曲輪）を打ち破り、実城計りに取り成す」となり、「城内を悉く焼き払い、今日（二十三日）破却をなし候」と述べている。「このとき水越氏は、謙信の重臣河田長親の屋敷に逃げ込んだので、

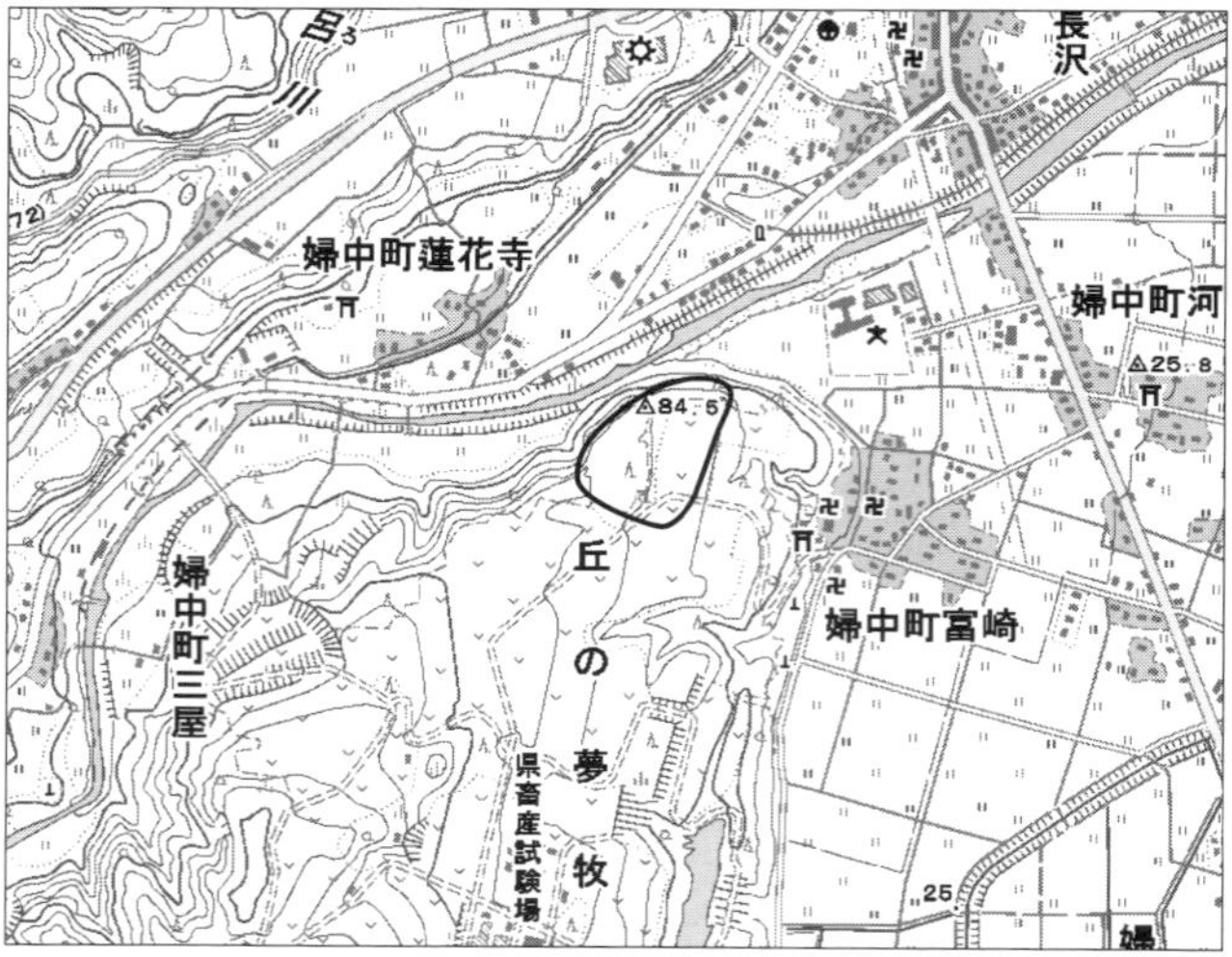

命だけは助けてやった」と謙信は述べている。さらに「実城（主郭）のみになった」と述べていることから、当時の富崎城には少なくとも複数の曲輪が存在していたことが判明する。

次に富崎城が史料に登場するのは天正九年（一五八一）で、当時、富崎城には神保氏の旧臣の寺島牛之助・小島甚介が上杉方に属して在城していた。その結果、織田方の攻撃を受けることになり、同年五月六日付田中尚賢《なおかた》等三名連署状（文書集二-二二一）には「瀧山の儀も自ら放火仕《つかまつ》り候て、神（甚）介・牛之助罷り除くの由に候、併《しかし》ながら落つる所は承らずと申し候」とあり、寺島・小島両将が自ら放火して落城してしまったという。「故墟考」は、両将が落ち延びた先を大道《おおどう》城（富山市）だと述べている。ちなみに、富崎城にほど近い日宮城（射水市）も一向一揆に攻められた結果、城将たちは城を明け渡して退去している。壮絶な籠城戦を繰り広げた末に、城を枕に討ち死に、というケースは案外少ないようである。

以後、富崎城は史料上に登場しない。縄張りにも織豊系武将が改修した痕跡は認められないいため、天正九年の落城によって廃城になったのであろう。

【城跡】 A曲輪が主郭で、西側に井戸跡が残る。東側の一段下がった場所にB曲輪[*1]が設けられている。北斜面には山田川に下りる階段状の遺構が残るDが、この付近に中世の渡し場が存在していた可能性も示している。

①から②③が内堀防御ライン、④から⑤⑥⑦が外堀防御ラインと理解できる。⑧の切岸は、破壊前の実測図では⑤直下まで延びており、さらに東側にもう一段の切岸が記載されている。すなわち、C曲輪の東側は三段の切岸で防御されており、外堀防御ラインの内側に入るには、虎口⑥しかなかったのである。したがって、虎口⑥は大手虎口と推定される。

虎口⑥に入った敵軍は、CE曲輪からの横矢攻撃に晒され、さらに防御力を増強するために

主郭Aに残る井戸跡

主郭Aに立つ「神保城跡」の石碑

土塁⑨まで設けている。厳重な防御構造で、大手虎口であることを物語っている。敵軍は矢印のように左折屈曲し、長時間、C曲輪からの横矢を受けながら土橋通路⑩に到達し、C曲輪に入ったと考えられる。土橋通路⑩を突破されれば、敵軍は一気に馬出Fまで進攻してしまう。つまり、土橋通路⑩は非常に重要な虎口だが、横矢も掛からず基本的には平虎口である。織豊武将による改修は考えられない。

C曲輪は広大な平坦面で、下級城兵の駐屯地と考えられる。多数の城兵を駐屯させて、主郭Aを防御させていたのであろう。主郭Aを防御する最後の曲輪となるのが、馬出Fである。矢印のように入り、屈曲して土橋を渡り主郭Aに入った。現在ほとんど埋まっているが、かつては全周に横堀が巡っていたと推定され、側面から入るときに

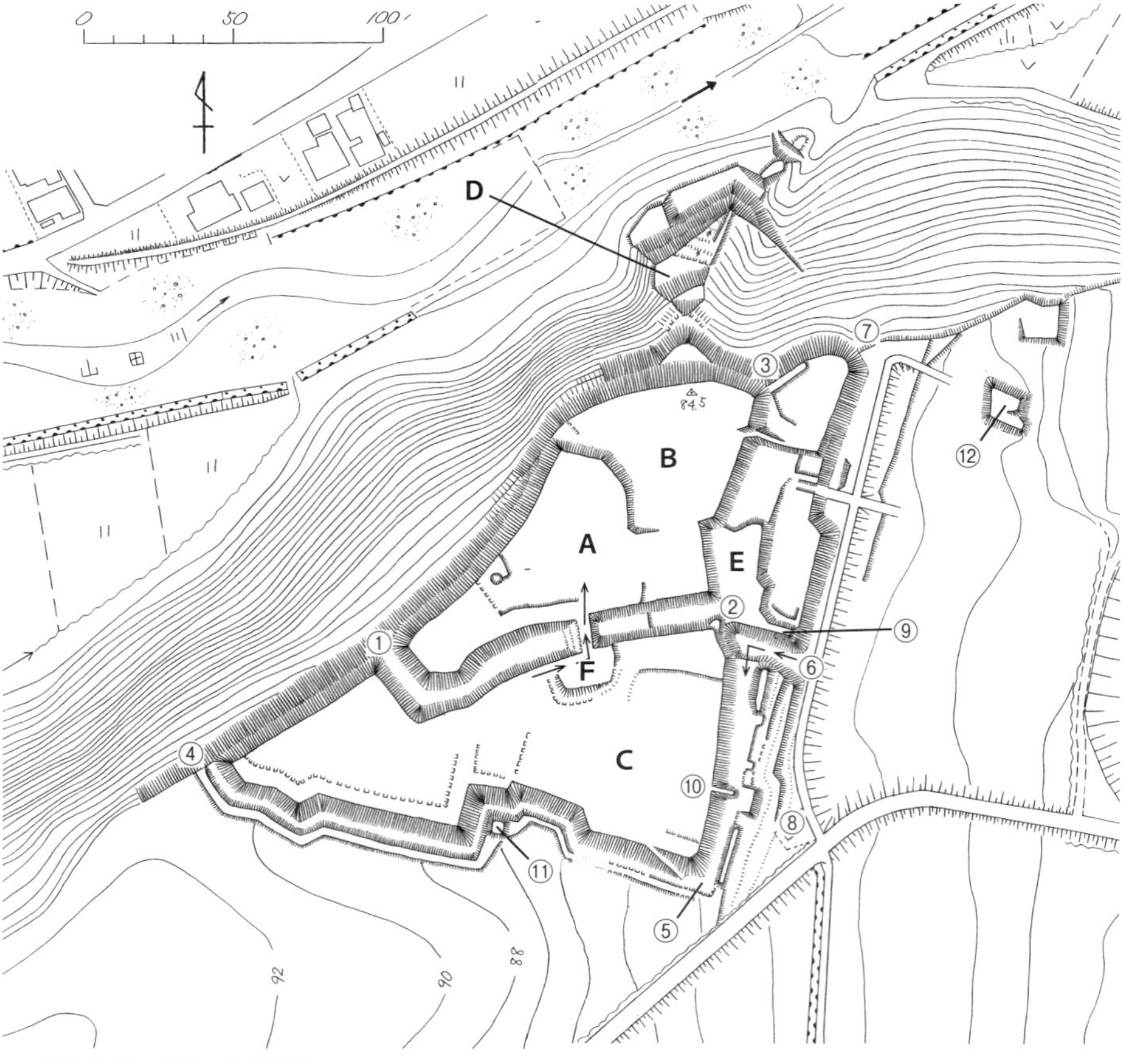

縄張り図　作図：佐伯哲也

主郭Aから横矢が掛かる。小規模だが効果的な構造で、天正年間に改修されたことを物語る。織豊系城郭の馬出のように、さらに前面に防御施設を設けていないので、改修者は織豊武将ではない。天正年間であるから上杉氏の可能性がある。上杉景勝は天正六年に荒砥《あらと》城で馬出を構築しているので、その可能性は高い。

主郭Aを巡る内堀は直線的だが、C曲輪を巡る外堀は数ヵ所に横矢折れを設けており、しかも城内・城外側に土塁を巡らしている。明らかに内堀より外堀のほうが技術的に進歩しているので、外堀も天正年間に上杉氏が改修したのかもしれない。ちなみに⑪は橋台と考えられ、平常時はここに橋を懸けてC曲輪に入ったと考えられる。

櫓台⑫の実態は四隅突出型古墳[*2]だが、地元では鐘突堂《かねつきどう》と呼ばれている。共に神保氏の重要拠点だった増山城とは、ほぼ二キロ（半里）間隔で鐘（半鐘のような施設）を叩いてリレー方式で情報を伝達したと考えられる。当時の情報伝達の実態を知る上で非常に興味深い遺構だ。

上：大手虎口⑥　下：C曲輪を取り巻く外堀

【まとめ】　現存の縄張りは、上杉氏（あるいは上杉氏の指導で越中土豪国人が）が天正年間に改修したのであろう。佐々成政等の織豊系武将が構築したことを推定させる遺構は、現縄張りから見出すことはできない。

＊1　B曲輪から昔は焼米が出土したと伝えられ、米倉があったといわれている。

＊2　二〜三世紀ごろ築造されたと推定される。

主郭Aを取り巻く内堀

落とし穴や逆襲虎口をもつ神保氏の城

15 大《おお》道《どう》城《じょう》

①富山市八尾町大道及び山田村谷
②若狭城、大林城
③標高639・3m、比高340m
④C（登城しにくく注意が必要）

【立地】 山田川には、主城富崎城をはじめとしていくつかの城郭が沿うようにして築かれている。その最奥に位置するのが大道城である。山田川沿いだけでなく、神保氏城郭の中でも最奥・最高所に位置しており、そのような環境から富崎城の詰城とされてきた。大道城の南側には殿様道と呼ばれる古道が通り、神保氏の金城湯池である山田谷（川）と室牧谷（川）を繋ぐ。大道城は殿様道を監視し、山田谷と室牧谷を掌握するために築城されたと考えられる。

【城主・城歴】 「故墟考」には、「此の城は神保手下の将寺嶋牛介職定・小嶋甚介胤興《たねおき》守るとなり」とある。さらに「富崎城」の項で、「在城する寺嶋牛助・小島甚助は、天正六年（一五七八）、佐々成政に攻められて大道村に逃れた」とも述べている。大道城は前述のように山田谷の最奥に位置しており、最終的に立て籠もるにふさわしい城郭である。天正九年、織田軍の攻撃によって富崎城が落城（天正六年は誤り）したあと、寺島・小島両将が退いた城が大道城だった可能性は十分にある。

なお、天正六年、増山城攻めに協力した小谷六右衛門が、神保長住より大道村を与えられている（県史中世―一九〇四）。六右衛門は大道城東側に位置する室牧谷の土豪と考えられるが、このとき大道城が存在していたかどうか詳らかにできない。

天正九年に寺島・小島両将が在城していたことは事実としても、築城目的が富崎城の詰城だっ

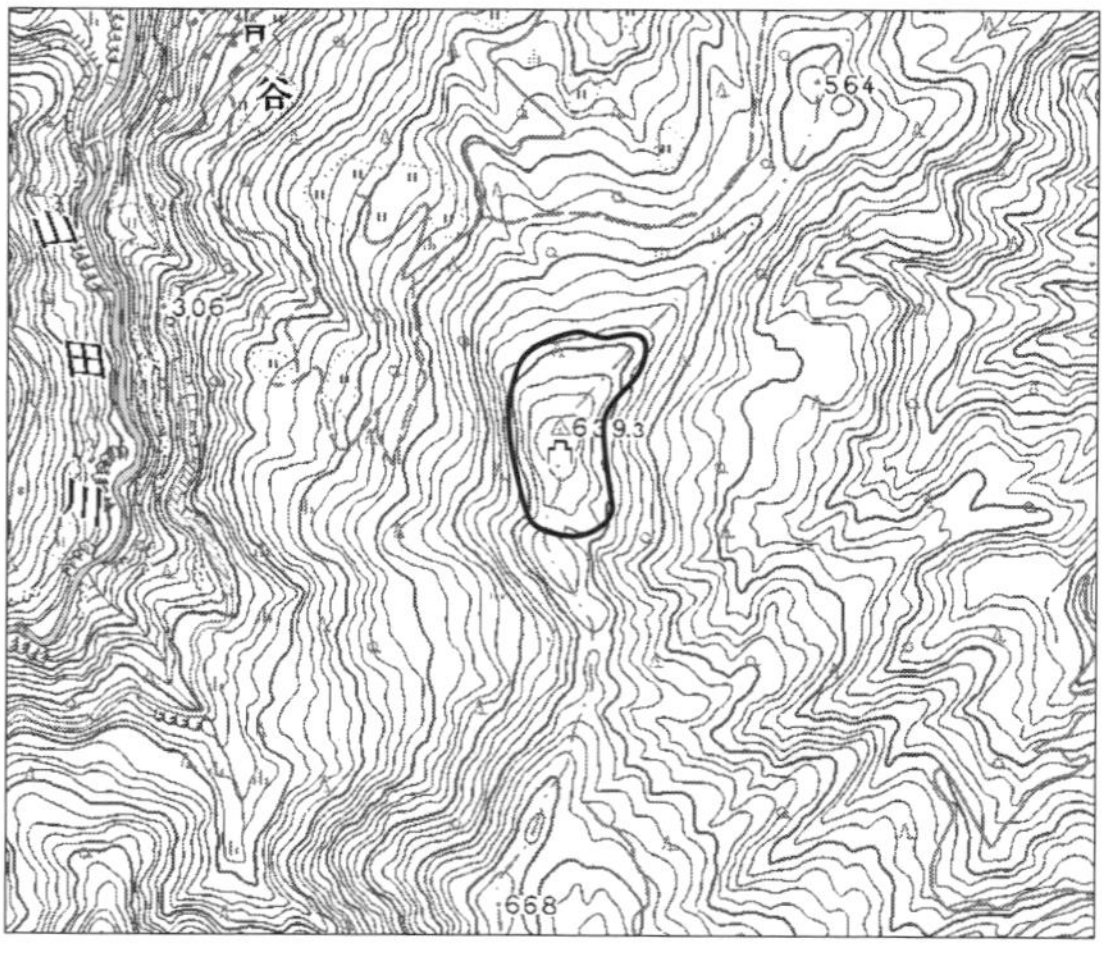

93　大道城

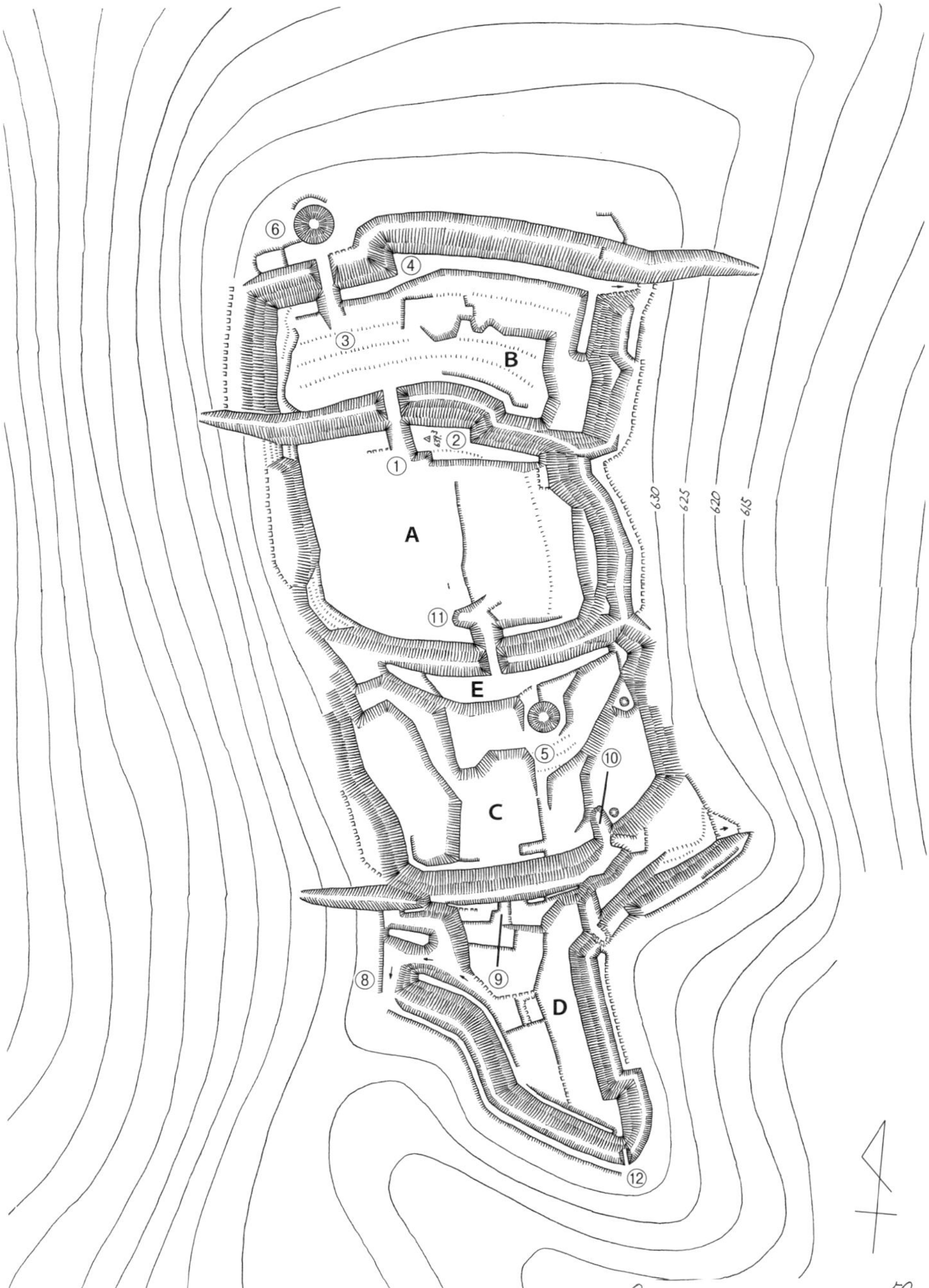

縄張り図　作図：佐伯哲也

D曲輪をめぐる横堀

たということは認めがたい。というのも、富崎城と大道城は直線距離で十一キロもあり、退去するには無理があるからである。別の目的（おそらく両谷の支配）で築城され、結果的に寺島・小島両将が富崎城の退去先に選んだと考えられる。

【城跡】 城跡まで作業道が通っているが、たいへんな悪路で、オフロード車でないと無理である。約一時間かかるが、徒歩でいくことをお勧めする。

城跡はきれいに整備されて説明看板も多数設置されているが、多少遺構を破壊している。A曲輪が主郭で、地元ではゴテン（御殿）と呼んでいる。虎口①は、基本的には平虎口で、これは虎口③も同様である。しかし、櫓台②④を備え、しかも虎口③は横矢を掛けて虎口を狙っている。比較的進歩した虎口である。B曲輪には自然地形が多く残り、削平はされていないが、敵の攻撃をダイレクトに受けるため周囲の切岸や横堀・土塁を完成させ、防御施設としての効果を発揮している。縦穴⑤⑥は井戸と伝えているが、ともに虎口の前面にあり、防御施設としての効果も発揮する。つまり、落とし穴としての性格も兼ね備えている貴重な遺構だ。

D曲輪は尾根続きに位置し、敵の攻撃をダイレクトに受けるため、ほぼ全周に横堀を巡らす。尾根続きに面している箇所には塁線土塁を巡らせ、防御力を増強している。内枡形虎口⑧は、単純な虎口が多い大道城の虎口の中で、唯一、明確な枡形状の虎口である。⑫にも土橋と土塁の開口部があり、ここも虎口としてよい。虎口⑧を攻めている敵軍は、虎口⑫の存在に気付かない。

主郭Aに立つ説明板

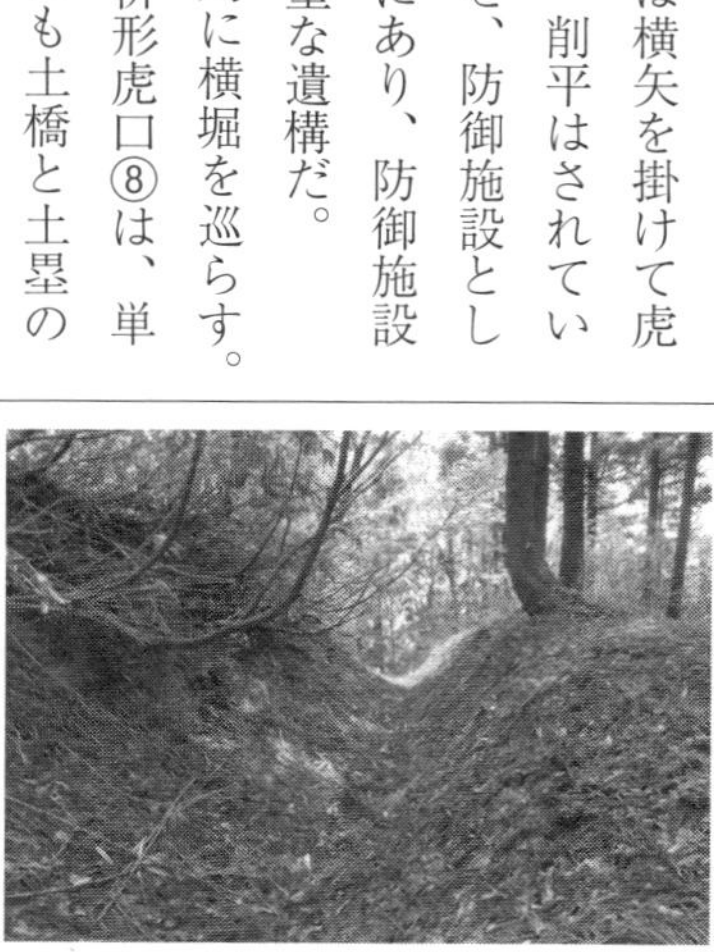

①主郭A南側横堀

おそらく虎口⑫は逆襲虎口で、城兵は虎口⑫から出撃して、虎口⑧を攻める敵軍を背後から襲ったのであろう。

虎口⑧からは、⑨⑩を通ってC曲輪に入ったと考えられ、⑩も単純だが、内枡形虎口であろう。E曲輪に入るには井戸⑤を迂回しなければならず、井戸⑤は防御施設（落とし穴）としての機能もあることは明白である。E曲輪は不完全だが馬出曲輪の機能を持っており、築城年代が天正年間であることを物語る。E曲輪が防御するため、虎口⑪の防御力はさほど高くなくてよかったのだろう。櫓台は存在しておらず、この点、虎口①②と対照的である。

このように見てくると、大道城の防御の主眼は南側ということが判明する。南側の尾根続きには、山田谷と室牧谷を繋ぐ通称「殿様道」が通っており、この道から敵軍が進攻してくることを想定した縄張りである。この道を制圧するために、大道城が築城されたのかもしれない。

内枡形虎口の存在、塁線土塁と横堀がセットになった防御ライン、そして単純な構造ながらも馬出曲輪の存在が指摘できる。これと同じ縄張りを持つ城郭として、富崎城があげられる。一方、B曲輪には自然地形や意味不明な段も残るため、長期間使用されたとは考えにくい。横堀や塁線土塁も多用するが、なぜか部分的な使用にとどまり、城域全体の防御ラインの統一や各曲輪の機能分化もされていない。天正九年頃、鳥越城（石川県鳥越村）攻めで築いた北陸織田軍の城郭とは、この点が決定的に違っている。現存する遺構は、織豊武将とは違う勢力が構築したと考えられる。

【まとめ】　この城は天正九年頃、富崎城に在城した寺島・小島両将によって築城されるが、富崎落城によって廃城となり、織豊武将による改修はなかったと推定する。ただし、両将は上杉方に属していたため、上杉氏の技術指導によって富崎城や大道城が改修・築城された可能性も捨てきれない。いずれにせよ、自然地形が多く残るため、短期間の使用で廃城になったのであろう。

B曲輪北側横堀

井戸⑤。人物と比較すると、その巨大さがわかる

加賀一向一揆が上杉軍を撃破した城郭

16 日《ひの》宮《みや》城《じょう》

①射水市小杉町下条
②－
③標高30m、比高20m
④A（簡単に行けて登城しやすい）

【立地】 城跡北側を旧北陸街道が通る交通の要衝である。さらに射水・婦負二郡の神保氏領地を考えれば、守山城・増山城・富崎城の神保氏三重要拠点を繋ぐ中継基地として築城された可能性を指摘できる。

【城主・城歴】「故墟考」によれば、日宮城には神保長職や神保孫太郎が居城し、南方には長職の重臣寺島・小島氏の館があったとも伝えている。

元亀三年（一五七二）五月、越中西部に大挙押し寄せた加賀一向一揆は、富山城（富山市）を目指して進攻していた。その途中に位置する日宮城には、上杉派の神保家臣団が在城しており、一揆軍の襲来は目前に迫っていた。日宮城将は神保覚広《ただひろ》・安藤職張《もとはる》・水越職勝《もとかつ》・小島職鎮《もとしげ》の四将で、五月二十三日に新庄城（富山市）に在城する上杉氏部将・鯵坂長実に援軍を送ってほしいと懇願している（県史中世Ⅰ一七五二）。

この願いもむなしく、援軍が到着する直前の六月十五日、日宮城・五福山城（＝白鳥城、富山市）は一揆軍の猛攻によって落城してしまい、この勢いで一揆軍は救援に駆けつけた上杉軍も神通川の渡し場で撃破してしまう（県史中世Ⅰ一七五九）。

日宮城が落城したのは、四将が一揆軍と戦わずして和議を結んで開城したためと上杉方の鯵坂長実・直江景綱らは考えており（県史中世Ⅰ一七五九）、しかも長実は、開城について我々にはまっ

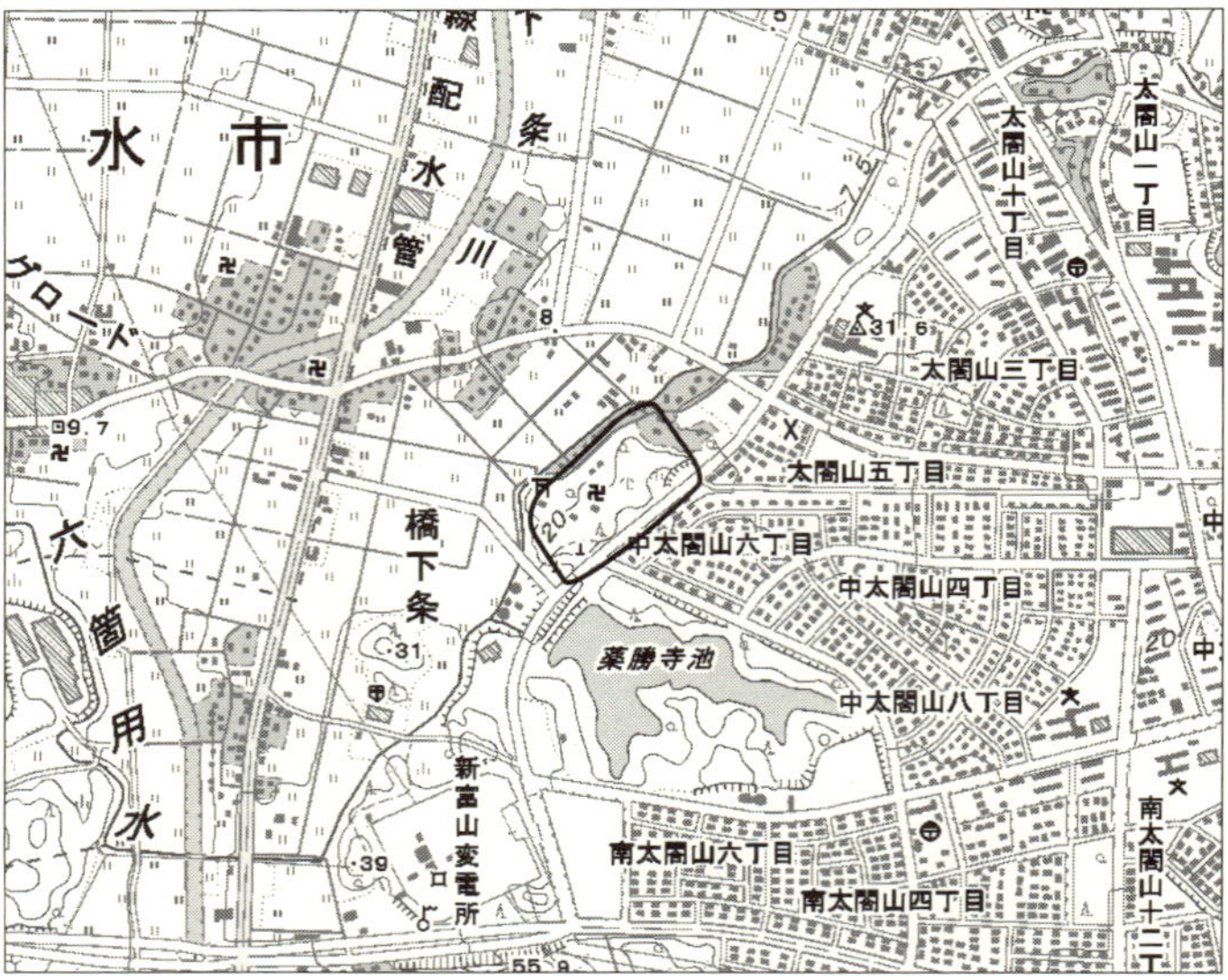

たく知らせてこなかったと四将を非難している。それにしても、四将が退去先に選んだのが遠く離れた能登石動山であり（県史中世Ⅰ一七六二）、なぜ石動山だったのかは不明である。[*1]

四将の立場は著しく不名誉なもので、翌日の六月十六日に四将の一人、小島職鎮は長実宛てに書状を送り、日宮落城問題について執り成しを依頼している。「街道には一揆方の厳重な口留番所があったため、長実に知らせることができなかった」と弁明している（県史中世Ⅰ一七五八）。

なんとも情けない戦い方であるが、戦わずして城を放棄し、「自落」[*2]する城が意外に多い。「城を枕に討ち死に」という籠城戦は、越中で一次史料で確認できるのは天正十年の魚津城攻めくらいである。配下の城兵を見捨てても、城主だけは生き延びる、というほうが一般的だったのかもしれない。

上：城跡遠望。水田の中に位置しているのがよくわかる　下：主郭Ａ周囲に残る沼。この沼が天然の堀として敵軍の攻撃を防いだのであろう

富山城も落城させた加賀一向一揆は上杉謙信と対峙していたが、約一ヵ月間の激闘の末に劣勢となり、九月下旬には富山城を放棄して日宮城に退去している（県史中世Ⅰ一七八五）。その後、日宮城の名は史料上から姿を消す。おそらく、

＊1　当時、石動山は上杉氏と友好的な関係を保っていた。このことが退去先を石動山に決定したのであろうか。

＊2　自落が確認できる城として、富山城・増山城・富崎城・守山城がある。

遠くない時期に廃城になったのであろう。

ちなみに、元亀三年における日宮城攻防戦を含めた上杉・一向一揆の一連の戦いで、両軍とも鉄砲を使用している（県史中世一一七五三・一七八二）。越中で鉄砲が本格的に使用されたのが元亀三年頃と推定され、鉄砲の大量使用が城郭の構造を抜本的に変化させた。そういう意味では、日宮城攻防戦は中世から近世への転換期にあたるといってよいであろう。

【城跡】　城跡は、射水平野の低丘陵地に築かれている。比高は二〇メートルたらずで、天然の要害に頼ることはできない。それを補うために、かつて城跡一帯に沼地が広がっていたと考えられ、現在もＡＢ両曲輪の間に沼地が残っている。

日宮城は、ＡＢＣの曲輪から構成されている。城跡は薬勝寺《やくしょうじ》・日宮神社の境内として利用されているため、遺構の残存状況はあまり良くない。Ａ曲輪は上下二段の平坦面から構成され、土塁や竪堀も残存する。Ａ曲輪の前面には小曲輪Ｄが付属している。破壊が著しいが、それでも土塁の一部が残存している。空堀の対岸に位置しないため馬出とはいえないが、ＤはＡ曲

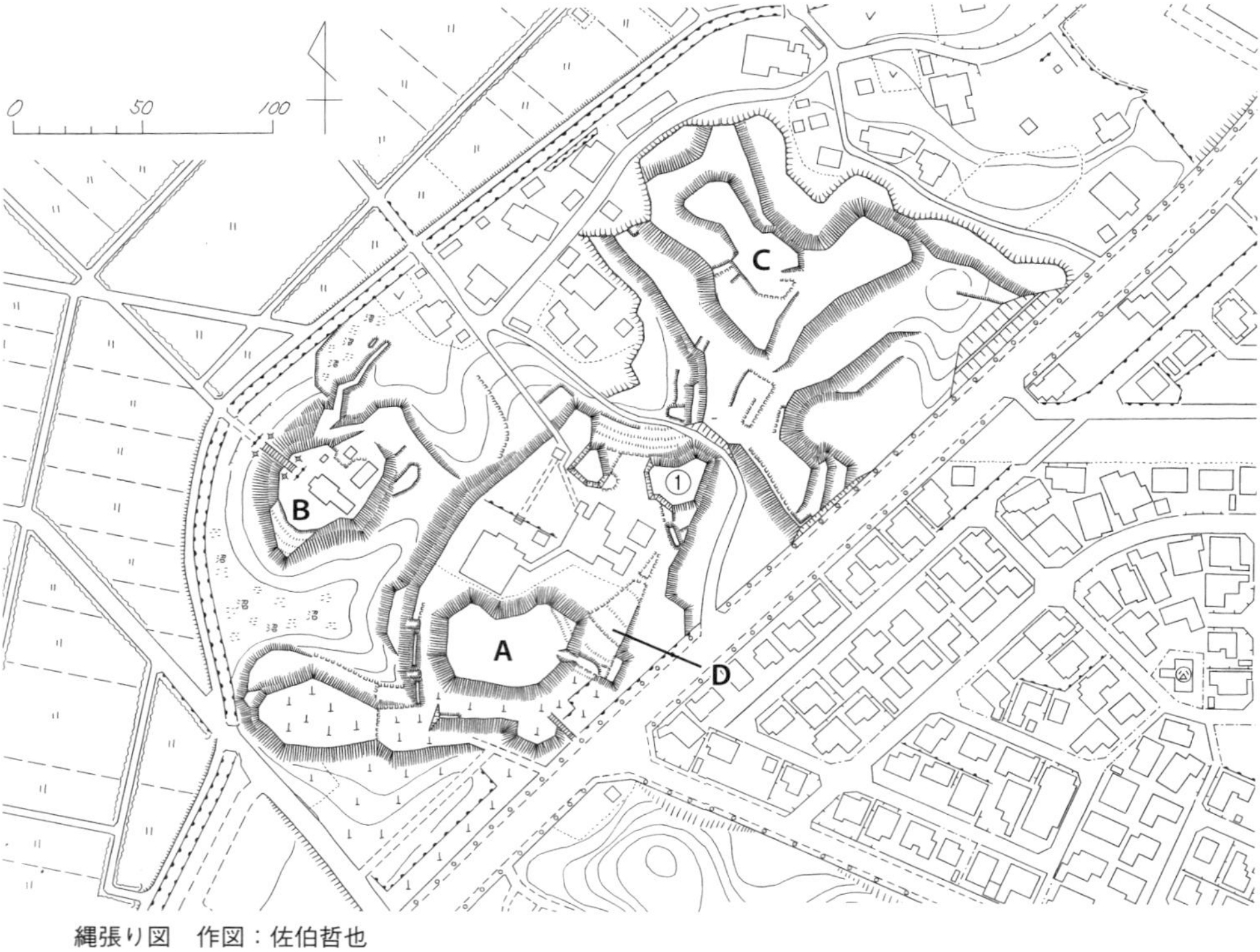

縄張り図　作図：佐伯哲也

輪の虎口を防御しており、馬出曲輪の性格を兼ね備えている。BC曲輪には虎口や馬出曲輪は認められず、A曲輪とBC曲輪との格式の違いを指摘できる。さらに、櫓台①はC曲輪との出入り、もしくは直下を通る人馬の往来を監視する櫓台だったと推定される。これらの存在から、A曲輪が日宮城の主郭であろう。

櫓台①は、直下の道とともにC曲輪も監視している。Cは主郭Aの従郭とはいうものの、主郭からの求心力がほとんど及ばない独立色の強い曲輪で、これはB曲輪にも該当する。日宮城の縄張りの特長は、独立色の強い曲輪群の複合体という言い方もできる。それは、元亀三年に神保家臣団という連合体が籠城した状況にそのまま当てはまるのだろう。

C曲輪は、高さ七メートルの高切岸以外に目立つ遺構は存在せず、切岸によって平坦面が守られる縄張りが残るのみである。しかし、後世に破壊された可能性も否定できない。高樹文庫所有「日宮新村見取絵図」にはC曲輪を「本丸」とし、C曲輪の道を挟んだ東側に「二ノ丸」を描いている。しかし現在、「二ノ丸」は認められない。

【発掘調査】　平成十三年から十五年にかけて、小杉町教育委員会がC曲輪南東部の発掘調査を実施した（『日宮城跡発掘調査概要』小杉町教育委員会、二〇〇三年）。その結果、中世としては炊事場と推定される遺構が検出された。一六世紀後半の遺物としては、土師皿・瀬戸美濃皿・天目茶碗・越前鉢が出土した。C曲輪を城域としてよいのか疑問視する声もあったが、発掘調査により戦国期、特に元亀三年の戦いで城郭として使用されていた可能性が高くなった。

【まとめ】　元亀末年頃に廃城となった日宮城に、馬出の要素を持つ曲輪を認めることができた。永禄・元亀年間から天正年間は縄張りが劇的に変化する時期であるが、遺構の下限を元亀年間とほぼ特定できる日宮城は、越中の中世城郭の発達を考える上で重要な意義を持つのである。

主郭Aに立つ石碑

櫓台①。大半が破壊されている

対徳川戦に備え構築された軍事要塞

17 高《たか》岡《おか》城《じょう》

①高岡市古城
②―
③―
④A（簡単に行けて登城しやすい）

【立地】　高岡城は、関野と呼ばれる台地の縁辺部に築かれた平城である。平城といっても伝天守③付近の比高は一三メートルもあり、周囲の民家を見下ろしている。また、現在は跡形もないが、本丸の背後には松娘ヶ淵と呼ばれる広大な湖が広がっており、これを天然の堀として築城された要害の城郭だったのである。

【城主・城歴】　高岡城は富山県内の城郭で唯一、築城年代・築城者が良質の史料で判明する城郭である。慶長十年（一六〇五）、前田家二代当主の前田利長は四十三歳の若さで隠居し、越中富山城へ退く。

　慶長十四年三月十八日に富山城が火事で全焼すると、利長は即座に再建を諦め、加越能三ヵ国の中心となる高岡の地での築城許可を徳川家康に願い出て、四月六日付（県史近世上―二三九）で許可された。ここで注目したいのは、四月十六日（県史近世上―二四〇）にはすでに築城工事の着手が確認できることである。家康の許可と同時に着工されたのであろう。つまり、富山城焼失からわずか一ヵ月で着工されたのである。単なる隠居城であれば、富山城を再建すれば事足りるはずだ。富山城再建を断念し、新たな城地を選定し、現地測量・縄張り設計・着工準備をわずか一ヵ月でするのは到底不可能である。おそらく、利長は富山居城と同時に高岡築城の調査をしていたのであろう。富山城焼失は偶発的な事故にすぎず、

＊1　企画展「高岡城」高岡市立博物館、二〇〇四年。

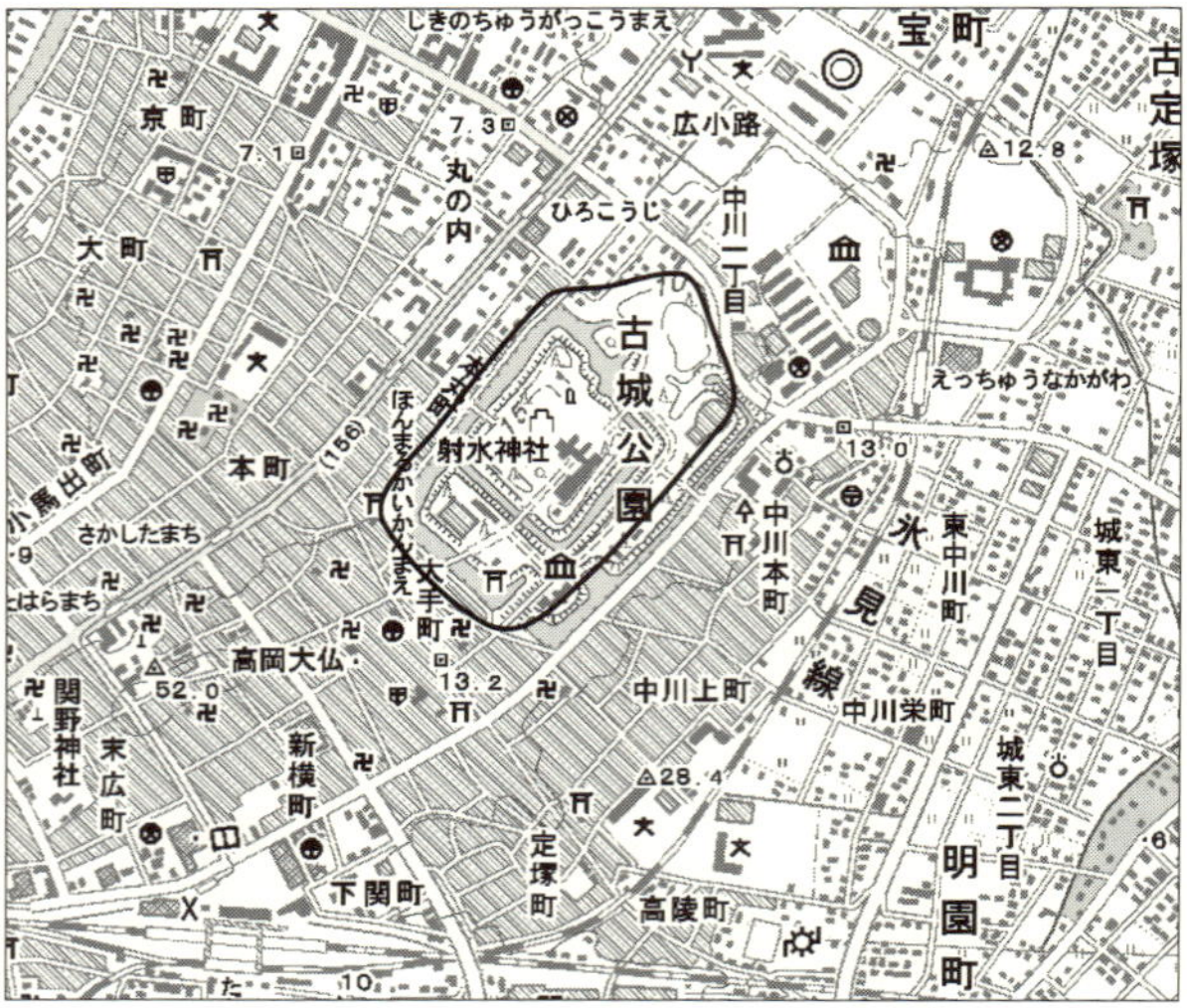

火事が発生しなくても高岡築城は決定事項として進められていたと推定する。

工事は急ピッチで進み、八月二十六日付書状（高岡市史六七九頁）によれば、石垣が崩落する事故が発生するが、九月八日には早くも本丸が完成し、同月十三日には利長が入城している（高岡市史六八〇頁）。仮に着工が四月十六日としたら、本丸はわずか百三十七日間で完成したことになる。後述するが、これは驚異的なスピードである。

しかし、この時点で建物は本丸しか完成しておらず、翌十四日付書状[*1]で利長は「二ノ丸どいわき（土居脇）にもん（門）壱つ同二ノ丸両のすミにやくら（櫓）二つ申しつけ度候」と指示している。つまり、二ノ丸すら完成していなかったのである。利長は慶長十六・十七年に書院等の畳を調達するよう（県史近世上一二五三・二五六）指示し、さらに慶長十五年から十九年の間と推定される書状（小松市立博物館所蔵文書）では、城門の建築を指示している。利長入城後も、建築工事は延々と続けられていたのである。

高岡城の廃城時期は、必ずしも明確になっていない。利長の死（慶長十九年五月二十日）後、速やかに廃城になったとも言われている。また、元和元年（一六一五）の一国一城令によって廃城になったとも言われているが、いずれも確証はない。唯一、（慶長十九年）二月十八日付書状（高岡市史七二一頁）で、利長は本多《ほんだ》正信《まさのぶ》・正純《まさずみ》父子に「高岡城の儀、筑前守（利常）に申し付けわらせ申すべく候事」と述べている。悪性の腫物を病んで、余命幾ばくもない利長の遺言とも受け取れる書状である。おそらく、利長の死後に主要建造物は撤去されたのであろう。

江戸時代の高岡城は加賀藩高岡町奉行所の管理下で、米蔵・塩蔵・硝煙《しょうえん》蔵が置かれていたようである。水堀や土塁等の縄張りがそのまま残されたのは、万一の場合に籠城するための措置と言われており、同様の措置は魚津城（魚津市）にも見られる。

高岡城全体を示した案内板。非常にわかりやすい

本丸。広大な平坦面が設けられている

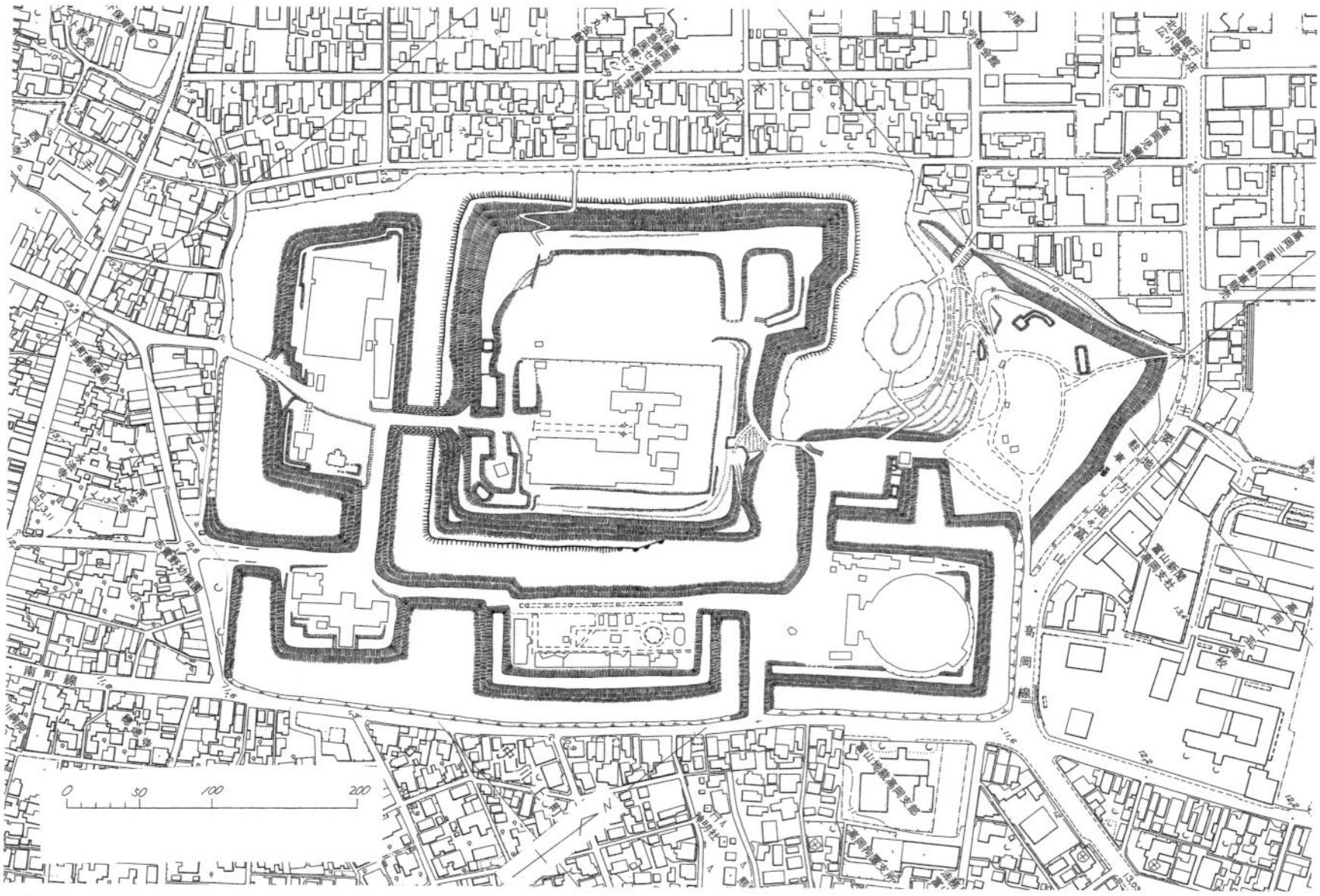

図１　現況縄張り図　作図：佐伯哲也

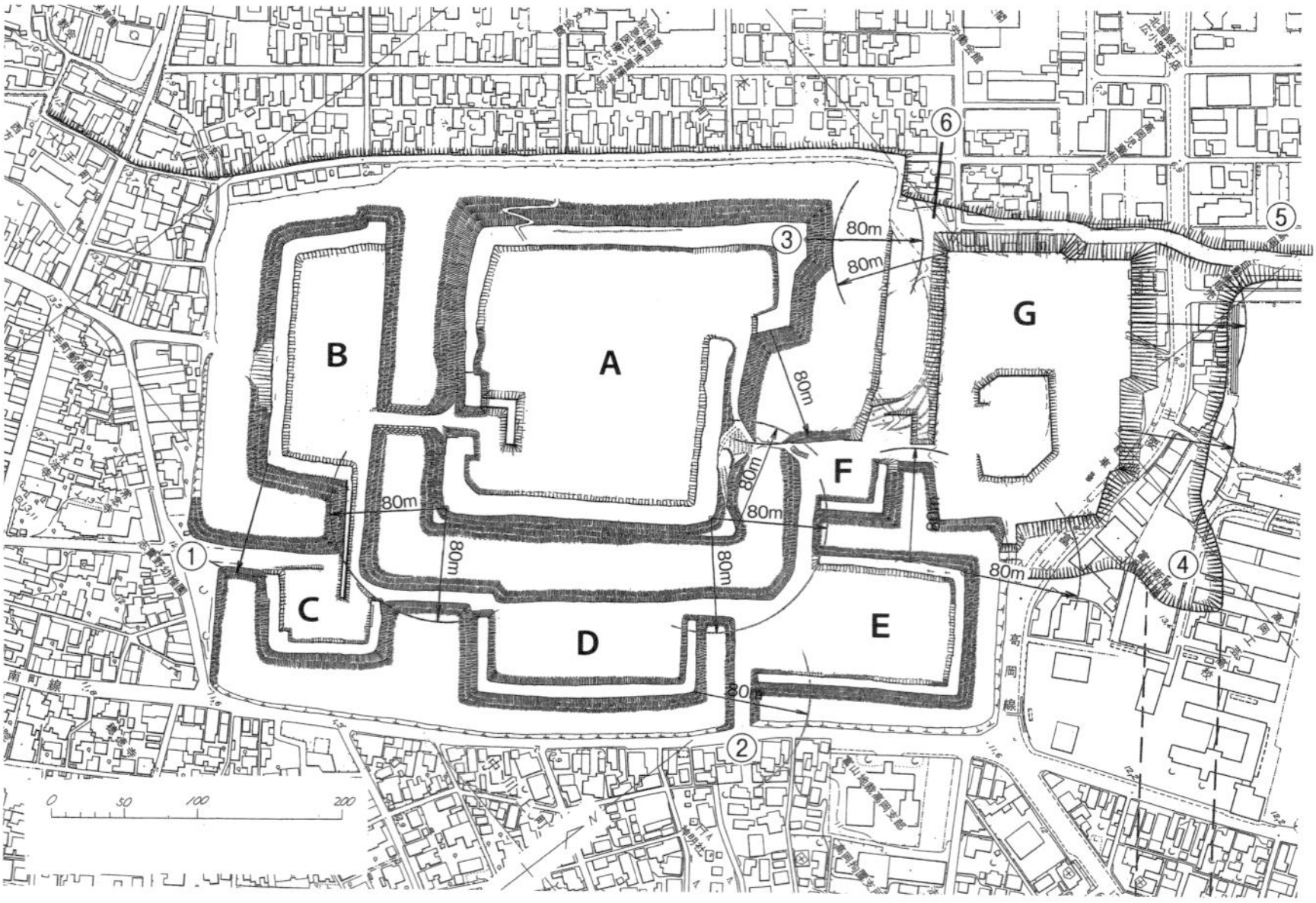

図２　推定復元図　作図：佐伯哲也

【城跡】現況縄張り図を図1に示す。現在、城跡には動物園・博物館などが建てられており、一部遺構が改変されている。このため、江戸期の絵図を用いて推定復元したのが図2である。以後、図2を用いて説明する。A曲輪が主郭で、通称本丸。B曲輪は、通称二ノ丸。C曲輪は、通称鍛冶丸。D曲輪は、通称明丸。E曲輪は、通称三ノ丸。F曲輪は、特に名称はない。G曲輪は通称小竹薮と呼ばれ、城外とされている。①地点は大手口、②地点は搦手口とされている。

本丸Aは、二〇〇×二一〇メートルのほぼ正方形の曲輪。大きさだけで言えば、名古屋城本丸（一六〇×一七〇メートル）を上回る巨大な曲輪である。全周に上幅一〇メートルの巨大な土塁を巡らしている。おそらく、多聞櫓のような建物が建っていたのであろう。高岡城の曲輪はほとんど横矢折れを設けていないが、本丸の③地点付近のみ二ヵ所も設けている。重要な地点であることを物語っており、伝天守跡ということを裏付けている。

さて、前田利長は本丸をわずか百三十七日間で完成させている。この驚異的なスピードは、どうしたら実現できるのか、土木技術者でもある筆者の計算では、約九千四百人が一日十三時間労働（休憩一時間含む）で休日なしで働いて、ようやく実現する（表1）。通常の工程（一日八時間労働、週休二日制）なら三百八十日間もかかるため、これを百三十七日間で完成させた利長の異常なまでの執念がうかがえる。

このほか、労働者の食料調達・調理者、材木の切り出し、瓦の製作、調度品、細工師等々を含めれば、その倍の約二万人が動員されたと考えられ、これは当時の前田氏の軍役総動員数の三分の二に匹敵する。それは、利長が前田家の実権を握っていた証拠であり、前田氏の総力を結集した築城と言える。やはり高岡城は、利長の単なる「隠居城」ではなかったのである。

さて、現在は市街地となっているが、前述のとおり、本丸の背後には広大な松娘ヶ淵と呼ばれ

工程			労働者の内訳			1班の内訳	
①	伐開	3日	①	普請人夫	7350人（350班）	班長	1人
②	掘削	90日	②	作事人夫	1838人（普請人夫の1/4）	土工	18人
③	盛土	15日	③	管理職	184人（人夫全体の1/50）	雑夫	2人
④	土羽打ち	3日					
⑤	石垣	26日					
	合計	137日		合計	9372人≒9400人	合計	21人

表1　高岡城本丸を137日間で完成させるための推定工程
一日の労働時間13時間（5:30～18:30、1時間休憩）4～9月の日の出から日没まで働くものとした

る湖が広がっていた。これを復元したのが図3である。松娘ヶ淵は庄川と繋がっており、高岡城石垣の石材は、庄川河口の海岸線から採掘されたことが判明している。つまり、松娘ヶ淵は天然の運河の役割を果たしていたのであり、松娘ヶ淵の存在が本丸築城工期を短縮させた一大要因といえよう。

図3には、推定で惣構《そうがまえ》を記入した。残念ながら惣構の存在は一次史料で確認できないが、ガラン鳥堀の存在、④地点の水堀が不自然なほど突出しているなどから、惣構建設の計画だけはあったと推定した。惣構の構築により、城外（あるいは慶長期北陸道）と繋がるのは松娘ヶ淵と挟まれた⑤地点だけとなり、難攻不落の名城となる。

ちなみに、金沢城の惣構は、内惣構が慶長四年、外惣構が慶長十五年に構築されている。内惣構ですら、前田利家の入城から十六年経ってようやく構築されたのであり、利家生存中は存在していなかったのである。わずか五年で廃城となった高岡城に、惣構が存在していなくとも不自然ではない。

高岡城の縄張りの特徴は、なんといっても連続馬出にある。二ノ丸Bから小竹藪Gまで各曲輪を土橋で繋げ、見事な連続馬出を構築し、完璧に本丸Aを防御している。これほど連続馬出の縄張りを貫徹しているのは、全国でも高岡城のみである。当

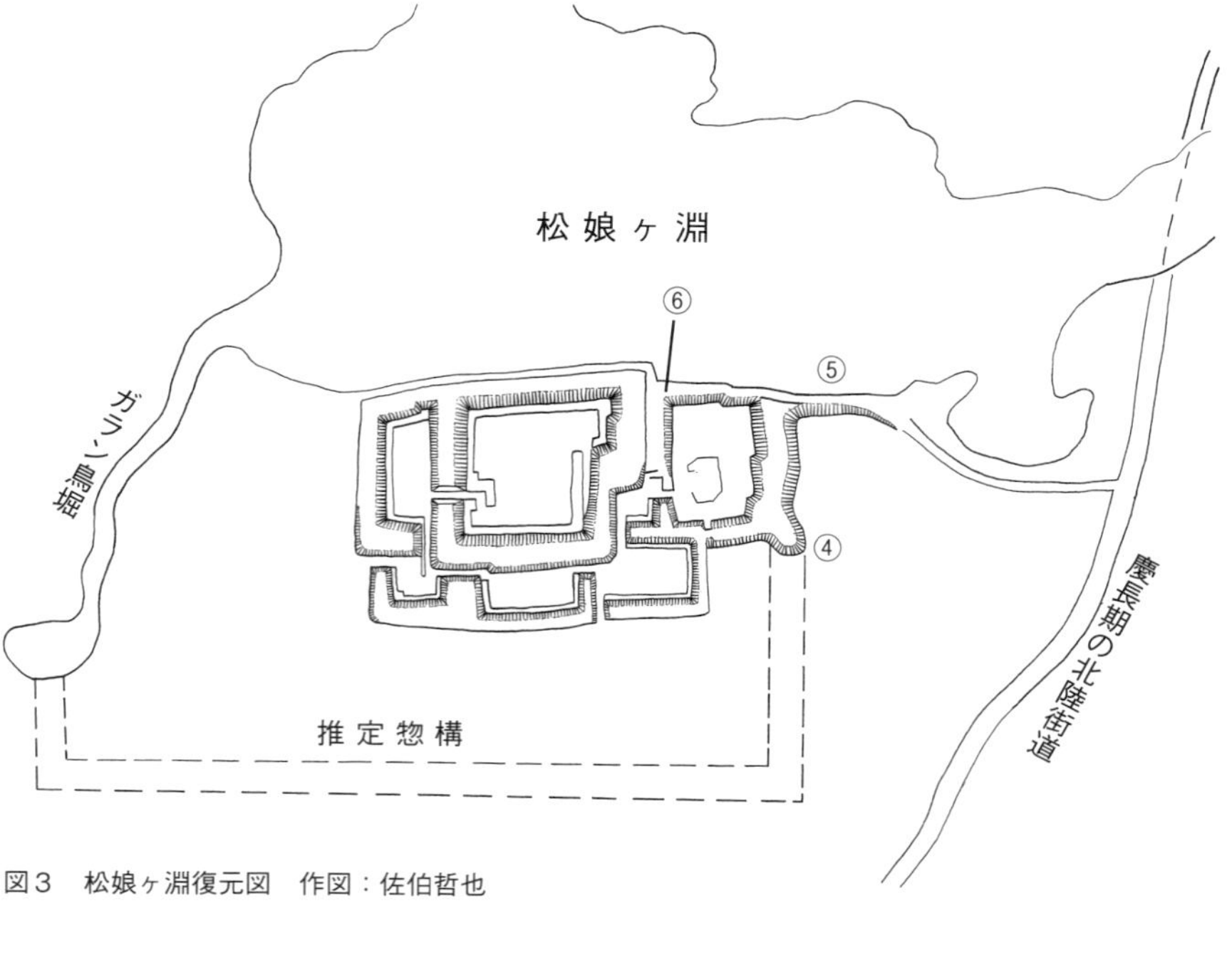

図3　松娘ヶ淵復元図　作図：佐伯哲也

高岡城唯一の石垣。本丸と二ノ丸をつなぐ

時、城外と連絡していたのは虎口⑥だけであり、慶長期の北陸道から南下してきた敵軍は、長時間、小竹藪Gの横矢攻撃に苦しめられ、苦難の末に虎口⑥を突破して本丸目前に迫る。しかし水堀があるため、それ以上進めず、FEDCBの五つの曲輪を通過してやっと本丸に辿り着く。本丸の目前に迫りながらも、結局は多数の曲輪を撃破しなければ本丸に達することができない。これが連続馬出の最大の強みだ。

さらに高岡城の連続馬出の強さは、各曲輪を連結する土橋を、本丸から約八〇メートルの位置に構築していることである。土橋を通過する際、敵軍は本丸からの横矢攻撃に晒される。当然、曲輪の入口には城門が設置されているから、敵軍は土橋上で大渋滞に陥り、本丸からの横矢攻撃で大損害を被《こうむ》ったことであろう。当時、鉄砲の弾丸の飛距離は約二〇〇メートルだが、敵軍に重傷を与え、戦闘不能にしてしまう距離が八〇～一〇〇メートルとされている。つまり、高岡城の縄張りは、横矢攻撃の威力を最大限に発揮する土橋を多数構築し、さらにその土橋は鉄砲弾の飛距離を計算して位置を設定しているのである。

このように高岡城は、多数の敵軍をいかに効果的に殺傷するかを計算して設計されている。一般的に前田利長の隠居城と言われているが、とんでもない話である。純然たる軍事要塞と言えよう。

現在、大手口は①地点とされている。しかし、これは江戸期以降に、本丸に一番近い虎口を大手口にしたと考えら

石材に残る矢穴

三ノ丸に残る通称「民部の井戸」

れ、本来の大手口ではない。築城当初の大手口は、慶長期の北陸道と唯一繋がっていた虎口⑥とすべきであろう。

一般的に高岡城は、前田家の客将高山右近《たかやまうこん》の設計とされている。右近が前田家に身を寄せたのが天正十六年である。それに先立つ五年前の天正十一年に、利長は居城の松任城で連続馬出を採用している。さらに、右近の居城である高槻城《たかつき》（大阪府高槻市）や船上城《ふなげ》（兵庫県明石市）では、連続馬出の縄張りは確認できない。高岡城の設計は純然たる利長の設計と言えよう。

それではなぜ、利長は慶長十四年に軍事要塞高岡城を築城しなければならなかったのであろうか。それは、徳川幕府の前田対策が強まった結果と考えられる。誕生間もない徳川幕府にとって、大坂城の豊臣秀頼《ひでより》はもちろんのこと、百二十万石の大大名前田家も脅威だったはずである。江戸を出発した徳川軍の主力は当然、越後・越中を経由して金沢に進攻するはずである。これを食い止めるために、利長は高岡城を築城したと考えられる。高岡築城の翌年に金沢城の外惣構を構築していることからも、利長が持っていた危機感は相当大きかったのであろう。これに対して、徳川幕府も慶長十五年に徳川家康の六男松平忠輝《ただてる》を越後福島城（新潟県上越市）に入城させている。＊1 徳川・前田両家の軍事的緊張の高まりが、利長に高岡築城を踏み切らせたといえよう。

【まとめ】　高岡城は、前田利長が異常なまでの執念で築城した軍事要塞だった。たしかに、前田利長は生母芳春院《ほうしゅんいん》を人質として江戸に差し出し、徳川家と縁戚関係を結び、名古屋城普請の手伝いをするなど、徳川幕府に対して平身低頭の限りを尽くしていた。しかし、万一攻められた場合を想定して、用意周到な準備も怠っていなかったのである。そこには幾多の危機を乗り越えて、戦国時代を生き抜いてきた前田家のしたたかさを、高岡城は見事に物語っていると言えるのだ。

通称「枡形堀」。幅九〇メートルもある

＊1　ちなみに、徳川家康は慶長十五年に名古屋城を築城し、対豊臣戦略を強化している。

18 守《もり》山《やま》城《じょう》

越中三大山城の一つで神保氏の軍事拠点

①高岡市守山
②獅子頭城、二上城
③標高258・9m、比高250m
④B（少し登る、やや登城しにくい）

【立地】　越中を代表する山城で、越中三大山城の一つに数えられている。城跡は二上山《ふたがみやま》山頂から南西に突き出た尾根に築かれており、砺波平野の大半を眺望することができる。城跡の南麓を流れる小矢部川は、河口の放生津《ほうじょうづ》城と繋がっており、さらに小矢部川左岸には、当時の北陸道浜街道が通る交通の要衝でもあった。

【城主・城歴】　守山城の築城は南北朝期と考えられ、当時は「師子《しし》頭《がつら》城」と呼ばれていた（県史中世-三二七）。応安元年（一三六八）から康暦元年（一三七九）まで越中守護職を務めた斯波義将《しばよしゆき》は、年不詳の某書状（県史中世-五二二）によれば「森山ニ御入候」とある。「森山」とは守山城のことと考えられ、当時の守山城は守護が入城するほどの重要拠点だったことがわかる。

一五世紀に入ると、射水・婦負二郡の守護代を務めた神保氏の軍事的拠点として使用される。永正十六年（一五一九）十月、越後守護代長尾為景の攻撃を受けると、神保慶宗は二上城（守山城）に籠城する。為景は山麓まで放火し、落城寸前まで追い込むが、味方の軍が崩れたため、落城を諦めて越後に帰陣する（県史中世-一二七八）。翌永正十七年、為景は再度越中に進攻し、同年八月に二上城を攻略し（県史中世-一二九四、一二九六）、慶宗も十二

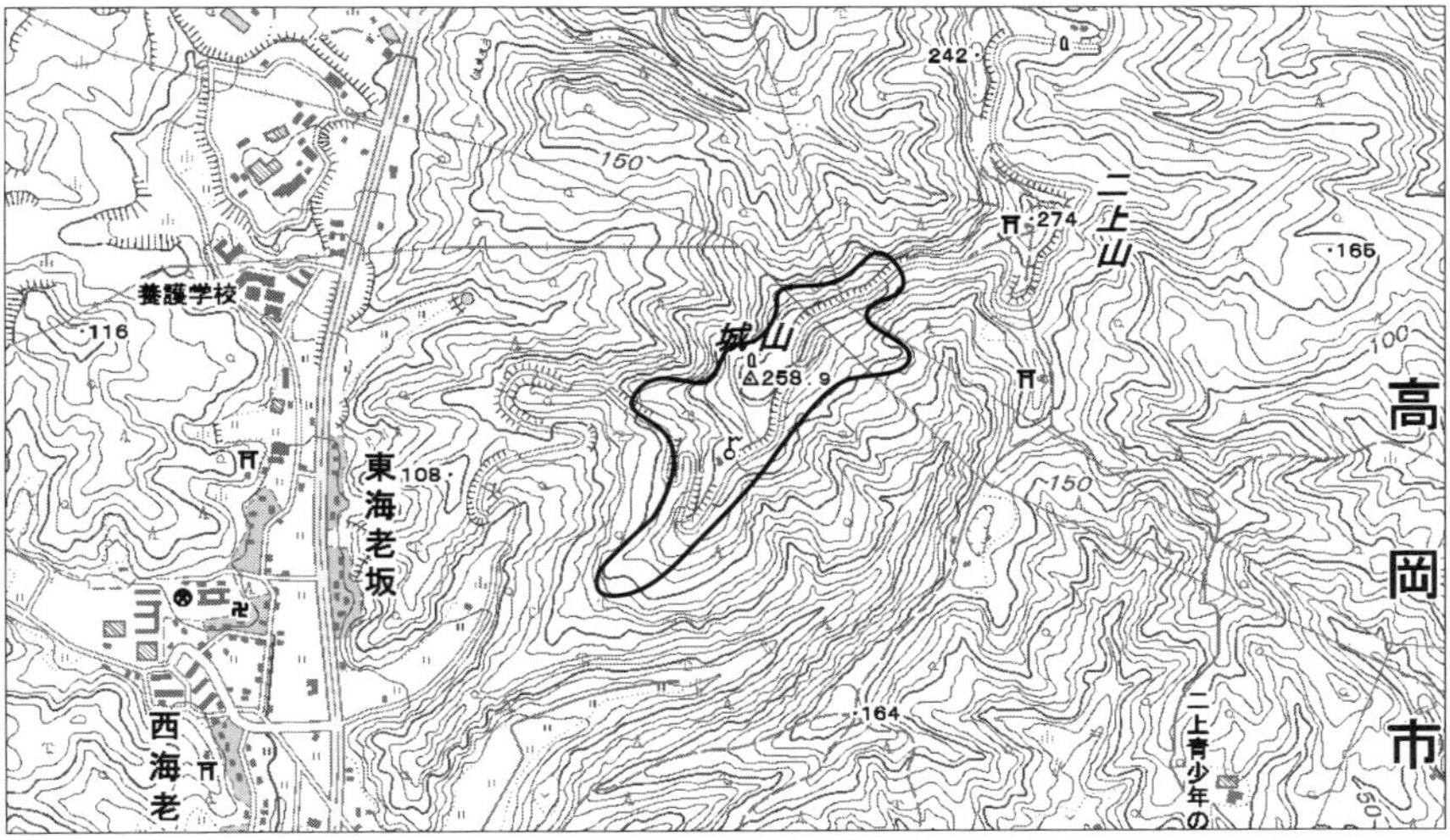

月二十一日の新庄の戦いで長尾軍に敗れ、自害して果てる。その様子は、同行していた陣僧の記録により、「越前守慶宗下馬す、甲冑を脱ぎ、雪で嗽《くちすす》ぐ、西面に合掌し、念仏を十声し、自殺すと云々」*1と詳細に知ることができる。不謹慎な発言だが、ドラマのラストシーンのような光景が目に浮かぶ。この敗戦により、神保氏はいったん滅亡する。

神保氏再興を果たした神保長職は天文十二年（一五四三）頃、富山築城に成功し、天文二十三年には一族の神保職広《もとひろ》が守山城に在城している（県史中世―一五七〇）。神保氏の重要拠点として使用されていた守山城だが、永禄三年（一五六〇）、上杉謙信の越中進攻により富山城は落城し、長職も逃亡して行方不明になると、守山城も「自落」する（県史中世―一六一二）。被害を必要最小限に食い止める「自落」は、当時の戦法として一般的に用いられていたようである。

永禄五年頃より守山城には神保氏張《うじはる》が居城し、謙信が越中を制圧すると上杉氏家臣団に組み込まれる。天正六年（一五七八）、謙信が死去するといち早く織田方となり、天正九年に越中へ入国した佐々成政の重臣となった。天正十三年、豊臣秀吉による佐々征伐時は「木船・守山・増山以下所々敗北し候」（県史近世上―一三二）とあることから、佐々方の重要拠点として使用されていたことが判明する。成政が降伏すると、氏張も守山城を去ることになった。

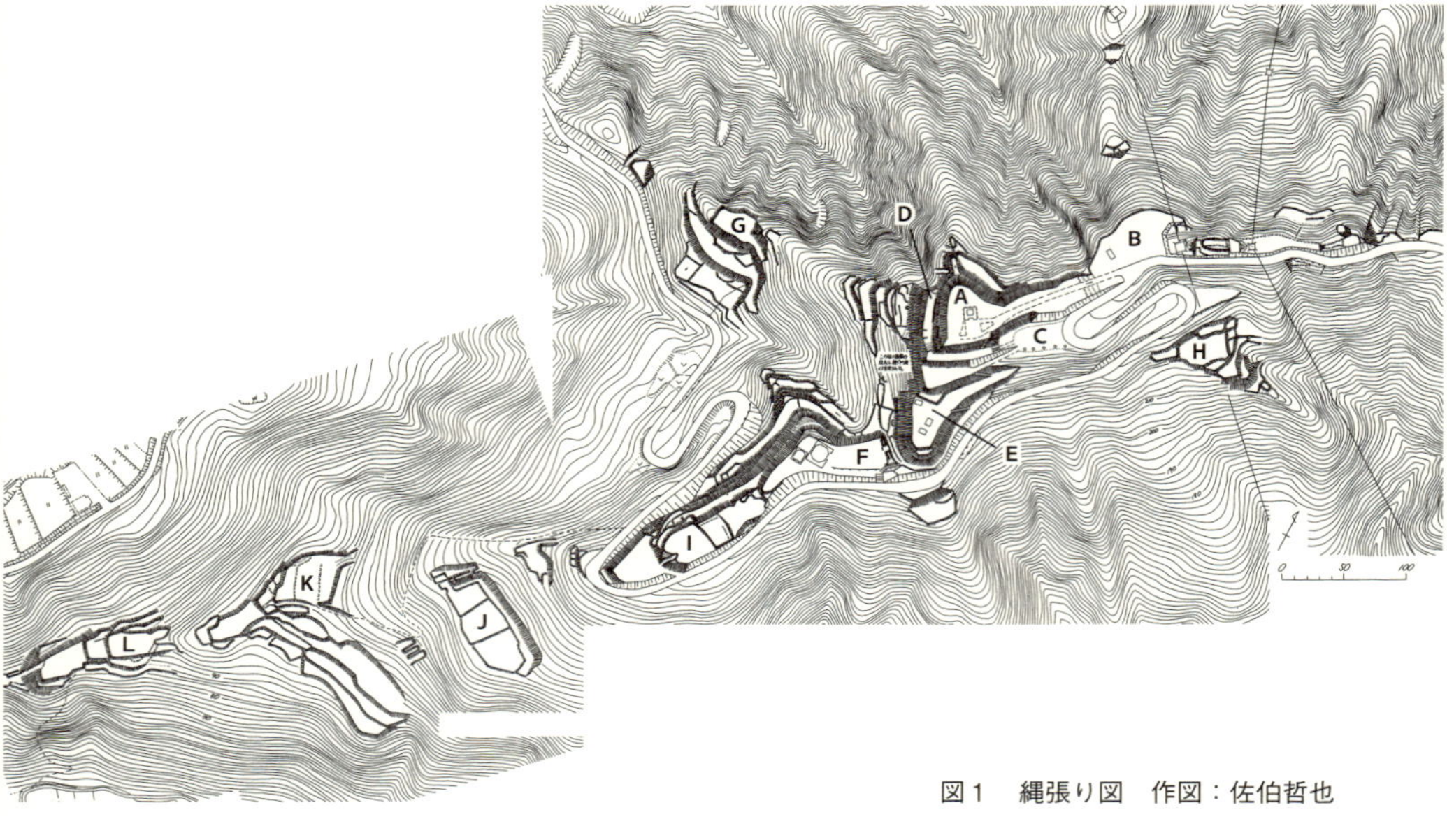

図1　縄張り図　作図：佐伯哲也

天正十三年に前田利長の居城となり、利長は守山城付近にあった国泰寺《こくたいじ》の方丈《ほうじょう》を守山城の施設として転用する（「武士編」三〇八）。このことは、天険の山城である守山城を単なる詰城ではなく、本格的な居城として使用していることを示す。平定したはずの領土で、あえて不便な山城に越中西半国の拠点を置いたことは、重要な事実として受け止めなければならない。

慶長二年（一五九七）、利長が富山城へ移ると、前田長種《ながたね》が在城したという。しかし、それも短期間で、慶長三年七月二十三日付前田長種書状（県史近世上-七三三）に「守山屋敷跡」とあることから、この時点で守山城は廃城になっていたことが判明する。

【城跡】城跡は、公園造成などによって保存状態はよくない（図1）。ここでは、飛見丈繁《ひみたけしげ》著『越中郷土史譚』第壱輯（昭和三十五年発行）所収「守山城址推定図」（以下、推定図と略す）を参考に作成した図2を見ながら解読していこう。

上：主郭から見る砺波平野　下：D曲輪に残る石垣

主郭はA曲輪で、推定図には「本丸」とある。現在、駐車場として使用されているB曲輪には「馬鞍」とある。推定図は①付近を「正門」とするが、跡形も無い。また、主郭AとB曲輪に塁線土塁を描くが、これも現存していない。推定図には東側の尾根続きに三本の「空堀」が記載されており、堀切②③④がこれに該当すると考えられる。

＊1　『富山県史通史編Ⅱ中世』所収「遊行二十四祖御修行記」。

主郭Aの現状。全壊状態となっている

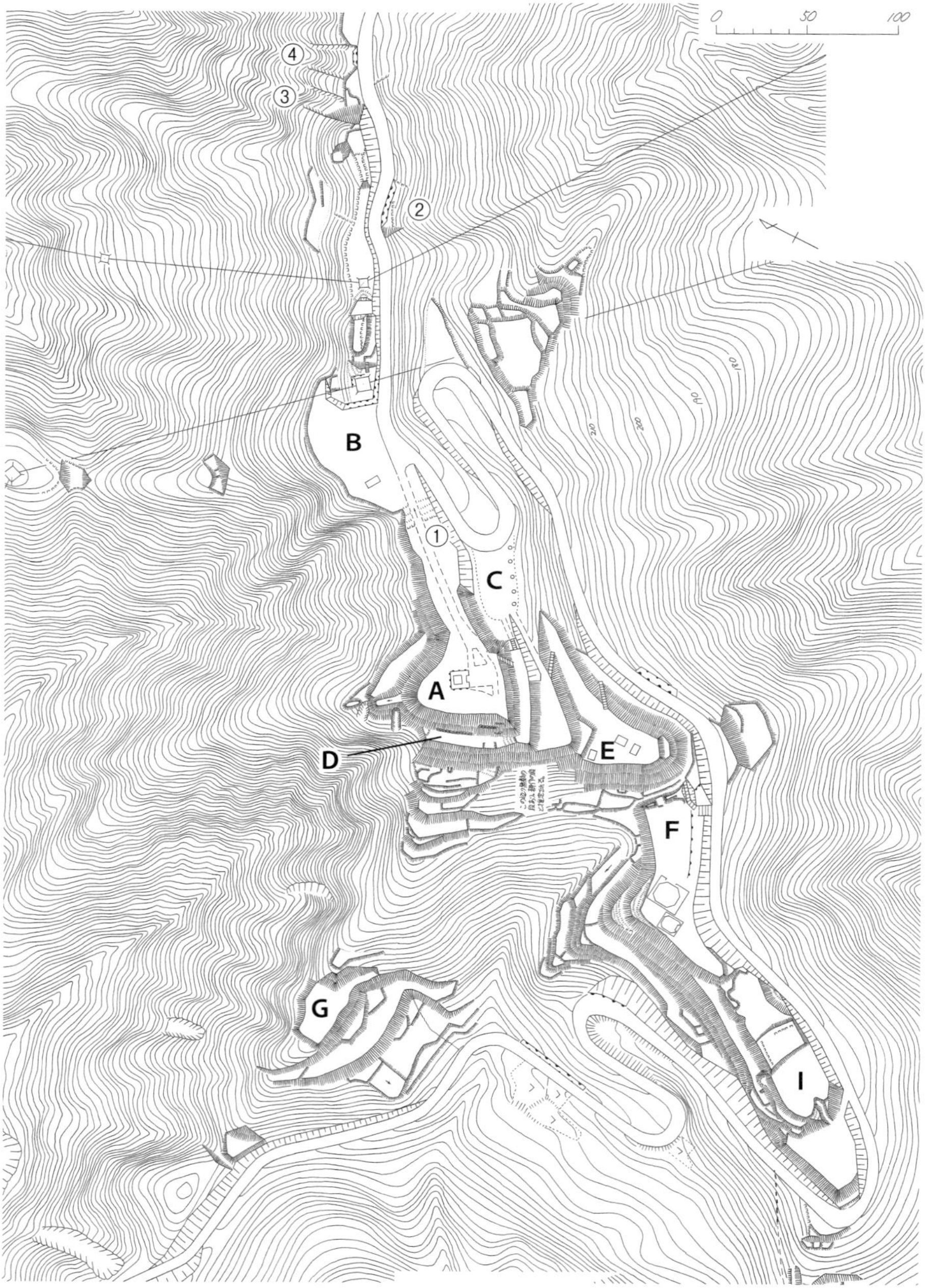

図２　主要曲輪群拡大図　作図：佐伯哲也

推定図ではC曲輪が「二ノ丸」、D曲輪が「腰曲輪」、E曲輪が「三ノ丸」、F曲輪が「門口」、G曲輪が「武士屋敷址」と記されている。F曲輪東端の土塁は旧状を保っているようで、推定図の土塁形状と一致する。F曲輪以西の尾根続きには、IJKLの大型の平坦面が設けられている（図1）。おそらくG曲輪同様、家臣団の屋敷地と考えられる。家臣団屋敷はほぼ旧状を保つが、広大な平坦面のみが目立ち、土塁や石垣などの近世的な遺構は残っていない。重要な部分に石垣を構築していないのは、重要な事実として受け止めなければならない。

主郭西直下のD曲輪には裏込石を使用した石垣が残り、一部の石には矢穴も残る。富山県内の中世城郭で、矢穴石が残る石垣は守山城のみで、貴重な遺構だ。北陸の城郭で石垣に矢穴が出現するのは、文禄年間（一五九二～九六）と言われている。金沢城も文禄の役に備えるために、文禄元年（一五九二）に石垣を大改修している。これを考慮すれば、守山城の石垣[*2]も文禄年間に改修され、このときの石垣が現存する石垣だったとも考えられる。

【まとめ】 破壊がひどく詳細は不明だが、枡形虎口はもちろんのこと、各曲輪を繋ぐ計画的な通路が設定されていた形跡はうかがえない。主郭の「正門」も土塁で構築されているが、平虎口と推定される。そのため、現存する守山城の基本的な縄張りは、神保氏張時代のものであると考えられる。

天正十三年に入城した利長が改修した範囲は、主要曲輪を石垣で固めただけだった。そして、広大な氏張時代の城域を縮小して使用していたことが推定できる。このことは、天正九年に七尾城に入城した前田利家にも当てはまり、織豊武将が占領した城郭をどのように使用するのかをうかがい知る具体例と言えるのだ。

＊2 石垣の推定高さは約六メートルと考えられる。

D曲輪に残る石材。矢穴が残る

上杉謙信に「元来嶮難之地」と言わしめた堅城

19 増《ます》山《やま》城《じょう》

①砺波市増山
②和田城カ
③標高124m、比高70m
④B（少し登る、やや登城しにくい）

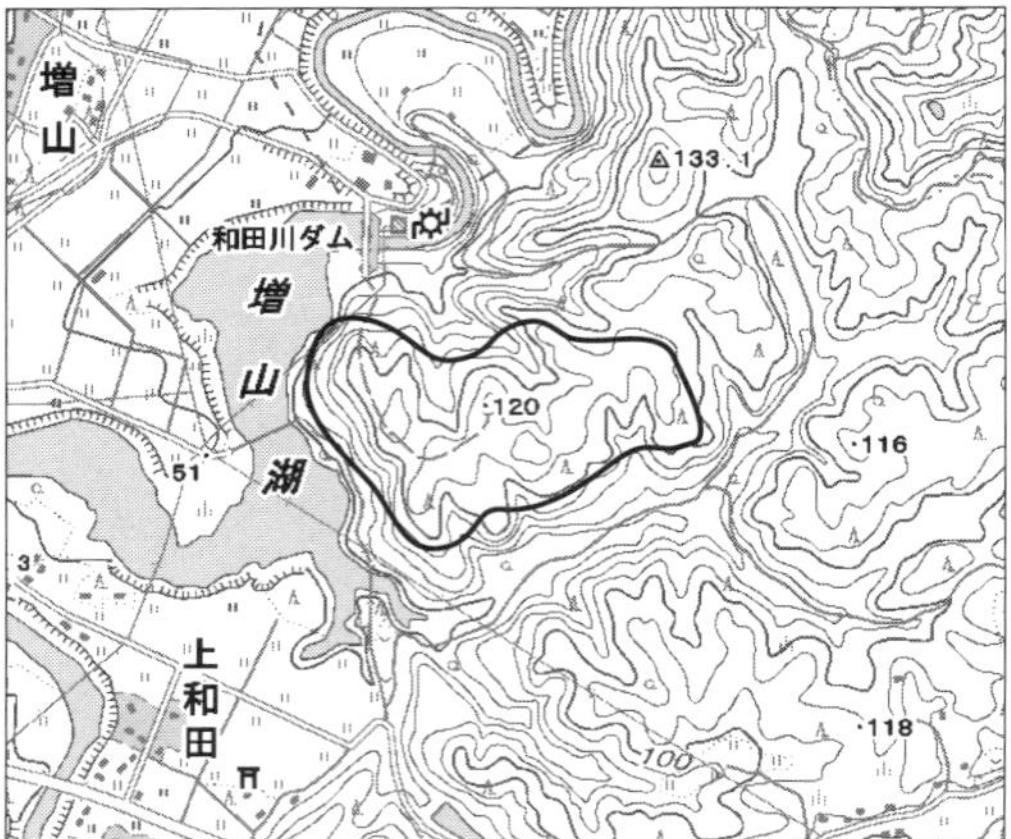

【立地】越中三大山城の一つであり[*1]、富山県内における最大級の山城でもある。中世の越中における二大穀倉地帯は砺波平野と婦負平野で、二つの平野は長沢・増山街道（仮称）で繋がっていた。この街道の出入口に位置していたのが、神保氏の重要拠点だった増山城と富崎城である。神保氏は長沢・増山街道の出入口に増山・富崎両城を築き、越中の主要穀倉地帯を掌握することに成功する。これが三守護代のうち、神保氏のみ急成長した最大の要因であろう。

【城主・城歴】貞治二年（一三六三）、二宮円《にのみやえん》阿《あ》軍忠状《ぐんちゅうじょう》（県史中世―三八八）に登場する「和田城」が増山城の前身と考えられるが、確証はない[*2]。一五世紀中頃になると、婦負・射水二郡の守護代として神保氏が就任する。江戸期以降に砺波郡となった増山城周辺だが、中世は射水郡に属していた。神保氏は守護代就任と同時に、前述の通り婦負平野と砺波平野を掌握するために、増山城と富崎城を重要拠点として使用したと考えられる。

増山城の史料初見は永禄三年（一五六〇）である。越中中央部に勢力を拡大する神保長職は武田信玄と結んでいたため、長尾景虎（上杉謙信）の攻撃を受ける。長尾景虎書状（文書集一―二〇五）によれば、三月二十六日に越中へ出陣したところ、同月晦日、長職が居城する富山城は「自落」し、長職は増山城に逃げてしまう。この増山城について景虎は、「越中国味方衆指し向け候といえども、増山の事、元来嶮難の地、人衆相当をもっていかにも手堅く相抱え候間、各見除、

＊1　越中三大山城は、松倉城（魚津市）、増山城（砺波市）、守山城（高岡市）である。

＊2　「和田城」は、増山城付近に位置する亀山城のことともいわれるが、いずれも確証はない。

少々陣を引き除き申し候間、景虎大河切所を取り越し、増山に向かい、近陣に及び相攻めるべき分に候処、又その夜半神保前行、武具・乗馬已下これを棄て、行方知れずの躰に候」と述べる。「自分（景虎）に味方する越中衆を増山城に向かわせたが、増山城は元来嶮難の城でさらに固く守備していたため、各陣営は陣を引いて様子を見ていた。そこで自分が出陣し、増山城の近くに陣を構えたところ、その夜半、またもや長職は武具や馬を棄ててゆくえをくらましてしまった」というものである。

この書状は、越中の状況がまったくわからない常陸の佐竹義昭《よしあき》に宛てたもので、景虎の誇張が相当入っているのだろう。それを前提として同書状を改めて見ると、増山城は昔から堅城として知られていたこと、長職は二度も敵前逃亡したこと、この二点は事実として認めてよい。おそらく、増山城は南北朝以来、[*3]堅城として周知されていたのである。そして、敵前逃亡である「自落」は、被害を最小限に食い止める一般的な戦法として用いられていたのである。それゆえに長職は、景虎の帰国後、すばやく反撃に転じて増山城を奪還し、同年七月頃までには、再び神通川左岸付近まで勢力を拡大している。長職の弱腰な戦闘ばかりが目立っていたが、こうした長職の反撃の早さも再評価すべきである。

永禄五年（一五六二）、上杉輝虎《てるとら》（謙信）は再び神保長職を討つため越中に進攻する。上杉輝虎書状（文書集一─三二六）によれば、同年九月に長職は「号増山地利楯籠《たてこ》」もる。輝虎が攻めて巣城にし、落城寸前に追い込んだため、長職は能登守護畠山義綱を頼って降伏を申し入れ、これを許している。永禄三年の敗戦以降、長職は富山城を奪還できず増山城にいたと考えられるが、やはり増山城は神保氏の本拠として機能していたのである。降伏後の長職は増山城に逼塞するようになり、元亀二年（一五七一）、入道して宗昌《そうしょう》と号し、翌元亀三年頃に没したと推定される。

＊3　発掘調査により、一六世紀初期にはすでに堀を備えた城郭が存在していたことが判明している。

長職死後の増山城には、反上杉派が在城していたと考えられ、謙信は天正四年（一五七六）、増山城のほかに栂《とがの》尾《お》城（富山市大沢野町）も落とし、さらに森寺城（氷見市）も落城寸前に追い込んでいる（文書集一―一三〇七）。どのような反上杉派が増山城に籠城していたのか不明だが、同年には謙信は越中平定を達成する。以降、増山城は越中西部における上杉氏最大の拠点として使用され、旗本の吉江《よしえ》宗信《むねのぶ》が在城する（文書集二―二二一四）。

天正六年（一五七八）、上杉謙信が死去すると、織田信長の先発隊神保長住が同年三月に派遣され、それまで上杉方だった越中国人や土豪たちの離反が相次ぎ、上杉軍は窮地に立たされる。天正九年正月頃、佐々成政が越中へ派遣されるとさらに状況は悪化し、天正九年五月、上杉軍は自ら増山城を焼き払い、＊4木舟城を確保するだけとなる（文書集二―一二一四）。以後、上杉軍は増山城を奪還することはなく、上杉氏の増山城支配も天正九年で終止符を打つ。

天正十一年（一五八三）、越中を統一した佐々成政も、増山城を重要拠点として活用する。翌天正十二年、加賀の前田利家と交戦状態に入ると、増山城は富山城の西部戦線を守る重要支城として位置付けられた。天正十三年、前田利家書状（県史近世上―一二二）に「ます山の普請なと仕候」とあり、成政が利家軍との交戦に備えて増山城を修築しているのが知れる。

一般的に、「普請」は土木工事のみを指すと思われがちだが、実態としては土木工事・建築工事・点検・準備を含む極めて広い意味で使用されていたようである。＊5それを端的に表しているのが、天正十年の前田利家書状（「武士編」九一）で、利家は穴水《あなみず》城（石川県穴水町）の「普請之用」として、「竹二百束」「板六拾間」を用意するよう命じている。これは、明らかに建築工事（おそらく塀）としての「普請」を意味している。

このように、当時の武将たちは「普請」を極めて広い意味で使用していたのである。天正十三

＊4　発掘調査により、増山城のほぼ全域から灰が出土している。大規模な火災が発生していたことは確実である。

＊5　上杉謙信は、落城後の後片付けとして「普請」という言葉を使用している。

年の前田利家書状に見える「普請」は、土木工事を実施しているのを確認して「普請」と述べたのではなく、籠城の準備や柵・塀等の建築工事等を捉えて「普請」と述べたのかもしれない。

天正十三年八月、十ヶ国と言われる羽柴（豊臣）秀吉軍の進攻によって佐々成政は降伏する。羽柴秀吉書状（文書集二―一三二）に「木船・守山・増山以下所々敗北し候」とあり、西部戦線を守る成政方の重要支城がすべて落城したことを述べている。自軍の快進撃に、秀吉は「太刀も刀も不入体ニ候」と述べている。秀吉一流のハッタリも含まれていることだろうが、大した抵抗もなく、成政討伐は終結したのであろう。

戦後の増山城も前田方の重要拠点として使用され、中川光重《みつしげ》が置かれる。「上杉景勝上洛日帳」（文書集二―二〇六）によれば、天正十四年五月二十七日、中田（高岡市）において光重が上杉景勝一行を歓待しているのが判明する。景勝は秀吉に拝謁するために越後を出国し、途中、中田に立ち寄った。立ち寄っただけの景勝に、光重は「御厩五拾間、御鷹部屋五十間、其外侍所御座」を備えた本格的な御殿を新築している。さぞかし、景勝は上機嫌だったことであろう。

光重は、主人利家と共に上方で生活することが多かったので、妻の蕭が増山城代を務める。蕭は文禄二年（一五九三）、福田村神主駿河宛てに二通、千光寺宛てに一通の書状を発給している。千光寺宛て書状[*6]には「ますやま城より」とあることから、書状が増山城より発給されていることが判明する。蕭は書状に花押と黒印を用いており、まさに城代そのものである。これが、増山城が史料上に現れる最後となる。

その後、増山城がいつまで存続したのか詳らかにできない。しかし、慶長年間に作成された「越中国絵図」に「増山之古城」とあり、慶長年間には廃城になっていたことが判明する。

【城跡】 遊歩道等により若干遺構が破壊されているが、大規模な土塁・堀切などが良好な状態で

＊6『砺波市史』資料編1考古、古代・中世（砺波市、一九九〇年）。

整備された遊歩道。非常に歩きやすい

保存されている。現在、増山城は国史跡に指定され、その結果、各所に案内板や説明版が設置されて史跡公園としても整備され、一般市民の憩いの場となっている。

Ａ曲輪は通称「一ノ丸」、Ｂ曲輪は「二ノ丸」、Ｃ曲輪は「安室《あじち》屋敷」、Ｄ曲輪は「三ノ丸」（オオヤシキとも）、Ｆ地点は「御所山《ごしょやま》屋敷」、Ｈ曲輪は「無情《むじょう》」と呼ばれている。ほぼ中心に位置し、最大の面積を誇り、唯一明確な虎口を持つＢ曲輪が主郭であろう。北東隅の櫓台①は一三×一二メートルと城内最大規模を誇っている。櫓台①は、東側から登城してきた武士たちの視野に入り、櫓台直下を通って主郭に入ることになるので、実戦と象徴的な役目を兼ね備えた存在である。

ＣＤ曲輪も主郭Ｂに匹敵する広さだが、大規模な堀切によって各曲輪間の連絡は完全に遮断されている。ＣＤ曲輪は独立性が高く、主郭は従郭に対する求心力が弱いと言えよう。従郭に対する主郭からの求心力が弱い縄張りは、守護・守護代の拠点クラスの城郭に多い。例えば一乗谷《いちじょうだに》城（福井市）・七尾城（石川県七尾市）・松倉城（富山県魚津市）が顕著な例である。つまり、増山城の基本的な縄張りは、神保氏時代の縄張りを踏襲しているのである。

小平坦面Ｉの直下には、現在二個の巨石が積まれており、一個は一・六×一メートル、一個は二・三×一・二メートルの大きさである。増山城で石垣が確認できるのは、当該地点のみ。巨石の上部に建物が建たないこと、巨石を見ないと主郭Ｂに入れないことから考えると、城主が権力を誇示するために用いた演出と考えられる。このような石垣の用法は朝倉一乗谷遺跡でも見られるため、神保氏時代の石垣と考えたい。

増山城最大の特徴は、明確な防御ラインを設けていることである。まずは、北側の尾根伝いから進攻してきた敵兵の攻撃を遮断するために横堀③を設け、さらに④地点から⑤地点を経由して⑥地点に至る外堀ラインを設けている。外堀ラインの特徴として、⑤⑦地点に畝状空堀群を設け、

主郭Ｂ。広々とした平坦面

櫓台①。天守台に相当する大きさを持つ

ラインを超えずに斜面を横移動する敵兵の速度を鈍らせていることである。

主郭Bを防御する最後の防御ラインとして、内堀ラインがある。竪堀⑧を東進してC曲輪の北端に出て、C曲輪とD曲輪の間を南下し、馬洗い池⑨を経由して竪堀⑩に至るラインである。

増山城の防御ラインは、堀切・竪堀・横堀を繋いだ、いわば寄せ集めの

縄張り図　作図：佐伯哲也

防御ラインである。このためラインとラインの端が一致せず、ずれている部分が多い。特に北と東側の防御ラインが一致せず、ガタガタである。これは違った時代に違った人物が構築したことを物語っており、付け足しで防御ラインを増築した証拠である。一方、織豊系城郭は、横堀のみで隙間無く巡らしており、同一時代に同一人物が構築したことを物語っている。この点が大きな相違点である。さらに、畝状空堀群⑦の存在は重要である。外堀ラインと畝状空堀群は完全に連動しており、上杉氏が構築した可能性を示唆する。

ここから、上杉氏が天正六年から九年に増山城の防御力を増強するため、内・外堀の防御ラインを構築したということができる。もちろんそれは、神保氏が構築した堀切に横堀や竪堀を付け足した寄せ集めの防御ラインだったのである。

もう一点注目したいのが、主郭B虎口前に付属する小平坦面Ⅰの存在である。ここに土塁を設けることで、虎口②に入るとき、頭上の櫓台⑪から強力な横矢を掛けることができる。しかし、なにゆえか土塁は存在していない。その結果、絶好の横矢掛け箇所でありながら、敵軍は自由な動きで虎口②に突入することができる。櫓台⑪設置の効果は半減しているのだ。このような無駄（無意味）な櫓台設置の方法は、織豊系城郭では考えられない。やはり、虎口周辺も神保氏から上杉氏時代の遺構と考えられよう。

【発掘調査による成果】 砺波市教育委員会が平成九〜十五年に増山城の発掘調査を実施しており、*7 多くの貴重な成果が得られた。

主郭B南側横堀より一五世紀末から一六世紀初期の土師皿、主郭B東側横堀（馬洗池）より一四から一五世紀代の土師皿が出土した。一六世紀代の遺物は城域のほぼ全域から出土するが、一五世紀以前の遺物は主郭B周辺のみ出土する。報告書では、主郭B南側横堀は一六世紀初頭ま

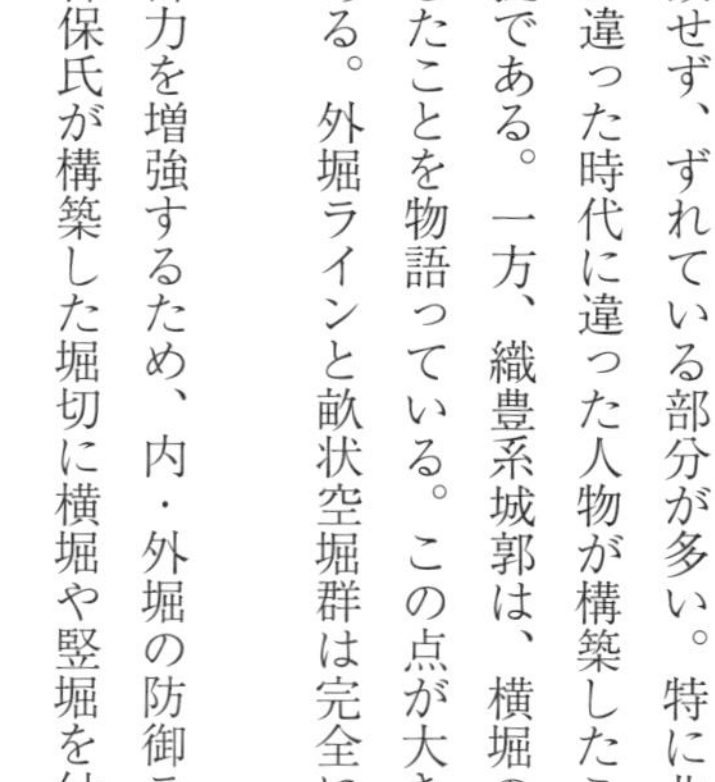
C曲輪とD曲輪を断ち切る内防御ライン

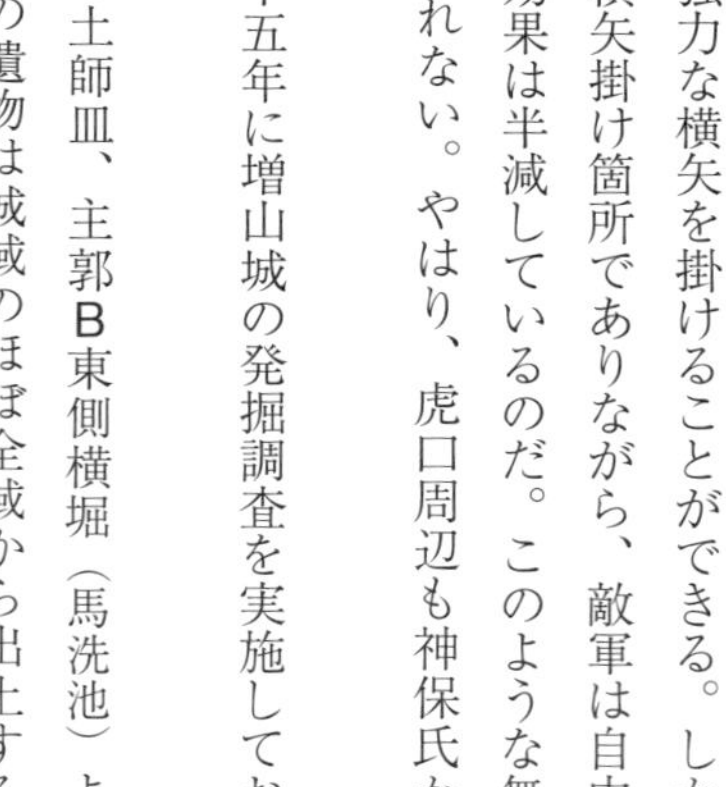
馬洗池⑨。内防御ラインの一画を担う

でには構築されていたと推定している。ここから、主郭Bは単純な縄張りながらも周囲に堀をともなった城館として、一六世紀初頭には存在していたと指摘できる。したがって、永正三年（一五〇六）の遊佐《ゆさ》慶親《よしちか》書状（県史中世－一一九六）に「その儘城中へ御立籠」とあるのは、増山城の可能性が高い。

発掘調査の結果、内外防御ラインの当初の造成が一六世紀中頃から後半、二度目は一六世紀後半から末期と推定された。とくに、C曲輪東側の堀底から天正年間の土師皿が出土していることから、C曲輪東側の横堀は天正年間に構築された可能性が強まった。ということは、堀切等は神保氏が構築し、上杉氏が再造成したという自説を、発掘調査がある程度は裏付けてくれたと言えよう。

主郭B東側横堀（馬洗池）の堀底から、約六〇センチの高さで焼土層が確認された。焼土層が、仮に天正九年の上杉軍焼き払いによるものとすれば、必然的に主郭B東側横堀は、それ以前から存在していたことになる。それは神保氏、あるいは上杉氏が構築したということになるだろう。

【まとめ】　従来の増山城は佐々成政の大改修とされてきたが、成政が改修した遺構がほとんど確認できないことが判明した。とくに、主郭B虎口周辺に織豊系城郭の特徴を見出すことができないのは致命的だ。成政の改修が確定的な松根城の縄張りと類似点が無いのは、それを如実に物語る。主郭B虎口周辺・石垣・内外防御ラインは、神保氏から上杉氏時代に構築・改修されたと結論付けることができる。増山城の研究は、新たな段階に入ったと言えよう。

＊7『増山城跡総合調査報告書』砺波市教育委員会、二〇〇八年。以下、報告書と略す。

小平坦面Ⅰおよび櫓台⑪

越中一向一揆が砺波郡の拠点とした城

20 井《い》波《なみ》城《じょう》

①南砺市井波町井波
②利波城
③―
④A（簡単に行けて登城しやすい）

【立地】 越中一向一揆触頭《ふれがしら》の一つである瑞泉寺《ずいせんじ》が築いた寺院城郭として名高い。城郭内に初期瑞泉寺が存在していたため、広大な平坦面を必要とした。したがって、立地は砺波平野の最上部に位置している。このため、天然の要害に頼ることができず、周囲に巨大な土塁や水堀を設けている。山科本願寺と基本的には同じ縄張りと言えよう。

【城主・城歴】 文明十三年（一四八一）、山田川の戦いで瑞泉寺は福満《ふくみつ》城主の石黒氏を滅ぼす。この勝利により、瑞泉寺は砺波郡での軍事的地位を確立した。『闘争記』（富山県史中世　古記録に記載）によれば「夫《それ》より井波を要害にカマへける」と記しており、これが井波城の築城とされている。

天正六年（一五七八）、上杉謙信の死と同時に織田軍の越中進攻が始まる。織田信長を法敵とする瑞泉寺は、当然、織田軍の攻撃対象となり、天正九年に佐々成政の攻撃を受ける。瑞泉寺佐運が上杉景勝の重臣・黒金景信《くろがねかげのぶ》に送った書状（県史近世上―一七）によれば、成政軍が「堀縁」に在陣して攻撃していると述べている。「堀縁」とは井波城の堀で、井波城の中に初期瑞泉寺が存在していたと考えられる。

さらに佐運は、「人数・鉄砲・玉薬以下兼ねて蓄え置き候の間、数日に及び候といえども、城中越度《おちど》あるべからず候間、御心易かるべく候」と述べている。この書状から、当時の井波城には

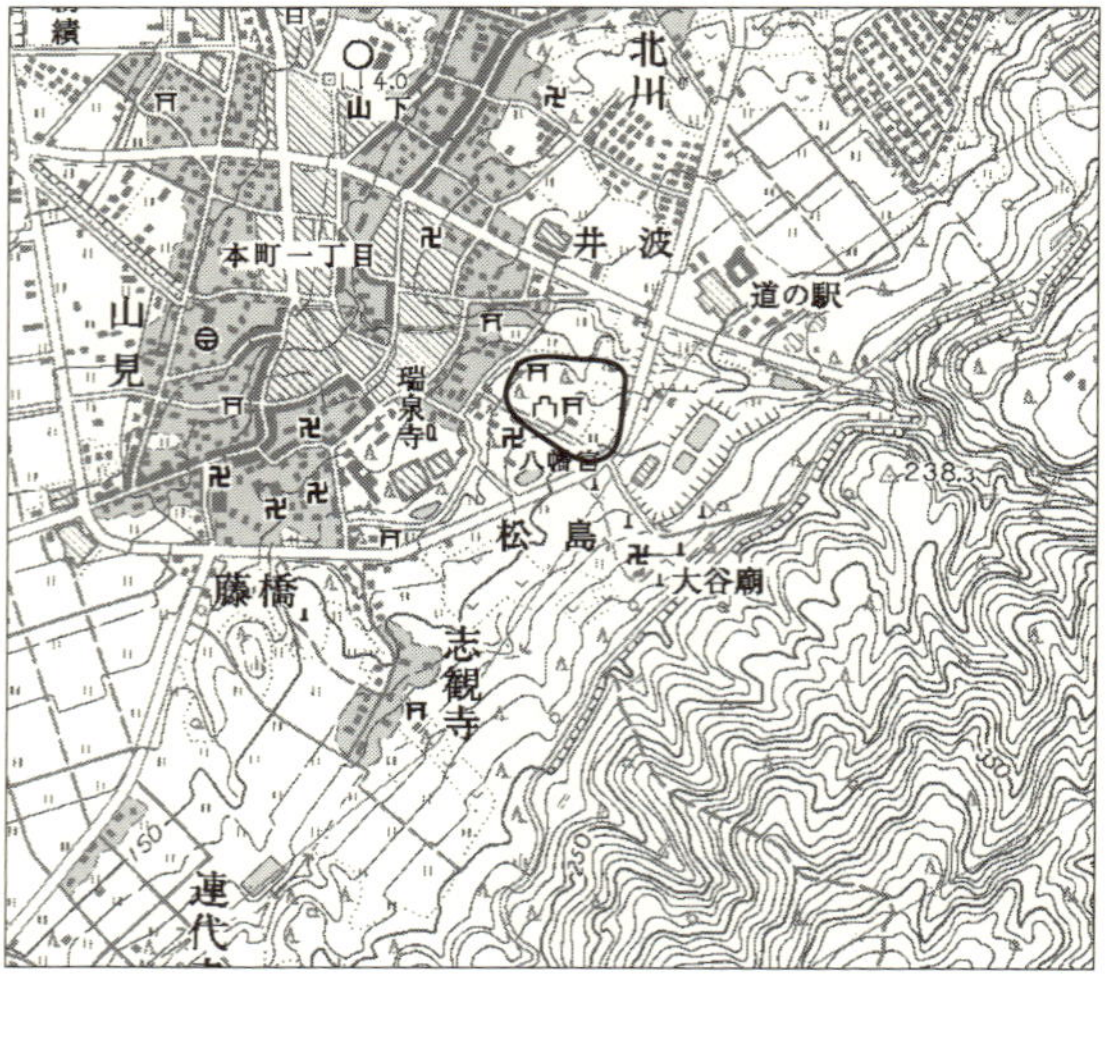

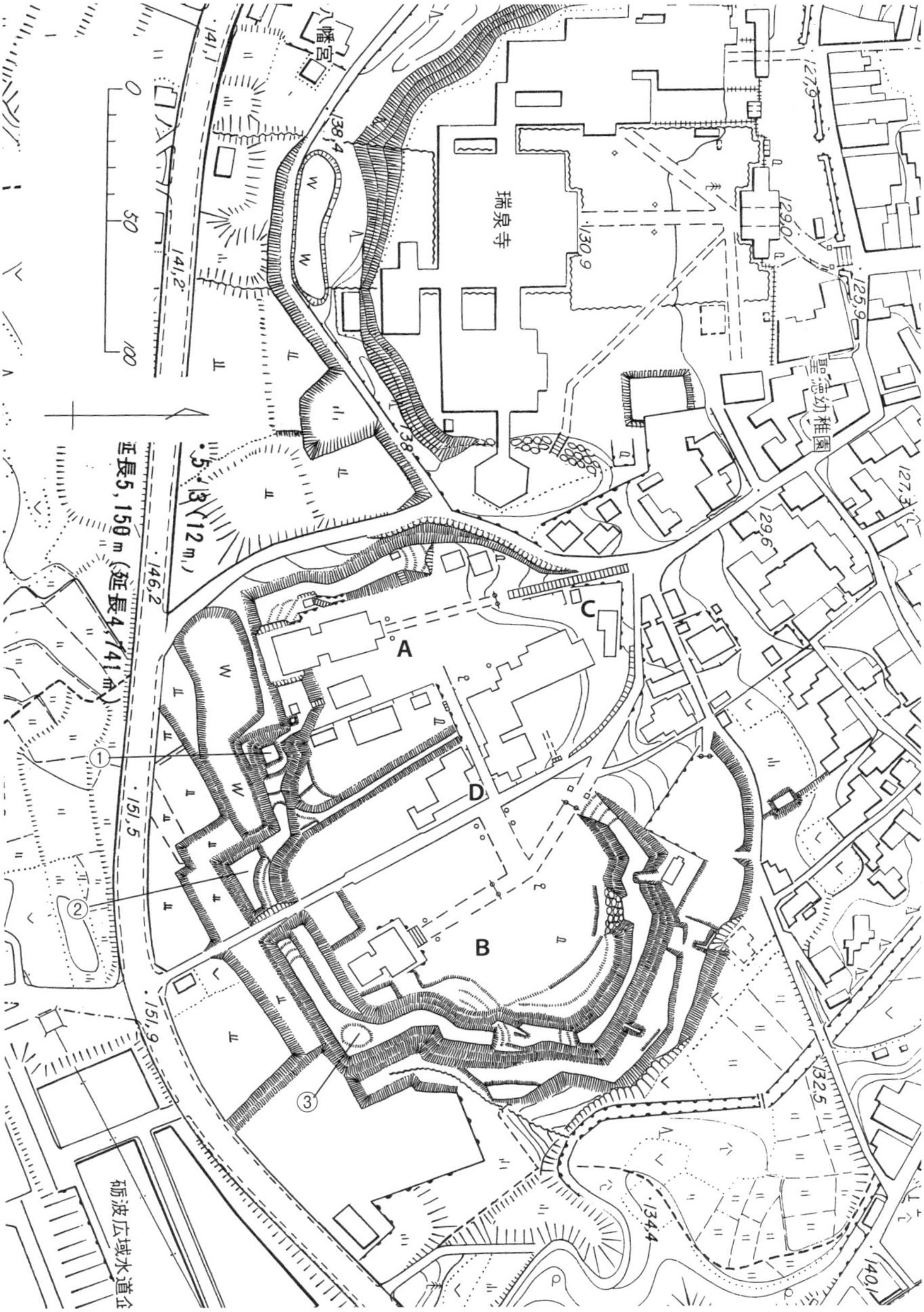

図１　縄張り図　作図：佐伯哲也

多数の城兵が籠城し、豊富な武器弾薬も備蓄され、織田軍の強力な攻撃を数日間耐え切る防御力を保持していたことが判明する。現存する巨大な土塁も、佐運時代にすでに存在していたことがわかる。

「故墟考」によれば、天正九年の攻撃により井波城は落城し、成政は家臣の前野小兵衛を置いたとされる。天正十三年、豊臣秀吉の佐々征伐により成政が降伏すると、小兵衛も退城したという。以後、前田氏が使用した形跡がないことから、天正十三年をもって廃城になったのであろう。

【城跡】井波城は現在、井波八幡宮の境内や招魂社の敷地となっているが、巨大な土塁や水堀*1が現存しており、当時の面影をよく残している（図1）。土塁の高さは四～五メートル、堀幅が一七メートルもあり、実戦に対応できる規模である。土塁の上幅は六メートルもあり、建物が建っ

*1　瑞泉寺裏側にも水堀が残るが、井波城とどのような関係にあるのか不明。

上：主郭Ａ付近に残る水堀。巨大な土塁とセットになった防御ラインを構築している
下：主郭Ａ付近に残る水堀。中世城郭としては希有な存在である

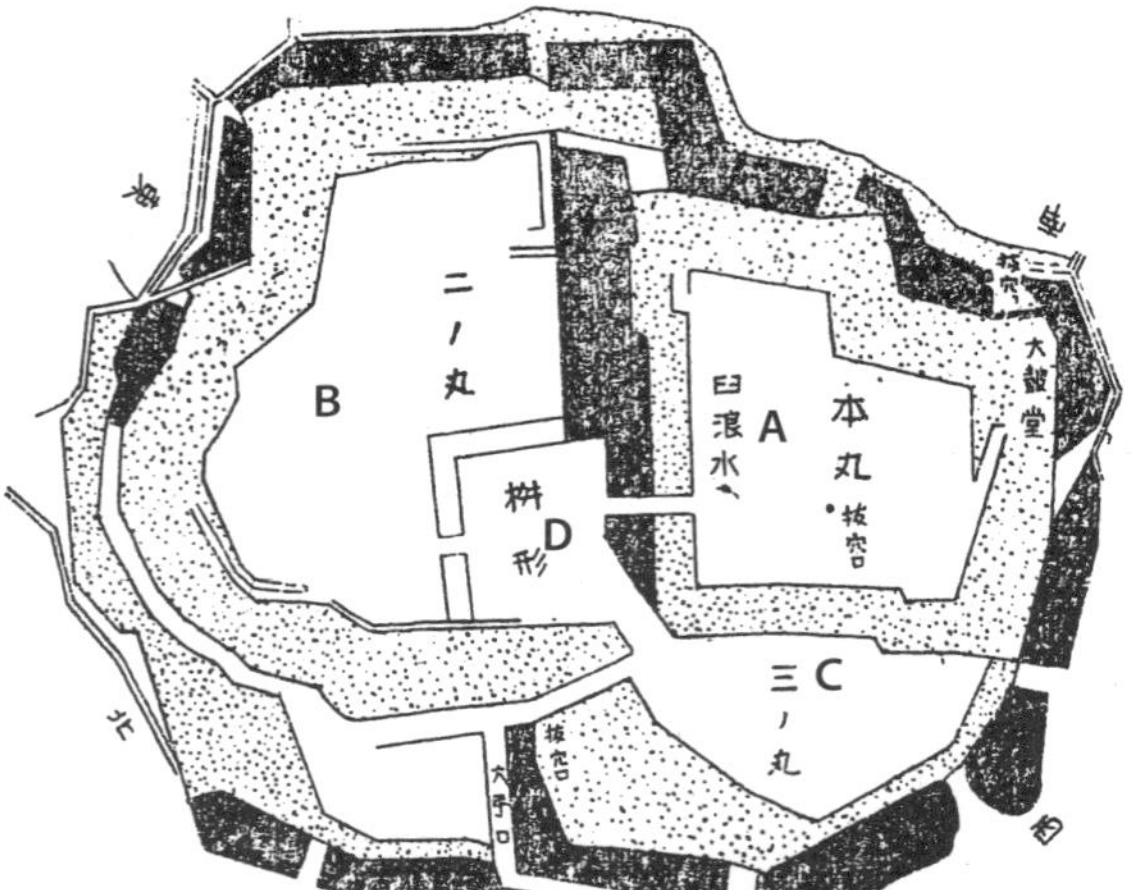

図２　井波城郭配図

ていた可能性を指摘できる。南側の堀は西側が水堀、東側が空堀であるが、かつてはすべて水堀だった可能性がある。富山県内の中世城郭で水堀を残すのは、井波城の他に郷柿沢館《ごうのかきざわやかた》しかなく、貴重な遺構といえよう。土塁と横堀がセットになった防御線は、幾度も屈曲させて横矢を効かせ、さらに櫓台①②を設けて防御力を増強している。③地点も櫓台だった可能性がある。

外縁部の遺構は比較的旧状を残しているが、内部の遺構の破壊は激しい。したがって、戦前の『第九師管古戦史』記載の「井波城郭配図」（図2）を参考にしながら述べていこう。

現在、井波八幡宮が建つAが本丸、招魂社が建つBが二ノ丸、Cが三ノ丸と呼ばれていた。注目したいのは、桝形Dの存在である。三之丸Cから桝形Dに入るとき、本丸Aからの横矢が効くことから、桝形Dは馬出曲輪と評価してよい。さらに、大手口→三ノ丸C→桝形Dと設定された通路を構築していることから、Dは佐々成政の改修によるものと考えられる。

しかし、横矢折れを設けた土塁は、瑞泉寺時代と考えてよいだろう。このような土塁を持つ真宗寺院として、山科本願寺（天文元年〈一五三二〉以前）・若松本泉水寺（享禄四年〈一五三一〉以前）・鳥越弘願寺（天正八年〈一五八〇〉以前）・末友安養寺（天正九年以前）がある。瑞泉寺が戦国期に構築した可能性は高い。ただし、門前町も含む防御線は構築されておらず、門前町との隔絶性は高かったと言える。

【まとめ】井波城は遺構を良好に残しており、一向一揆の寺院城郭として貴重な事例である。今後は城内にどのような堂塔伽藍（初期瑞泉寺）が存在していたのか、そして瑞泉寺がいつ現在の地に移ったのか、考古学的な手法によって確定することが重要な課題と言える。

B曲輪に立つ案内板

通称臼浪水《きゅうろうすい》。城内の飲料水である

加越国境3主要城郭のひとつ

21 一《いち》乗《じょう》寺《じ》城《じょう》

①小矢部市八伏
②―
③標高275・6m、比高80m
④B（少し登る、やや登城しにくい）

【立地】佐々成政が加賀の前田利家に対抗するため、加越国境に築いた三主要城郭の一つである。加越国境城郭の特徴として、北陸街道の脇道が城域に接していることが挙げられる。一乗寺城の場合は田近道が城域に接しており、この道を監視・掌握する最適の条件を備えているといえよう。

【城主・城歴】応安二年（一三六九）の得田章房軍忠状（県史中世―四二五）によれば、同年九月十七日、室町幕府に抵抗する元越中守護・桃井直常の軍勢が籠城する「一乗之城」を、幕府方の能登勢が攻め、同日の夜に落城していることが判明する。

「故墟考」によれば、はじめ丹羽吉左衛門が拠り、のちに佐々成政の部将・杉山小助が守備したという。遺構から見ても、天正十二（一五八四）年から十三年に佐々成政が加賀の前田利家に備えるために大改修したと考えられ、「故墟考」の記述はおおむね肯定できる。天正十三年八月、成政が降伏したことで加越国境の軍事的緊張が解消されたため、この時点で廃城になったのであろう。

【城跡】成政が一乗寺城を改修した目的は、田近道を監視・掌握するためである（左図）。したがって、成政期の遺構は、田近道が通る①から②方面に集中している。逆に、田近道に接していない北斜面には、大小さまざまな平坦面が雑多な感じで存在しており、古い時代の遺構と考えられる。

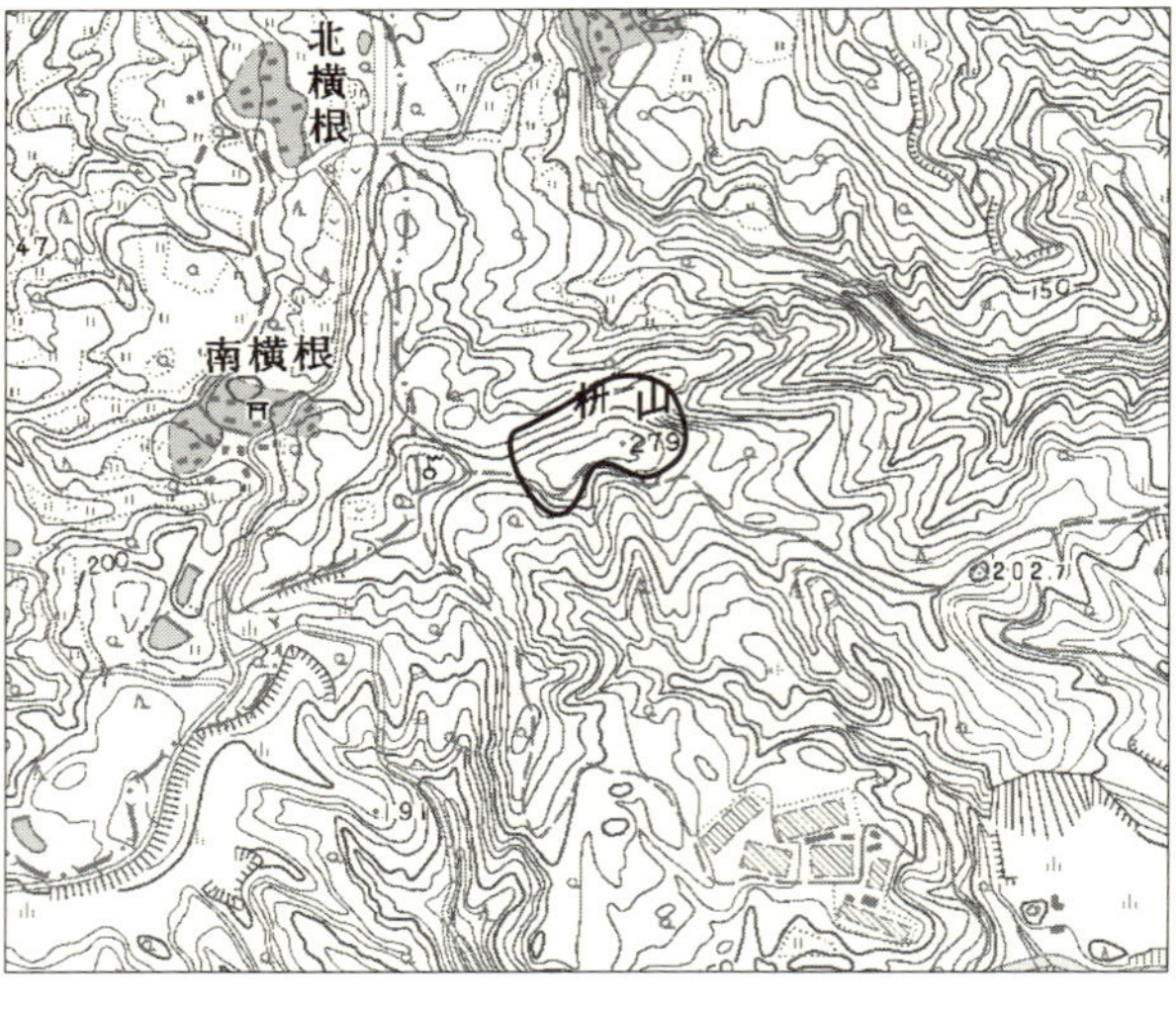

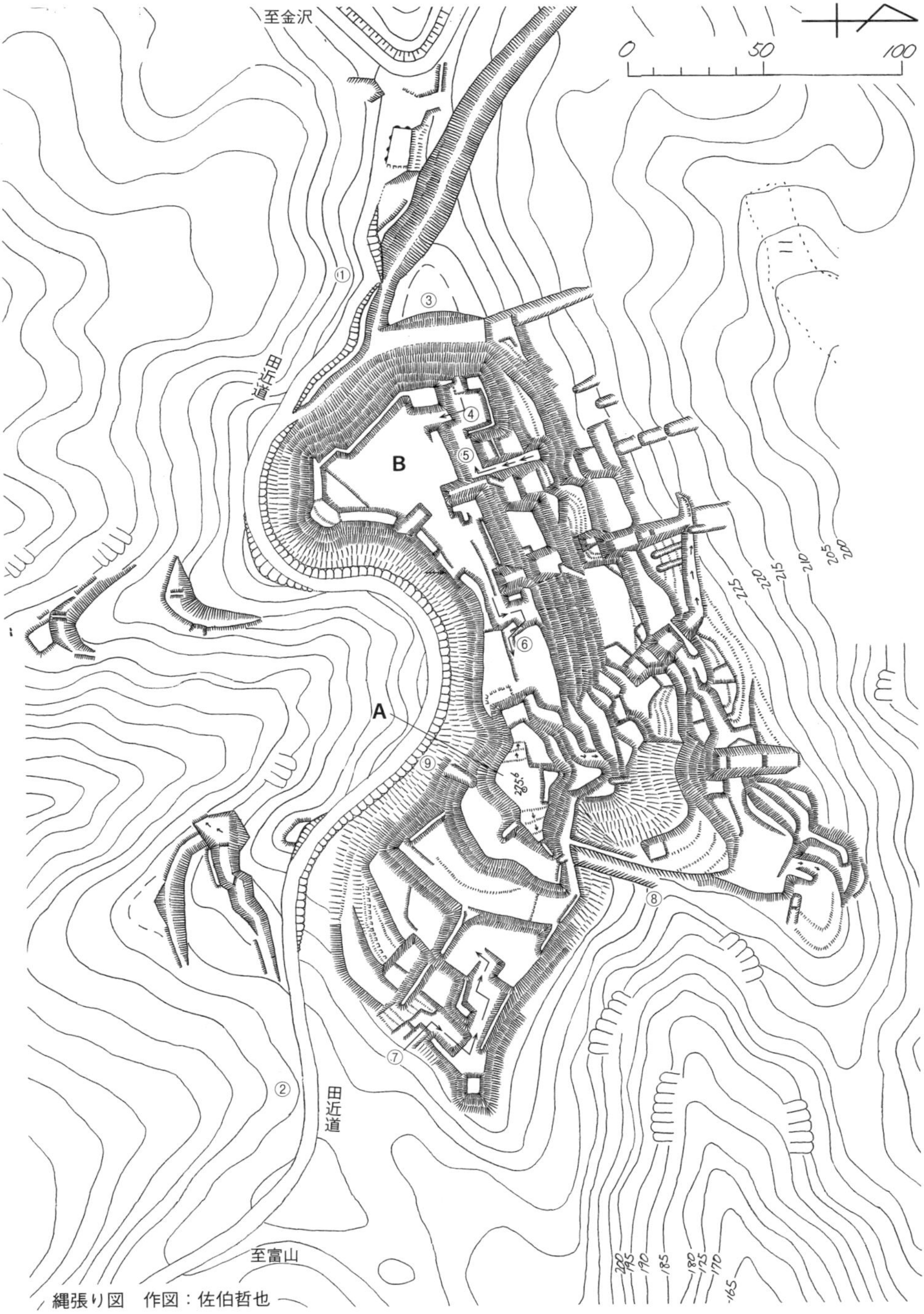
至金沢
0
50
100
①
③
田近道
④
⑤
B
⑥
A
⑨
233.6
⑧
⑦
②
田近道
至富山
225
220
215
210
205
200
200
195
190
185
180
175
170
165

縄張り図　作図：佐伯哲也

江戸期の地誌類によれば、成政が大改修する以前は一向一揆が籠城していたというから、平坦面は一向一揆時代の遺構であろう。田近道から直接攻撃されない主郭Aは、成政にとって改修範囲外だったようである。主郭Aは、櫓台を設けているが虎口は発達しておらず、これも成政以前の遺構であろう。

成政の主眼は、加賀から進攻してきた前田軍を一乗寺城で食い止めることにある。この目的をまず達成するために、大堀切③を設けている。大堀切③の上幅は二九メートルもあり、完全に加賀側からの攻撃を遮断している。B曲輪は、加賀側から進攻してきた前田軍の猛攻をダイレクトに受ける曲輪のため、加賀側及び田近道に面した部分に土塁や櫓台・横矢折れを設けて、防御力を増強している。現在でもB曲輪西面の切岸は、高さが一七メートルもあり、これを登ってくるのは至難の業だったであろう。異常なまでに加賀側を警戒しているのがわかる。

B曲輪の大きさは土塁の内側で四六×二九メートルもあり、主要郭群の中で最大規模を誇る。ここに多数の城兵を駐屯させ、前田軍の猛攻に耐えようとしたのであろう。改修範囲外の北斜面は防御上の弱点部であり、この方面に前田軍が廻り込まないように、大堀切③の北端を竪堀状に落としており、さらに数本の竪堀を設けて阻止している。

虎口④の堀切③に面した部分には、さらに小さな開口部があり、左右の櫓台から厳しく監視されていることから、ここにも小さな虎口が存在していたと考える。おそらく、矢印のように入ったのであろう。前面には高さ一三メートルの鋭角の高切岸があり、平常時は梯子等の施設があってそこから出入りしていて、合戦時は厳重に閉鎖されていたのかもしれない。虎口④は、坂虎口⑤からの出入りも想定でき、矢印のように入ったのだろう。虎口⑥は、実質的には主郭Aに入る最後の関門となり、矢印のように入ったと考えられる。

入り口に立つ案内板

広々としたB曲輪

大手虎口は、前田軍の直撃を受けない越中側に設けられた虎口⑦である。矢印のように呆れるほど屈曲しながら進み、最後は土塁通路を進んで主郭Aに到達する。このとき、敵軍が左右に回り込むのを阻止するため、竪堀⑧⑨を設けている。

【まとめ】　要所要所に配置した櫓台と塁線土塁、枡形虎口とそれに続く計画的な通路は、高い築城技術を物語る。現存する遺構は、天正十二年に佐々成政が改修したものと考えられる。加賀側を大堀切で遮断するなど、加賀側を異常なまでに警戒した縄張りは、成政が一乗寺城を大改修した目的が、田近道を進撃してきた前田軍の動きを当地でストップさせるためだったことを物語っている。

上：大堀切③。完全に尾根を遮断する
下：B曲輪の周囲に設けられた土塁

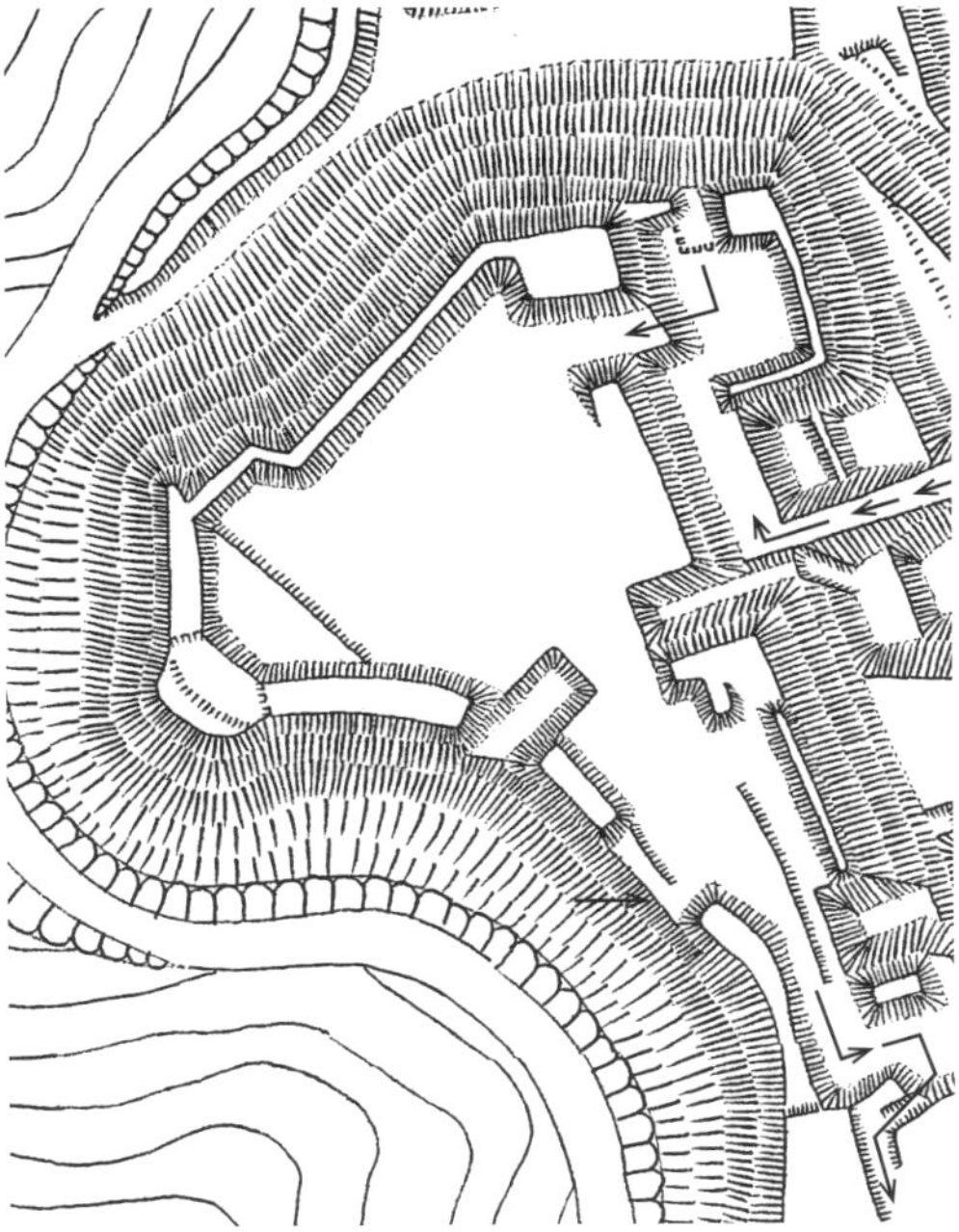

B曲輪拡大図

土造り城郭における織豊系城郭の頂点

22 松《まつ》根《ね》城《じょう》

①小矢部市内山
②－
③標高308・8m、比高130m
④A（城内まで車が入る）

【立地】　佐々成政が加賀の前田利家に対抗するため、加越国境に築いた三主要城郭の主城である。加越国境城郭の特徴として、北陸街道の脇道が城域に接していることが挙げられる。松根城の場合、小原道が城域に接している。松根城は小原道を監視・掌握する最適の条件を備えているといえる。さらに、城跡からは越中・加賀平野を一望でき、加越国境城郭群の司令塔としての役割も果たしている。

【城主・城歴】　応安二年（一三六九）の得江《とくえ》季員《すえかず》軍忠状（県史中世-四二六）によれば、同年九月十七日、室町幕府に抵抗する元越中守護・桃井直常の軍勢が籠城する「松根陣」を、幕府方の能登勢が攻め落としていることが判明する。「故墟考」等によると、長享二年（一四八八）に加賀一向一揆の将・越智《おち》伯耆が布陣し、天文十九年（一五五〇）には同じく加賀一向一揆の将・洲崎兵庫が在城していたという。確証はないが、加越国境の要衝として加賀一向一揆が長期間使用していたようである。

松根城が大きく注目されるのは、天正十二年（一五八四）から十三年にかけて、加賀の前田利家と越中の佐々成政が対立したときである。成政は当時、存在していた北陸街道脇道の田近・小原・二俣道に一乗寺・松根・加賀荒山城を大改修して、前田軍が越中に進攻するのを防いでいる。利家もこれに対抗すべく、三本の脇道に朝日山・切山・高峠城を大改修している。松根城は成政

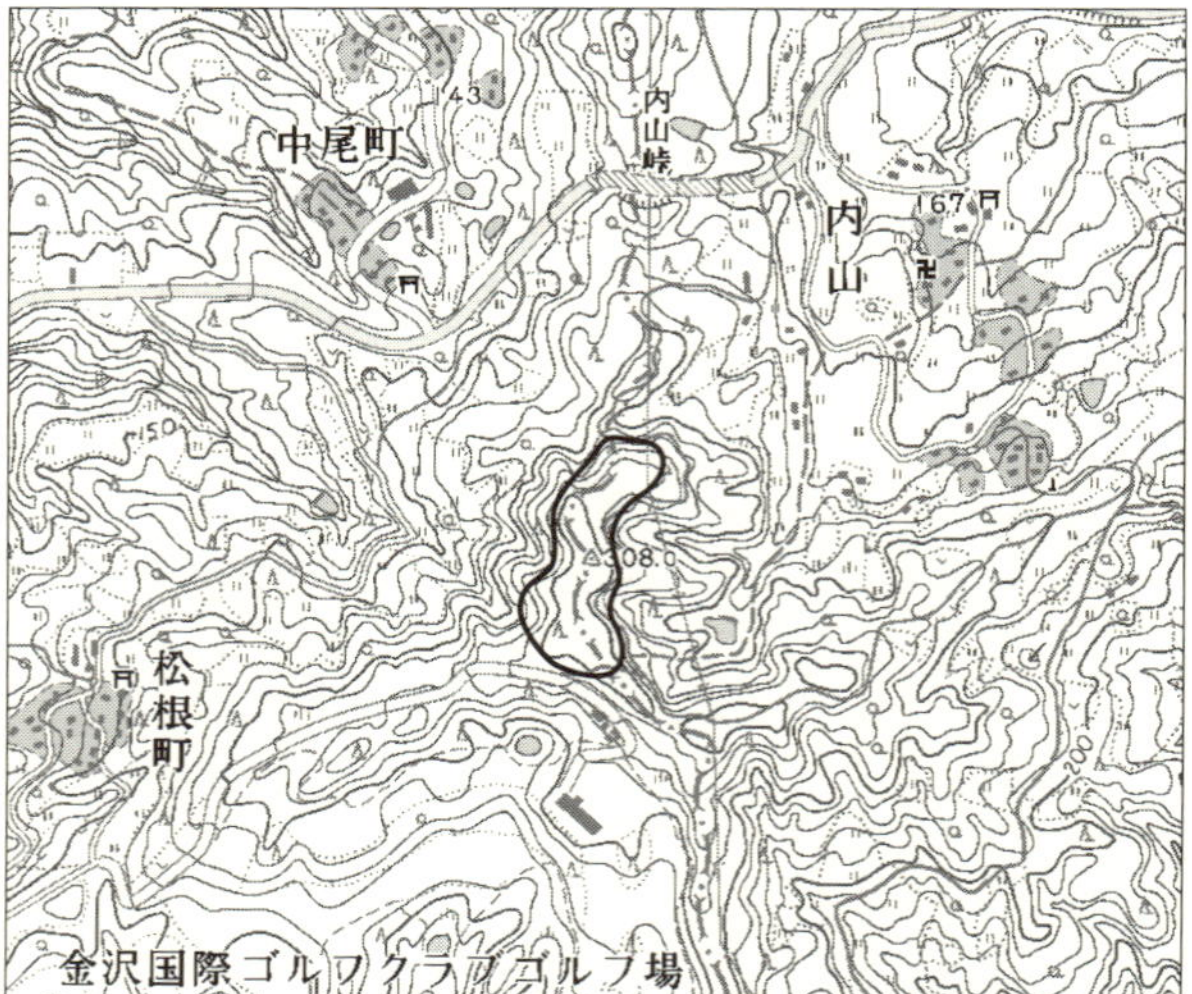

が大改修した加越国境城郭群のうち、規模も大きく完成度も高いため、主城としての役割を果たしていたと考えられる。

松根城そのものに関する一次史料は存在しない。ただし、天正十二年九月九日から十一日にかけて成政が前田方の末森城を攻めたとき、佐々軍が「栗柄《くりから》・小原口相働くの由候」(「武士編」第一章二三四・二三五)と倶利伽羅《くりから》峠と小原口で軍事行動を行っている。現段階で「小原口」を松根城と置き換えることはできないが、松根城付近が軍事上重要視されていたことは間違いないだろう。

激しく対立した加越国境の城郭だが、天正十三年六月から七月頃、成政軍が松根城を放棄して国境線から撤退すると、利家が松根城を接収したと考えられる。そして天正十三年八月に成政が降伏すると、国境線の軍事的緊張も解消され、松根城の存在意義もなくなり、廃城になったと考えられる。

【城跡】 現況図を図1に示す。松根城は昭和四十年代、公園化による破壊を一部で受けており、正しく縄張りが把握できない。このため、『第九師管古戦史』記載の図面、あるいは『戦国のロマン』記載図面及び発掘成果を基に、

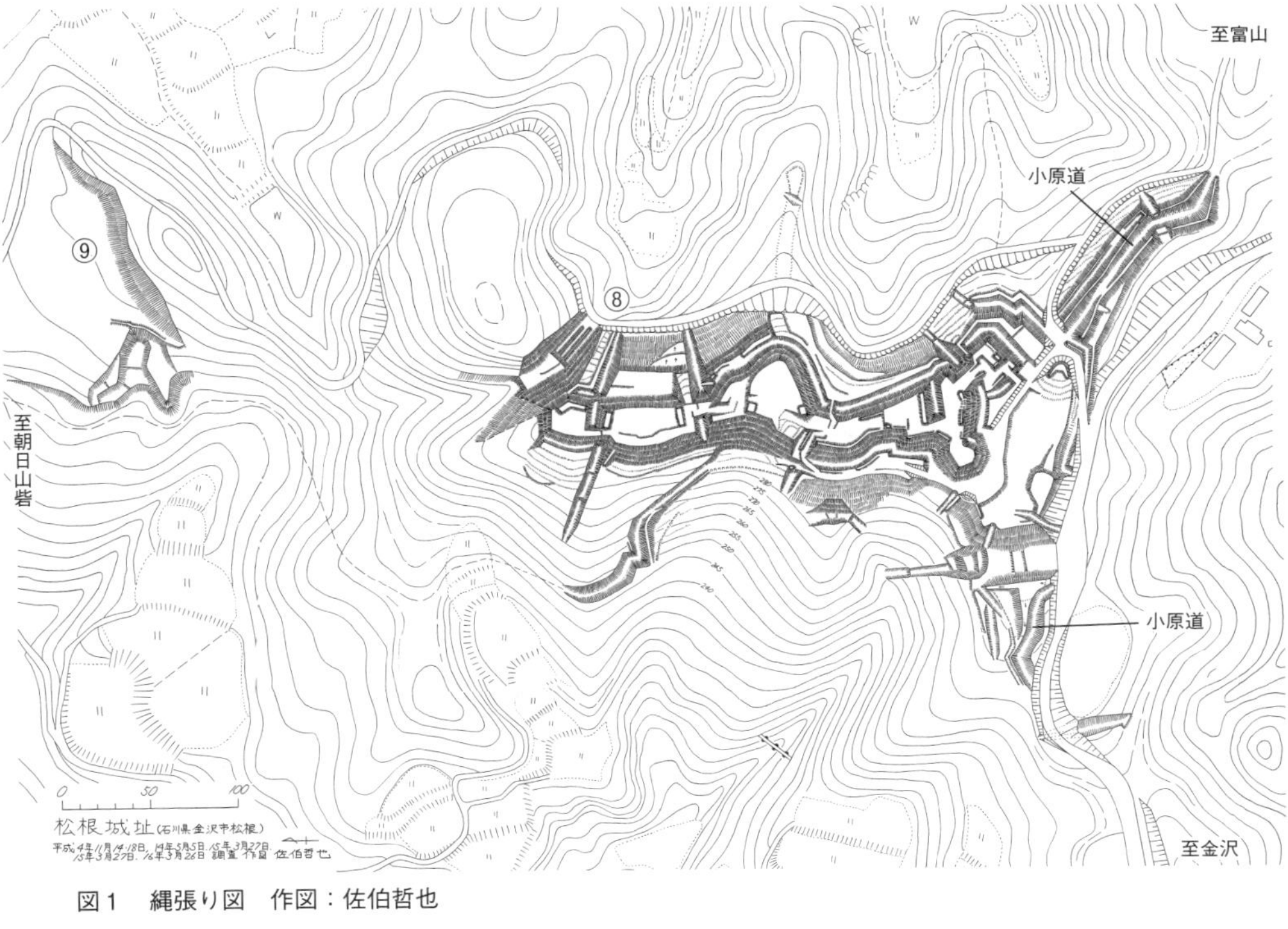

図1 縄張り図 作図:佐伯哲也

縄張りの復元作業を行った（図２）。

第一の注目点は、小原道が松根城に隣接して通っていることである。第二に、大堀切①で加賀から進攻する前田軍を完全に遮断していることである。大堀切①は現在でも深さ一三メートルあるが、発掘調査によってさらに二・六メートルも深く、敵兵の動きを鈍くするため、堀底に二本の土塁と空堀を設けていたことが判明した。つまり、堀底に阻塞を設けた深さ約一六メートルの巨大堀切だったのである。

さらに、竪堀②を設けて、前田軍を強制的に小原道に進軍させている。こうすることで、城主は攻撃の焦点を小原道方面に絞ることができる。前田軍に直撃されるH曲輪は城内最大の面積を持つ。一乗寺城のB曲輪と同じように多数の城兵を駐屯させ、前田軍の猛攻に耐えたのであろう。さらに小原道を屈曲させ、そこに大型の櫓台③を設けて横矢を効かせ、防御力を増強している。

大手虎口は④と推定する。ここで注目したいのは、越中からの援軍（佐々軍）はストレートに入れるのに、前田軍はH曲輪や櫓台⑤からの横矢攻撃を長時間受け、

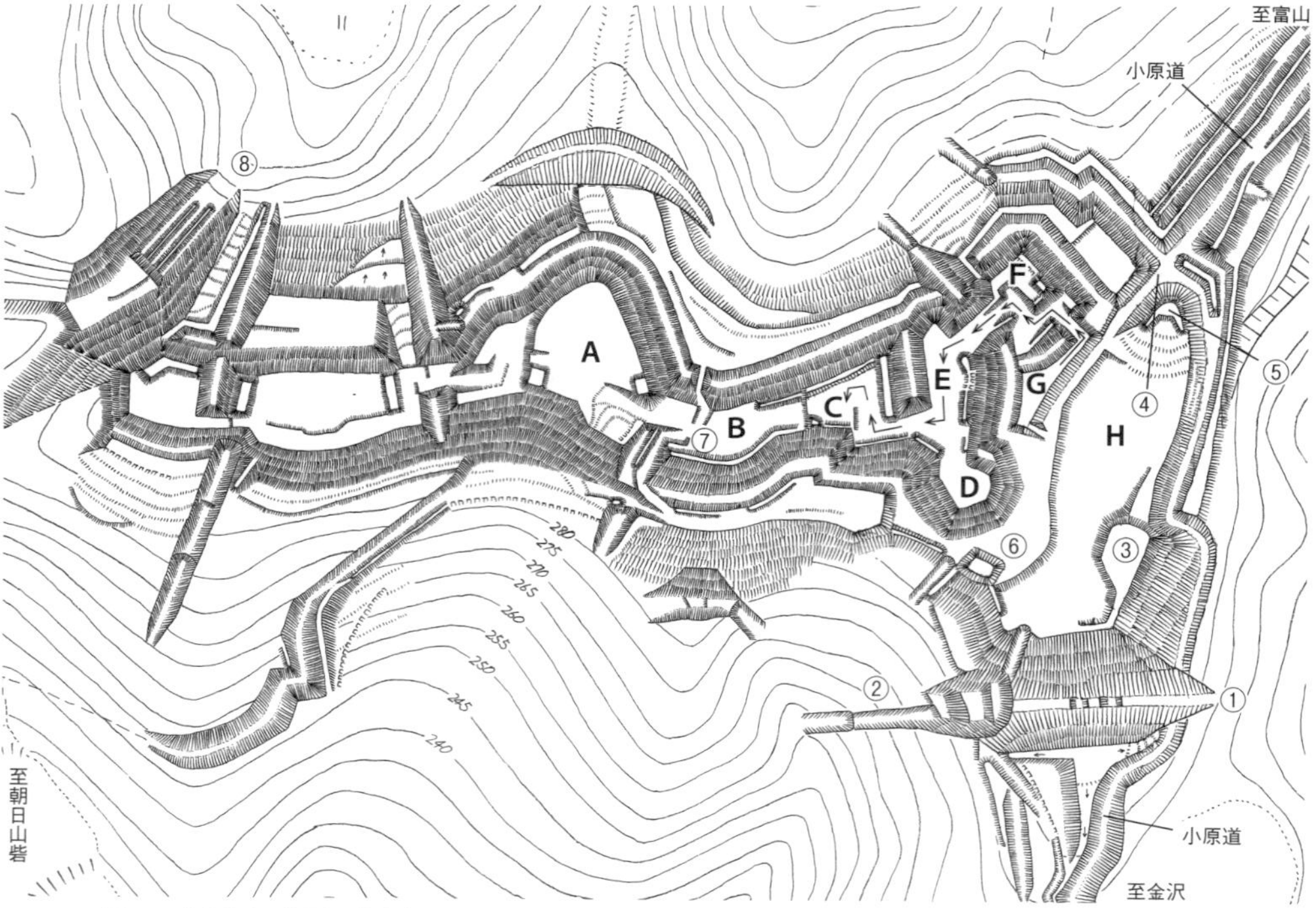

図２　復元図　作図：佐伯哲也

そして一八〇度屈曲しなければ大手虎口④に到達できないことである。つまり、大手虎口④は前田軍に直撃されない位置に設けられているのである。このように松根城の構造は、加賀から進軍してきた敵軍（前田軍）は攻めにくく、越中から進軍してきた援軍（佐々軍）は簡単に城内に入れる。最終的な城主は前田方かもしれないが、現存の遺構は成政が大改修したと断定する。

大手門④を突破しても、敵軍の受難は続く。主郭Aに到達するにはG曲輪に入らなければならないが、D曲輪からの横矢が狙っている。D曲輪はこの方面の司令塔のようなもので、城内に乱入した敵軍をすべて監視できる位置にある。F曲輪に入らない敵軍は、D曲輪直下を廻って北側へ進攻しようとするが、おそらく櫓台⑥との間に木戸があり、それ以上進むことはできない。否が応でも、F曲輪に入らざるをえない。

G曲輪に入った敵兵は、E曲輪の横矢に晒されながらF曲輪に進む。F曲輪は四方を堀に囲まれた馬出曲輪で、しかも二段に構築されたハイレベルな馬出である。虎口空間を加工することによって、曲輪としての機能を高めることに成功している。G曲輪も単純ながら馬出曲輪の要素を兼ね備えており、FG曲輪と連続馬出の縄張りを構築し、主要曲輪群への入り口を死守していたのである。敵兵は、矢印のように何度も屈曲させられてC曲輪まで進み、そこを突破してようやく直進できるようになる。そこでも、他の曲輪から必ず横矢が効いている点にも注目したい。

主郭Aの虎口⑦は出撃虎口で、ここから城兵を出撃させてG曲輪を攻める敵軍の側面を突く。当然、敵軍は虎口⑦の存在を知らないから、突如出現した城兵により敵軍は大混乱となったであろう。もちろん、櫓台⑥付近に駐屯していた城兵を撤収する虎口としても使用されていたようだ。

このように、松根城には計画的に設定された通路が認められるから、敵兵の進入方向を事前に察知することができ、ポイントを絞った城兵の配置が可能になる。さらに、少数での籠城が可能

B曲輪周辺に設けられた横堀

H曲輪と櫓台③

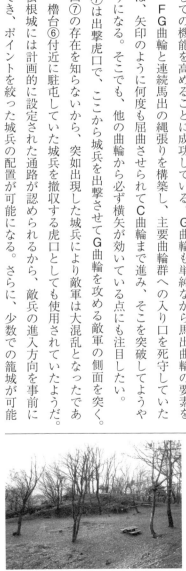

になる。非常に高い縄張り技術と評価でき、土造りの城郭としては織豊系城郭の頂点に立つと言っても過言ではあるまい。

城域北端にも、竪堀を併用した切岸⑨（図1）や、上幅が三四メートルの巨大堀切⑧を設けている。この方面には前田方の朝日山城があるため、前田軍の出撃にも備えていた。松根城は加越国境城郭群のほぼ中央に位置するため、多方面の前田軍に備えなければならなかったのである。

【発掘調査による成果】　金沢市教育委員会が、平成二十三～二十五年に松根城の発掘調査を実施した。[＊1]まず、上幅三〇メートルの巨大堀切②は現在でも深さ一三メートルあるが、発掘調査によってさらに二・六メートルも深く、敵兵の動きを鈍くするため堀底に二本の土塁と空堀を設けていたことがわかった。つまり、堀底に阻塞を設けた深さ約一六メートルの巨大堀切だったのである。おそらく、小原道は完全に遮断されていたのであろう。発掘の出土品から、使用年代が一六世紀後半ということが考古学的に初めて確認された。江戸期の史料や縄張り研究から推定されていたが、佐々・前田抗争期の物証が初めて得られることになった。

築城以前としては、灰釉《かいゆう》陶器が出土したことで九世紀の使用が判明した。このときは、宗教施設として使用されていたのだろう。また、一三～一四世紀にも使用されていることが判明した。これは南北朝期の「松根陣」の時期で、南北朝期の使用もある程度裏付けられた。

【まとめ】　現存の遺構は、天正十二年に佐々成政が大改修したものと断定してよい。改修の目的は、小原道を進攻してきた加賀の前田軍を松根城で迎え討つことだったと考えられる。土造りの城郭としては、織豊系城郭の頂点に立つと言っても過言ではなく、それはそのまま成政の縄張り技術の評価へと繋がる。しかし、成政は敗北する。天下統一へと向かう天正後期において、国境線の土造り城郭の存在は、ほとんど無意味だったことを如実に物語っているだろう。

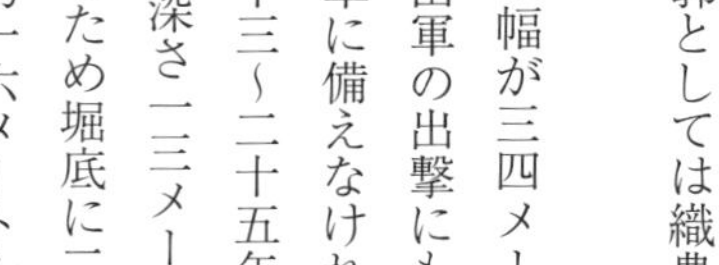

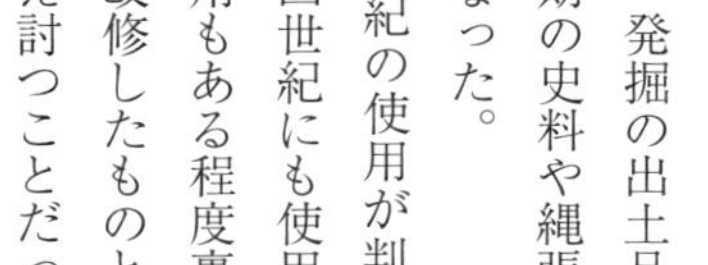

右：主郭A　左：大手虎口④

＊1　『加越国境城郭群と古道調査報告書』金沢市教育委員会、二〇一四年。

戦国期を乗り切った国人・菊池氏の城

23 阿《あ》尾《お》城《じょう》

①氷見市阿尾
②青城
③標高45・3m、比高40m
④B（少し登る、やや登城しにくい）

【立地】　越中を代表する国人・菊池氏の居城。比高はわずか四〇メートルたらずだが、日本海に突き出た岬の先端にあり、三方を海に囲まれた要害である。阿尾城を出発点として荒山峠を経由する荒山往来は、能登と越中を繋ぐ主要な街道のひとつである。さらに、阿尾城は海岸線を通っていた浜街道も押さえる、交通の要衝に位置していた。

【城主・城歴】　菊池氏の在城は天正年間（一五七三～九二）から認められる。天正四年（一五七六）、森寺城陥落によって越中全土が上杉謙信により制圧されると、菊池氏も服属したようだ。しかし天正六年、謙信の死によって菊池氏は織田信長に属したと考えられ、天正八年、信長は屋代十郎左衛門および菊池右衛門入道（武勝《たけかつ》）に朱印状を与えている（氷見市史1-二〇五）。

天正十一年、佐々成政の越中統一により、菊池氏もその支配下に入る。しかし翌年、成政が加賀の前田利家と戦って、九月の末森城攻略に失敗すると成政陣営は乱れ始める。チャ

城跡遠景

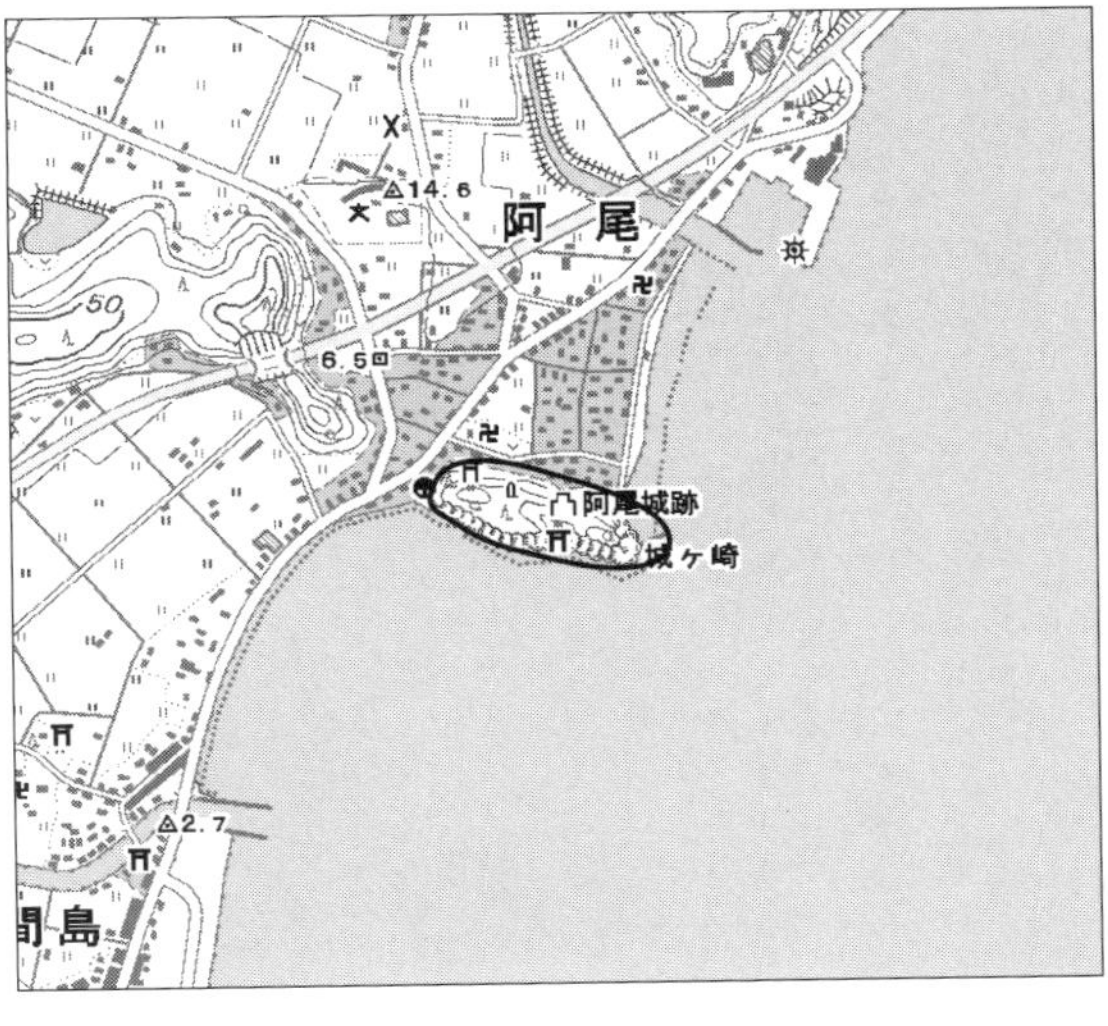

ンス到来と利家は国人たちの切り崩しを開始し、武勝を前田陣営に引き込もうとする。前田軍が能登から越中に進攻する場合、入り口にあたる阿尾城は、どうしても前田方にしておく必要があった。離反勧誘は十一月頃から開始され（氷見市史―二二九）、ついに武勝は天正十三年五月、前田軍を阿尾城に受け入れる（氷見市史―二三四）。その結果、同年六月に佐々軍の攻撃を受ける（氷見市史―二三五）が、前田軍の援軍の到着もあって佐々軍は退却したという。

七月四日および七月二十八日、利家から武勝に誓書が出され（氷見市史―二三八・二三九）、阿尾城の居城および知行一万石の安堵が約束された上、森寺城・守山城のどちらかを与えるとまで約束している。破格の待遇であり、菊池氏の存在が前田氏にとっていかに大きかったかわかるであろう。

八月十七日、越中総攻撃を二日後に控えた利家は津幡に着陣しており、留守居を残して七尾衆はすべて津幡に来るよう指示している。そして、阿尾城も「阿尾の城へも、能々《よくよく》念を入れられ尤《もっと》も

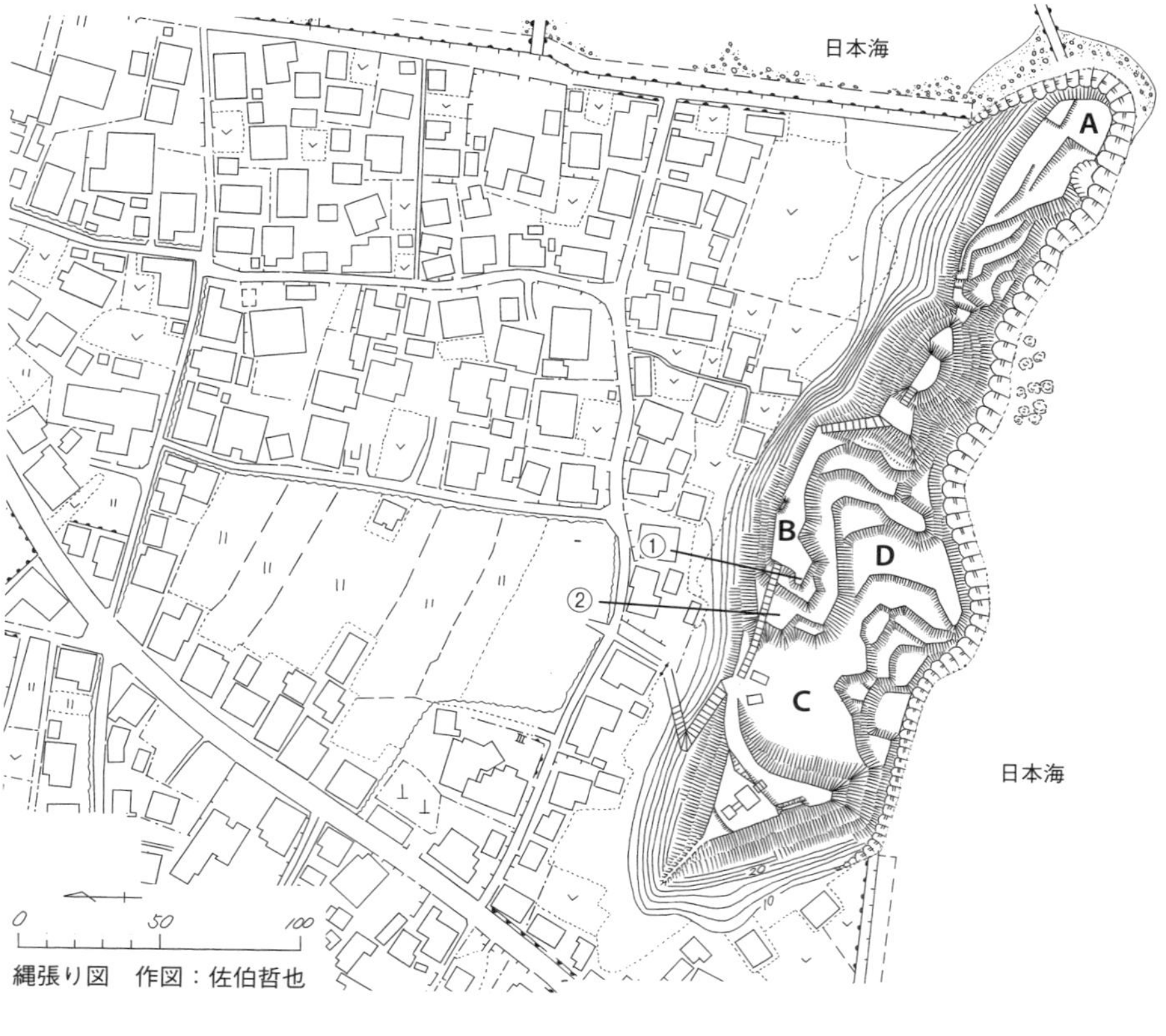

縄張り図　作図：佐伯哲也

に候」と指示をしている（氷見市史-二四二）。

成政の降伏後、越中西半国は前田領となり、菊池氏は阿尾城とともに一万石を安堵された。しかし、嫡男伊豆が慶長元年（一五九六）、そして武勝が慶長十一年に死去する（氷見市史-二四四）と、中世の城郭も不要となり、まもなく廃城になったのであろう。

【城跡】　城跡は早い段階から耕作地として使用されていたため、遺構の残存状況はよくない。加えてA曲輪に灯台、そして二つの神社が建ち、遺構を破壊していることも原因のひとつである。Aが本丸跡、Bが二の丸、Cが三の丸と呼ばれている。判然としない縄張りの中で、①地点の張り出しは、石段に対して横矢が掛かっている。さらに、①地点からは下部の平坦面を見下ろすことができる。このようなことを考えれば、①地点の張り出しは原形を止めていて、この付近に城道が通っていたことがわかる。過去の発掘調査でも②地点から堀跡が検出されており、大手方向を固めていた可能性が高い。

平成元年から四年に氷見市教育委員会が実施した発掘調査では、CD地区から一六世紀中～後半を中心として、一四世紀から一六世紀末の遺物が出土している。一六世紀中・後半は阿尾城の盛期と合致し、とくに末頃の遺物は文禄・慶長期も使用されていたことを裏付けている。

阿尾城北側の阿尾集落でも平成二年から四年に発掘調査が実施され、中・近世の遺物・遺構が検出されている。また、現在でも集落内にT形あるいは鉤型《かぎがた》に折れ曲がった道が存在する。これが城郭遺構であるのかどうかは今後の課題である。

【まとめ】　阿尾城は戦国期を乗り切った数少ない越中の国人の居城で、発掘調査により天正十三年以降も使用されていたことがほぼ確実となった。今後は阿尾集落の発掘調査を継続し、中世城下町の形態を確認するのが重要な課題である。

主郭A。燈台が建つ

登城口。トイレと駐車場が整備されている

織田軍が越中に進出した際の拠点

24 森《もり》寺《でら》城《じょう》

①氷見市森寺
②湯山城
③標高167.2m、比高150m
④B（少し登る、やや登城しにくい）

【立地】越中を代表する山城の一つ。全長一・三キロにもおよぶ城域と大規模な石垣は、越中三大山城に勝るとも劣らない規模・構造である。

城域のほぼ中央を貫く一本の尾根道（図1）は、森寺集落を起点とし、城戸集落を経由して能越国境に至る。この尾根道を仮に「城戸道」と呼ぶ。城戸道は、城内に堀切や竪堀を設け人工的に屈曲させているため、おそらく森寺城時代から存在していた。つまり、森寺城は能越を繋ぐ街道を城内に取り込んだ要衝の地なのである。

【城主・城歴】畠山宗家の当主であり、越中守護でもあった畠山尚順《ひさのぶ》の子・稙長《たねなが》は、天文十二年（一五四三）に発生した神保・椎名両氏の抗争の調停を能登守護畠山義続《よしつぐ》に要請した。調停は一応成功し、両氏の抗争は終結する。この功により、義続は能登に接する森寺城周辺を稙長から与えられ、結果、築城に至ったのであろう。

森寺城の史料初見は弘治三年（一五五七）である。畠山徳祐《とくゆう》（義続）・義綱父子は守護権力の強化を目指すが、重臣たちの反感を買い、畠山晴俊《はるとし》を擁す温井氏と対立していた。弘治三年六月七日、畠山晴俊感状や温井続宗《つぐむね》等連署感状（氷見市史Ⅰ一五九・一六〇）によって、晴俊軍が同年六月二日、湯山（森寺）城を攻めていることが判明する。湯山城に籠城するのは徳祐・義綱方である。

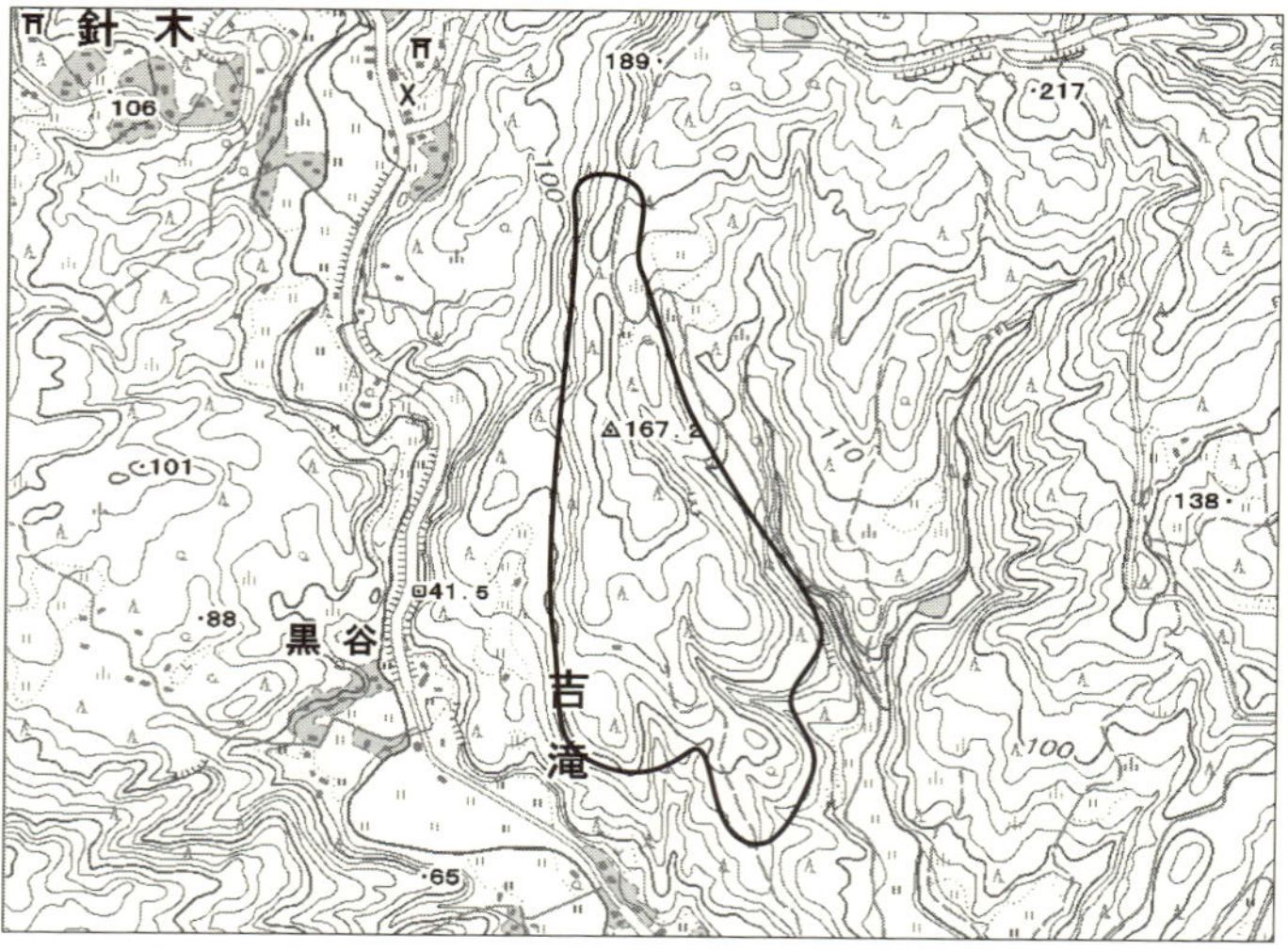

永禄九年（一五六六）九月頃、遊佐氏などの畠山重臣たちは畠山徳祐・義綱父子を能登から追放し、義綱の幼子義慶《よしのり》を擁立する。同十一年五月、義綱は帰国作戦を展開する。畠山義綱書状案（氷見市史Ⅰ一七二）によれば、帰国作戦は当初有利に展開し、義綱は五月一日、七尾城周辺にまで迫り、湯山（森寺）城も取り戻している。しかし、これも束の間、同年七月に重臣たちの反撃が始まり、この戦闘に破れた義綱は能登から撤退し、近江坂本に隠棲する。このように、森寺城は能登進攻にあたり、能登入り口部を固める重要拠点としての役割を果たしていたのである。

上杉謙信は元亀二年（一五七一）三月、神保長職の要請で越中西部に出馬し、守山城・湯山（森寺）城を攻めようとしたが、六同（渡）寺川（小矢部川）が増水して渡れず、攻略を断念している（氷見市史Ⅰ一七六）。このとき湯山城に在城していたのは、義綱を追放した義慶方の勢力と推定される。「故墟考」は古老の言い伝えとして、森寺城の城主を「長沢筑前」としている。長沢筑前とは、森寺城にほど近い氷見市上日寺《じょうにちじ》の石仏に在銘を残す長沢光国《みつくに》であろう。それによれば、元亀三年八月に光国が石仏を奉納していることが判明する。したがって、長沢氏の森寺在城も元亀～天正初年頃と推定される。

天正四年九月、越中に出陣した上杉謙信は「栂尾城（富山市）・増山城（砺波市）を攻略し、さらに西進し、九月八日か九日に湯山（森寺）城も攻略できそうだ」と述べている（氷見市史Ⅰ一八〇）。このときの城主が長沢光国で、降伏することで謙信の家臣となり、能登征服戦に従軍した可能性が高い。天正五年、謙信の能登制圧によって、光国は穴水城主となっている。

その後、森寺城には謙信の家臣・河田主膳が在城する。しかし天正六年、上杉謙信の死去とともに反上杉方の反撃が始まる。『長家家譜』によれば、天正七年四月、神保氏張・長連龍《つらたつ》によって森寺城が攻められ、主膳は抵抗しがたく、和を乞いて城を明け渡したという（氷見市史Ⅰ

登城口。案内板が設置されていてわかりやすい

主郭は広々とした平坦面となっている

二〇〇）。

天正九年三月に織田信長の代官として七尾城代となった菅屋《すがや》長頼《ながより》は、同年八月に能登・越中の城郭を「悉く破却」している（『信長公記』）。破却するということは、その地域が支配下にあったことを示しており、越中はともかくとして能登に隣接する氷見地域の城郭、特に森寺城は長頼の支配下にあったと見てよいだろう。

後述するが、森寺城に残る石垣、特に主郭虎口の石敷き通路は、このとき、織田政権が構築した可能性が高い。森寺城が越中進出の拠点として重要視されていたことを示している。

天正九年八月の時点では、越中西部には安養寺（勝興寺）・瑞泉寺といった一向一揆がまだ健在だった。つまり、織田軍は加賀を経由して越中に進出することが難しかったのである。また、

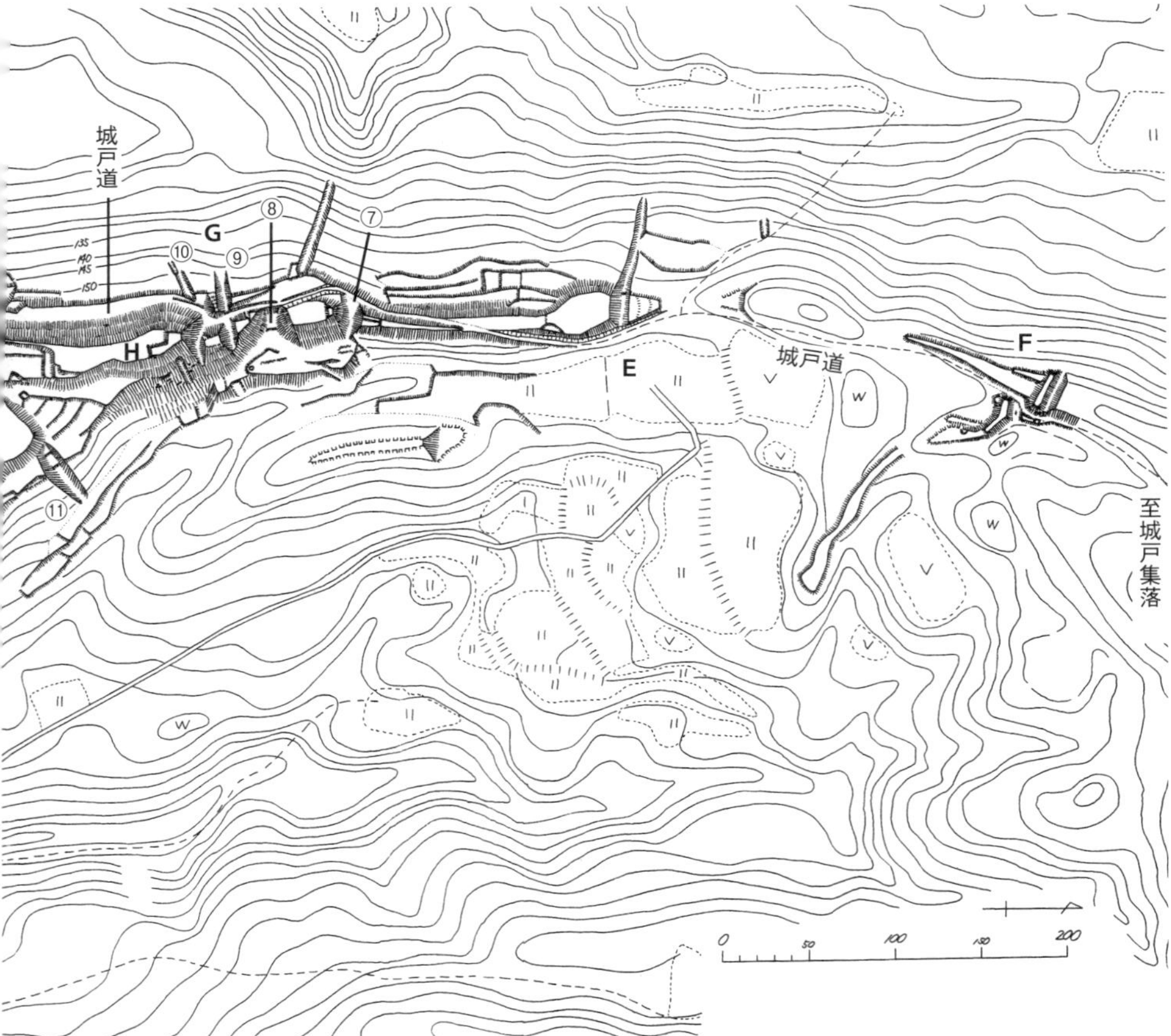

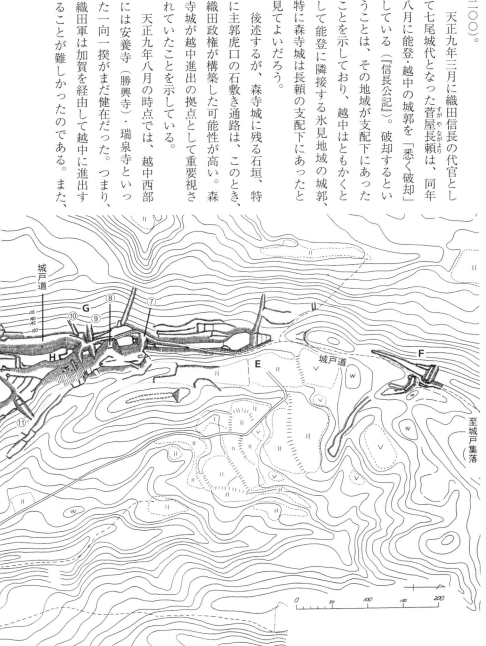

同年正月頃、越中に入部した佐々成政の勢力も脆弱だったと考えられる。成政を援護し、越中西部の織田政権を磐石にするためにも、能登から越中に進出する拠点が必要だったのであろう。

天正十二年、越中の佐々成政は加賀の前田利家と戦うことになる。能越国境には勝山・能登荒山城を配し、利家軍に備えていた。しかし、成政が両城を改修した形跡はなく、旧来の城郭をそのまま使用していたと考えられる。

同年十月、両城から佐々軍が撤退すると、森寺城が佐々軍の最前線となる。しかしこのときも、成政によって改修された形跡は残っていない。利家との抗争にあたって、加越国境の源氏《げんじ》ケ《が》嶺《みね》・一乗寺・松根・加賀荒山の四城しか改修しておらず、成政の主眼は加越国境に向けられていたのである。

天正十三年になると成政陣営は崩れ

図1　縄張り図　作図：佐伯哲也

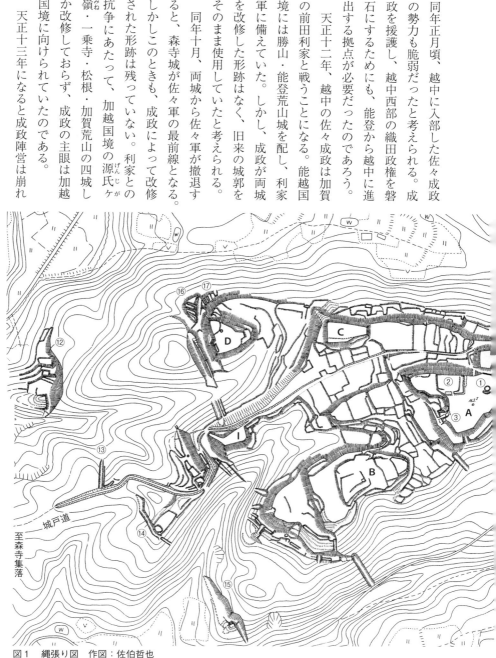

始め、成政方だった阿尾城主の菊池武勝が前田方に寝返る。同年七月四日、利家は武勝に具体的な条件を示しているが（氷見市史一二三八）、その中で「湯山（森寺）の事、才覚専一候」と、森寺城の扱いが協議されている。さらに、同年七月二十四日の前田利家誓書（氷見市史一二三九）で利家は武勝に「湯山（森寺）か守山か、両所に一所を申し談ずべき事」と、森寺城か守山城のどちらかを与えようと述べている。いずれも成政の重要拠点で、森寺城が依然として重視されていたことがわかる。

天正十三年八月に成政は降伏する。その後、森寺城は記録に現れず、前田氏によって改修された痕跡も残らない。おそらく、成政の降伏からほどなく廃城になったのであろう。

【城跡】林道等で一部破壊されているものの、遺構の残存状態は良好である。城域のほぼ中央に位置するA曲輪（図1）が主郭で、通称御殿山《ごてんやま》。主郭に匹敵する大きさを持つB曲輪は、通称金《かな》戸山《どやま》。C曲輪は、家臣斉田《さいだ》氏がいたと伝える斉田屋敷。D曲輪は、家臣野崎《のざき》氏がいたと伝わる野崎屋敷。E地点を寺坂《てらさか》屋敷と呼んでいるが、曲輪とは呼べない。

ABCDの四つの曲輪は、それぞれを繋ぐ通路が確認できず、また、主郭と連動しているとも言いがたく、独立性の強い曲輪である。各曲輪に対する主郭Aの求心力が弱い縄張りということができ、守護・守護代の拠点クラスの城郭に多い。能登七尾城がその代表例で、城主権力の脆弱さを具現化した縄張りである。城主が同じく畠山氏だったため、基本的には同形態の縄張りになったのであろう。

主郭Aのやや北側に、御殿《ごてん》の茶井《ちゃい》と呼ぶ直径約七メートルの井戸①がある。氷見地域はもとより、北陸の山城に残る井戸跡と比較しても破格の大きさで、多数の城兵の飲料水を賄うことができたのだろう。L形の石垣で囲まれた②地点を特に本丸、その外側を二の丸と呼んでいる。発掘

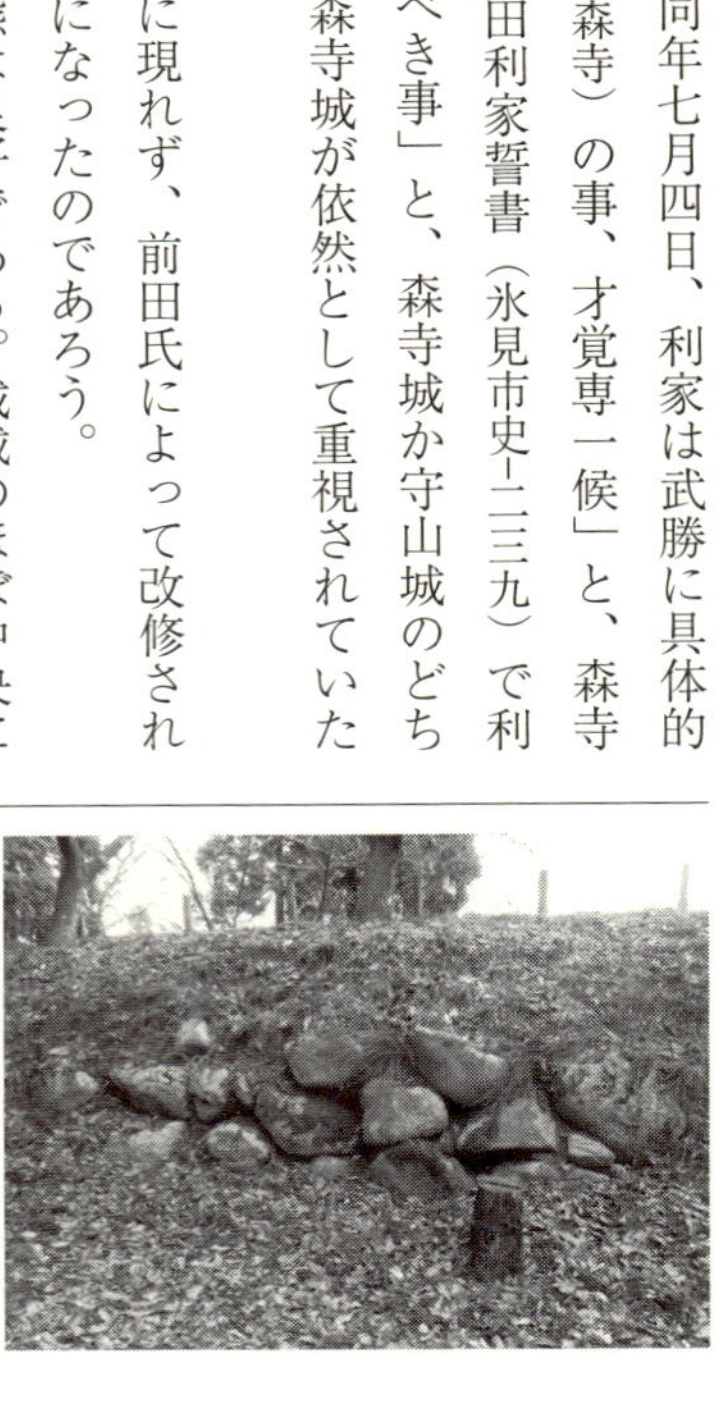
主郭A石垣

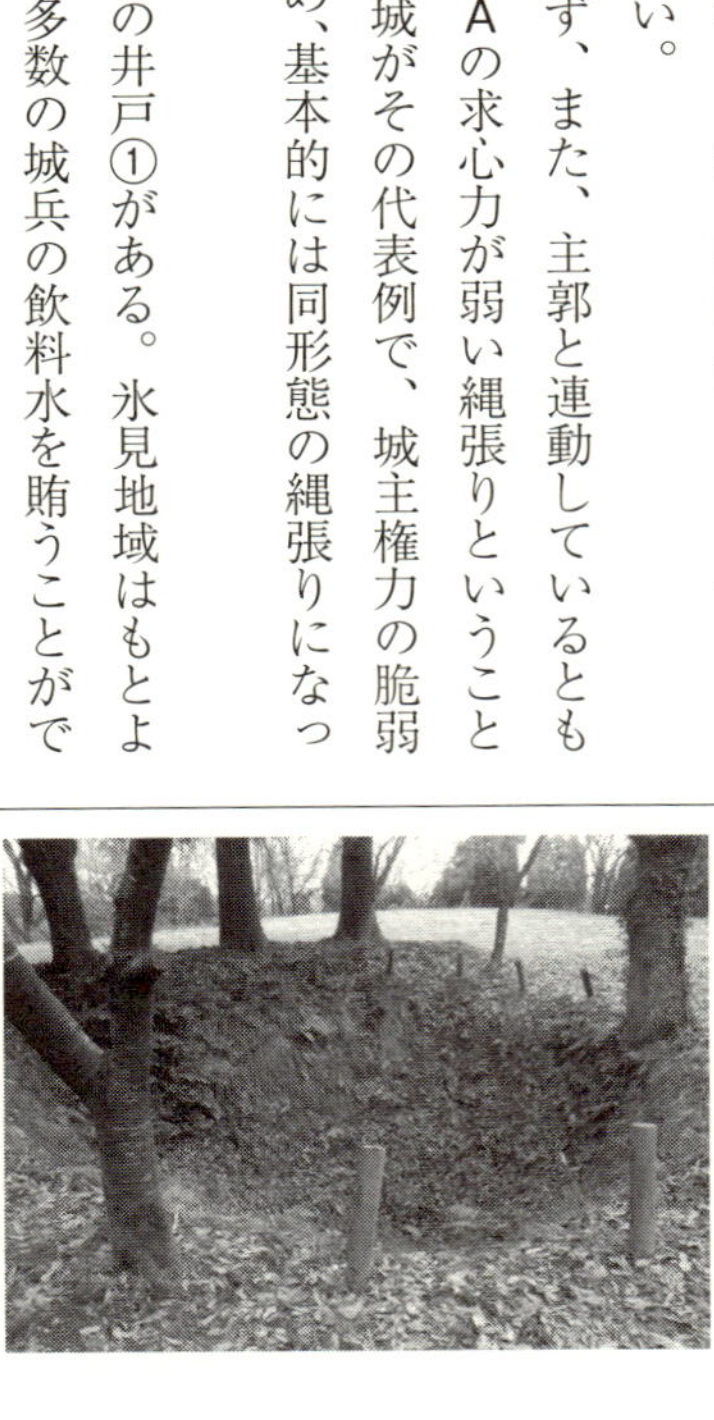
主郭Aにある御殿の茶井

調査によって、石垣の外側には深さ約一・六メートルの横堀が回っていることが判明した。現在、主郭には、城戸道から見える範囲、虎口周辺、本丸周囲に石垣が残る。これは、明らかに視覚効果を狙った演出であろう。

主郭Ａで最も注目したいのは虎口③（図２）であろう。矢印のように進むと考えられる外枡形虎口で、通路④・櫓台⑤・虎口空間⑥の三点セットを備えており、織豊政権による改修と考えてよい。とくに通路④は石敷通路（詳細は後述）で、櫓台⑤は石垣で固められている。このような構造は、七尾城主郭にも認められる。七尾城の主郭虎口は天正九年、前田利家の構築と考えられるため、虎口③も天正九年に織豊系武将により構築されたのであろう。

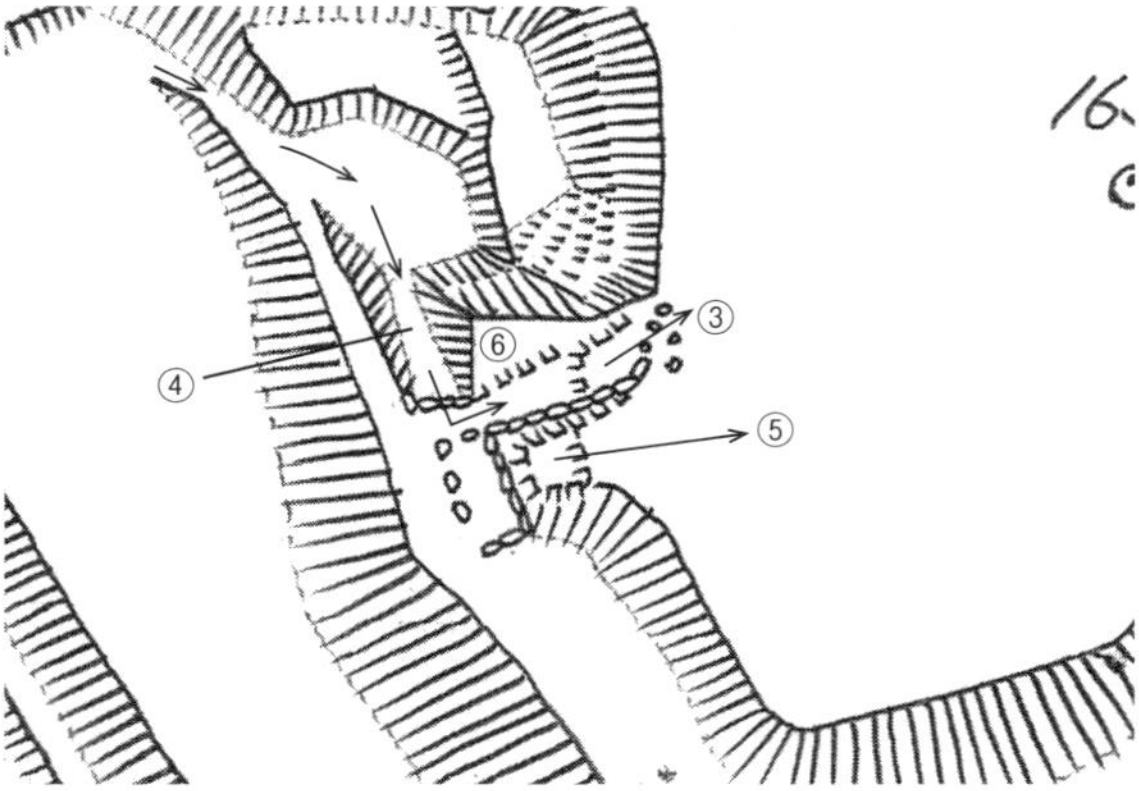

図２　虎口③部分拡大図

城域をほぼ中央に貫く城戸道のＦ地点が森寺城の北端（図３）。堀切と竪堀を食い違いに設けて城戸道を屈曲させている。ここに城門を設け、往来する人馬を厳しく監視していたのであろう。発掘調査の結果、竪堀はさらに西側に延び、さらに城戸道が厳しく屈曲していたことが判明した。しかし、城戸道そのものを遮断していることはなく、この点では城域に接する街道を堀切で遮断していた加越国境城郭とは対照的だ。

Ｇ地点は森寺城の中枢部に入る最後の関門となるため、とくに警備が厳重である。堀切⑦で尾根続きを遮

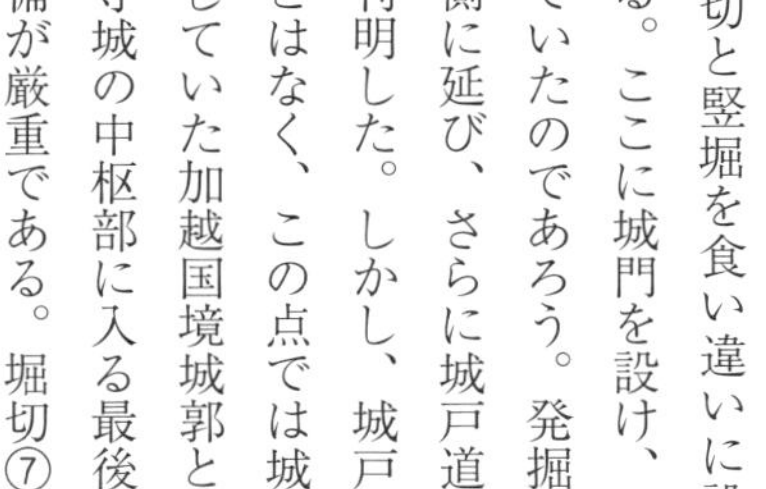
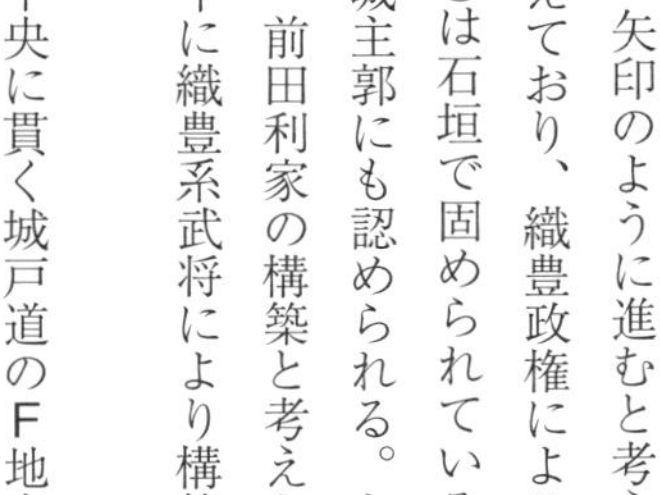
左右とも石敷通路④　写真提供：氷見市教育委員会

断し、H曲輪北端に櫓台を設けてこの方面を監視する。堀切⑧は林道の造設によってわかりにくくなっているが、堀切あるいは片竪堀と推定され、ここも城戸道が屈曲していた可能性がある。そして、⑨⑩の二重堀切を設け、H曲輪北端で城戸道を屈曲させている。二重堀切と屈曲によって敵兵の進攻速度は著しく鈍ったことであろう。

屈曲点の真上にはH曲輪の櫓台が存在し、進攻速度の鈍った敵兵を監視する。櫓台の東斜面に竪堀を設け、敵兵が東側に回りこむことを防止している。このため、敵兵はH曲輪の西側に回らざるをえない。こうすることで、敵兵はH曲輪の西直下を進むことになり、H曲輪からの横矢攻撃に長時間晒され、多大な犠牲を被ったであろう。運良く東側に回りこむことができても、竪堀⑪によって南進できず、結局、主郭AとH曲輪の両方から攻撃を受けて全滅したであろう。鉄壁の防御である。

城域の南端には、D曲輪からI曲輪を経由してB曲輪に至る防御ラインを構築している。隙間が多く、防御ラインと呼ぶのに疑問は残るものの、堀切や竪堀・横堀を繋いで統一した防御線を構築しようとしていたことは確かだろう。さらにその試みは、切岸⑫・竪堀⑬・横堀⑭・切岸⑮にも認められる。雑多な感じがするのは増山城防御ラインと同じである。注目したいのは、防御ラインの端部に畝状空堀群⑯⑰を設けていることである。これも増山城防御ラインと同じ、断定こそできないが、天正六年三月から同七年四月の間に上杉氏が急遽構築した防御ラインと考えて間違いない。

【発掘調査による成果】　平成八・九・十六・二十一年度に氷見市教育委員会が発掘調査を実施しており、貴重な成果が上がっている。[*1] まず、②地点の土塁は、外側に石垣が三～四段と内側には裏

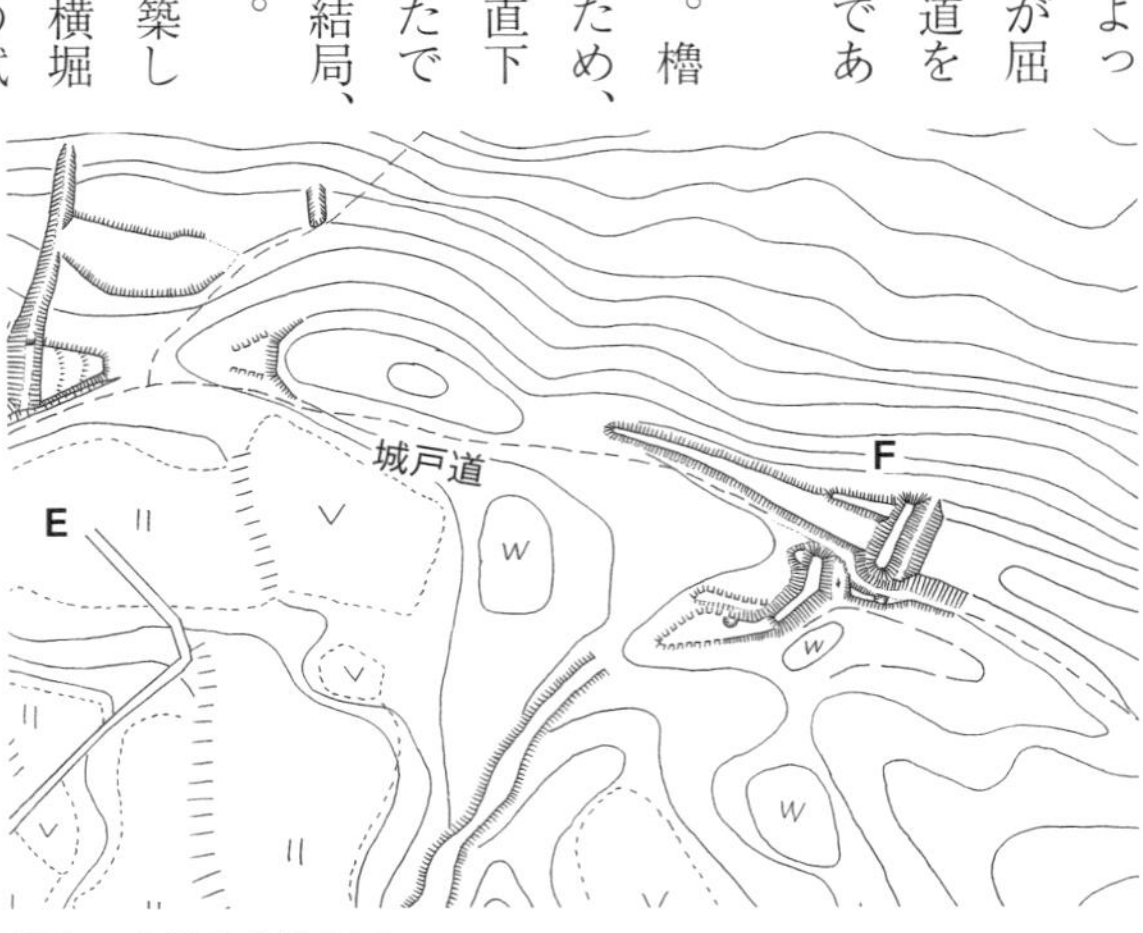

図３　北端部分拡大図

＊1　『森寺城跡―試掘調査の概要―』氷見市教育委員会、二〇〇〇年。以下、報告書Ⅰと略す。『中村城跡Ⅰ・森寺城跡Ⅱ』氷見市教育委員会、二〇一〇年。以下、報告書Ⅱと略す。

込石も設けられ、土塁の高さは約二メートルあった。さらにその外側には幅約四メートル、深さ約一・六メートルの横堀が巡っていたことも判明した。横堀の底には、石垣の石と思われる石が見つかった。これは破城によって破壊された石垣の一部と考えられている（報告書Ⅰ）。しかし、確認された石は数個のため、自然崩落による可能性も排除できない。

遺物は土師器皿のほか、中国製の白磁や染付（青花）・越前・鉄釘などがあり、城内でもある程度の居住が行われていたようだ。特に、②地点土塁外側の横堀から出土した土師器皿は一六世紀初め頃のもので、築城当初の遺物と推定される。

発掘の最大の成果は、石垣・石敷・側溝をそろえた幅三メートルの通路④を確認したことであろう。さらに通路④付近には、櫓台⑤を中心として巨石を用いた石垣が積まれている。この巨石を必ず見て主郭へと登るのであり、報告書Ⅱはここを大手道としている。筆者も同感である。続いて、「森寺城の大手道は周囲の石垣とともに天正九年頃、佐々成政による改修によって設けられた可能性が高い」とする。佐々成政で絞り込むには躊躇するが、天正九年頃、織田政権が構築したとする点は同感である。

【まとめ】　森寺城は天文十二年（一五四三）頃、能登畠山氏の拠点として築城され、以降、上杉氏・織豊政権の武将が使用したと考えられる。遺構としては、防御ラインが天正六年から七年に上杉氏、天正九年頃には織田政権が石敷き通路や主郭虎口・石垣を構築した可能性を指摘したい。天正十三年まで佐々成政が使用するが改修はせず、成政の降伏後、さほど遠くない時期に廃城になったと考えられる。つまり、大々的な改修は天正九年に終わっているのである。今後は天正九年以前の能登畠山氏・織田政権の城郭と比較検討を行い、さらに細やかな遺構の改修年代・改修者を推定していくのが課題である。

尾根を断ち切る堀切⑦

尾根を断ち切る堀切⑨

見事な馬出曲輪をもつ典型的な織豊系陣城

25 海《え》老《び》瀬《せ》城《じょう》

①氷見市余川
②日夜城
③標高140m、比高130m
④B（少し登る、やや登城しにくい）

【立地】 標高が一三〇メートルあるが、なだらかな山容が広がり、要害というイメージはない。城跡の西側には中世以来、能越を繋ぐ重要な街道として使用されてきた義仲道（蓮如道）が通る。さらに、この道と交差するように二つの谷を繋ぐ尾根道も通っている（図1）。海老瀬城は、二つの街道が交差する要衝の地に築かれたのである。

【城主・城歴】 ほぼ不明と言ってよく、「故墟考」等の江戸期の地誌類にもほとんど登場しない。来歴がほぼ未詳ということは、短期間使用された陣城であることを裏付ける。

【城跡】 遺構は完存している。主要曲輪であるABC曲輪の大きさは一五～二五メートル四方と狭く、多数の城兵は収容できない。また、主要曲輪群に塁線土塁と横堀を巡らすが、高さ（深さ）・幅ともに三〇～五〇センチしかなく、非常に小規模なものである。

A曲輪が主郭で、ほぼ全周に塁線土塁を巡らす。櫓台①を突き出すことでD曲輪を狭くし、D曲輪を通る敵兵の動きを鈍らせる。さらに、虎口②を出入りする武士たちを監視している。

虎口②は、一刎《ひとはね》集落に向けて開かれた虎口（図1）で、厳重に防御されたほかの虎口とは違い、幅も広く、あまり防御されていない。つまり、城主にとって一刎方向はあまり防御しなくてもよかった方向で、多人数を自由に出入りさせるために広くした虎口といえる。さらに、一刎集落方向から虎口②に入った城兵を城内に収容するために、虎口③を設けている。

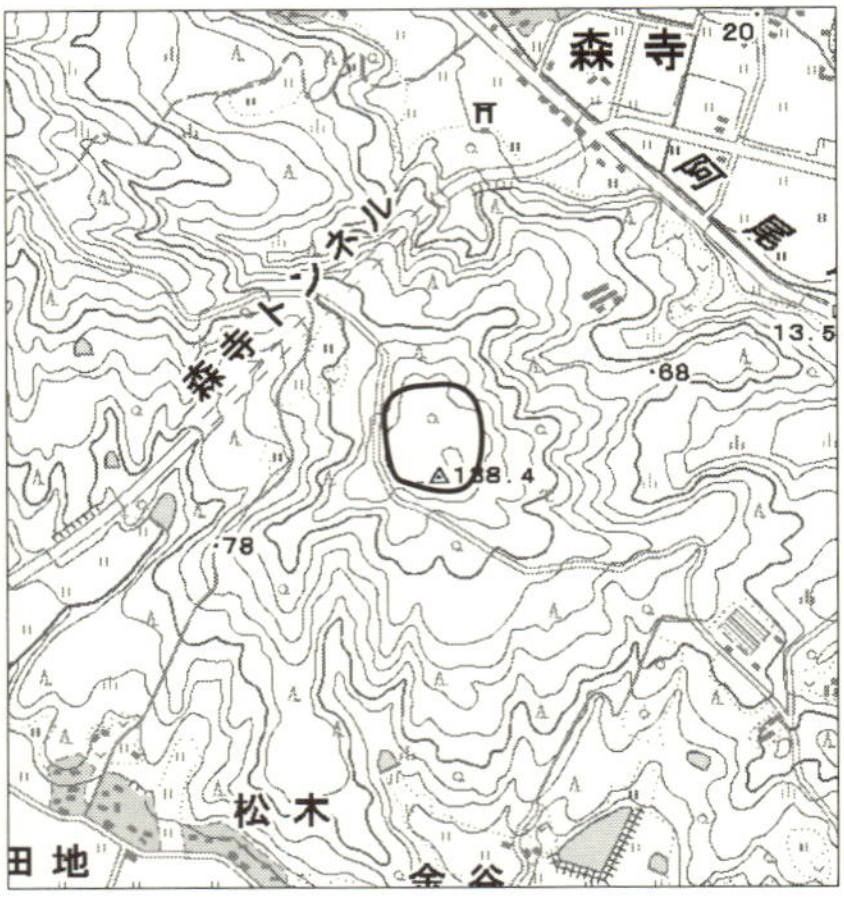

主郭の現状。遺構が観察しやすくなっている

これに対して、八代《やしろ》谷方向（図1）に伸びる尾根には虎口は設けず、尾根を攻め上がってきた敵兵の前に、高さ五〜六メートルの鋭角の切岸が行く手を阻む。敵兵が虎口②方向に回り込むのを阻止するために竪堀④を設け、E曲輪直下に回り込む敵兵に対して⑤地点からの横矢が効いている。

このように、八代谷方向に対する備えと、一刎方向に対する縄張りとは明らかに違う。この点は、城主を推定する重要な手掛かりとなる。

尾根道方向から攻めてきた敵兵の攻撃に対して

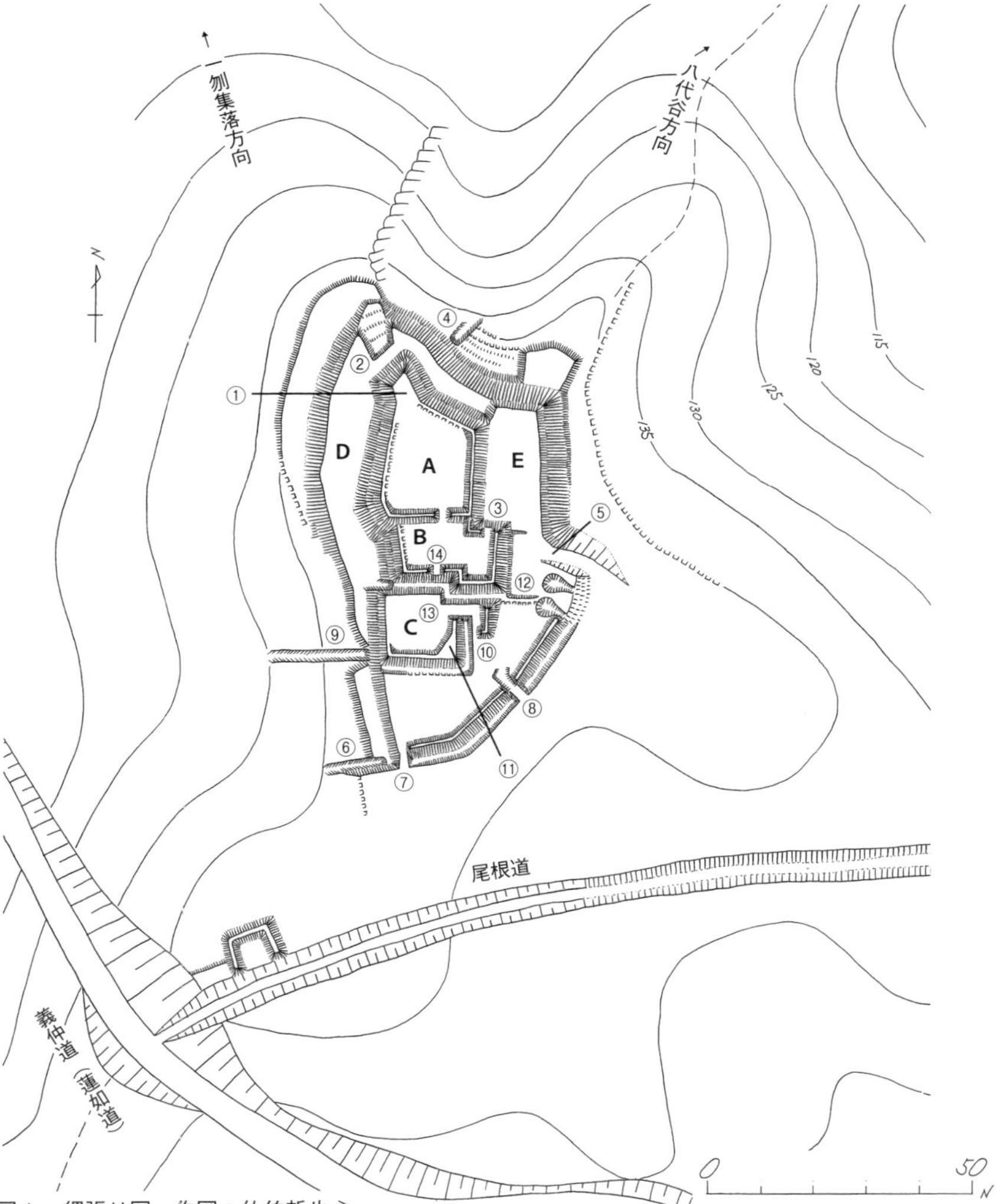

図1　縄張り図　作図：佐伯哲也

は、竪堀⑥から⑤地点まで続く横堀が遮断する。現在、⑤地点付近は開口しているが、もちろん、これは破壊虎口である。⑧も破壊虎口と推定される。また、二つの窪地は炭窯跡であって、城郭遺構ではない。城郭本来の虎口は⑦のみで、斜面を横移動する敵兵を阻止するために、竪堀⑥⑨を設ける。

C曲輪はB曲輪の前面に突き出た馬出曲輪で、敵軍の攻撃をダイレクトに受けるため、C曲輪のみ横堀を巡らす。ほかの虎口は基本的には平虎口なのに対して、虎口⑩だけは外枡形虎口である。かつて土塁⑫と横堀は繋がっていたようで、さらに竪堀⑨の存在によって、虎口⑦から入った敵軍は虎口⑩に集中する仕組みになっている。このため、外枡形状に加工して防御力を増強し、さらに援護射撃をするために櫓台⑪を設け横矢を効かしている。見事な馬出曲輪だ。外枡形虎口⑩も、小規模だが馬出虎口の機能を果たしており、つまり連続馬出の構造になっているのである。

虎口⑬を突破するとき、B曲輪からの横矢が効く。さらに虎口⑭を突破するときも、B曲輪からの横矢が効いている。B曲輪に突入してしまえば、あとは比較的簡単に主郭Aに入ることができる。外枡形虎口⑩とC曲輪の攻防が、勝敗の鍵を握っている。

【まとめ】　このように、小規模な塁線土塁と横堀がセットになった防御線、計画的な通路設定、そして馬出曲輪の存在から、天正後半における織豊系陣城の典型的な事例である。天正十一年の賤ヶ嶽合戦城塞群が良い類例と言える。したがって、天正後半に織豊系武将が構築したという点では異論はない。八代谷方向を警戒し、その方向に佐々方の森寺城が存在することを考えれば、天正十三年に前田利家軍が森寺城を攻める本陣として築城したというのが実像であろう。

C曲輪をめぐる横堀。非常に浅い

E曲輪切岸。この部分だけは実戦的になっている

土豪が構築した枡形虎口が特徴的な城

26 飯久保城《いいくぼじょう》

①氷見市飯久保
②南条城
③標高70m、比高60m
④B（少し登る、やや登城しにくい）

【立地】　飯久保城の下流には、富山湾と繋がった布施の水海《みずうみ》が存在しており、飯久保城と布施の水海は仏生寺川《ぶっしょうじがわ》と繋がっていた。つまり、水運の要衝だったのであり、城跡北東麓に残るフナダ（舟田）はその名残と言える。

【城主・城歴】　土豪狩野《かのう》氏代々の居城である。飯久保城主・狩野氏の史料初見は永禄三年（一五六〇）の狩野良政《よしまさ》書状（氷見市史Ⅰ一六三）で、それによれば、良政は神保長職に服属するよう命じられていた。その理由として、「長職様へ御身方の様、と山より相聞こえ候、これも人質の故と令し候」とあり、人質を取られているためと良政は述べている。長職の土豪掌握の実態が判明して興味深い。ちなみに、同書状で良政は、長職が長尾景虎に敗れたため、このまま神保氏に服属すべきか、田端氏に心底を問うている。

天正元年（一五七三）、越中に駐屯する上杉軍の総司令官だった河田長親に対して小島職鎮と狩野道州が連名で神保弥次郎の家督相続について書状を出している（氷見市史Ⅰ一七八）。この頃、狩野氏も上杉方に服属したと言えよう。天正六年、上杉謙信が死去すると織田方に転換する国人土豪が続出し、狩野氏も織田方に転換する。天正九年、越中に入国した織田信長の部将・佐々成政に服属し、そのまま飯久保城に在城していたと考えられる。というのも天正十三年、前田利家が菊池武勝に宛てた書状（氷見市史Ⅰ二三八）で、狩野氏の所領に言及しているからである。

山麓に立つ案内板

天正十三年、佐々成政が降伏すると、飯久保城周辺は前田領となる。しかし、このとき狩野氏は前田氏に仕えた形跡はない。おそらく、天正十三年をもって狩野氏は飯久保城を去り、飯久保城も廃城になったのであろう。

【城跡】　城内最高所のA曲輪が主郭（図1）。東端に櫓台①を設け、B曲輪や東側の尾根続きを監視している。B曲輪は東側の尾根続きから進攻してきた敵軍を食い止めるために設

図1　縄張り図　作図：佐伯哲也

けられた曲輪だが、堀切②で完全に遮断しているため、敵軍の攻撃も遮断できるが、B曲輪を孤立させている。

　南側の尾根続きには、堀切を三本も巡らし、敵軍の攻撃を遮断している。西斜面に回り込もうとする敵軍に対して連続竪堀③、東側に回り込もうとする敵軍に対しては畝状空堀群④を設けて阻止している。間隔の広い畝状空堀群であり、狩野氏独自の畝状空堀群と評価できる。さらに、頭上には主郭Aが厳しく監視している。各曲輪間の通路や虎口が不明瞭な中において、虎口⑤は見事な内枡形虎口である。こちらが大手と評価でき、矢印（図2）のように進んだと考えられる。

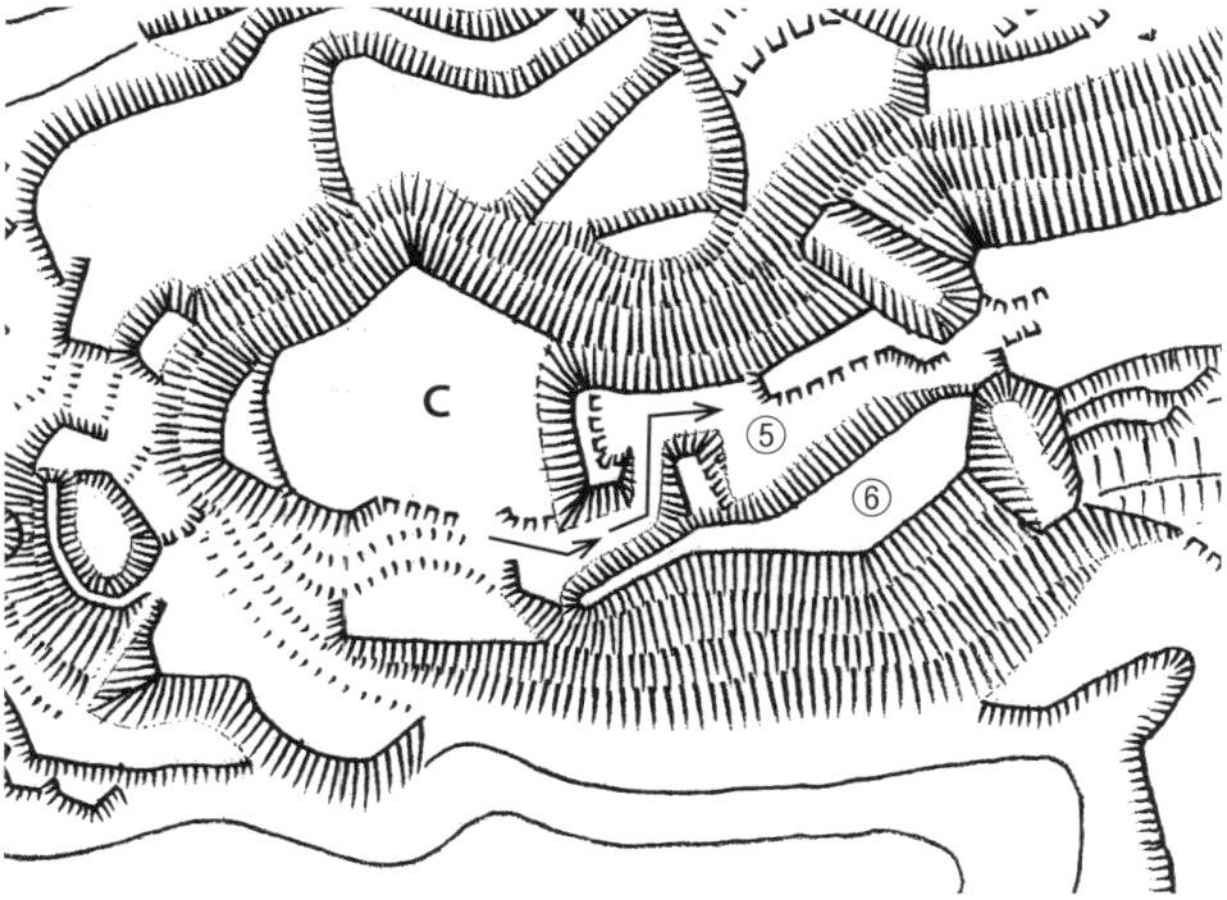

図2　虎口⑤部分拡大図

　平成十三年度に実施された発掘調査では、C曲輪と切岸の間に空堀は検出されなかった。[*1] さらに虎口内には、城兵が駐屯できるような空間は存在しない。つまり、虎口⑤は一見、馬出曲輪のように見えるが、馬出曲輪にはなりえない。馬出曲輪の性格を兼ね備えた、内枡形虎口であろう。土塁⑥を削り取れば城兵駐屯スペースが確保でき、防御力も増強した。これは、土塁を構築して通路を屈曲しただけの虎口と評価でき、やはり、七尾城や森寺城・海老瀬城のような織豊系城郭レベルまで達していない。おそらく天正十三年までの間に、

主郭A。戦国期もこのように雪が積もっていたのである

主郭直下の井戸跡

上：物見台①。城下集落を見下ろすことができる
下：内桝形虎口⑤。土塁で構築されている

狩野氏が独自に構築した虎口であろう。

【発掘調査による成果】

前述のように、氷見市教育委員会により発掘調査が実施されている。主郭Aからは、一六世紀後半を主体とした遺物が発掘された（報告書）。主な遺物は、中世土師器・越前・染付・茶臼・土錘《どすい》で、茶臼や染付から城内の生活が偲ばれる。

注目したいのは、土錘の存在である。長さ約四センチなので、網の錘《おもり》と考えられる。山城からは、しばしば土錘が出土する事例が報告されている。山城には平時も番兵程度は駐屯していたはずである。平時の番兵にはほとんど仕事がなく、ヒマつぶしに付近の仏生寺川へ行って投網等の漁をしていたことを物語る遺物と言える。戦国期の長閑な光景が目に浮かび、城兵たちの生活実態を物語る貴重な出土品と言えよう。

【まとめ】　飯久保城は、越中における土豪城郭の最終到達点が見える城郭と言える。つまり、土塁で構築された枡形虎口までは、到達可能な技術レベルだったことを証明している。この事実を応用すれば、新たな虎口編年が可能となるだろう。

＊1『飯久保城跡』氷見市教育委員会発行、二〇〇三年。以下、報告書と略す。

II、能登の城郭

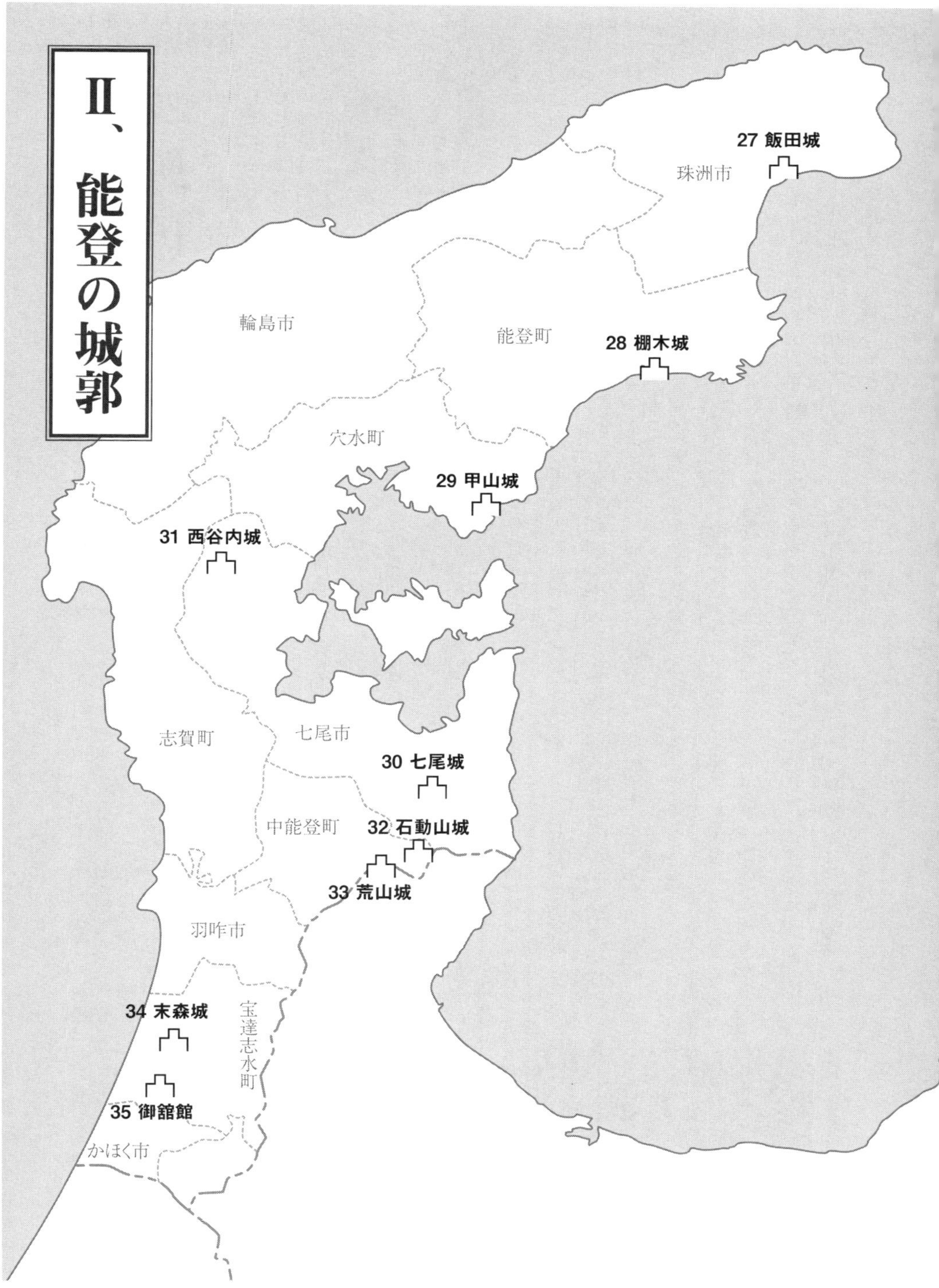
27 飯田城
珠洲市
輪島市
能登町
28 棚木城
穴水町
29 甲山城
31 西谷内城
志賀町
七尾市
30 七尾城
中能登町
32 石動山城
33 荒山城
羽咋市
34 末森城
宝達志水町
35 御舘館
かほく市

謙信時代の櫛の歯状畝状空堀群が見事

27 飯田《いいだ》城《じょう》

①珠洲市飯田
②－
③標高４９ｍ、比高４５ｍ
④Ｂ（少し登る、やや登城しにくい）

【立地】　通称「城山」山頂に位置する。飯田湾沿岸を通る内浦街道と、奥能登の山岳地帯を走る若山街道が交差する交通の要衝でもある。

【城主・城歴】　飯田城の城主として、飯田与三右衛門長家《ながいえ》が伝えられている。長家は越後国頸城郡《くびきぐん》夷守郷《ひなもりごう》などを領有していた越後国人であり、謙信に従って奥能登へ従軍している。上杉謙信知行覚（「七尾城編」第四章五六）によれば、天正五年（一五七七）三月に謙信から珠洲郡小伯《こどまり》（泊）・伏見・細谷（屋）の地を与えられていることが確認できる。いずれも、飯田城の東部に現存する集落名であり、天正五年における長家の飯田城在城は確実と言える。

　ここで注目したいのは、謙信の七尾城奪取は天正五年九月であるが、それ以前に所領を与えていることである。つまりこの書状は、天正五年の春頃には松波《まつなみ》城周辺を除く奥能登全域を謙信が制圧していることを物語っている。さらに、在地の国人を置かず、越後国人に支配を任せている点である。拠点城郭には譜代クラスの重臣を置き、支配を確立させていたのである。

　上記のような背景のため、天正六年の謙信死去後も長家は上杉氏（景勝）に服属し、天正七年から八年の間に景勝に年頭の祝詞や太刀などを送っている（「七尾城編」第六章五七・五八・六四・七九）。そして天正七年八月頃、七尾城将鰺坂長実が七尾城から追放され、上杉氏による七尾城支配が終了しても、奥能登の上杉氏体制を維持していた。七尾城の撤退により、能登の上杉氏支配が一挙

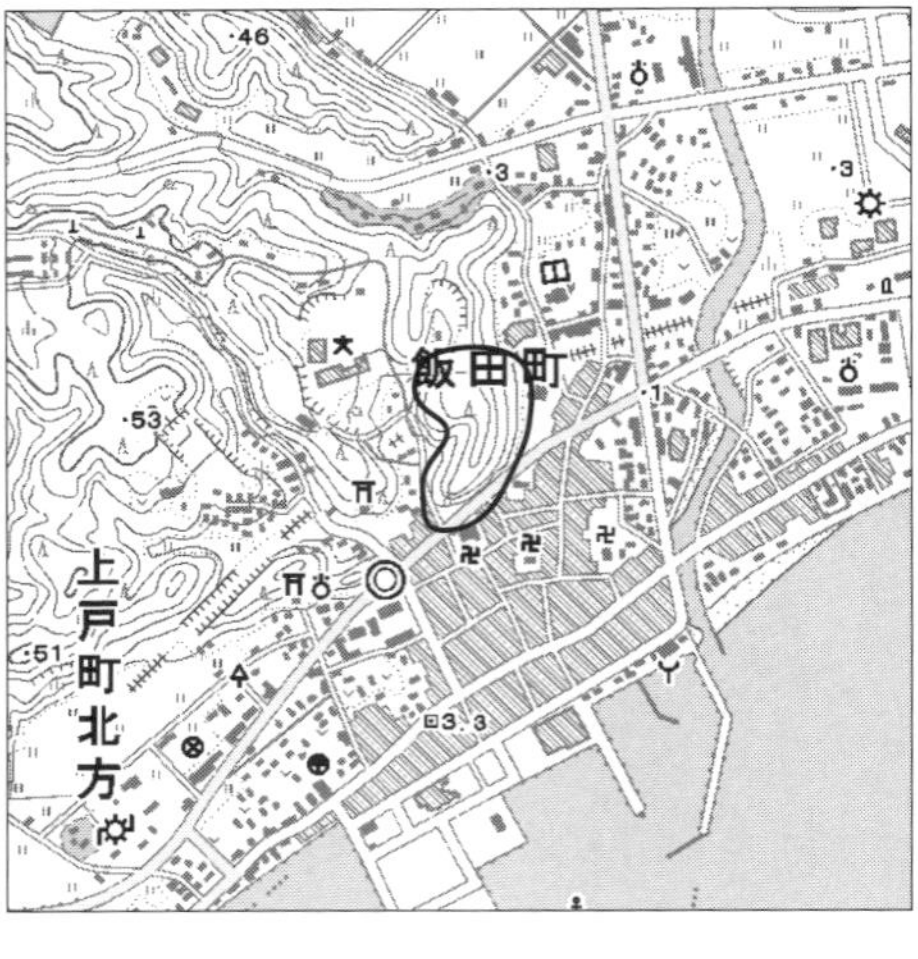

主郭を取り巻く高切岸

153　飯田城

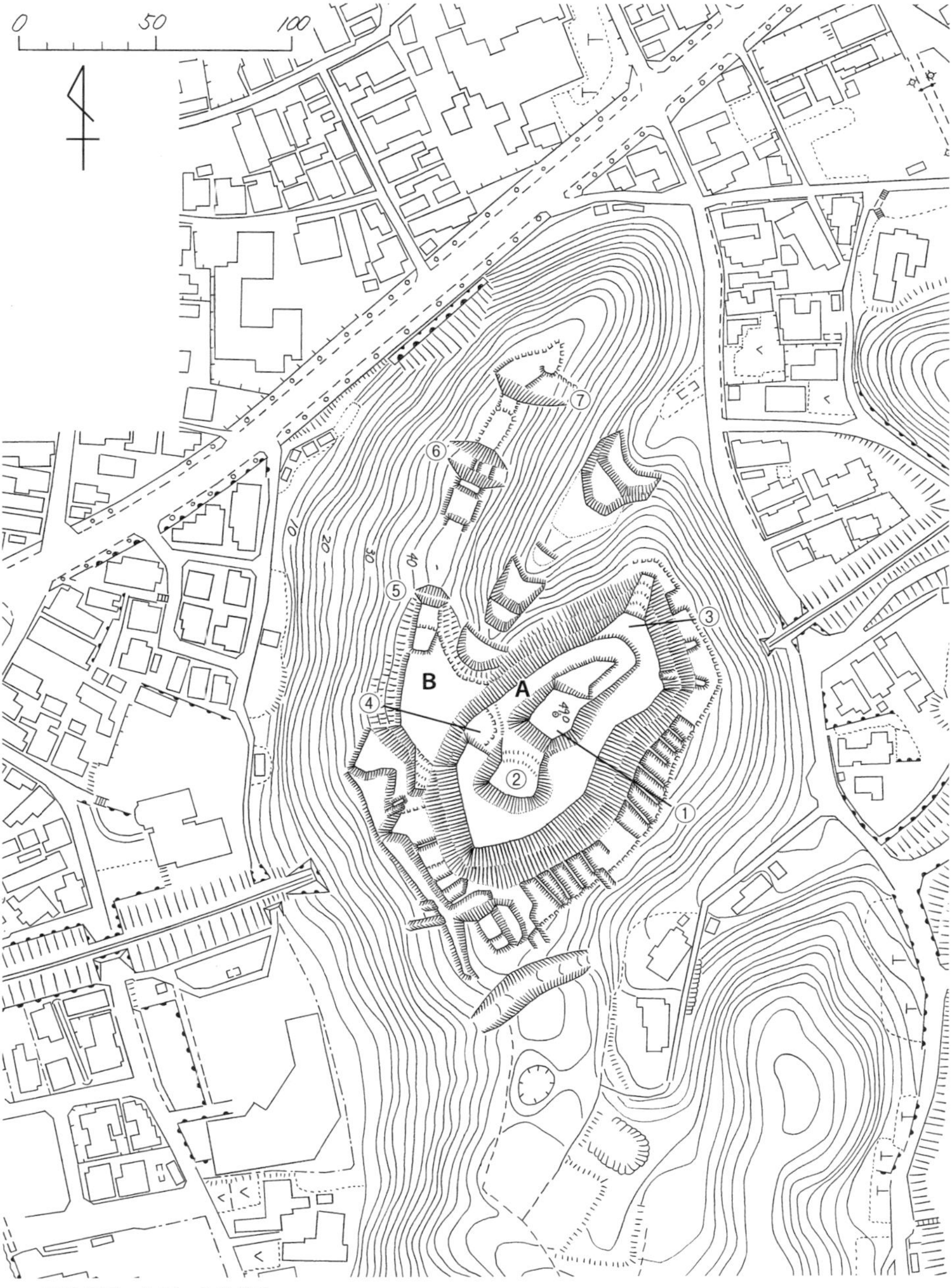

縄張り図　作図：佐伯哲也

に瓦解したわけではないのである。

しかし天正八年閏三月、上条政繁《まさしげ》書状（「七尾城編」第六章八一）を最後に上杉方との交流が途絶える。というのも天正八年六月、長連龍が菱脇《ひしわき》の戦いで温井・三宅兄弟を破り、能登における織田勢力が確立するからである。これにより、上杉氏による奥能登支配も終止符を打ち、長家は越後へ移住し、飯田城は廃城になったと考えられる。

【城跡】　主郭は城内最高所のA曲輪。ほぼ中央に位置する方形の高まり①②は、かつて古墳だった可能性がある。おそらく、古墳をそのまま櫓台として使用したのであろう。主郭の周囲には、

主郭東直下に残る畝状空堀群

畝状空堀群。上杉系の様相を示す

尾根続きを遮断する堀切⑤

高さ四〜一四メートルの鋭角の高切岸が巡らされ、敵軍の攻撃を遮断する。下部の腰曲輪と主郭とを繋ぐ虎口は、③地点と考えられる。単純な平虎口だが、敵軍の進攻速度を遅らせる坂虎口で、しかも虎口③に入る前に、長時間、主郭からの横矢が効くようになっている。

主郭Aより一段下がった南東側にB曲輪を設けている。主郭AとB曲輪の間は、高さ四メートルの切岸により遮断されており、通路は設定されていない。おそらく、当時は階段のようなものを切岸に設置してB曲輪から窪地④に入り、主郭Aに入ったのであろう。B曲輪から南側に伸びる尾根には、堀切⑤⑥⑦を設けて敵軍の攻撃を遮断している。

飯田城で注目したいのは、主郭Aで東直下の腰曲輪に設けられた畝状空堀群である。櫛の歯状[*1]で、越後国内の城郭に多く見られる。北側の尾根続きから南下してきた敵軍の攻撃から、主郭Aを防御するために設けられたと考えられる。敵軍は畝状空堀群のために進攻速度が鈍るため、主郭Aに駐屯する城兵から弓矢を浴びせられた。敵兵への弓矢の命中率は高まり、死傷率も格段に高まったことであろう。敵軍は多大な損害を被りながら虎口③にたどり着き、主郭Aに入ることになる。なお、虎口そのものは平虎口であり、枡形虎口にまで発達していない。

【まとめ】　櫛の歯状畝状空堀群が存在していることから、上杉氏による改修は疑う余地はない。[*2]奥能登の拠点として、天正五年から八年頃に長家が飯田城を改修したと考えて間違いない。虎口が平虎口なのを考慮すれば、天正五年の可能性が高い。その後の改修が考えられないため、謙信時代に絞り込むことができる貴重な遺構である。

＊1　奥能登で櫛の歯状畝状空堀群を持つ城郭は、飯田城の他に黒峰城・萩城がある。いずれも上杉氏の伝承があることから、上杉氏城郭として築城（改修）されたと考えられよう。

＊2　櫛の歯状畝状空堀群は、高切岸とセットで使用している点にも注目してほしい。

能登国主前田利家の大型兵器使用と捕虜の処刑

28　棚木城《たなぎじょう》

①鳳珠《ほうす》郡能登町棚木
②遠島山の城
③標高32m、比高—
④A（城内まで車が入る）

【立地】　田ノ浦に突き出た通称「城山」、あるいは「遠島山《とおじまやま》」と呼ばれる海成丘陵に築かれている。三方を断崖絶壁と日本海に囲まれた天然の要害で、北西には古くから重要な役割を果たしてきた宇出津《うしつ》港があり、これを強く意識して築城された。

【城主・城歴】　江戸期の地誌類によると、穴水城十四代長光連《みつつら》の弟多奈木左近が応仁の乱の頃（一四六七～七七）に築城したという。その後、天正四年（一五七六）の上杉謙信の奥能登進攻にともない、棚木城には上杉方の長景連《かげつら》が在城したという。しかし、これについては正院川尻《しょういんかわしり》城とも言われている。

長景連の棚木在城が確実なのは、天正十年五月である。景連は元能登正院川尻城主だったが、天正七年八月、七尾城陥落により城を棄てて越後へ逃亡してしまった。本人（景連）の汚名返上のために、上杉景勝が能登棚木城に送り込み、名誉回復のチャンスを与えたのである。

天正十年五月十五日頃、景連は越中魚津城に出陣した前田利家の隙をついて、越後から海路奥能登へ進攻し、棚木城に籠城した。これに対して利家は、従軍している長連龍等に千人の手勢を与えて向かわせるとともに、棚木城近隣の長百姓に、船を集めて棚木城を包囲し、景連の動きを阻止するように命じている（『武士編』第一章四〇～四二）。

棚木城攻めにおいて興味深い事実が判明している。まず、利家が兄安勝に宛てた五月二十二日

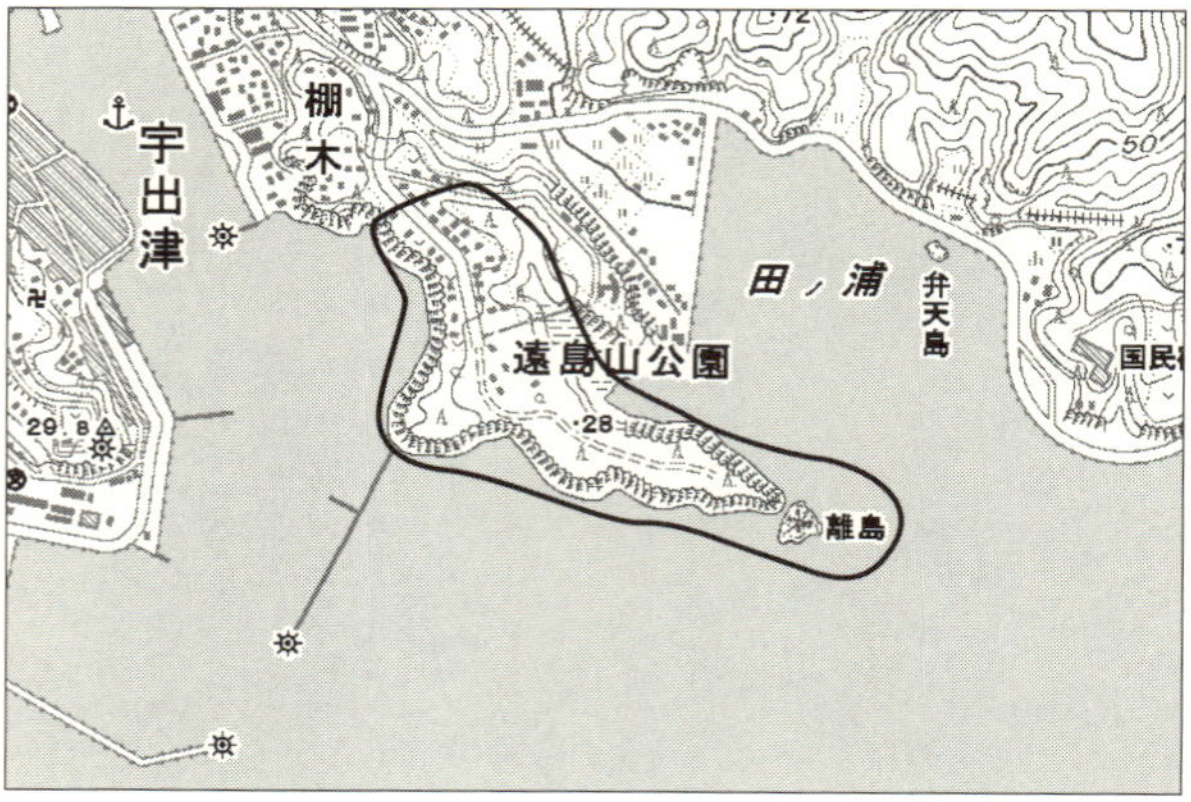

付の書状（『武士編』第一章四七）には、「鉄炮放の人数等、時宜《じぎ》よく仰せ付けられ差し越さるの由、満足申し候」と、棚木城総攻撃にあわせ、安勝が鉄砲隊を派遣したことに感謝を述べている。わざわざ「鉄炮放の人数」と記述していることから、特別な訓練を受けた狙撃専門の部隊だったようだ。織田軍には、すでにこのような専門部隊がいたのである。

次に、利家は、連龍に「中筒三挺、玉薬を相添え遣さるべく候」（『武士編』第一章四四）と、中筒を弾薬とともに送っている。利家は魚津城攻めで大砲（利家は「大鉄砲」と述べている）を使用している。大鉄砲と中筒（人間が携行できるバズーカ砲のようなものか）ではどう違うのかわからないが、ともに城壁を打ち砕くための武器だったと考えられる。おそらく攻城戦において、織田軍は大型兵器を用いるのが恒常化していたと考えられ、兵器の点で織田軍は上杉軍に大きな差をつけていたのである。

連龍は、同族の好《よし》みで景連に降伏を勧めた。「衆寡《しゅうか》敵せず」と悟った景連は、自らが切腹することで家臣を助け、合戦を

上：城跡遠望　海に突き出ている
下：堀切①。棚木城唯一の明確な遺構

整備された遊歩道と説明板

月見御殿跡。遺構は残っていない

回避しようとしたが、強硬派の家臣たちが反対したため実現しなかった。かくして五月二十二日卯刻《うのこく》、連龍は景連の降伏を諦め、総攻撃を開始する。景連軍は大手口から討って出たがことごとく討ち取られ、棚木城は落城、景連の首は安土に送られた（「武士編」第一章四九）。

棚木城攻めで生け捕った捕虜に対して、利家は残虐極まりない処刑を実施している。まず、「生捕りの者共数多《あまた》有るの由に候、一人も御成敗無く、此方《こなた》へひかせ給わるべく候」（「武士編」第一章四九）と、捕虜たちをすべて七尾城へ連行するよう命じている。そして「敵方に楯籠もり候牢人共（中略）一人も助け置き申す儀、有るまじく候の由申し遣わし候」（「武士編」第一章四七）と、捕虜を皆殺しにするよう命じている。その処刑の仕方が惨い。「あか坂にて、御あふ（焙）らせあるへく候」と、七尾城下の赤坂で火焙りにするよう命じている（「武士編」第一章四七）。見せしめのため城下町の外れで処刑し、それに見物人が群がる、というお決まりのワンシーンが目に浮かぶ。

また、別の処刑方法として「い（煎）らせ申すべく候」（「武士編」第一章五一）と、釜煎りに処するようにも命じている。釜煎り用の大釜がなかったらしく、利家は「かまをゐ（鋳）させ申すべく候間、先の鉄炮を置き候て、急ぎ彼《か》のかまを鋳申すべきの

縄張り図　作図：佐伯哲也

由」と、先に命じた鉄砲作製を中断しても、大釜鋳造を急がせている。そこには、極刑を実行するにあたり、微塵の迷いも感じさせない利家の姿を見ることができる。

利家の捕虜に対する極刑は、このとき始まったわけではない。少なくとも天正三年（一五七五）、府中三人衆（福井県）時代から行っている。すなわち、小丸城（福井県）から出土した文字瓦に「御せいばいはりつけかまにいられあぶられ候」とあり、同じく釜煎りの刑を実行していることが判明する。*1

このように、能登国主時代の利家は、捕虜に対して残虐な処刑を行っており、後年、豊臣家五大老時代のような温厚篤実な姿は、まったく感じられない。残虐な処刑については反対意見もあったのであろう。しかし利家は、中途半端な処置が織田信長の耳に入ったら国主としての責任を問われる（「武士編」第一章四八）として、方針を変えなかった。そこには信長の機嫌を損ねまいと、常に信長を気にする利家の、意外な一面を目にすることができる。出世レースに勝ち残るために、常に社長（信長）に気に入られようとするサラリーマン利家がそこにいたのである。残虐な処刑を実施することで信長に認められ、能登国主の座を勝ち取った。信長の機嫌を損ねたら、たちまちその座を失い、命さえ危うくなる。今さら方針転換はできなかったのである。つらい、つらい能登国主時代だったのではなかろうか。

以後、棚木城は使用された形跡はない。天正十年の落城をもって廃城になったのであろう。

【城跡】 棚木城は現在、郷土館や民族館などの敷地となっているため、保存状態はきわめて悪い。城郭遺構として確認できるのは堀切①②ぐらいで、堀切④も城郭遺構の可能性があるが、別の可能性もある。これについては後述する。伝承ではA地点が本丸と呼ばれており、⑤地点に馬洗池と称する池が残っている。③地点は月見御殿の跡といわれるが、遺構は残っていない。⑥地点は

*1 久保智康「越前における近世瓦生産の開始について」（『福井県立博物館紀要第三号』福井県立博物館、一九八九年）。

（次ページ） *2『棚木城跡遺跡詳細分布調査報告書』能都町教育委員会、一九九一年。

駐車場に残る馬洗池

舟隠しと呼ばれており、船入り（港湾施設）として使用されたと考えられる。⑦地点には周囲の地形から判断して、かつて堀切が存在していたと推定し、そこから西側を城域とした。

【発掘調査による成果】　棚木城は、平成元年から三年にかけて発掘調査が実施された。*2 注目されたのは、③地点から北西に三七〇メート離れた小尾根で、上幅二・四×深さ一・五メートルの明確な溝状遺構が検出された。その西側平坦面を発掘したところ、一間四面の小建物跡が検出された。柱穴からは三〜十枚の土師質皿が出土した。これは地鎮具《じちんぐ》と推定され、小建物は宗教建造物、具体的には祠のような建物で、土師質皿の制作年代は一八世紀と推定された。

また、平坦面からは一八世紀から一九世紀と推定される瓦も出土した。つまり、一八世紀後半の宗教建造物と推定されるのである。とすれば、背面の溝状遺構も一八世紀後半に構築された宗教建造物の結界（区画）としての溝と推定するのが自然だ。このように考えれば、堀切④とその平坦面も宗教関連遺構の可能性が高い。

堀切④からは、宇出津港を出入りする船を見下ろすことができる。平坦面には、港を出入りする船の航行安全を祈願する祠が建っていたのだろう。なお、そのほかの地点でも試掘調査が行われたが、明確な城郭遺構及びそれにともなう遺物は出土しなかった。

【まとめ】　城郭としては、遺構がほぼ全壊しているため評価はできない。しかし、戦後処理（捕虜の処刑）について史料が豊富なため、具体的な内容を知ることができる。英雄・前田利家のイメージを壊しかねない内容だが、華々しい勝利の後には、このような残虐極まりない行為が行われていた。それが戦国の実態なのである。

堀切④。宗教遺構カ

棚木城の船入り。天然の良港だったが埋められてしまった

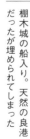

遺構や港湾施設が今に遺る上杉水軍の拠点

29 甲《かぶと》山《やま》城《じょう》

①鳳至郡穴水町甲
②ー
③標高25・2m、比高20m
④B（少し登る、やや登城しにくい）

【立地】　天然の良港・阿曽良泊《あそらどまり》の入口に位置する丘城で、城跡からは阿曽良泊を出入りする船を見下ろせる。阿曽良泊を監視・掌握することが築城目的だったことは明白である。

【城主・城歴】　『長家家譜』によれば、天正四年（一五七六）、上杉謙信は能登進攻にあたり、部将の轡田《くつわだ》肥後・平子《たいらこ》和泉・唐人式部を置いたという。天正五年十二月、「上杉家家中名字尽手本」（「七尾城編」第六章一六）には、能登衆の中に平子若狭守がおり、あるいはこの人物が甲山城に在城していたのかもしれない。

天正六年三月の上杉謙信の死去後、長連龍の反撃が始まる。同年八月十四日、穴水城主の長沢光国が正院へ出陣した隙をついて連龍は穴水城を攻撃し、ついに奪取する。同年八月、光国が中《なか》居村弁慶《いむらべんけい》に宛てた書状（「七尾城編」第六章三九）には、穴水城救援に向かった甲山城の部隊のことを「舟手の者共の働きに候、是は甲《かぶと》の人数に候」と述べている。これにより甲山城に水軍がいたことが判明し、おそらく阿曽良泊から出撃していったのであろう。甲山城が上杉氏の水軍基地としての役割を担っていたことが推定される。ちなみに、このときの戦闘について「放火併《あわ》せて百姓以下を討ち捕り候」とあり、陸戦部隊とあまり変わらない。

天正七年八月頃、温井景隆《かげたか》・三宅長盛《ながもり》の畠山旧臣は七尾城代鯵坂長実をそそのかし、甲山城の轡田肥後・平子和泉・唐人式部を討たせた。甲山城は温井氏らの持ち城となるが、『穴水の古城

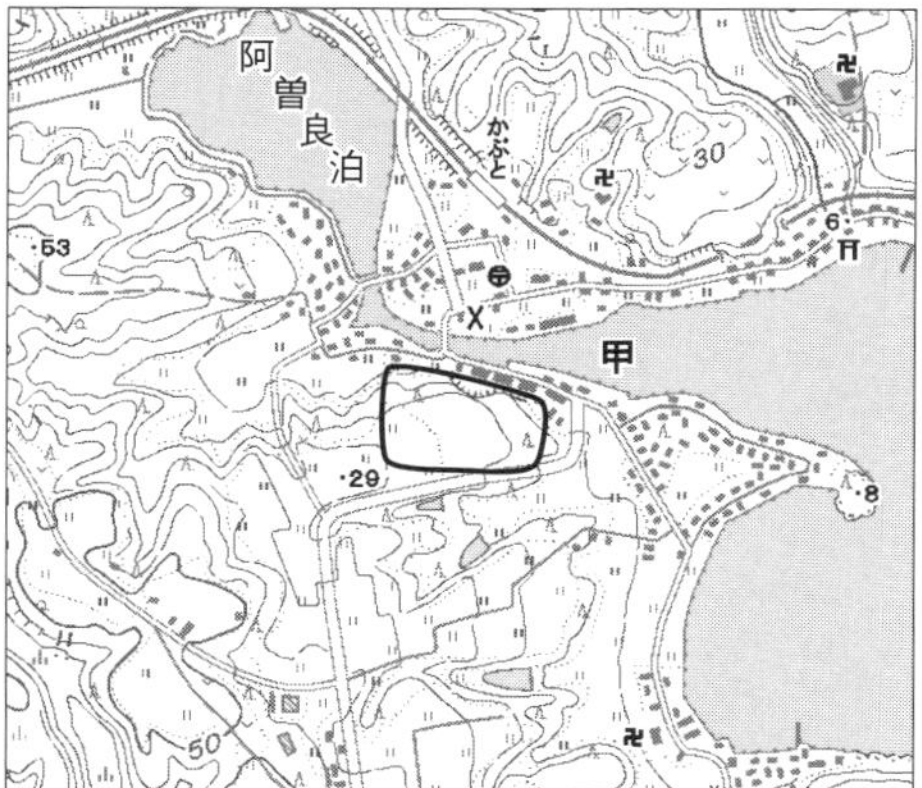

城跡遠望。海に面している

跡概報』（穴水町教育委員会、一九八二年）所収の『加越能旧跡緒』によれば、前田利家に攻められ落城したと述べている。

【城跡】 城ヶ高と呼ばれる主郭Aは、阿曽良泊と甲港とを繋ぐ水路が最も狭くなった箇所を見下ろしている。阿曽良泊を出入りする船を、手に取るように把握できたであろう。

主郭Aの周囲に内横堀①と、曲輪内に土塁を巡らしている。②地点に強力な横矢折れを設けているが、虎口は判然としない。②地点以外でも主郭の虎口は判然としない。

主郭Aを取り巻くようにB曲輪、その外側に土塁とセットになった中横堀③を設けている。さらにその外側にC曲輪、④～⑤～⑥～⑦地点には惣構が延びていたと考えられる。惣構の外側には、通称馬出《おもだし》の田と呼ばれるD曲輪が存在していた。D曲輪は、耕地整理前までは周囲の水田より一段高く、周囲の水田は深田だったといわれているから、その名の通り馬出曲輪と推定される。

甲山城は水軍の拠点だから、阿曽良泊に繋がる虎口が必要となる。それが虎口Eである。虎口Eの存在によって、甲山城と阿曽良泊が密接に繋がっていたことが判明する。虎口Eは城兵が多く出入りする虎口のため、C曲輪に入ら

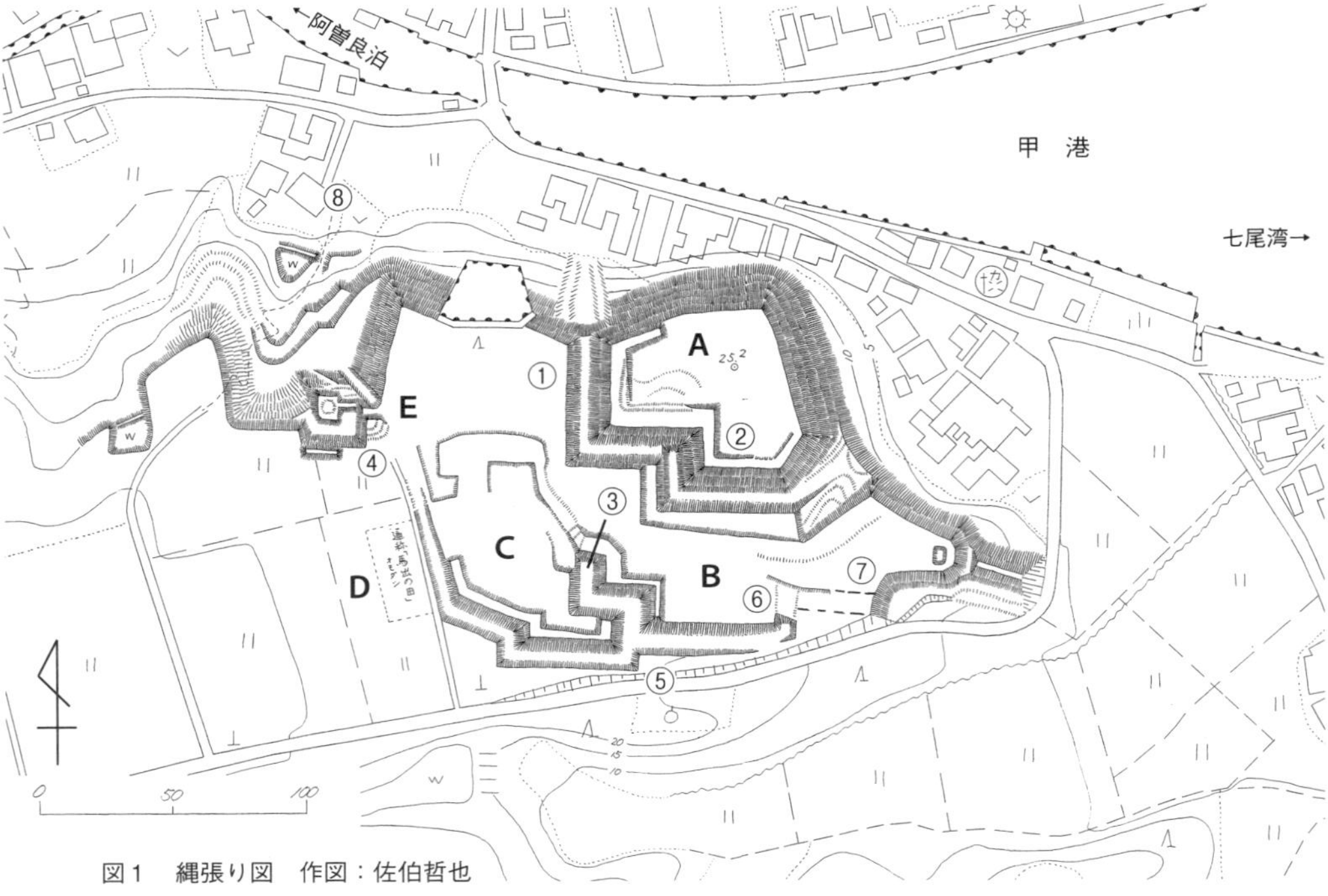

図1　縄張り図　作図：佐伯哲也

ず、B曲輪を経由して主郭Aに入ることができる。虎口E山麓の⑧地点には「木戸前」という地名が残っている。「虎口Eの前」という意味であろうか。

虎口Eは図２の矢印のように入ったと考えられる。敵軍は少人数でしか虎口通路に入れず、しかも狭い通路を三度屈曲するため、進攻速度は極端に鈍った。防御力を増強するために櫓台⑨⑩を設け、さらに敵兵を強制的に櫓台⑩脇に通すために、竪堀⑪を設ける一方、虎口Eを出入りする城兵保護のために、土塁⑫を設けている。

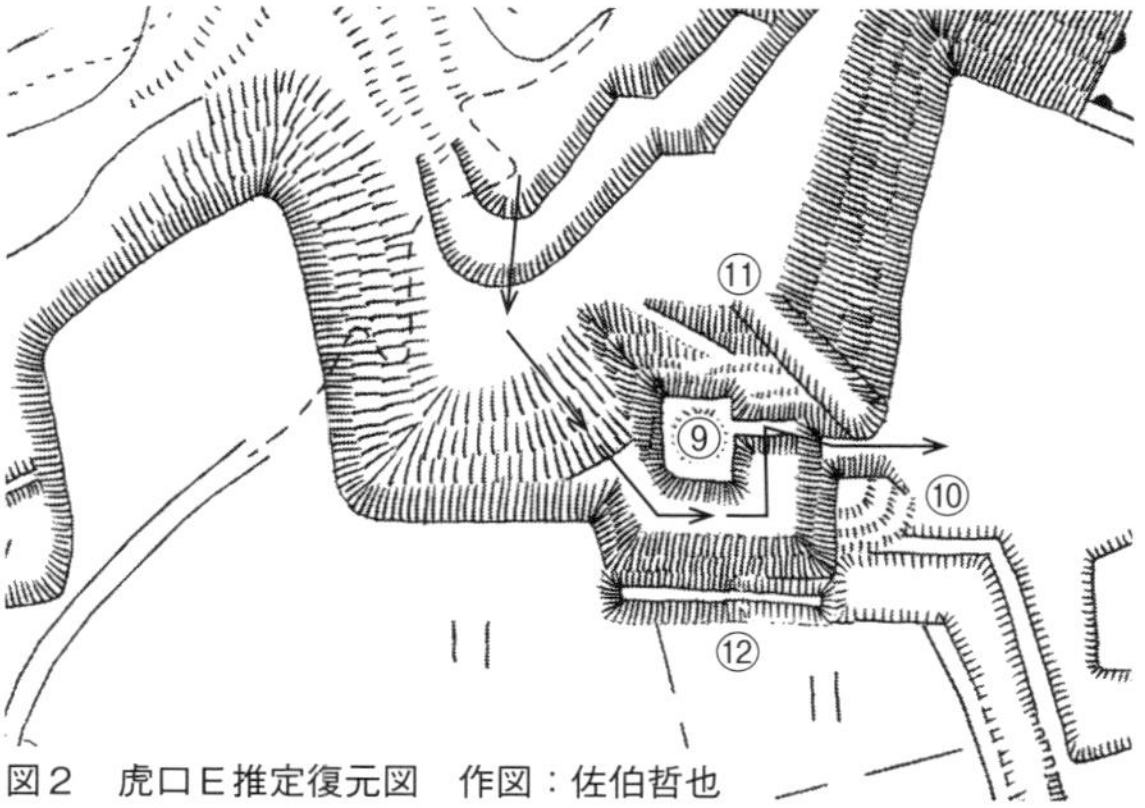

図２　虎口Ｅ推定復元図　作図：佐伯哲也

このように、虎口Eは極めて計画的に構築されたハイレベルな虎口であり、畠山氏・上杉氏関係の城郭には見られない。前田利家を含む織豊系武将の城郭には多数見られる。このように考えれば、天正九年の利家の能登入国直後に、阿曽良泊の重要性を認めた利家が虎口Eを改修して使用したのだろう。部分的な改修に止めた好例と言える。

【まとめ】　海国能登には港湾施設防御の城郭が多数存在したと考えられるが、後世の改変や破壊で、ほとんど遺構が残っていない。そのため甲山城は、城郭遺構はもちろんのこと、港湾施設も残る貴重な事例である。

中横堀③

物構⑤

30 七《なな》尾《お》城《じょう》

謙信が「賀・能・越の金目の地形」と感嘆した城

①七尾市古府町
②松尾城
③標高319・7m、比高250m
④B（少し登る、やや登城しにくい）

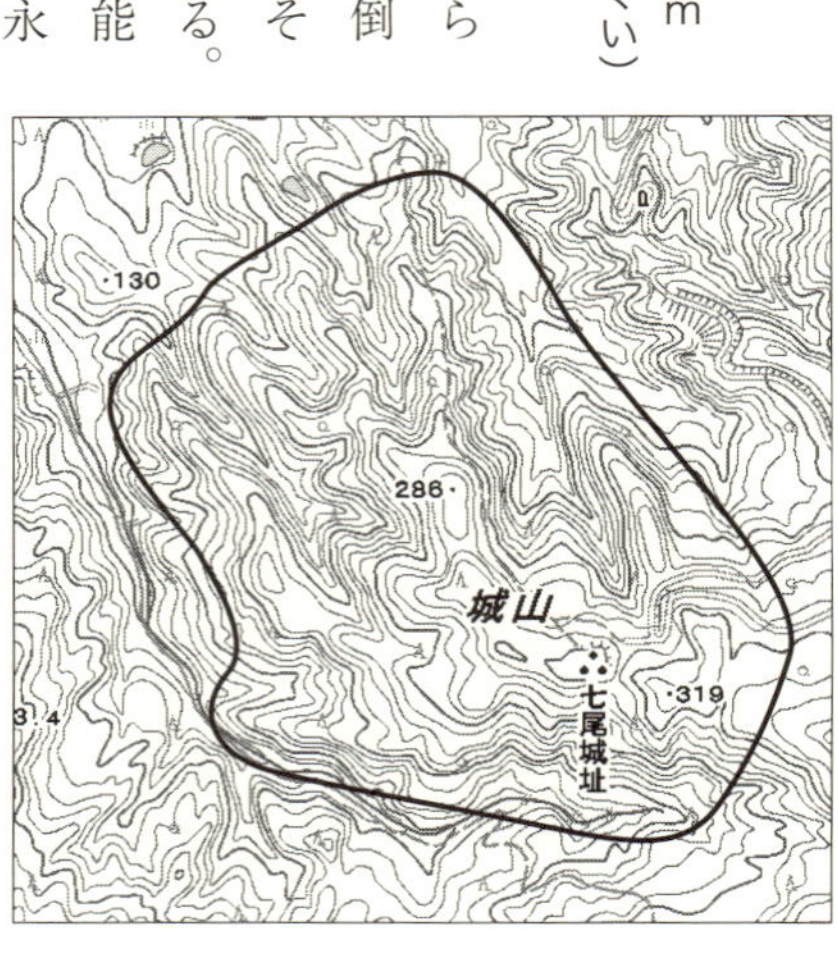

【立地】　七尾城は、能登のみならず全国を代表する山城として、五大山城に数えられている。山麓の小城群を含むと城域は二・三キロにもおよび、ほかの山城を圧倒する。能登国全体で見れば、加賀方面からの街道がいったん七尾城下に集結し、そして能登支配には必要不可欠の七尾湾を手中にできる。まさに能登の拠点といえる。

【城主・城歴】　七尾城の築城期を明確にはできない。応永十五年（一四〇八）、能登畠山氏が誕生した際に七尾城も築城されたといわれているが、確証はない。永正十一年（一五一四）十二月、第四（六）代の畠山義元《よしもと》は、大呑北荘《おおのみきたのしょう》百姓中が「七尾江御出張」したことを賞している（「史料戦国Ⅵ」）。これが「七尾」の史料初見で、簡単な砦程度の城郭が存在していたかもしれない。

大永五年（一五二五）、七代義総は七尾城内で賦何人《ふすなにひと》連歌会を張行し、さらに翌大永六年、義総は七尾城内で歌会を催し、冷泉為広・為和《ためかず》父子が出席している。『今川為和集』には「能州七尾城畠山左衛門佐（義総）亭」（「史料戦国Ⅶ」）とあり、七尾城内に義総の館があったことがわかる。これにより、少なくとも七尾城は、一六世紀には軍事・居住の両施設を整えた畠山氏の拠点城郭として機能していたことが判明する。

一六世紀中期以降の拠点山城には、不便な山頂に居住施設を設けている事例が多く確認されており、七尾城もその好例とされてきた。義総の居館が七尾城内に存在していたことは同意するが、

広々とした駐車場にトイレや歩道も整備されている

山頂の主要曲輪群内に存在したと考えるのは早計である。というのも、文献史料がそこまで語ってくれていないからである。居館の場所は発掘調査により確定すべきで、現段階では仮説の範疇として考えるべきだろう。

天文十三年（一五四四）、京都東福寺の禅僧・彭叔守仙《ほうしゅくしゅせん》は、畠山氏の重臣温井総貞《ふささだ》の招きに応じて七尾城を訪れ、総貞が七尾城内の私邸に建てた独楽亭《どくらくてい》に寄せて『独楽亭記』を筆録している。この頃（七代義総）が能登畠山氏の絶頂期で、当時の七尾城内を記録した良質の史料である。『独楽亭記』[*1]によると、「城下町の家屋は千門万戸に達し一里余りに及ぶ。まさに「山市晴嵐」の景である」と述べている。

最も注目したいのが、山頂に存在した御殿に言及している点で、「山頂に畠山氏の御殿が翼を広げたように建っていた」と述べている。さらに、御殿は「朱や青が塗り重ねられて一際美しく、青空や雲に梯子を架けたようで、これぞまさしく蓬莱山の仙人の住居でなければ、きっと夜摩《やま》・覩史《とし》の天宮であるに違いない」と述べている。

この記述から、山頂に壮麗な御殿が存在していたことが判明する。しかし、この御殿が山頂の居館だったと断定するのは早計である。来賓の接待、あるいは特別な行事（連歌会等々）のときだけ使用する、迎賓館のような建物だった可能性もあるからである。さらに、厳冬期の山頂は積雪が二メートル以上に達し、日本海から吹き付ける強風に晒されていたであろう。冬期の山頂は殿上人《てんじょうびと》が住める世界ではなかったと考えるべきである。たとえ山頂に畠山氏の居館が存在していたとしても、それは季節限定で、冬期間は山麓に下りていたと考えるべきである。

実証主義の筆者は、あえて厳冬期に麓から山頂（本丸）までの雪中歩行に挑んだ。しかし、積雪が身長を越えたため、これ以上進めば遭難すると判断し、登頂を断念して引き返した。冬期間、

＊1　〈「独楽亭記」注釈〉三田良信『七尾の地方史』第二八号、七尾地方史の会、一九九三年。

主郭Aと長屋敷Bを遮断する大堀切。長屋敷の独立性を強めている

山頂に城主一族等は絶対に住めないと実証できたのである。

天文十四年に義総が死去すると、畠山氏の権力は弱体化し、天文二十年頃には畠山重臣七名からなる「畠山七人衆」が領国支配の実権を握る（「七尾城編」第三章六三・六四）。九代義綱は実権を取り戻そうとするが、かえって重臣たちの反感を買い、永禄九年（一五六六）に父義続とともに能登を追放されてしまう。同十一年には帰国作戦を展開して七尾城に迫る勢いを見せたが、実現しなかった。義綱の追放後、家臣団に擁立されたのが義綱の長男義慶だったが、天正二年（一五七四）に家臣団に毒殺される。その跡を継いだのが弟の義隆《よしたか》だが、これも天正四年二月に病死してしまう。その跡は義隆の息子春王丸が継いだようだが、実権は家臣団が握ったままだった。

天正四年九月、越中を制圧した上杉謙信は、同年十二月に能登へ向かい（文書集一―一三一三）、石動山城を本陣として七尾城攻めを開始する。謙信は「七尾一城に成され候、城中遂日力無く候、落居疑い有るべからず候か」（文書集一―一三一四）と述べるが、そう簡単に七尾城は落ちない。

越冬した謙信は関東に向かうため、天正五年三月、石動山城の普請と守備を命じて（文書集一―一三三〇）帰国する。つまり、畠山氏も城主一族すべて、厳冬期の七尾城に籠城したことになる。大人数で暖を取り、籠城というより除雪に明け暮れた毎日だったのであろう。尾籠《びろう》な話で恐縮だが、大人数で籠城すれば毎日の排泄物もたいへんな量になる。厳冬期だったことが幸いして、排泄物による悪臭や、排泄物による沢水（飲料水）の汚染も最小限に食い止められたのであろう。しかし、閏七月からの籠城戦はそうではなかった。城内では伝染病がまん延していたというが、排泄物からくる沢水（飲料水）の汚染も、もちろん原因していたことであろう。

天正五年閏七月、謙信は再度能登に出陣する。九月十五日、七尾城に籠城する遊佐続光《つぐみつ》が内応したため、上杉軍は一気に七尾城内に突入し七尾城攻略を達成する（文書集一―一三四七・一三四九）。

二ノ丸Gと三ノ丸Hを遮断する大堀切⑩

二ノ丸東斜面に残る通路石垣。天正後期の様相を示す

謙信は落城後の処理として、同日「本城に手飼いの者を差し置き、諸繰（曲）輪の普請等を申し付け候、十五日の内に普請出来すべく候」と述べている。主郭に譜代の家臣を置いており、占領した城の具体的な支配対策が判明して興味深い。なお、謙信は七尾城のみならず、占領した城には重臣クラスの部将を置き、「越中・能州城の、何も各地共、手飼いの者を差し置く」と述べている。奥能登の拠点である飯田城に譜代の飯田長家を置いていることから、徹底された政策だったことがわかる。

注目したいのは、落城した日に普請を命じ、その日のうちに終了したと述べている点である。おそらくこの「普請」は、落城後の後片付けのことと思われる。ここからも、普請という言葉は土木工事に限らず、かなり広い範囲で使用されていたことが判明しよう。

七尾城奪取から八日後の九月二十三日、謙信は加賀湊川の合戦で北陸織田軍を撃破する。織田軍について謙信は、「安（案）外に手弱の様躰《ようてい》、此分に候はば、向後《きょうこう》天下迄の仕合は心安く候」と、織田軍は案外弱く、簡単に天下を取ることができるだろうと述べている。

南からの圧力を排除した謙信は、凱旋将軍として七尾城に登城し、九月二十六日には改修を命じている。このときは相当の土木工事だったらしく、「鍬立《くわたて》申し付くべきがため、登城せしむ」と述べている。登城した謙信は、主郭からの眺望に「聞き及ぶに従い候名地、賀・能・越の金目の地形という。要害山海に相応し、海頎（頬）嶋の躰迄も、絵像に写し難く、景述（迹）勝る迄に候」と絶賛する。

謙信は、占領後の七尾城に旧畠山家臣の遊佐続光を置くとともに、事実上の城主として重臣の鰺坂長実を置いている。長実が謙信の名代だったことは、上杉氏家臣吉江信景らが七尾城将の一人である上条政繁（九代畠山義綱の弟）に「実城様（謙信）御代として当地七尾に鰺坂備中守（長

櫓台⑧。虎口⑦のルートを監視する

三ノ丸櫓台⑪。京都の笑路城と同じタイプ

実）を差し置かれ候」（文書集一－一三五八）と述べていることからも判明する。ちなみに謙信は、越中に進攻した大義名分は「能州の屋形（畠山義綱）を入国させるべし」（県史中世－一六七七）と、畠山氏による能登政権復活のためと公表している。このため、義綱の代理人である政繁を七尾城将から外すことはできなかった。しかし、政繁は「お飾り」にすぎず、能登は上杉氏（長実）が実効支配する。

天正六年三月に謙信が死去すると、能登上杉政権は急速に弱体化する。長実は能登の諸将を七尾城に集めて誓詞血判をとる（「七尾城編」第六章二六）が、温井景隆・三宅長盛の畠山旧臣は天正七年五月、織田信長に降伏（「七尾城編」第六章五六）し、同年八月頃には温井・三宅両将は長実を七尾城から追放してしまう（長家家譜）。上杉氏の七尾城支配は、わずか二年しか続かなかったのである。

長実を追放した畠山旧家臣団だが、時代の流れに逆行できず、天正八年四月頃に温井景隆・三宅長盛は信長に降伏し、七尾城明け渡しを願い出る（長家家譜）。それでも温井・三宅氏は七尾城に居座り続けたのであろう。天正九年三月、菅屋長頼が七尾城代として派遣される（「七尾城編」第六章一二〇）と、遊佐続光・盛光父子は長連龍に捕らえられ殺害される。そして、身の危険を感じた温井景隆・三宅長盛兄弟は逐電し、越後に走る（「七尾城編」第六章一三七・一三八）。こうして、七尾城から旧畠山家臣団は完全に排除され、織田氏による支配が始まる。

前田利家が能登一国の大名となったのは、天正九年八月十七日から九月三日の間である（「武士編」第一章一）。かつて利家は、能登入国直後に七尾城を廃して小丸山城を築城したと言われていた。しかし、小丸山築城は天正十七年頃と推定されているため、利家やその妻子が入城したのは七尾城である。

温井屋敷F西斜面の石垣。天正後期の様相を示す

温井屋敷西斜面の崩落した石垣。破城行為と思われる

本丸A

天正十一年、加賀国石川・河北二郡を加増されて利家は金沢城へ移るが、七尾城には兄の安勝を置き、重要拠点として使用していた。例えば天正十二年九月、佐々成政が能登末森城を攻めると、安勝は七尾城から救援に駆けつけている（「武士編」第一章二一九・二三二）。安勝は翌天

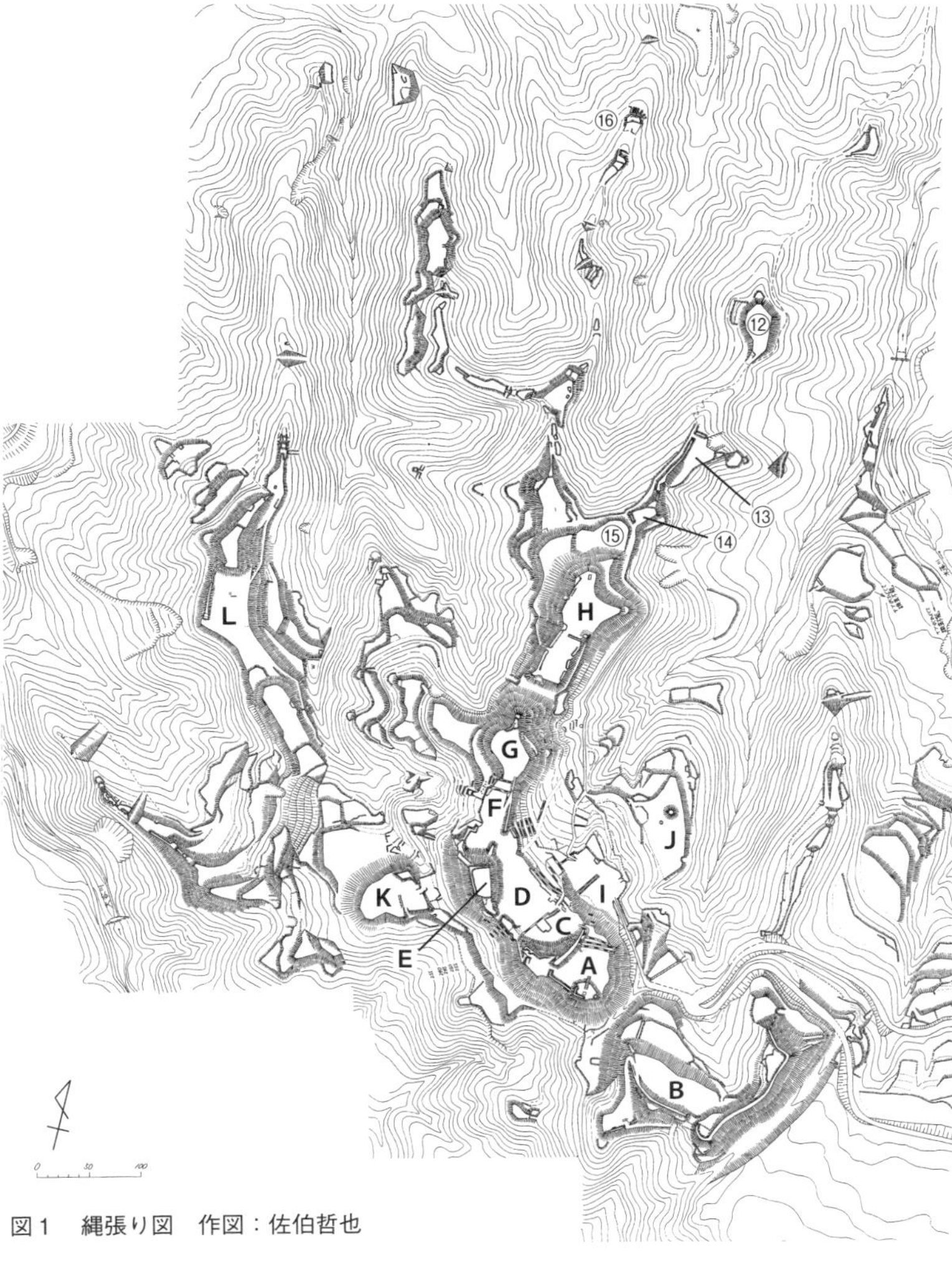

図1　縄張り図　作図：佐伯哲也

正十三年、羽柴秀吉の佐々成政討伐時にも七尾城主を務めている（「武士編」第一章二九七・三一二）。
七尾城が史料に登場するのは天正十四年が最後で、同年の上杉景勝の上洛日帳（「武士編」第一章三二二）には「能州の武主始めは前田五郎兵衛（安勝）たり」とある。安勝は七尾城主を退き、越中新川郡の管理を任されるようになったのであろうか、天正十八年に越中新川郡立山寺《りゅうせんじ》・姥《うば》堂《どう》の諸役を免じている（「武士編」第一章三四六・三四七）。そして、天正十九年の前田利家書状（「武士編」第一章三六九）に「七尾古屋敷」という言葉が見え、七尾城下が衰退している様子がうかがえる。さらに、文禄五年（一五九六）の前田利家条目写に「七尾城山のはやし、むさとかり取る事堅く停止候」とあり、雑木が生い茂って城跡が廃墟になっていることが確認できる。

このように、七尾城は天正十三年の佐々成政の降伏によって役割を終え、天正十七年頃から始まった小丸山城築城により廃城になったと考えられるのである。

【城跡】七尾城の主要郭群は、ほぼ南北に連なる尾根上に築かれている。南端の最高所には長屋敷Bを置き、そこから北側の約二〇メートル低い地点に本丸Aを置く。以下、尾根伝いに遊佐屋敷C・桜馬場D・西の丸E・温井屋敷F・二の丸G・三の丸Hと続く。一段下がった場所に調度丸I・寺屋敷Jがある。各曲輪の名称については、『史跡七尾城跡保存管理計画書』（七尾市教育委員会、二〇〇二年）に拠った。

七尾城の縄張りの特徴の一つとして、各曲輪群間に大堀切を設けているため各曲輪の独立性は高く、本丸Aからの求心性が弱くなっていることである。これは、畠山七人衆といわれた重臣層が実権を握り、畠山氏の権力の脆弱さが縄張りに表れているとも言えよう。この傾向を最も強く表すのが、主要曲輪群の南端に位置する長屋敷Bである。前後を大堀切で遮断し、完全に独立している。さらに、標高が本丸Aより二〇メートルも高いため、本丸Aを見下ろすことができる。

本丸北側3段の石垣。残念ながら近代以降の積み直しである

大堀切①。完全に尾根続きを遮断する

能登畠山氏末期は、重臣の長氏が実権を握っていたと言われているが、長屋敷Bの縄張りはそれを物語っているようである。

長屋敷Bの東端は上幅が四〇メートルの大堀切①で、完全に尾根続きを遮断する。この規模は、北陸の中世城郭でも屈指の規模を誇る。さらに大堀切①は、城内側に分厚い土塁を設けて防御力を増強している。大規模な堀切と土塁がセットになった防御線は長屋敷Bにしか見られず、ここだけ異様な感じがする。

松倉城（富山県魚津市）は越中における上杉氏の拠点で、七尾城と同じ位置づけの城郭といえる。松倉城の尾根末端の曲輪には、大堀切と土塁がセットになった防御線が設けられている。上杉氏が改修したことを考えれば、長屋敷Bの防御線も上杉氏改修の可能性を指摘することができる。

上杉氏改修の痕跡は、畝状空堀群⑯（図1）でも確認できる。虎口②は通路が接続された内枡形虎口で、虎口に到達する前から横矢が効いている。さらに、一部には石垣も導入されているが、この部分は畠山氏段階の遺構と思われる。天正期に入ってからの遺構と推定されるが、最末期の畠山氏は、ハイレベルな縄張り技術を

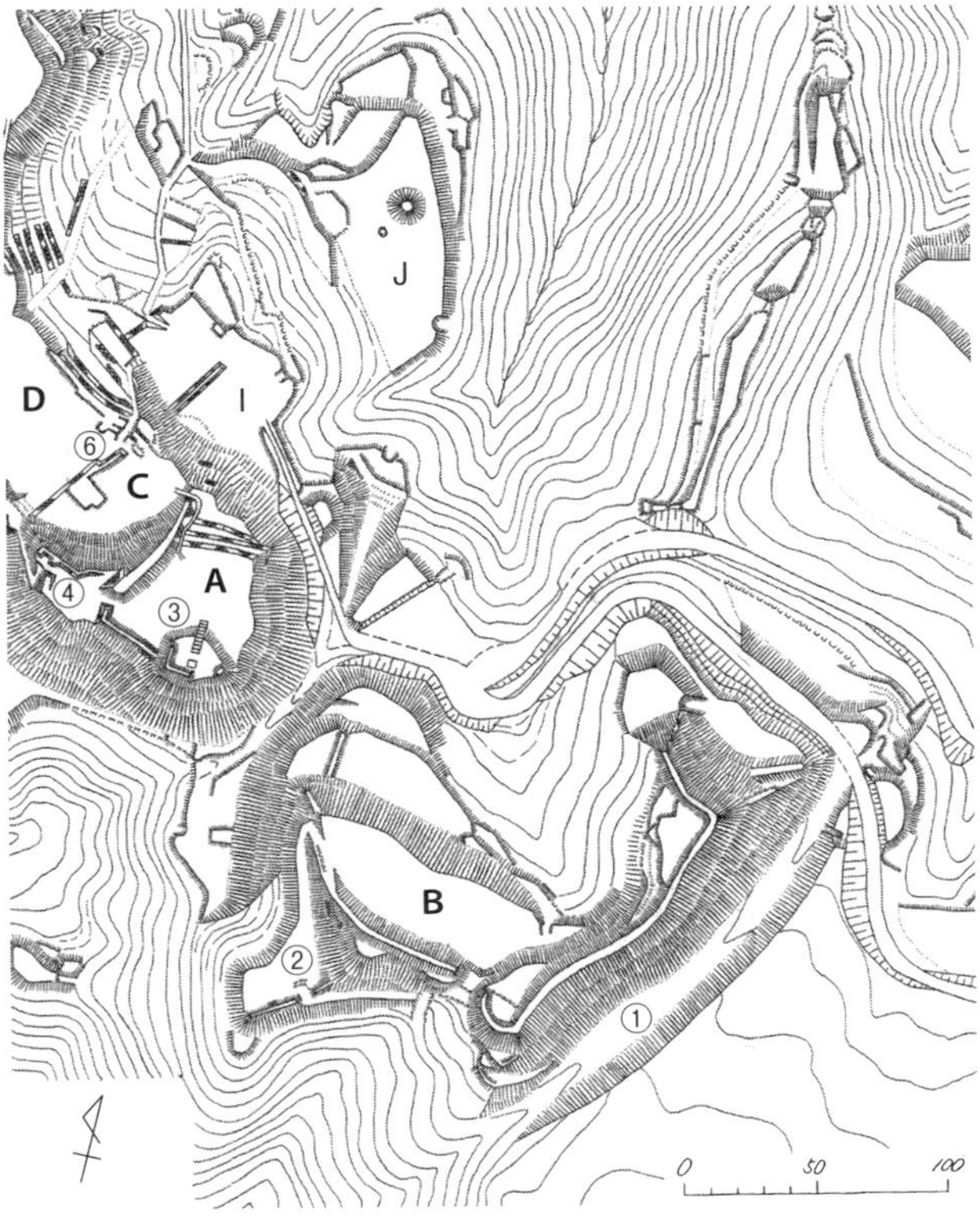

図2

持っていたことが判明する。

Ａ（図2・3）は、大型の櫓台③と大手虎口の外枡形虎口④を備えており、伝承通り本丸としてよい。大手虎口となる外枡形虎口④（図4）は、先端が食い違いの外枡形になっていること、平虎口が二ヵ所連続していること、虎口と虎口の間に空間が存在していること、さらに石垣で固めていることから、この縄張りは安土城（滋賀県）伝黒金門と同タイプである。*2 したがって、天正九年の前田利家による改修と推定できる。

敵軍が外枡形虎口④を突破するためには、まず細長い山道を駆け上がらねばならず、当然、進攻速度は鈍り、しかも一列縦隊で進むであろう。つまり、外枡形虎口④に到達する敵兵は、常に進攻速度が鈍った少人数の敵兵だった。さらに城内からは横矢が効き、また、山道は一本のみなので、城兵は攻撃の焦点を絞ることができる。このような状態であれば、少人数の城兵で防御が可能となり、敵軍は多大な犠牲を強いられたであろう。つまり、外枡形虎口④は防御に適した虎口なのである（図4参照）。

図3

樋《とよ》の水《みず》⑤方面から登ってきた大手道は、現在は調度丸Ｉに直進するが、かつては図5のように

＊2　『発掘調査20年の記録　安土　信長の城と城下町』滋賀県教育委員会、二〇〇九年。

調度丸Ｉ直下を通り、屈曲して調度丸Ｉに入ったと考えられる。おそらくその後は、現遊歩道のように進んで桜馬場Ｄに入った。現在も⑥地点に一メートル以上の巨石が散在し、主要曲輪にふさわしい虎口が存在していた。しかし、遊歩道による破壊が激しく、具体的にどのような形式の虎口だったのか、復元は不可能だ。

遊佐屋敷Ｃと桜馬場Ｄを分ける石垣と、調度丸Ｉを分ける石列が一直線に並んでおり、計画性をうかがうことができる。調度丸Ｉの石列は土塀基礎と考えられ、屋敷群の存在を彷彿とさせる

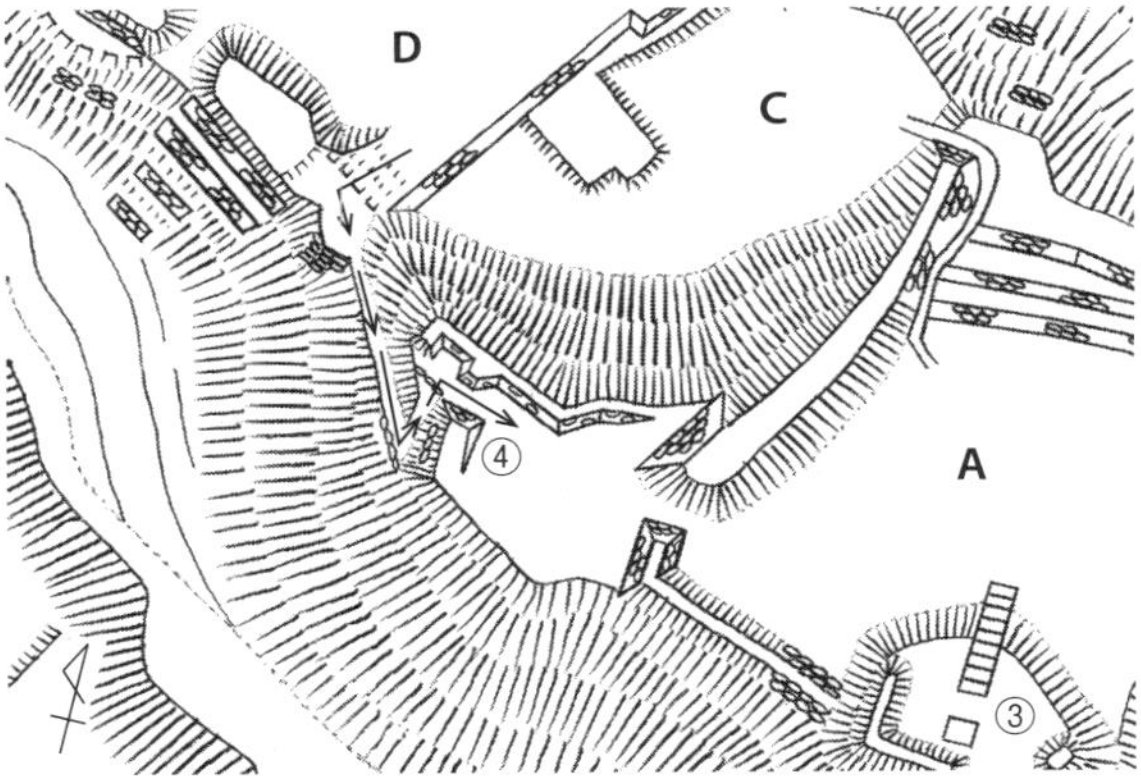

図４

図５

が、なぜ一直線上に並ばせたのか、明確な答えは見つかっていない。なお、塀基礎と思われる石列・土塁は、三の丸HやK・L曲輪（図1）にも残っており、大型曲輪によく見られる遺構である。

七尾城の代名詞とも言える石垣は、本丸A北側の三段の石垣、そして桜馬場D東斜面に多く残っている。杉木立の間から見える石垣は、古城の雰囲気満点で、絶好の写真撮影ポイントでもある。しかし、すべて近代以降の積み直しである。近年では平成十九年の能登半島地震で崩落し、積み直された。

桜馬場Dの西側斜面にも、四段に積まれた石垣が現存する。近代以降の積み直しが多い七尾城において、原形を保つ数少ない石垣である。高さは約三メートルで裏込石は入っておらず、初源的な石垣の様相を示している。おそらく、利家が天正九年の入城当初に構築した石垣と推定され、天正前半の現存石垣として学術上貴重な石垣でもある。

温井屋敷Fの虎口⑦の塁線を固める石垣の石に、九尺石と呼ばれる巨石があり、その名のとおり長径が二・七メートルもある。現在、確認されている七尾城石垣の石材としては、最大級のものである。その他、周辺には不必要と思えるほどの巨石を使用し、明らかに「見せる」という効果を狙った演出である。虎口⑦付近は崩落が著しく、原形がほとんど残っていない。かつては図6のように、櫓台⑧下部・小曲輪⑨を経由してL曲輪方面に到達していたと考えられる。

虎口⑦は、塁線が屈曲しているだけで、形式的には平虎口である。つまり、「塁線に折れを設けた平虎口」となる。平虎口であれば畠山氏でも構築は可能だが、問題は虎口に巨石（九尺石）を導入している点である。守護・守護代の拠点クラスの城郭で、天文～永禄期（一五三二～六九）に巨石が導入された事例では、越前朝倉氏遺跡（福井県）や増山城（富山県）がある。近江では、六角氏の重要拠点だった三雲《みくも》城（滋賀県）の虎口に巨石を導入している。

桜の馬場西斜面石垣。近代以降の積み直しが多い石垣において、原形を保つ貴重な石垣。前田利家入城当初（天正前期）の石垣と考えられる

このように、守護・守護代は拠点クラスの城郭に枡形虎口や巨石を導入している。畠山氏が守護権力を「見せる」ために九尺石や虎口⑦を構築・導入したとしても、事例的には問題はない。虎口⑦は大手虎口ではないが、その下部にはL曲輪が存在し、そこには前述の独楽亭が建っていたと推定する。独楽亭は迎賓館らしきもので、虎口⑦は独楽亭から本丸に登城する正式な虎口だった。したがって、独楽亭に招かれた来賓が登城するにあたり、畠山氏の権力を見せる演出として虎口に巨石を導入したのではないか。

ただし、ここで注意したいのは櫓台⑧の存在である。これだけは畠山氏段階ではなく、前田利家段階であろう。具体的な理由は不明だが、利家は古府谷山支群を大改修し、大谷川方面を警戒している。大谷川方面に繋がる虎口⑦の防御力を増強するために櫓台⑧を構築したのだろう。

温井屋敷Fと二の丸Gの間の西斜面には、大量の石材が散乱しており、明らかに破城行為である。一部原形を止めているものもあるが、切石を用い、隅角は算木積み、裏込石を使用した新しい様相を見せている。これは、外枡形虎口④周辺や桜馬場D西斜面の石垣とは、明らかに違った積み方である。つまり、七尾城には二時期の石垣が存在しているのである。

二の丸Gは、先端に櫓台を設けて三の丸Hを見下ろす。そして、両曲輪の間に幅四〇メートルの大堀切⑩を設け、完全に遮断している。近年、Gの東側に石垣を伴った通路遺構が発見され、Hとの連絡方法が確認できた。通路の石垣は急斜面に無理をして構築しているため、崩壊が著しい。なにか後付けのような感じがする。通路の石垣は、切石を用い、隅角は算木積みで裏

（右ページ）桜の馬場西斜面石垣。近代以降の積み直しである。

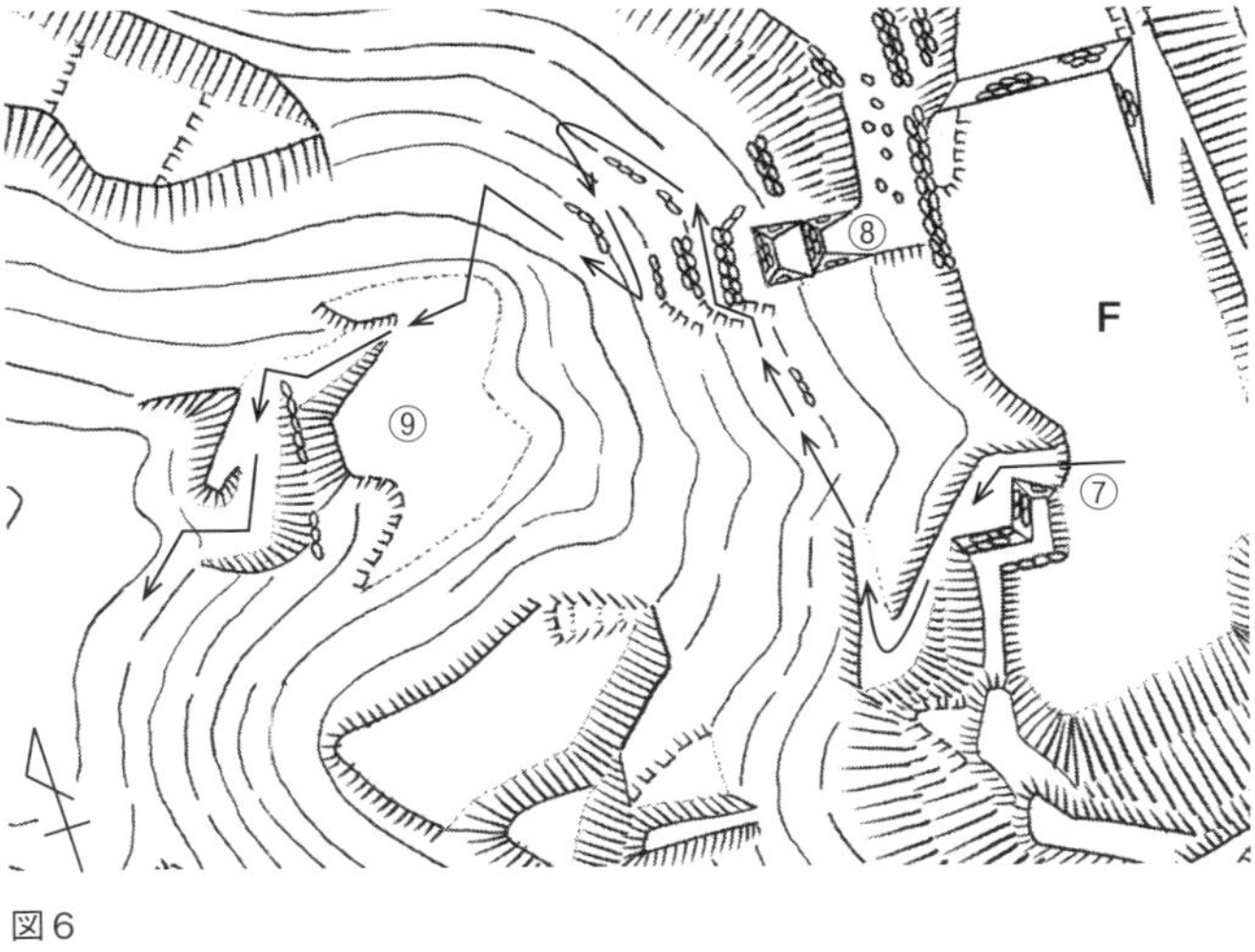

図6

込石を入れており、FとGの間の西斜面に残る石垣と酷似する。Hの独立性を低くし、本丸Aからの求心性を高めるために、利家が通路を構築したと考えることもできる。

三の丸H（図7）は主要曲輪群北端の曲輪。石垣で固めた櫓台を持つ虎口⑪は、笑路城（京都府）と同タイプの虎口である。笑路城は明智光秀が改修したと考えられており、このことからも⑪は前田利家による改修と考えられる。ほぼ中央に設けられた石列は、屋敷区画用の土塀基礎であろう。したがって、曲輪内には南北二つの屋敷が存在し、西側櫓台は南側屋敷地の出入口を固めていたのであろう。

七尾城の大手道は、ほぼ現在の遊歩道である（図1）。まず、山麓の高屋敷《たかやしき》と呼ばれる守護館の脇を通って山中に入り、以下、時鐘⑫・番所⑬・沓掛⑭・袴腰⑮を通過してH直下に出る。この後は二の丸G直下を経由して、調度丸I・虎口⑥・桜馬場D・虎口④を通過して本丸Aにたどり着く。虎口⑥は近代の改変で、旧状は判然としない。しかし、付近に一メートル余りの巨石が多数あることから、大手道にふさわしく、巨石で固めた壮大な虎口だったと考えられる。

図7

＊3『七尾城下町遺跡 七尾城跡シッケ地区遺跡発掘調査報告書』七尾市教育委員会、一九九二年。石川県埋蔵文化財センターHP石川遺跡情報、平成十七～二十五年。

【発掘調査による成果】シッケ地区遺跡発掘や、能越自動車道に伴う発掘調査により、城下町の具体的な構造が判明している。*3

まず、城下町の建設は二時期に分かれる。第一期は一六世紀初頭から後半、第二期は一六世紀後半から末で、総構えの構築により、城内（畠山氏および家臣団の居住区域）と城外（城下町）の区別化が図られている。出土遺物の大部分が一六世紀代で畠山氏時代が主体であるが、一七世紀初頭の遺物も出土しているので、前田氏時代も存在していたことが判明した。

注目は、金を溶かした坩堝《るつぼ》が三点出土していることだ。ここから、小型の炉を使用した金の生産が行われていたことが判明した。七尾城周辺に中世の金山は存在せず、おそらく金鉱石は他所から持ち込まれたのであろう。つまり、金鉱石の採掘場所（金山）と金の生産箇所は、必ずしも一致しないことを意味している。さらに、金箔や金箔を張った刀装具が出土しており、七尾城下で金の生産から加工まで一貫して行われていたことが判明した。畠山氏が金の生産・加工を行っていたことを示す重要な成果と言えよう。

大手道は城下町の建設

上：調度丸Ｉの石列
下：三ノ丸Ｈ。ここにも石列が残る

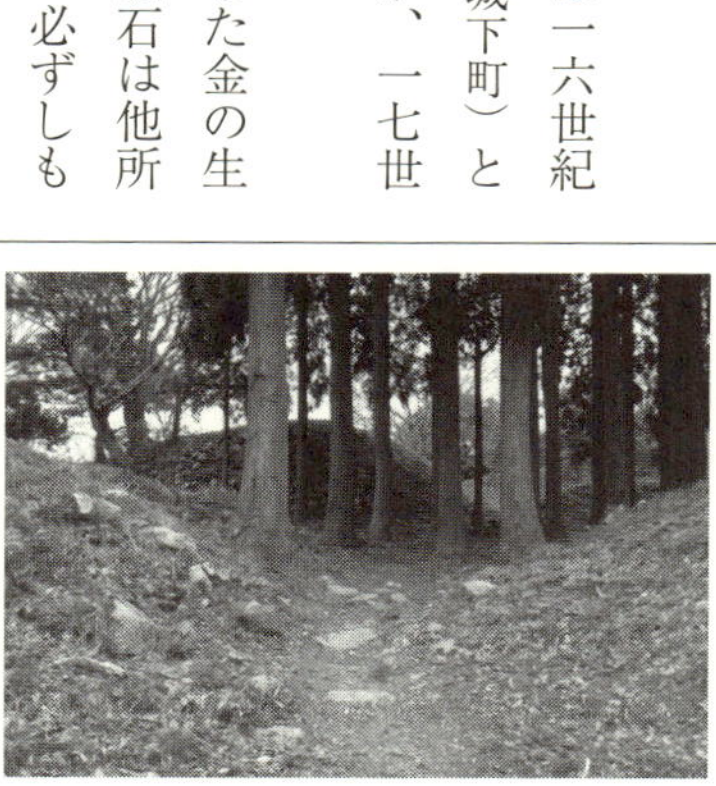

外枡形虎口④

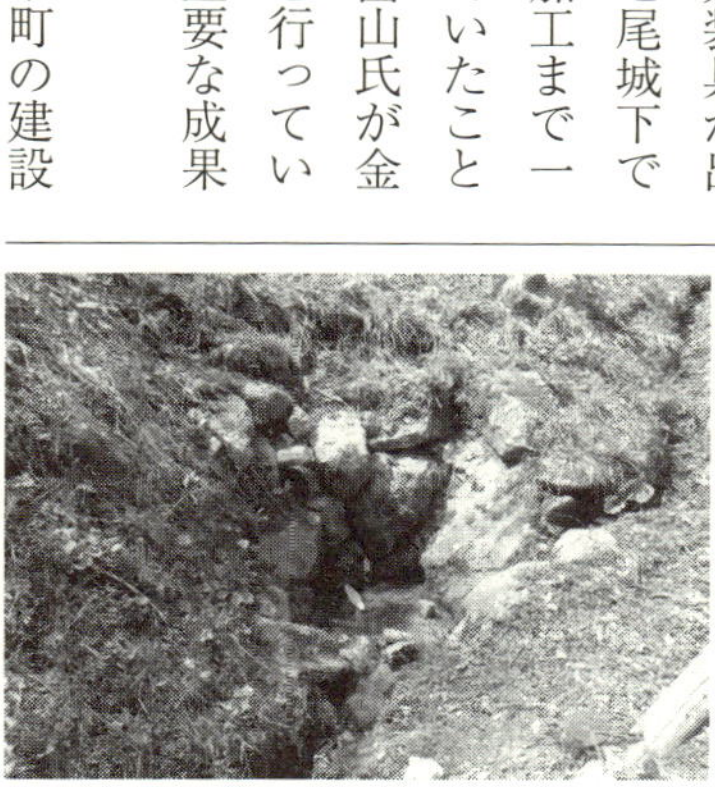

樋の水。城兵たちの貴重な飲料水

と同時で、一六世紀初頭に造設されたと考えられる。道路幅は約三メートル（十尺）、両側に幅一メートル（三尺）の石組みの側溝を備える。側溝を加えると、総幅五メートルの堂々たる大道である。

　桜馬場D東斜面の石垣は、平成十九年の能登半島地震で崩落したため、積み直しにあたって発掘調査が実施された。その結果、一六世紀後半に構築・改修されたことが判明した。わずか一ヵ所だが、考古学的な調査で構築年代が判明した貴重な成果である。これまで、現存している石垣はすべて前田利家が構築したと考えられてきたが、この成果から畠山氏・上杉氏が構築した可能性も出てきた。九尺石周辺の石垣も、畠山氏が構築した可能性が高まったと言える。

調度丸Ⅰ。有名なシャッターポイントの一つ

【まとめ】　七尾城は、能登守護畠山氏代々の居城として有名である。その後、上杉氏・前田氏も一国支配の拠点として使用したことが一次史料から確認されている。このため、現存の遺構は三氏の遺構が混在していると考えられ、今後は縄張り調査によって三氏の遺構の区別を明確にしていくことが課題となる。

　そして、山頂に居住空間は存在したのか、守護所としてどのような建物が存在していたのか、これらについて、発掘調査から明らかにしていくことが今後の課題と言えよう。

虎口⑦の九尺石。その名の通り、九尺（二・七メートル）ある

能登国人であった国分氏代々の城

31 西谷内城《にしやちじょう》

①七尾市西谷内
②西谷城
③標高90・2m、比高15m
④B（少し登る、やや登城しにくい）

【立地】　西谷内川沿いに広がる肥沃な大地が、鉈打郷《なたうちごう》九ケ村（藤瀬・河内・西谷内・古江・大平・鳥越・町屋・上畠・免田）である。西谷内城は、鉈打郷の最も奥まった場所にあり、鉈打郷を支配するにふさわしい場所といえる。さらに、富来《とぎ》浦に出る峠道が城跡直下を通る交通の要衝でもあった。

【城主・城歴】　鉈打郷の在地領主・国分氏代々の居城である。国分氏の鉈打郷領有は古く、一四世紀初頭から確認できる。藤津比古《ふじつひこ》神社蔵*1の永禄二年（一五五九）、熊野権現奉加札《ほうがふだ》に「国分福五郎殿」が筆頭で記載されている（『史料戦国ＸⅣ』）ことから、戦国期も在地領主の地位を保っていたことが確認できる。さらに、同社が所蔵する天正四年（一五七六）の社殿修復棟札《むなふだ》に、「国分備前守慶胤《のりたね》」が見える（『中島町史通史編』中島町、二〇〇六年）。これは、明らかに七尾城主畠山義慶の偏諱《へんき》を許された名前で、畠山家臣団の一員としての国分氏の姿が見えてくる。

ちなみに、同社には天文十三年（一五四四）製の獅子頭《ししがしら》があり、その墨書には「□□城主国分□□」（『史料戦国ＸⅣ』）とあるため、国分氏が西谷内城主だったことを物語る物証とされてきた。しかし、「史料戦国ＸⅣ」の記述には、獅子頭の「墨書銘は研究の余地があり」としているため、可能性を指摘するだけに止める。

義慶の父義綱（義胤）は永禄九年、家臣団によって能登国を追放されており、義綱は上杉謙信

主郭Aを巡る内堀

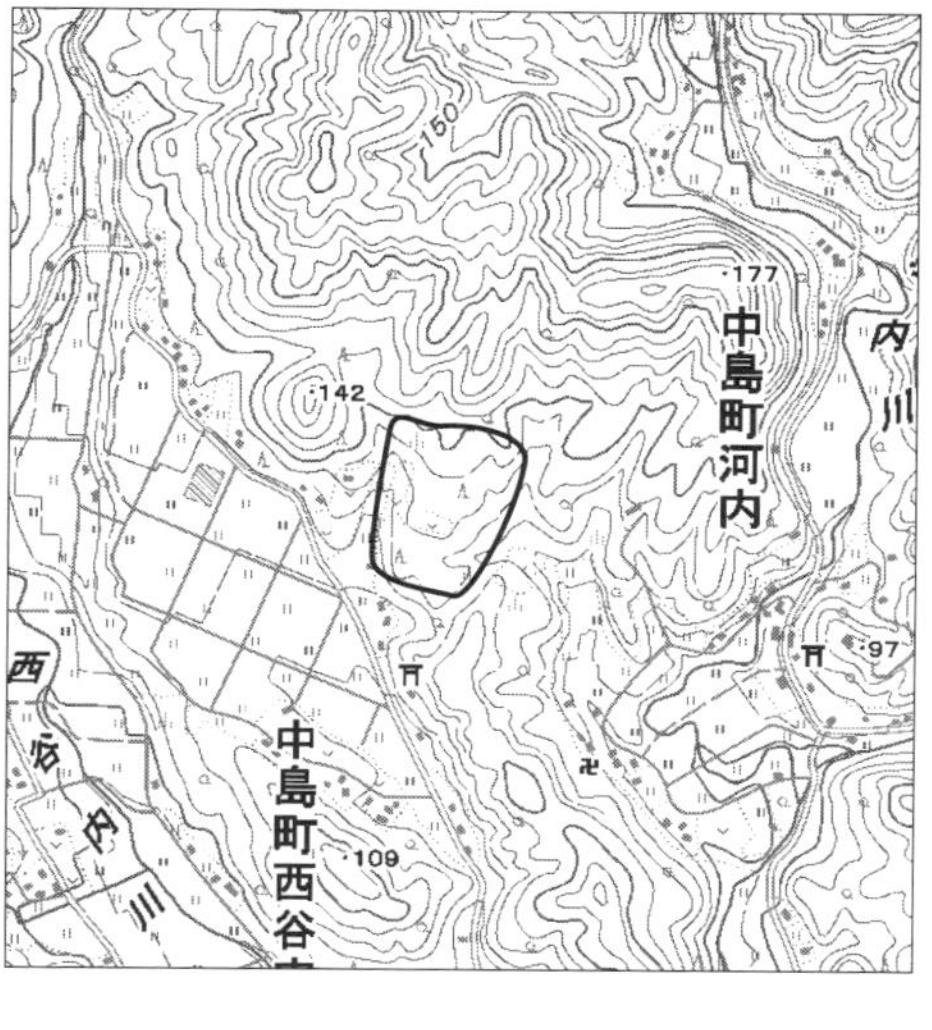

縄張り図　作図：佐伯哲也

の援助を得て、執拗に帰国作戦を繰り返している。その中で元亀四年（一五七三）、義綱は家臣の木田左京亮に帰国作戦の準備を命じ、恩賞として国分氏の所領を与えると述べている（「七尾城編」第四章二三一・二四）が、結局は実現せず、空証文となってしまった。

天正五年、上杉謙信の能登進攻で畠山氏が滅亡すると、国分氏も滅んだと思われる。すなわち天正五年十一月、気多社免田指出案《けたしゃめんでんさしだしあん》（「七尾城編」第六章五）の中に、鈍打村の領主として上杉方に加担した畠山旧臣・佐脇源吾の名が記載されている。

だが、佐脇氏の鈍打村支配も短期間でしかなかった。天正六年三月に謙信が死去すると、急速に能登上杉政権が弱体化するからである。おそらく、この混乱の中で西谷内城も廃城になったのであろう。

【城跡】なだらかな丘陵上に位置しているため、横堀や土塁を用いて縄張りを固めている。主郭はA曲輪である。広大な平坦面を有し、城主とその一族の居住空間と考えられる。虎口①は単純な平虎口だが、塁線が一致しない食い違い虎口である。横堀は②地点で終わっているが、かつては③地点まで続いていたと思われ、北側の城域を明確に区画していたのだろう。

B曲輪も広大な平坦面を有し、多数の城兵を収容できる。注目したいのは大手虎口④だ。単純な平虎口だが、櫓台⑤は虎口に殺到する敵兵に対して強力な横矢を掛けると同時に、横堀⑥に対しても横矢を掛けている。しかし、織豊系城郭のように枡形にまで発達していない。天正六年以前の国分氏時代の遺構と考えられる。⑦は後世の破壊虎口であろう。横堀⑧は、部分的に水が溜まったり沼状の部分が認められるため、かつて水堀だった可能性がある[*2]。部分的にしか確認できないが、土塁と横堀がセットになった防御ラインが、⑧から虎口④を経由して⑥～⑨～⑩～⑪に繋がっていたと推定する。平城の防御ラインの現存事例として貴重である。

＊1　本殿は国重文となっており、鎌倉末期の建立とされている。

＊2　能登の中世城郭で水堀を有しているのは西谷内城のみである。

横堀⑥

虎口①

横堀⑫がどのような形で防御ラインを形成していたのか、地表面観察では判別できない。C地点も曲輪と思われ、C曲輪を防御するような縄張りとなっていたのであろう。

【まとめ】　広大な平坦面を有することから、在地領主（国分氏）代々の居城と考えてよい。また、土塁と横堀がセットになった防御ライン、虎口に対して横矢を効かす櫓台は、一六世紀末に多用された縄張りの特徴である。天正四・五年の上杉謙信能登進攻で国分氏が改修した縄張りと考えてよいだろう。

横堀⑧。今でも水を湛えている

上杉謙信が七尾城攻めで本陣とした城

32 石動山城《せきどうさんじょう》

①鹿島郡中能登町石動山
②－
③標高520m、比高70m
④B（少し登る、やや登城しにくい）

【立地】　石動山最高峰の大御前《おおごぜん》（五六四・一メートル）から東側に下る尾根上に選地されている。石動山天平寺[*1]の登拝道の一つ、多根道[*2]を直下に見下ろす山上に位置することから、多根道を強く意識した選地と言えよう。

【城主・城歴】　『鹿島町史石動山資料編』（鹿島町役場、一九八六年）によれば、天正四年（一五七六）、七尾城攻略を目指す上杉謙信が、七尾城の後方を押さえるために石動山城を築き、部将の直江大和守を置いたとする。越後は、古くから天平寺の知識米《ちしきまい》を寄進する地域だったことから、天平寺は永禄十二年（一五六九）に謙信の武運長久を祈願している（『鹿島町史石動山資料編』第三章中世史料四三）。このような経緯によって、謙信が石動山に本陣を置く要因の一つになったのであろう。

七尾城の項で説明した『独楽亭記』には、七尾城と石動山が一本の峰道で繋がって、多数の物資・人馬の往来があったと記されている。この峰道が多根道と考えられることから、中世の七尾城と石動山は峰道で繋がっていたのである。石動山は七尾城を見下ろすことができるため、七尾城攻めの本陣として、最適の条件を備えていた。

謙信は七尾攻城中、いったん帰陣するため天平寺大宮坊・火宮坊等を石動山城に召し寄せ、普請等に対する指示を出している（文書集一－一三三〇）。

天正十年六月、佐久間・前田連合軍に敗れて焼亡した天平寺は前田利家の支配下に入り、石動

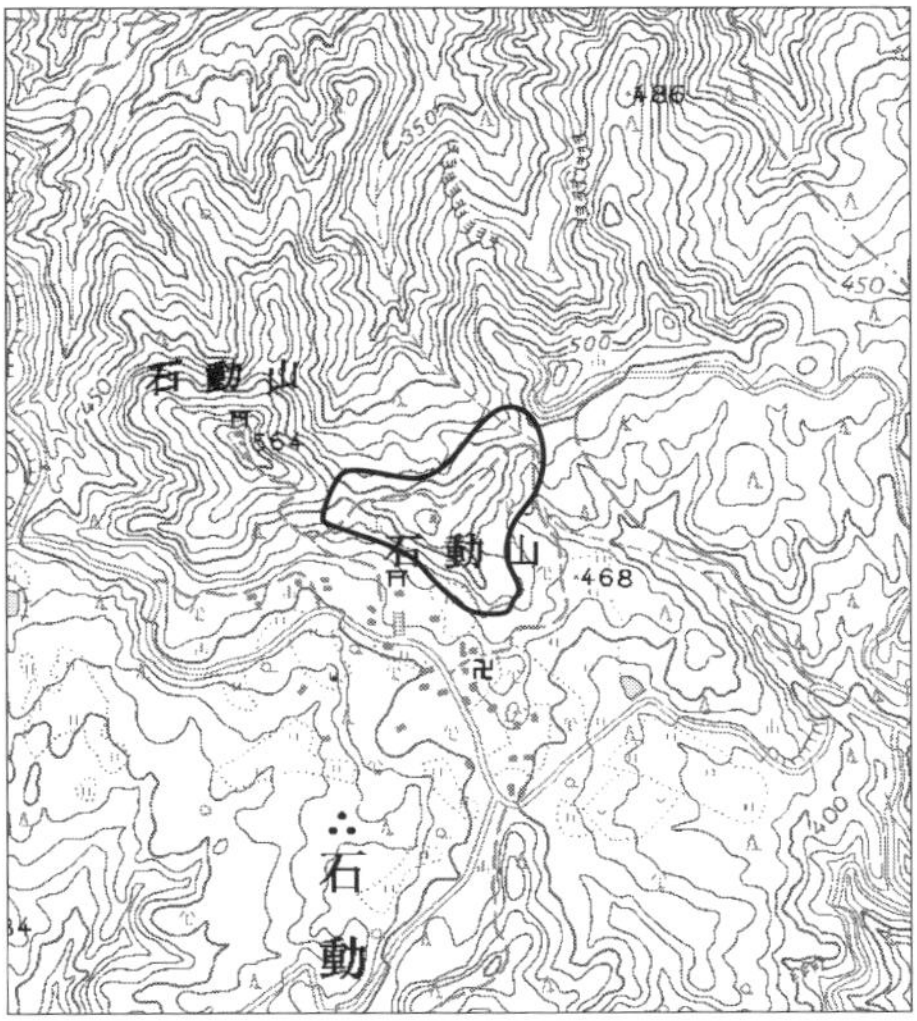

＊1　現在、史跡公園として整備され、さらに周遊できる遊歩道も完備されている。ゴールデンウイークには新緑を楽しむことができる。

＊2　『信仰の道　歴史の道調査報告書　第五集』石川県教育委員会、一九九八年。

上：復元された天平寺大宮坊。内部まで詳細に復元されている
下：横堀②

山城にも利家の家臣である青木《あおき》信照《のぶてる》・大屋《おおや》勝重《かつしげ》が在城（「武士編」第一章二二四・二四三・二四五・二四六・二六二・二七一・二八三・二九五）する。信照等の在城は、天正十三年八月の佐々成政の降伏まで続くので、石動山城は七尾城の背後を守る支城の役割を果たしていたのであろう。

天正十二年十一月「石動山番手之次第」（「武士編」第一章二五〇）では、利家から一番に命じられた小塚藤十郎が鉄砲を二十五挺用意し、十日間在城するよう命じられている。一部将の具体的な鉄砲所持数が判明しており、興味深い。

天正十三年八月、佐々成政の降伏以降、石動山城は史料上に登場しない。能越国境の軍事的緊張が解消されたことで、石動山城も廃城になったのであろう。

【城跡】　城内最高所のA曲輪が主郭である。広く、きちんと削平されており、長期間使用されたことを推定させる。現在、主郭Aに上がる道はヒュッテ[*3]が置かれていたときの破壊道で、当時は①地点から入ったのであろう。山内方向に虎口を設けていることに着目したい。

多根道（山外）方向に伸びる尾根続きには、横堀②・竪堀③・堀切④⑤を設けて異常に警戒し

＊3　この名残として、現在コンクリート片が散乱している。

図1

図2

図1　縄張り図　作図：佐伯哲也
図2　⑥地点旧状。堀切で完全に尾根を遮断し、細い土橋で連絡していた点に注目。『鹿島町史』より転載

竪堀③

ている。これに対して、大御前（山内）方向に現在は破壊されてしまったが、かつて⑥地点に大規模な堀切（幅約一二メートル、深さ約五メートル、『鹿島町史石動山資料編』を参照）を設けて完全に遮断している。山外方向には防御施設を多数設けるが、山内方向は少ない。これは、石動山中に存在する天平寺衆徒が築城した、ほかの城郭と共通の特徴である。

B曲輪について『鹿島町史石動山資料編』は「一辺約二五メートル、頂部平坦面約一二メートルに一〇メートルの方台状をなす小郭が設けられている」と述べており、現状と一致する。B曲輪の西切岸を城域の西端としたい。C曲輪とD曲輪の連絡は、いったん⑦地点から横堀②に下りて、土塁に挟まれた虎口⑧に上がってD曲輪内に入ったと考えられる。城域東端のE曲輪は、現在、東林院墓地として使用されているが、その先端には堀切⑨を設け、やはり多根道を警戒する縄張りとなっている。

【まとめ】石動山城の縄張りは、石動山城郭群の縄張りと基本的に同じである。また、曲輪数も多くしっかり削平されていることから、長期間使用されたことを物語る。このことから、天正四年に上杉謙信が一時的に在城したにせよ、基本的には天平寺衆徒が天平寺を守るために築城・使用したと考えられる。天正十年以降は前田氏が使用しているが、虎口は枡形化しておらず、改修の痕跡が認められない。前田氏の在城は、使用するのみにとどまったのだろう。

主郭A

堀切④

畠山旧臣による能登奪還の〝夢の跡〟

33 荒《あら》山《やま》城《じょう》

①鹿島郡中能登町芹川及
②升形山城
③標高486・3m、比高210m
④B（少し登る、やや登城しにくい）

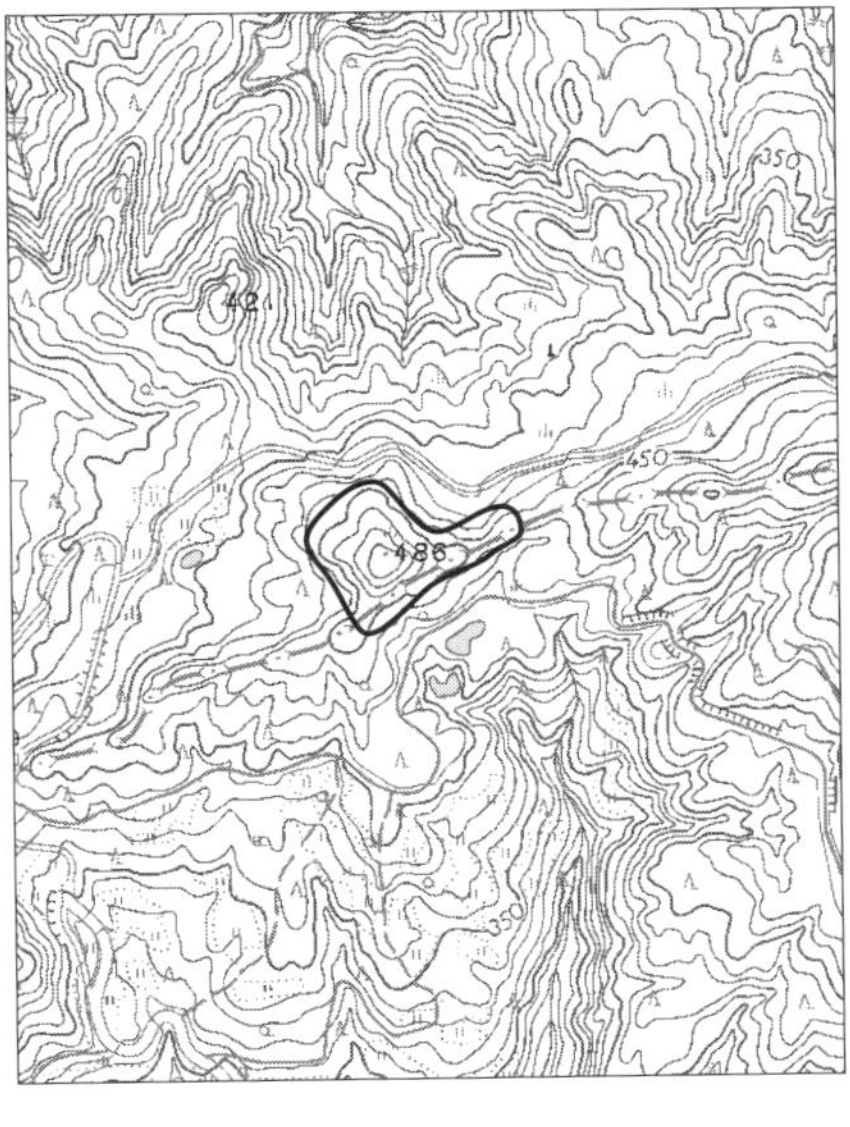

【立地】能登・越中の国境に位置し、南西約七五〇メートルの尾根続きに能越を繋ぐ主要街道・荒山往来が通る交通の要衝である。

【城主・城歴】「故墟考」は、石動山天平寺が築いたと記す。荒山城が一次史料に登場するのは、天正十年（一五八二）のことである。

本能寺の変により、能登奪還の好機と捉えた上杉景勝は石動山と結び、能登守護畠山氏旧臣の遊佐・温井・三宅氏を六月二十三日に荒山城に送り込む（氷見市史―二一三）。能登領主の前田利家は、柴田勝家と佐久間盛政《もりまさ》に援軍を要請し、その結果、利家は盛政と共同で荒山城を攻めることになる。佐久間盛政書状（氷見市史―二一四）によれば、「石動山退治の刻《きざみ》、新山（荒山）と申す古城に温井・三宅取り籠もり候処、拙者一手に乗り崩し、壱人も残らずりあけすいに仕り候」となり、荒山城は落城する。もちろん、盛政単独ではなく利家との共同作戦である。

『太閤記』（小瀬甫庵著）によれば、落城日は六月二十五日となっている。能登奪還を夢見た畠山氏旧臣たちの野望は、あっけなくも三日間で崩れ去るのである。ちなみに、書状中に「古城」とあることから、もともと石動山等が築いた城郭が存在していたことが判明する。そして、畠山旧臣に加担した天平寺も翌二十六日、利家の攻撃を受け、全山焼亡する。利家は天平寺衆徒を一網打尽に討ち取るため、石動山七口のうち長坂口のみを開き、そこに衆徒をおびき寄せる。そし

駐車場に立つ案内板。一般の方にもわかりやすい

て、生け捕った衆徒は首を刎ね、山門前に晒したという。

その後の荒山城は、勝山城（石川県中能登町）とともに能越国境城郭として佐々成政が利用した。天正十二年九月、能登末森城攻略中の成政を利家が撃退すると、七尾城から前田勢が出撃して荒山城も奪取したと利家は羽柴秀吉に報告している（氷見市史一二二七）。

しかし、翌十月に荒山城から佐々勢が撤退するらしいと利家が述べている（「武士編」第一章二四三）ことから、九月の落城は利家のハッタリなのではないか。以後、前田方の城郭として利用されるが、天正十三年八月に成政が降伏すると、能越国境の軍事的緊張も解消され、廃城になったのであろう。

【城跡】荒山城は、石動山から荒山峠に伸びる尾根の頂部に築かれている。石動山から延びてきた尾根道は、①地点から通路とも呼べる腰曲輪Dを通り、②地点に抜ける。腰曲輪Dから②地点にかけて上部の曲輪から強烈な

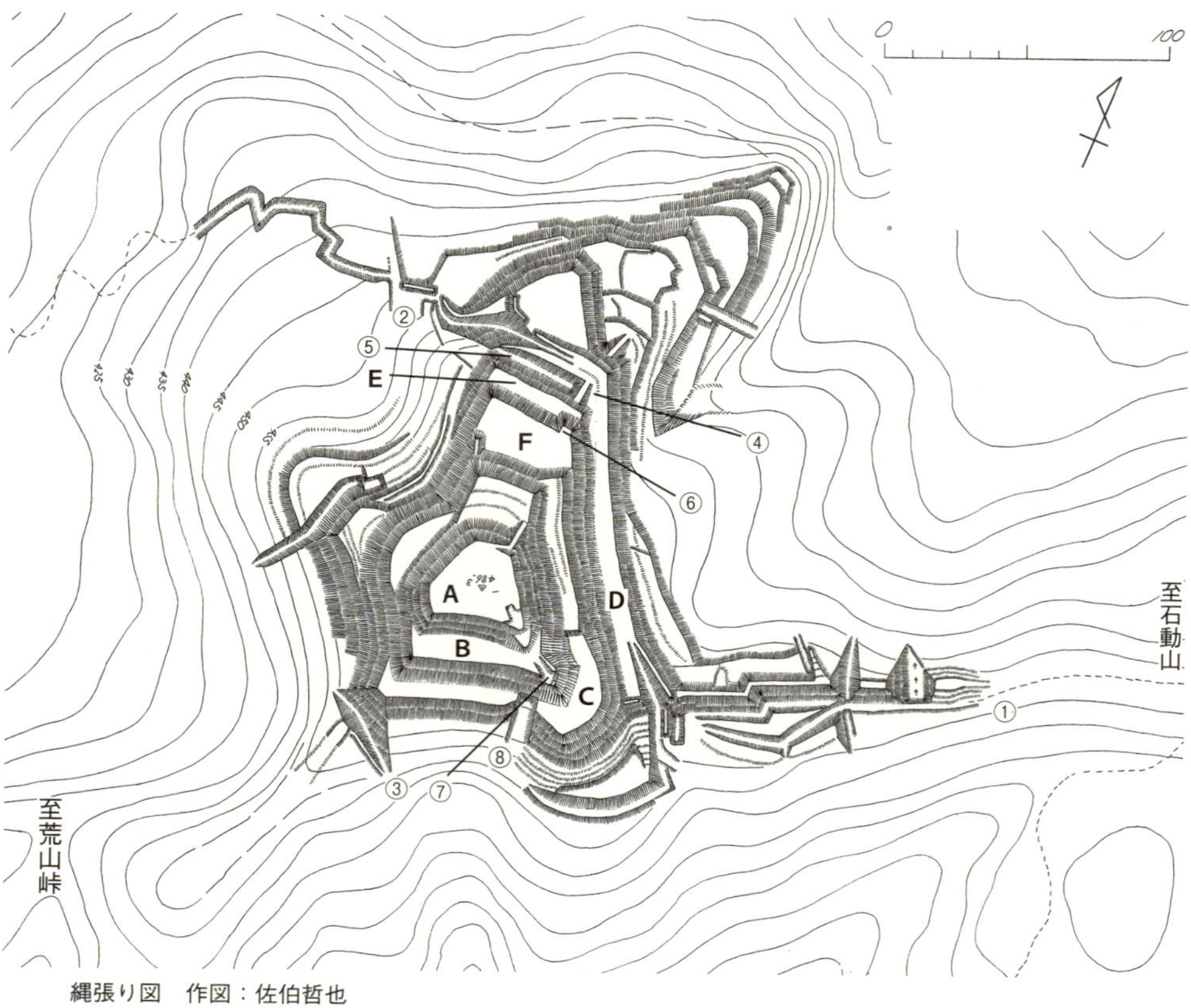

縄張り図　作図：佐伯哲也

横矢が効き、荒山城が石動山と密接に繋がっていたことを物語る。また、①地点には堀切を設けているものの、完全に尾根道を遮断していない。これに対し、堀切③を設けて荒山峠方向を完全に遮断する。つまり、石動山側（山内方向）ではなく、荒山峠側（山外側）に防御の重点を置いている。これは石動山城郭群に共通する防御形態で、荒山城も石動山城郭群の一つであることを裏付けるものだ。

城内へは土橋④からE曲輪に入ったと考えられ、土橋④に敵兵を集めるために横堀⑤を設けている。⑥地点は横矢を効かすための張り出しであり、E曲輪から切岸を直登してF曲輪に入ったと考えられる。F曲輪から主郭Aの横矢に晒されながらC曲輪に入り、唯一、明確な内枡形虎口⑦を通って主郭Aに入ったと考えられる。C曲輪方向から進攻してきた敵兵は竪堀⑧のため、強制的に虎口⑦に入らざるをえない。つまり、竪堀⑧と連動した内枡形虎口として評価できる。しかし、櫓台や虎口空間は設けず、加越国境城郭の虎口と比較すれば技術的には数段劣っている。

城内最高所の主郭Aから階段状に曲輪を配置するが、各曲輪は虎口が明確でなく、その結果、曲輪間の連絡路はうまく確保されていない。逆に、鋭角の高切岸が曲輪間の連絡路を遮断しているのだ。加越国境城郭に見られる塁線土塁や櫓台も、この城にはほとんど見られない。つまり、荒山城には加越国境城郭との共通点はほとんど見られないのである。

【まとめ】 荒山城は石動山天平寺が築城し、佐々成政・前田利家は改修せずに旧来の城郭をそのまま利用したと考えられる。それは、文献史料の調査結果とも矛盾していない。

横堀⑤

主郭A。広々とした平坦面

加賀前田家確立の城

34 末《すえの》森《もり》城《じょう》

①羽咋郡宝達志水町南吉田
②―
③標高138・8m、比高120m
④B（少し登る、やや登城しにくい）

【立地】　能登・加賀国境の要衝で、さらに能登・加賀国境が一番狭くなった場所に位置する。つまり、能登・加賀を繋ぐ重要な城郭だったのである。

【城主・城歴】　末森城の史料初見は天正五年（一五七七）である。同年八月、七尾城攻略中だった上杉謙信は、北陸織田軍との戦いを有利に展開する必要性から、末森城攻めを開始する（「七尾城編」第四章七三）。この時点で、末森城は畠山方の城郭として存在していたことが判明する。九月十五日に七尾城を奪取した謙信は、十七日に末森城も攻略し、部将の山浦国清《やまうらくにきよ》・斎藤朝信《さいとうとものぶ》を置く（「七尾城編」第四章七六）。

その後、末森城には土肥但馬守親真《ちかざね》が置かれる。親真は従来、在地土豪とされてきたが、一次史料の研究により、上杉氏の家臣ということが判明した。天正五年十二月に作成された「上杉家中名字尽手本」（「七尾城編」第六章一六）に見える「土肥但馬守（親真）」の名は、能登衆の欄ではなく、越中衆の中にある。したがって、親真の末森在城は天正六年以降と推定される。

天正八年閏三月、口能登に進攻した北陸織田軍は末森城を攻め、親真は降伏する（「七尾城編」第六章七八）。親真は許されて、そのまま末森在城を認められ、さらに羽咋《はくい》一郡を与えられている（「七尾城編」第六章一〇二）。

天正九年、能登一国を与えられた前田利家は、親真を与力とし、末森在城も認めている。利家

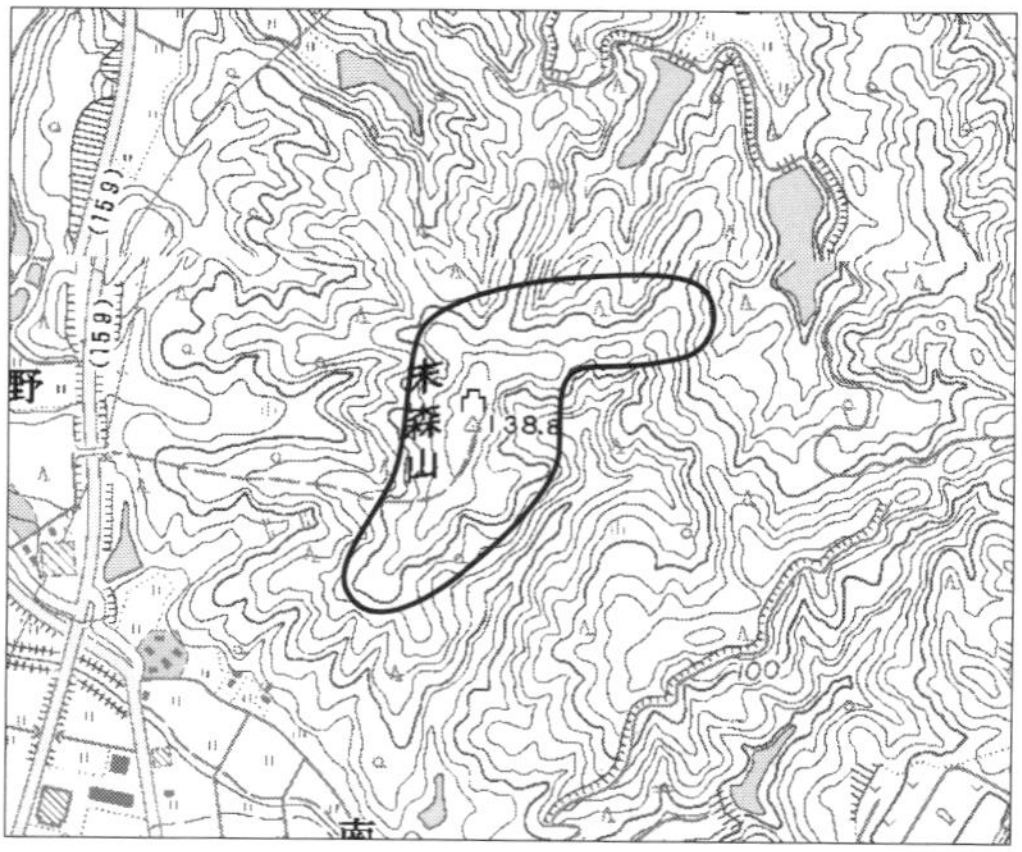

＊1　『末森城等城館群発掘調査報告書』宝達志水町教育委員会、二〇〇七年。

の家臣に徹した長連龍とは違い、親真は独立した与力の立場を貫いた。さらに親真は利家に新領地五千石を約束させている。[*1]

このように、利家にとって親真は目の上のタンコブのような存在だった。さらに、能加国境の要衝には腹心の家臣を在城させる必要もあった。そんなことから、親真が天正十一年に賤ヶ嶽合戦で戦死すると、利家は親真の弟（甥ともいう）次茂の在城を認めるとともに、腹心の奥村永《なが》福《とみ》・千秋《せんしゅう》範昌《のりまさ》を送り込み、末森城を前田氏の城郭としてしまう。

天正十二年、小牧長久手の合戦が始まると、加賀の前田利家は羽柴方、越中の佐々成政は徳川方について加越国境を挟んで対峙した。秀吉の戦略としては、利家単独ではなく、丹羽長秀との連合軍で成政と戦う予定になっていた。長秀は北陸の旗頭・北之庄城主で、当時、小牧長久手に出陣中だった。九月八日書状（「武士編」第一章二一七）によれば、秀吉は利家に「長秀は九月二十日頃までに帰陣できそうである。対成政作戦は長秀と相談済みである。成政が山を取ったからといって軽率に動くな、消極的に構えて長秀の金沢到着を待て。待たずに動いて失敗したら厳罰に処す」と命令している。

これを成政のほうから見れば、長秀が金沢に着陣（九月二十日頃）してしまえば「万事休す」である。長秀・利家連合軍で攻められる前に、決定的な大勝利を挙げなくてはならない。成政は、短期間で利家領の加賀・能登を分断する作戦に出た。つまり、末森城攻めである。ここで一つ問題が発生する。短期間で末森城を陥落させるには、大軍で攻めなければならない。大軍を末森城に集結させれば、加越国境の守りは手薄となり、利家軍は簡単に越中に進攻してしまう。このため、成政は松根城などの加越国境城郭群を大改修し、国境を完全封鎖する。こうして後顧の憂いを取り除いた成政は、末森城攻めに出陣する。

城跡入り口に立つ標石

整備された駐車場。トイレもある

前田利家と佐々成政が直接対決した史上有名な末森合戦は、天正十二年九月九日に成政が坪山《つぼやま》砦に本陣を据え、末森城を攻めたことから始まる。一万五千の大軍で攻めたというから、当時の成政の最大動員人数だった。成政軍は落城寸前まで追い込んだが、十一日、金沢城から利家が援軍に駆けつけたことで末森城は落城を免れ、成政は末森城攻略を諦めて加越国境まで後退する（「武士編」第一章二一九）。

末森城救援に成功したからといって、長秀の金沢着陣前に動いた利家の行動は、軍令違反に変わりない。したがって、軍令違反を帳消しにするほどの大勝利を秀吉に報告する必要があった。九月十三日書状（「武士編」第一章二一九）で利家は秀吉に、末森城を救援し、成政軍千人余りを討ち取った。それだけでなく、佐々方の荒山城と勝山城までも奪取したという大勝利を報告している。しかし、荒山城と勝山城の奪取は利家のハッタリで、実際は陥落していない。翌十月末頃に両城から佐々軍が撤退し、空城になった両城をようやく利家は手中にする。

さらに利家は、自分が犯した軍令違反を棚上げするかのように、「御意次第に彼の国へ乱入、蔵助（成政）刎首《ふんしゅ》すべきを案ずるのに御座候」（「武士編」第一章二一九）と、秀吉の許可が得られれば越中へ進攻し、成政の首を刎ねたいと豪語している。これも利家のハッタリだったことは、秀吉が許可したにもかかわらず、利家が実行しなかったことからも察せられる。

筆者の疑問は、末森城に駆けつけた利家軍はわずか二千五百にすぎず、この小勢になぜ一万五千もの大軍を擁する成政軍が徹底的に交戦せず後退したのか、である。多少の損害を覚悟すれば末森城は落城し、利家軍も撃退できたのではないか。そのあたりは、時勢に乗った武将、乗れなかった武将の差なのであろうか。

注目したい点が二つある。一つ目は、末森城奪取に失敗した成政軍は、総崩れになって越中に

本丸。きれいに刈り払われている

本丸に設置された説明板

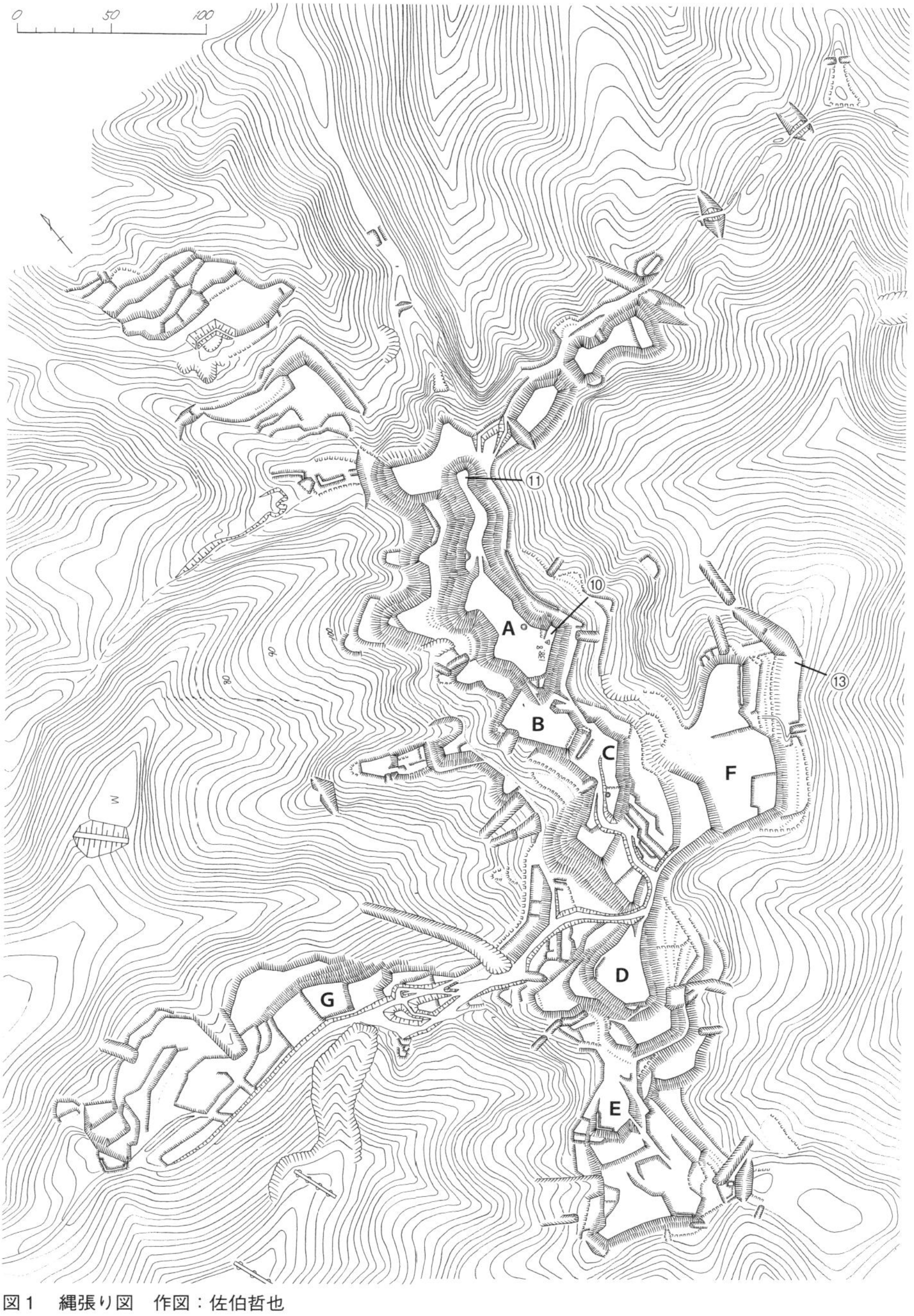

図１　縄張り図　作図：佐伯哲也

敗退したのではないということである。加越国境に踏みとどまり、しかも六日間以上宿陣し、前田方の鳥越城（石川県津幡町）を奪取して修築した（「武士編」第一章二三三）ことが判明している。これは、成政軍に十分戦力が残っていたことを示している。おそらく鳥越城を本陣として、虎視眈々と反撃のチャンスを窺っていたのであろう。形勢不利を瞬時に判断し、いち早く加越国境の鳥越城に後退した、これが成政軍後退の真相と考えられる。

二つ目は、加越国境の守備である。末森の敗戦で利家軍が加越国境を突破して越中に進攻したのなら、成政が鳥越城付近に六日間以上も止まっているはずがない。加越国境の城郭群が国境封鎖を守り続けていたからこそ、成政は鳥越城付近に宿陣できた。成政が大改修した加越国境の城郭群は、成政の期待通り鉄壁の守備力を発揮していたのである。

勝利の程度はどうであれ、利家は最大の危機を脱出し、以後、戦況を有利に進めていく。末森城は加賀前田家を確立させた城と言えるのだ。

末森城の廃城年は明確にできない。利家は天正十四年七月末、守（森）町を廃して敷浪《しきなみ》村に移しており、これをもって廃城とみなすこともできる。前年の天正十三年に成政は降伏して軍事的緊張は解消しており、能加国境を固める末森城の使命も終わったのであろう。

【城跡】　A曲輪が通称本丸で、主郭と考えられる。B曲輪は通称二ノ丸、C曲輪は通称三ノ丸、D曲輪は通称若宮丸《わかみやまる》、E曲輪は通称若宮《わかみや》、F曲輪は通称馬駆場《うまかけば》、G地点は通称武家屋敷と呼ばれている（図1）。末森城は林道造設により破壊されている箇所があるため、推定復元図（図2）を用いて解説していこう。

大手道は①方向だろう。①地点から本丸Aに進むには、竪堀②を越えなければならない。竪堀に平常時は吊橋が架かっており、城兵が退却したあとに切り捨てたと思われる。竪堀②を通過で

本丸虎口に残る礎石

若宮Eの南端に残る堀切

きても、敵軍は細長い土塁通路を一列縦隊で進まざるをえず、この間、常に城内からの横矢に晒され、多大な犠牲を強いられたことであろう。③地点まで進むと、左右に分かれる。④地点に進んだ敵軍は行き止まりとなり、敵軍は頭上よりAB曲輪からの弓矢攻撃を浴びせられてしまう。

　本丸Aに入るには、③地点から⑤地点へ進まなければならない。⑤地点は低段状の曲輪が連なる空間で、ここに進んだ敵軍は比較的自由に動き回ることができる。敵軍を細長い通路に誘導し、攻撃の焦点を絞ることに成功しているのに、⑤地点で敵軍に自由な動きを許している。そのため、若宮丸Dと三の丸Cの間の狭い通路を通らせ、横堀⑥の横矢が効く場所に敵軍を渡らせている。敵軍が横堀⑥を渡るとき、⑦地点と三の丸Cからの両横矢攻撃に晒され、多大な犠牲を被ったことであろう。

　無事、横堀⑥を渡った敵軍は、⑦地点を通過して⑧地点に向かう。このとき、三の丸Cから長時間の横矢に晒される。⑧地点に上がった敵軍は土橋通路を駆け上がり、屈曲して二の丸Bにたどり着く。このとき、二の丸Bの⑨地点の横矢に晒されている。さらに、もう一度屈曲し

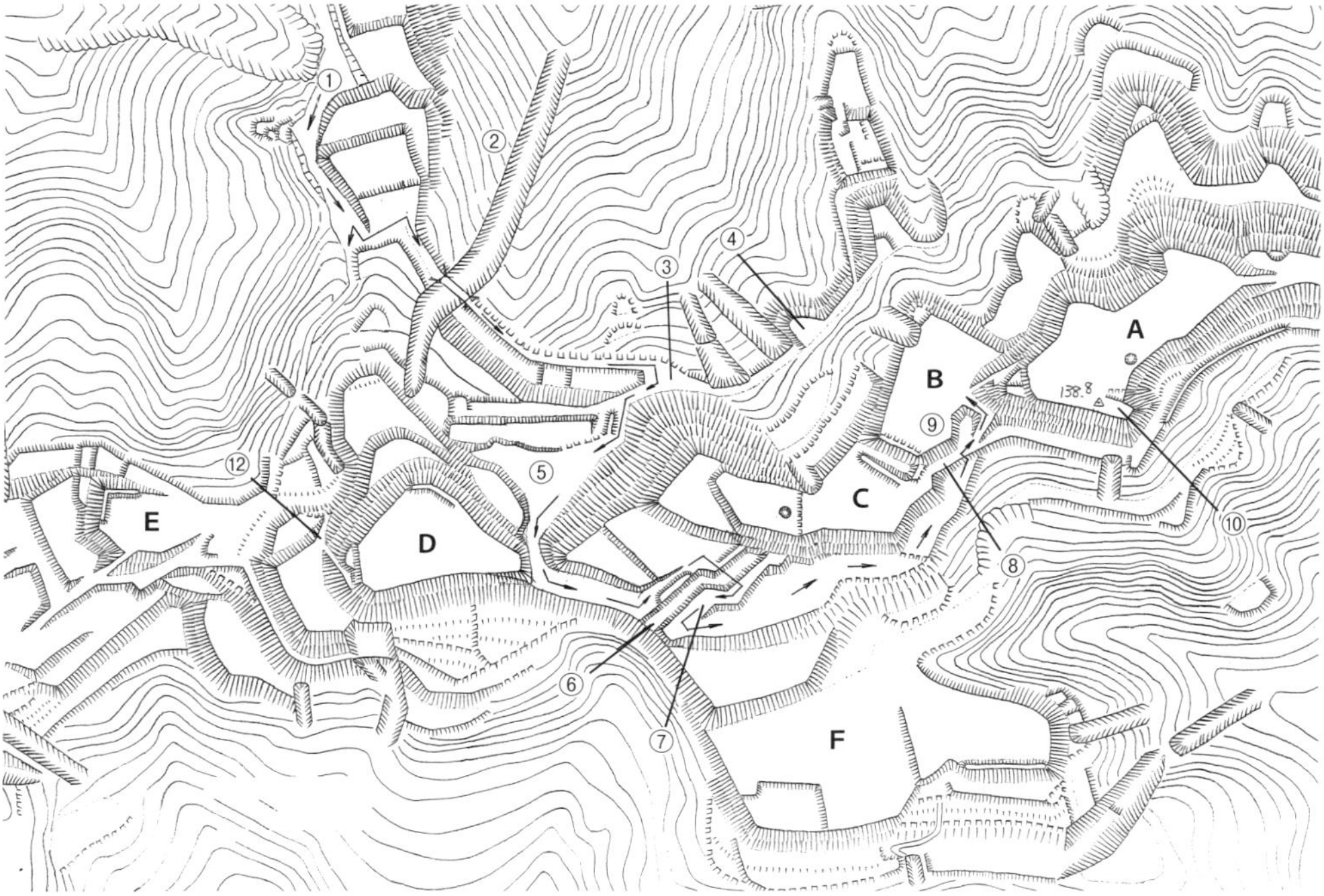

図2　推定復元図　作図：佐伯哲也

て坂虎口を駆け上がり、ようやく本丸Aにたどり着く。

このように、①地点から二の丸Bまでで一部ミス部分も存在するが、一連の設定された通路ということができる。それは、同一人物が同一時代に改修したことを示唆している。

本丸Aは、細長い上下二段の曲輪から構成されている。南端の平虎口には、城門の礎石と推定される石一個が現存する。先端の⑪地点は、下部曲輪等を監視し、また、横矢掛けの張り出し⑩も設けている。しかし、塁線土塁や櫓台はなく、単純な構造となっている。本丸虎口も基本的には坂平虎口である。この傾向は二の丸Bや三の丸C、若宮丸D全体に言えることで、主要曲輪群に塁線土塁や櫓台・横堀・枡形虎口が極端に少ないのは、末森城の特徴の一つである。

若宮丸Dは、主要曲輪群から完全に切り離された独立色の強い曲輪である。虎口⑫を主要曲輪群と反対の方向に設けているのも証左の一つであろう。

若宮丸Dのように、独立色の強い曲輪が存在する城郭は、守護・守護代の拠点クラスに多く見られる。七尾城の長屋敷や三の丸がその代表例であろう。また、若宮という地名から、若宮丸Dには宗教施設が存在していた可能性がある。守護・守護代の拠点城郭には宗教施設があったと考えられ、七尾城には寺屋敷・安寧寺《あんねいじ》という地名も残っている。七尾城の重要支城と推定される末森城に、宗教施設が存在していたとしても不思議ではない。

縄張りで注目したいのは主要曲輪群、特に本丸A周囲に高さ約一〇メートルの切岸を巡らし、その直下に腰曲輪を設けている点である。このような事例として、三日《みっか》城（宝達志水町荻市）がある。三日城と末森城は二・八キロしか離れておらず、両城の共通性を指摘することができる。三日城から末森城にかけての一帯は、弘治の内乱（弘治元年〈一五五五〉～永禄二年〈一五五九〉）で、主戦場の一つとなっている。仮に三日城が弘治の内乱で築城されたのなら、末森城も同時に主要曲

横堀⑥。中央に横矢を掛ける

輪周辺を改修したと考えることができる。

次に注目したいのは、①〜⑧地点までの計画的に設定された通路だ。通路を設けて敵軍の行動自由を奪うことに成功しているのに、一部敵軍に行動の自由を与えてしまうミスを犯している。古い時代の遺構が存在していることから、さまざまな制約を受けてしまい、一連の完全な通路にできなかったのではないか。

通路設定は、天正九年以降に利家が改修したと考えられる。しかし、織豊系城郭の特徴である枡形虎口はまったく存在せず、横堀や塁線土塁・櫓台といった防御施設もほとんど見られない。天正十二年から十三年にかけて、成政は利家と抗争するために加越国境城郭を大改修している。これらの城郭の改修度と比較すれば、末森城は必要最小限の改修といえる。つまり、大軍で急襲すれば、簡単に陥落する恐れがあったのである。仮に、利家が加越国境城郭なみに大改修していれば、成政は別の城郭を急襲していたかもしれない。

末森城を攻めた佐々成政の本陣坪山砦。現在横堀が残る

【発掘調査による成果】　末森城跡調査団により、昭和六十一〜六十三年にかけて発掘調査が実施された。*2 遺物の大半は、若宮丸Dから出土している。遺物は一五世紀後半から一六世紀中頃のもので、当時は高級品であった中国磁州《じしゅう》窯《よう》渡来品（翡翠《ひすい》釉《ゆう》白磁《はくじ》鉄絵文瓶）も出土している。質・量ともに豊富な日常雑器から高級品まで出土し、山上で居住していたこ

＊2『末森城跡発掘調査報告書』押水町教育委員会、一九八九年。

大規模な堀切⑬

とをうかがわせる。また、翡翠釉白磁鉄絵文瓶の出土は、若宮丸の性格を推定する上で重要な遺物となった。銅製装飾金具も若宮丸から出土しており、先述の宗教施設の存在を裏づける。しかし、遺物の下限は一六世紀中頃で、宗教施設は上杉・佐々・前田抗争期には廃絶していたことになる。

本丸からは、ピンポール調査で礎石と推定される石が数十個確認された。*3 規模等は不明だが、礎石建物が存在することが判明した。また、若宮丸では掘立建物は確認できたが、礎石建物は確認できなかった。本丸と若宮丸の上下関係を指摘することができそうである。

若宮丸からは掘立柱建物が二棟検出され、一六世紀後半において数回火災に遭ったことも判明し、出土遺物の中にも二次的な加熱を受けたものもあった。天正五年の上杉謙信、そして天正十二年の佐々成政による攻城の際の炎上を物語っているのであろう。

【まとめ】　天正十二年、前田・佐々氏の抗争で名高い末森城だが、それ以前から能登守護畠山氏の城郭として存在していたことが明らかとなった。それは、宗教施設も備えた拠点城郭だった可能性が高く、城内に宗教施設を備えた事例として、貴重な存在でもある。

加賀・能登を繋ぐ要衝の地にありながら、前田利家による改修は必要最小限に止まっている。これは、利家の対成政戦略を考える上で重要な事実となる。つまり、加越国境城郭群のように鉄壁の守備力を保持していなかったのである。だからこそ、成政が攻めた。成政の狙いどころは間違っていなかった。成政の決定的なミスは、時勢に逆らったという点なのであろう。

---

*3　本丸虎口の礎石は一戸だけだが、現在露出している。

遺構が完存する、城郭ファン必見の平城

35 御《お》舘《たち》館《やかた》

①羽咋郡宝達志水町御舘
②—
③—
④A（城内まで車が入る）

【立地】平城でありながら、主要曲輪群の遺構をほぼ完存している貴重な城郭である。これほど明瞭な遺構を残す中世の平城は、北陸地方でも稀な存在である。

【城主・城歴】城主を含む城歴はほとんど不明である。江戸期の地歴書には岡部六弥太、順徳《じゅんとく》上皇の館跡とするが、いずれも確証はない。発掘調査では遺物の時期に、一四世紀後半から一五世紀前半および一六世紀第三四半期にピークがあった。縄張りを考慮すれば、一六世紀末に押水内に一万俵で召し抱えられた不破《ふわ》源六広綱《ひろつな》を城主の候補とすることが可能であろう。

【城跡】城跡は杓田川《しゃくでんがわ》に面した台地の縁辺部に築かれている（図1）。南縁の崖の高さは最高所で一三メートルもあり、敵軍の攻撃を遮断するには十分な高さである。したがって、南側からの敵軍の進攻の可能性はほとんど考えられず、この結果、南側のみ主郭Aを保護する従郭は存在しない。

主郭は、中央に位置するA曲輪。ほぼ八〇メートル四方の正方形で、堀幅を入れれば方一町（一〇〇メートル四方）となり、正規の武士の館が推定できる。①地点に大型の櫓台を設けている。前田氏の拠点平城《ひらじろ》（小丸山城〈天正十年以降〉・松任城〈天正十一年〉・大峪《おおがけ》城〈天正十三年〉）の多くは、主郭の隅部に大型の櫓台を設けており、現存遺構の構築者・構築年代を推定する一つの指標とな

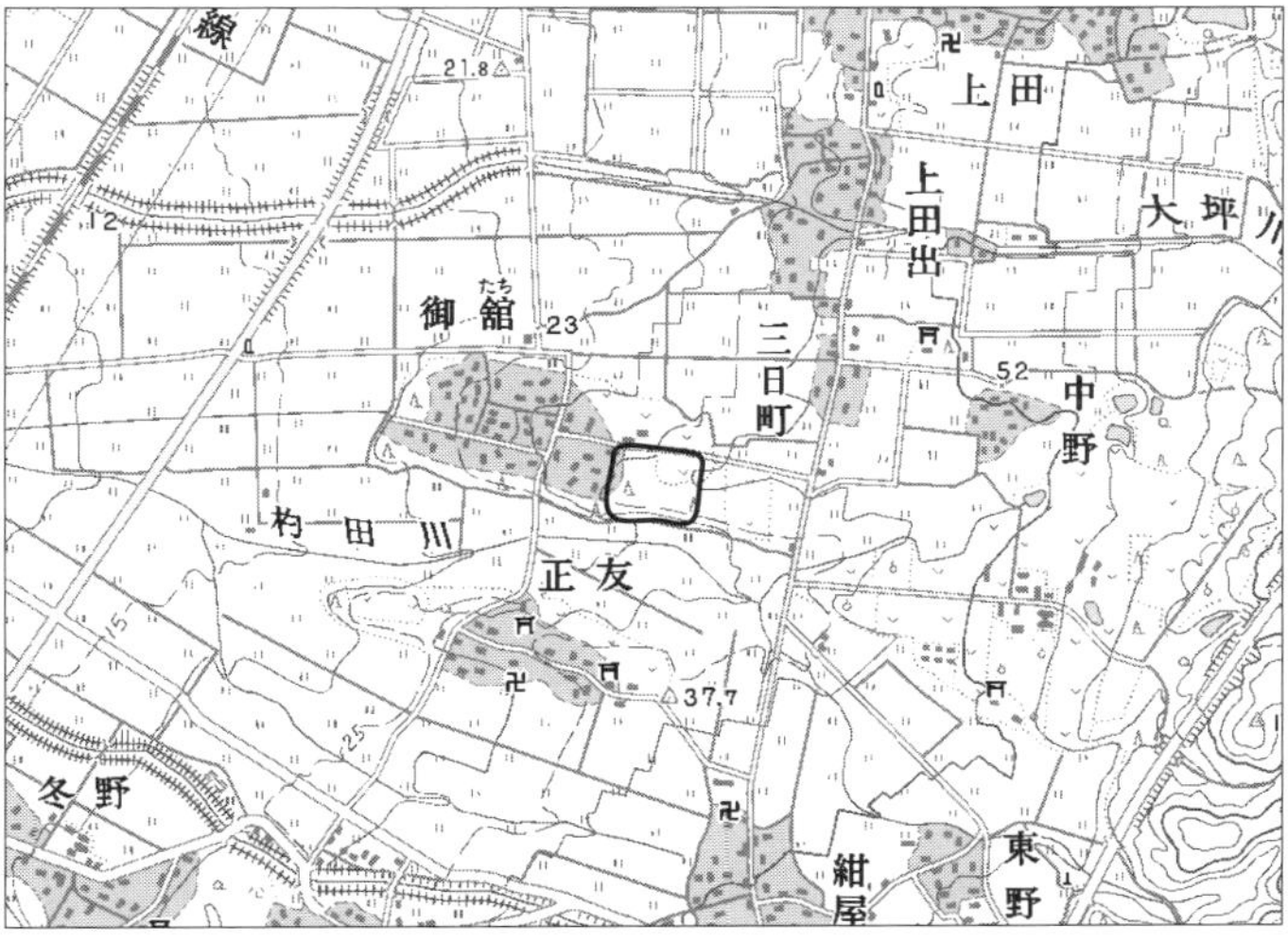

上：本丸を取り巻く内堀　下：櫓台②

る。主郭Aの周囲に、主郭を防御する内堀と帯曲輪Bを巡らせ、②地点には櫓台を設け、さらに横矢を効かせて完全に外堀内の敵兵を狙っている。帯曲輪Bで横矢折れを設けているのは当該地点しかなく、重要な地点であることを物語る。

内・外堀は明瞭に遺構を残すが、③地点にも横堀の一部が残っているため、さらに惣堀が取り巻いていた可能性がある。このほか、発掘調査で検出された曲輪や堀を点線で記載した。主郭を防御する複数の曲輪の存在が指摘できる。D・E・F曲輪は一直線に並び、また、主郭

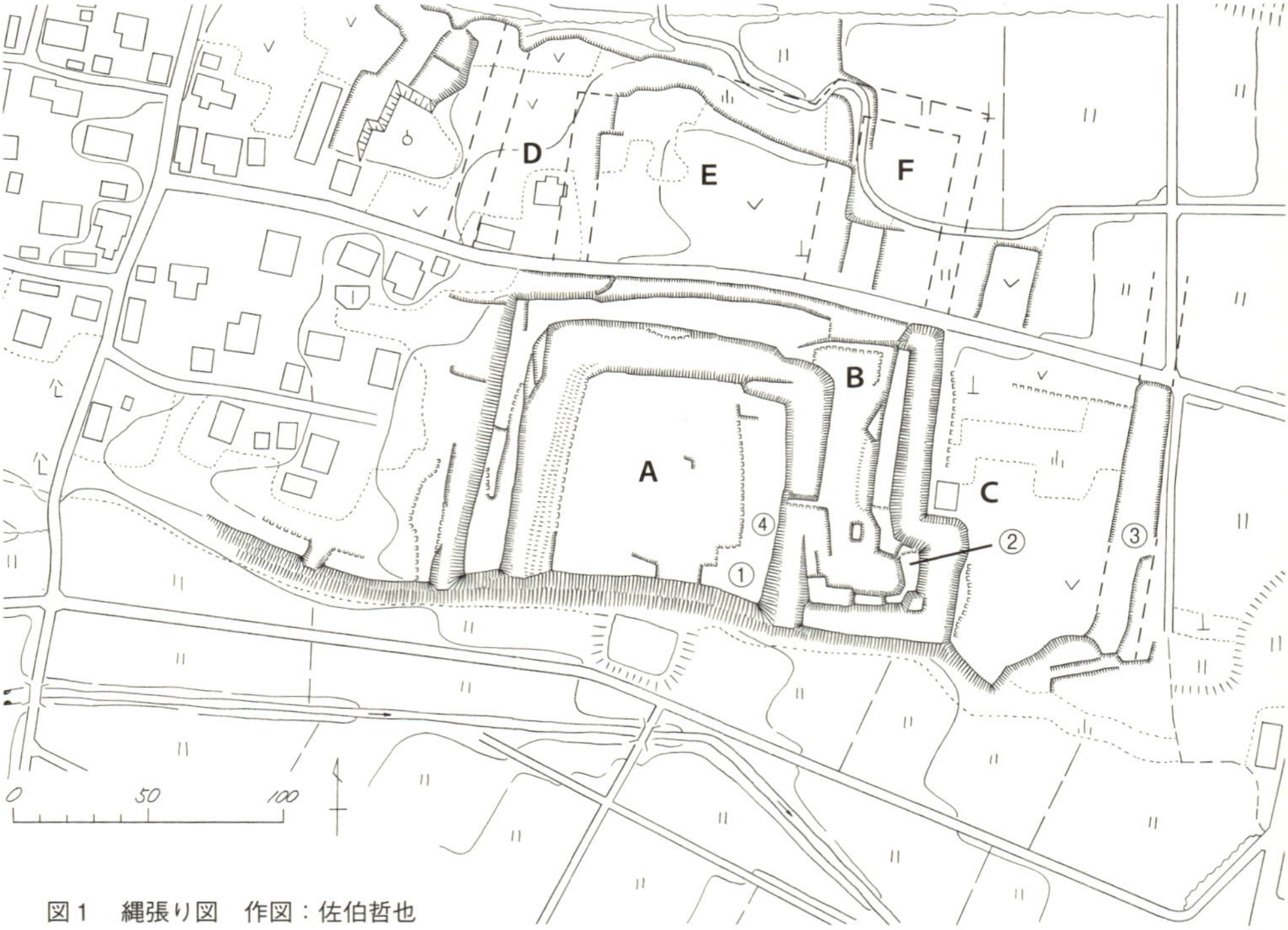

図1　縄張り図　作図：佐伯哲也

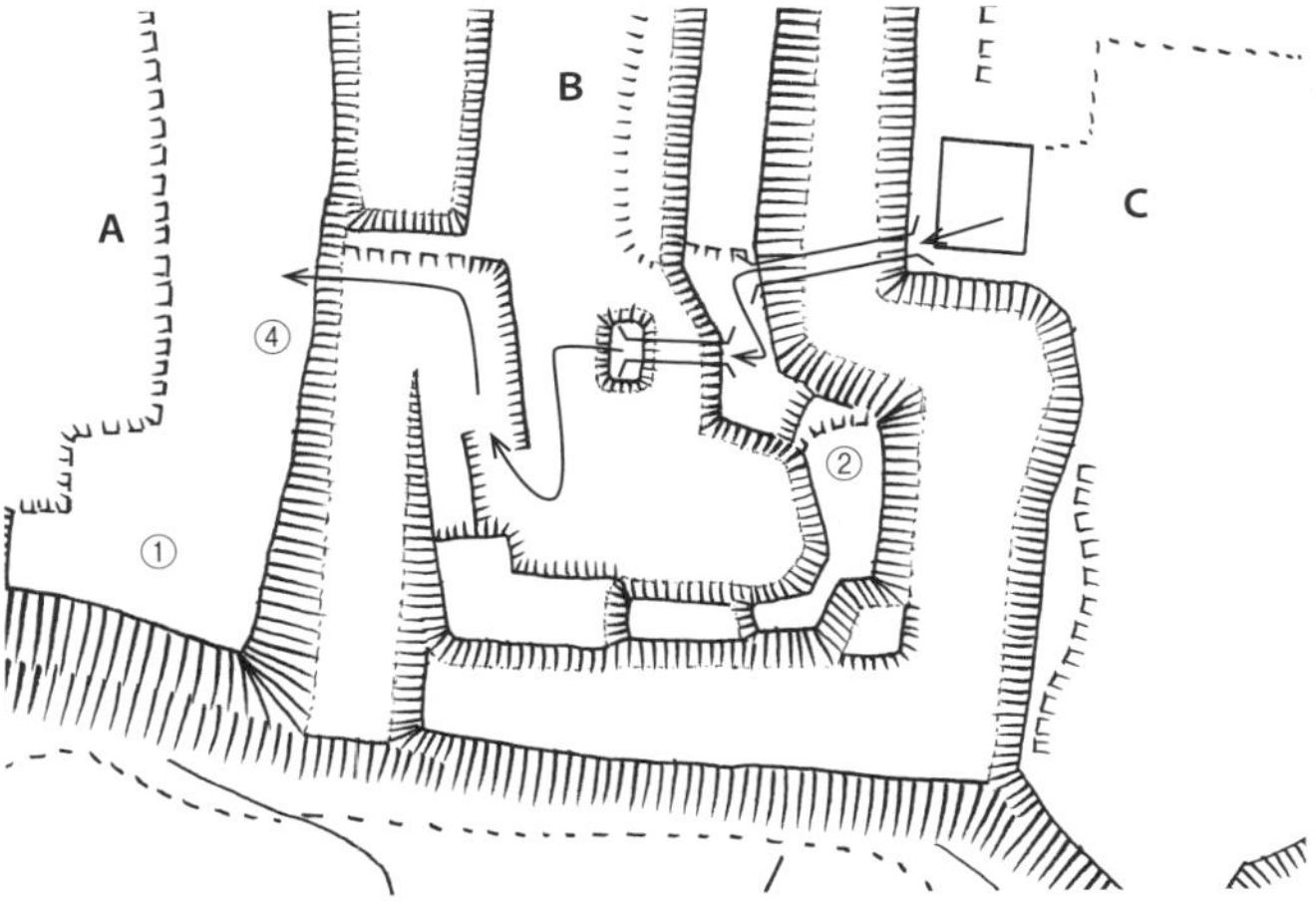

図2　主郭Aに入るルート　作図：佐伯哲也

Aを保護する縄張りであるため、有力家臣団の屋敷地と考えることもできる。

主郭Aのルートは、C曲輪↓B曲輪↓主郭Aと考えられる（図2）。C曲輪からB曲輪には木橋を架け、このとき櫓台②から強力な横矢が効く。さらにもう一度、木橋を渡ってB曲輪に入る。B曲輪から主郭Aに入るには二度屈曲して入るが、このとき④地点から横矢が効く。計画的な通路の設定である。現在、主郭Aに入るにはこのルートしか確認できず、大手と推定できよう。

以上、御舘館の縄張りを説明した。一部、不明箇所も存在するが、櫓台①の存在や、C曲輪から主郭Aまでの計画的な通路は、天正年間における織豊系城郭の特徴を表している。一六世紀第三四半期から若干外れるが、前田利家による改修を指摘することもができる。

【発掘調査による成果】　平成七年から十二年にかけて押水町教育委員会が発掘調査を実施し、*1 その結果、土師器皿・珠洲焼・磁器・木杭・鉄釘・刀《とう》子《す》・銅銭等が出土した。その中でも土師器皿の占める割合が、九二・四%と非常に高かった。遺物の時期に、一四世紀後半から一五世紀前半および一六世紀第三四半期の二つのピークがあることも判明した。戦国期遺構に先行する、室町期前半の

＊1　『御舘館跡』押水町教育委員会、二〇〇二年。

本丸の現状。広々とした平坦面が残る

上：Ｂ曲輪を取り巻く外堀
中：良好に残る外堀
下：Ｂ曲輪に残る土塁

居館の存在が指摘できる。

　建物は礎石建物は検出されず、すべて掘立柱建物だった。現存の堀の深さは一～二メートルしかないが、かつては幅が七～一五メートル、深さは三～六メートルもあったことが判明した。天然の要害がほとんど期待できないため、堀を巨大化させることで、敵軍の攻撃を遮断したのであろう。

【まとめ】　室町期に方一町の在地領主の居館が存在し、戦国期に前田利家が改修したと推定される。利家の伝承が残らないのは、短期間で廃城になったからであろうか。いずれにせよ、平城でありながら明瞭に遺構を残す例として、[*2] 城郭ファン必見と言えよう。

＊2　平城でありながら、これほど大規模かつ明瞭に遺構を残すのは、富山・石川両県を見ても御舘館しかない。

Ⅲ、加賀の城郭

かほく市
36 鳥越弘願寺
内灘町
津幡町
39 堅田城
37 切山城
42 金沢城
38 加賀荒山城
野々市市
金沢市
白山市
41 高尾城
40 鷹之巣城
川北町
45 和田山城
能美市
43 舟岡山城
46 虚空蔵山城
48 岩倉城
44 鳥越城
47 波佐谷城
50 大聖寺城
小松市
49 日谷城
白山市
加賀市

加賀一向一揆によって築かれた寺院城郭

36 鳥越《とりごえ》弘願寺《ぐがんじ》

①河北郡津幡町鳥越
②－
③－（平城）
④A（城内まで車が入る）

【立地】　鳥越弘願寺は、加賀一向一揆大坊主の拠点である。鳥越弘願寺が位置する笠野盆地は、能登・越中・加賀に繋がる街道が交差する交通の要衝であり、このような要衝の地にあったからこそ、一向一揆の拠点として発達していったのであろう。

【城主・城歴】　鳥越弘願寺の草創は、貞享二年（一六八五）の『寺社由緒書上』によれば、「本願寺三世覚如《かくにょ》の真弟玄頓《げんとん》が観応元年（一三五〇）に開山した」としている。*1 確証はないものの、これ以降、鳥越弘願寺は北加賀一向一揆の大坊主として教線を拡大し、一大拠点として発展していった。

そしてついに、加賀制圧を目指す北陸織田軍と激突する。伝承によれば、柴田勝家軍の先鋒佐久間盛政が天正八年（一五八〇）、能登末森城攻撃への進軍の途中に、鳥越弘願寺に陣営提供を依頼したが断られたため、盛政に攻め滅ぼされたという。柴田勝家軍は天正八年閏三月九日に能登末森城を落城させ、*2 翌四月頃、加賀一向一揆の拠点・金沢御堂を陥落させているので、鳥越弘願寺の焼亡もこの頃と考えられる。なお、弘願寺は慶長十四年（一六〇九）に津幡町加賀爪へ移転し、現在も法灯を伝えている。

【城跡】　鳥越弘願寺の遺構の残存状況は、市街地化により悪い。弘願寺の中心部はA地点で、通

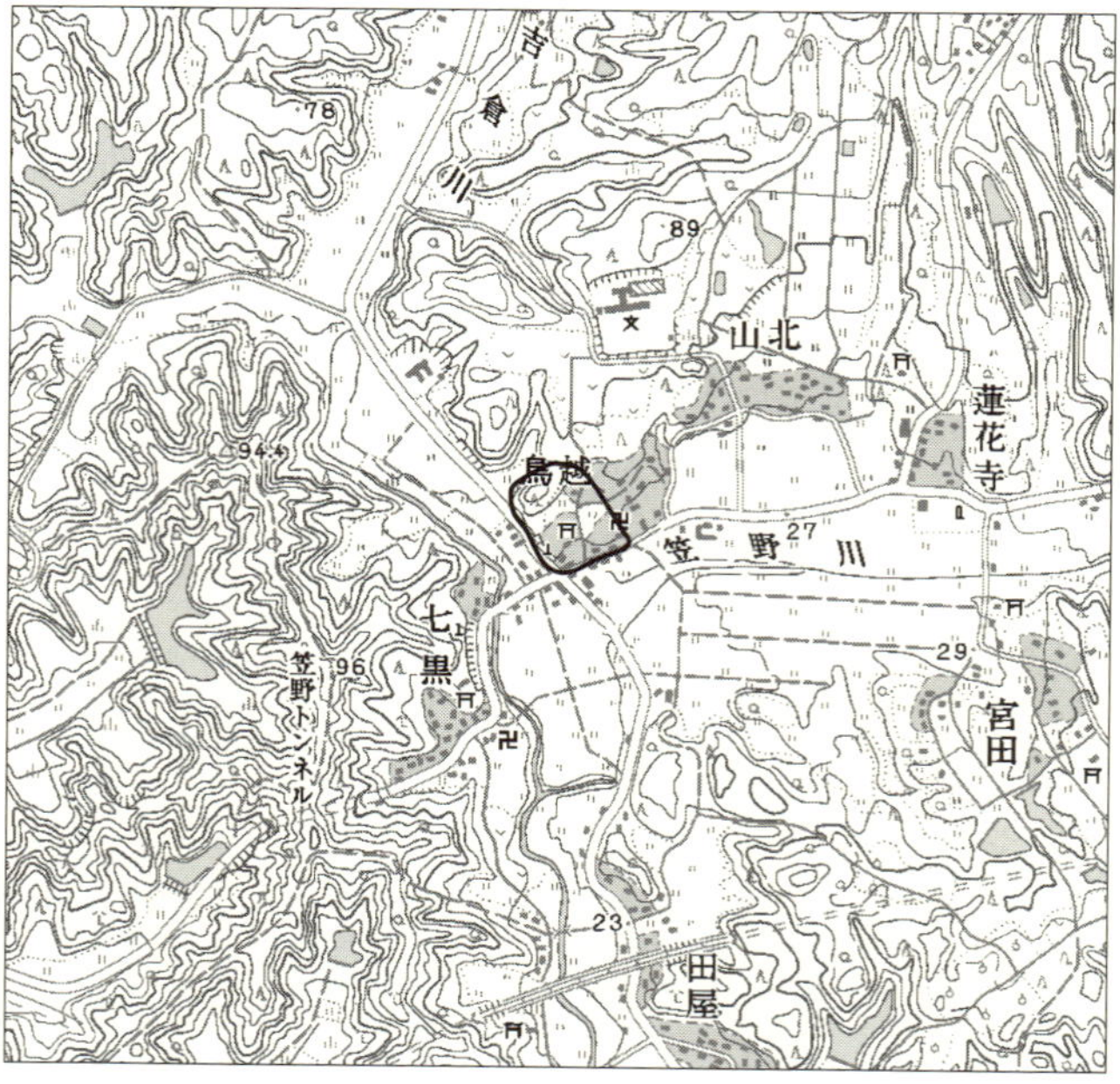

*1　木越祐馨「鳥越弘願寺文書について」『石川考古学研究会会誌』第三〇号、一九八七年。
*2　『信長公記』奥野高弘・岩沢愿彦校注、一九九三年。

称オヤシキと呼ばれている。城郭でいえば、主郭にあたる部分である。現在、大国主《おおくにぬし》神社が建ち、三方を土塁が取り巻く。しかし、防御用としては役立たないほど小規模なもののため、おそらく江戸期になって大国主神社が建ち、それにともなって土塁が構築されたのであろう。

①地点はニシノドイと呼ばれるL字形の土塁で、本遺構で最も保存状態のよい土塁である。最大幅一七メートル、高さが八・五メートルもある巨大なもので、特に②地点に張り出しを設けて横矢を掛け、ダイモン（③地点）と呼ばれる大手口を監視している。単に巨大な土塁を境内に巡らすのではなく、土塁に折れや張り出しを設けて大手口に横矢を掛けているため、防御を目的として土塁を構築していることがわかる。寺院を軍事要塞化するために土塁を巡らしたと考えられることから、鳥越弘願寺は寺院城郭と判断してもよいだろう。

⑤地点で土塁は南側に屈曲し、ゴボウヤマ④に至る。自然地形と思われる小山⑥とゴボウヤマ④とは、ダイモン③（大手道）を挟んでいるが、一直線にはならず食い違っている。そこには食い違い虎口が存在していたようで、ゴボウヤマ④は大手虎口を防御する櫓台だったと考えられる。つまり、大手虎口は櫓台を備えた虎口で、高度な縄張り技術と言えよう。小山⑥とゴボウヤマ④の南側はツツミダと呼ばれ、堀が広がっていたと伝わる。

小山⑥から北側は、土塁だったと考えられる微高地

土塁①。隣接する民家の屋根と同じ高さである

弘願寺跡に建つ大国主神社

水堀跡。今も湿地である

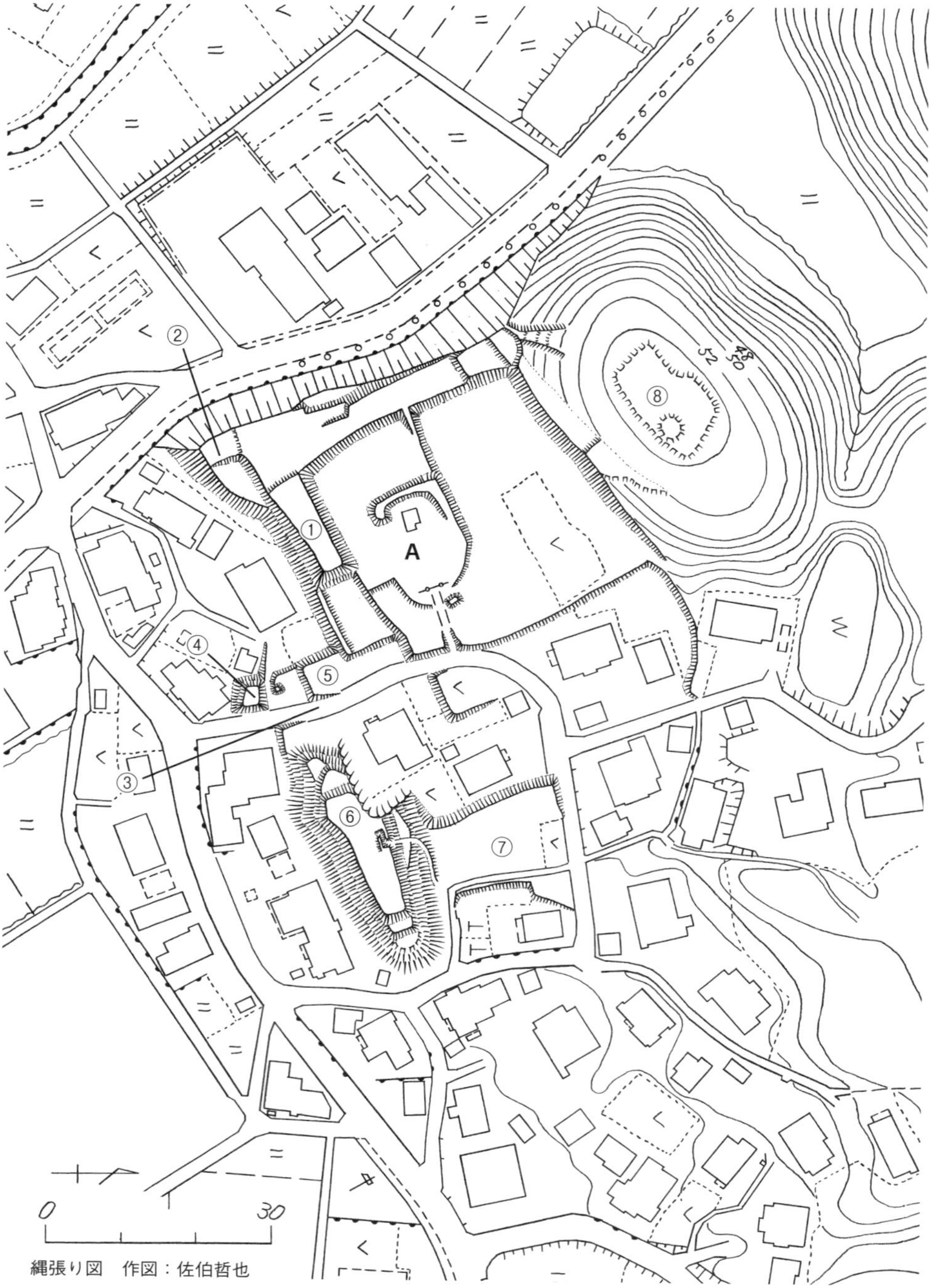

縄張り図　作図：佐伯哲也

⑦が境内を防御する。かつてはニシノドイ①と同規模の土塁だったのであろう。微高地⑦は、さらに北側に延びていたようだが、宅地化により破壊され、詳細は不明だ。

北側の丘陵⑧は境内をすべて見下ろすことができ、この丘陵を敵軍に取られないようにするためには、城塞化の必要がある。しかし、現地はほぼ自然地形で、盛政軍はこの地点から楽々と境内に攻め込んだであろう。ここが後付けで城郭化した寺院の泣き所であり、新地に築城するよりも、数段、大規模な土木工事が必要となる。当時の技術では、完璧な城郭化は不可能だったことを雄弁に物語るものだ。

ゴボウヤマと呼ばれる土塁

【まとめ】土塁の横矢折れ、あるいは櫓台を備えた虎口から、鳥越弘願寺が天正年間に軍事要塞化したことが推定される。それは、迫り来る北陸織田軍の来攻に備えての城郭化だったのだろう。

横矢掛けを持つ土塁は山科本願寺[*3]にも残っており、発掘調査により遺構の下限が一六世紀第二四半期[*4]と確認された。したがって、弘願寺跡に現存する土塁も、一六世紀に境内を城郭化するために弘願寺が構築したとしても、何ら問題はない。

かつて、加賀国に城郭化した一向一揆寺院が多数存在していたと考えられるが、遺構はほとんど残っておらず、鳥越弘願寺は重要な遺構である。遺構の破壊を現状で食い止め、貴重な一向一揆の遺産として保存されていくことを願って止まない。

＊3　加賀一向一揆の拠点金沢御堂も、山科本願寺と同じ構造だったと考えられるが、遺構はまったく残っていない。

＊4　木立雅朗「考古学からみた山科と山科本願寺」（『戦国の寺・城・まち』山科本願寺・寺内町研究会、一九九八年）。

加越国境城郭における前田方の主城

37 切《きり》山《やま》城《じょう》

①金沢市桐山町
②ー
③標高141・7m、比高70m
④B（少し登る、やや登城しにくい）

【立地】　城跡南直下に、北陸街道脇道の小原道[*1]が通る交通の要衝である。天正十二年（一五八四）、小原道を押さえるため越中の佐々成政が松根城を大改修したが、これに対抗するように加賀の前田利家が切山城を改修し、家臣の不破直光《なおみつ》を置いたと言われている。

【城主・城歴】　加越国境城郭は、知名度のわりに文献史料は非常に乏しい。切山城も例外ではなく、「故墟考」に「不破彦三居たりと言ふ」と記すだけだ。この「彦三」とは、二代目の直光と考えられる。『加賀藩史料』によれば、天正十二年、村井長頼《ながより》が守る朝日山城を佐々成政が攻めたとき、前田利家とともに直光が応援に駆けつけたとされている。当城から駆けつけたのであろうか。天正十三年、佐々成政が降伏すると加越国境の軍事的緊張も解消され、切山城も廃城になったのであろう。

【城跡】　城域の南側には接するように小原道（図1）が通っており、切山城が小原道を監視・掌握するために築城されたことを物語る。

ただ、高さ約一〇メートルの切岸が巡っているため、小原道から城内に入る場所は①地点しかない。①地点は、金沢から進軍してきた前田軍がほぼ直進して城内に入ることはできる。しかし、富山から進軍してきた佐々軍は著しく屈曲しなければ入れない。つまり、佐々軍には非常に入り

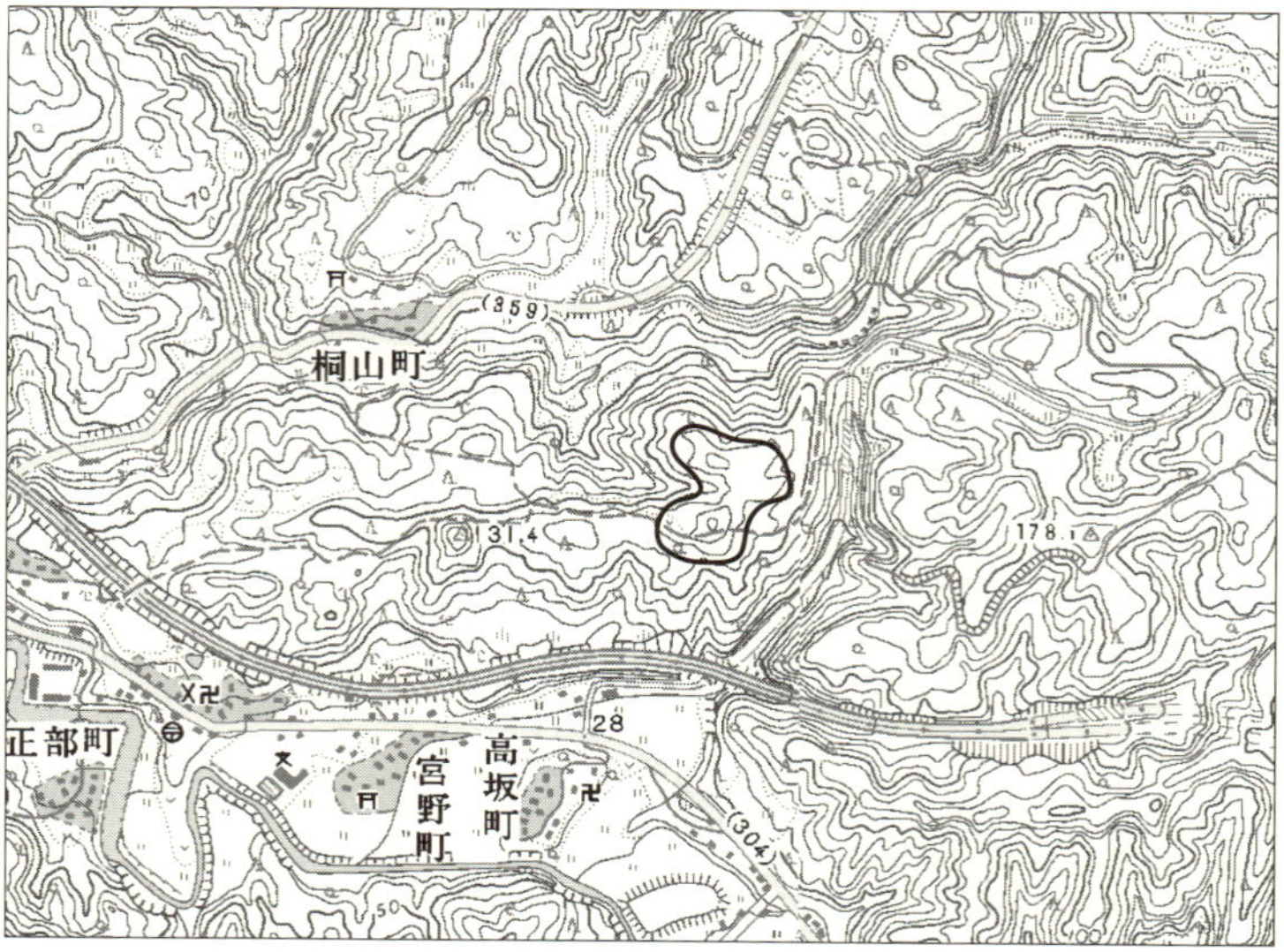

＊1『加賀の道Ⅰ　歴史の道調査報告書第三集』石川県教育委員会、一九九六年。

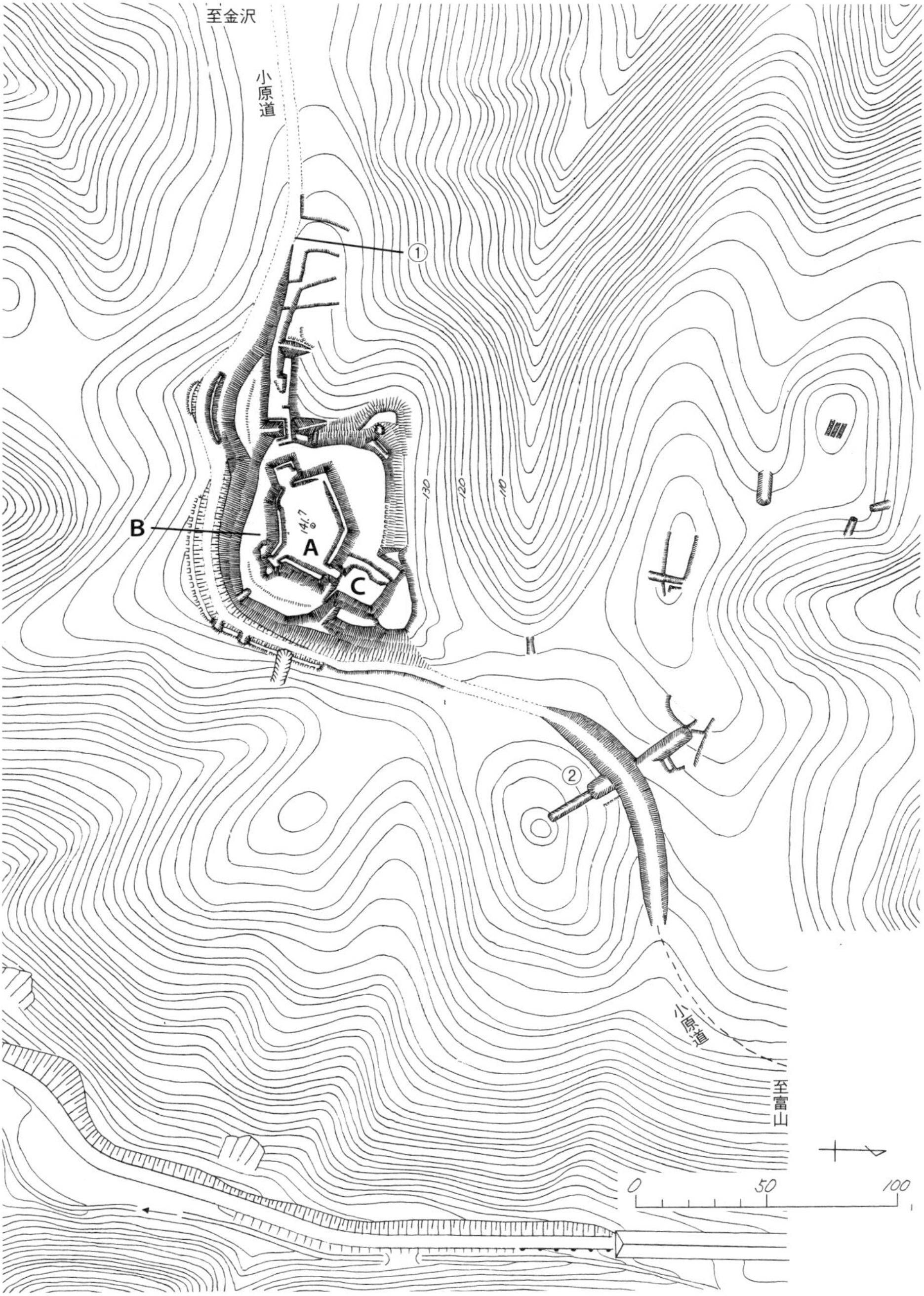

図1　縄張り図　作図：佐伯哲也

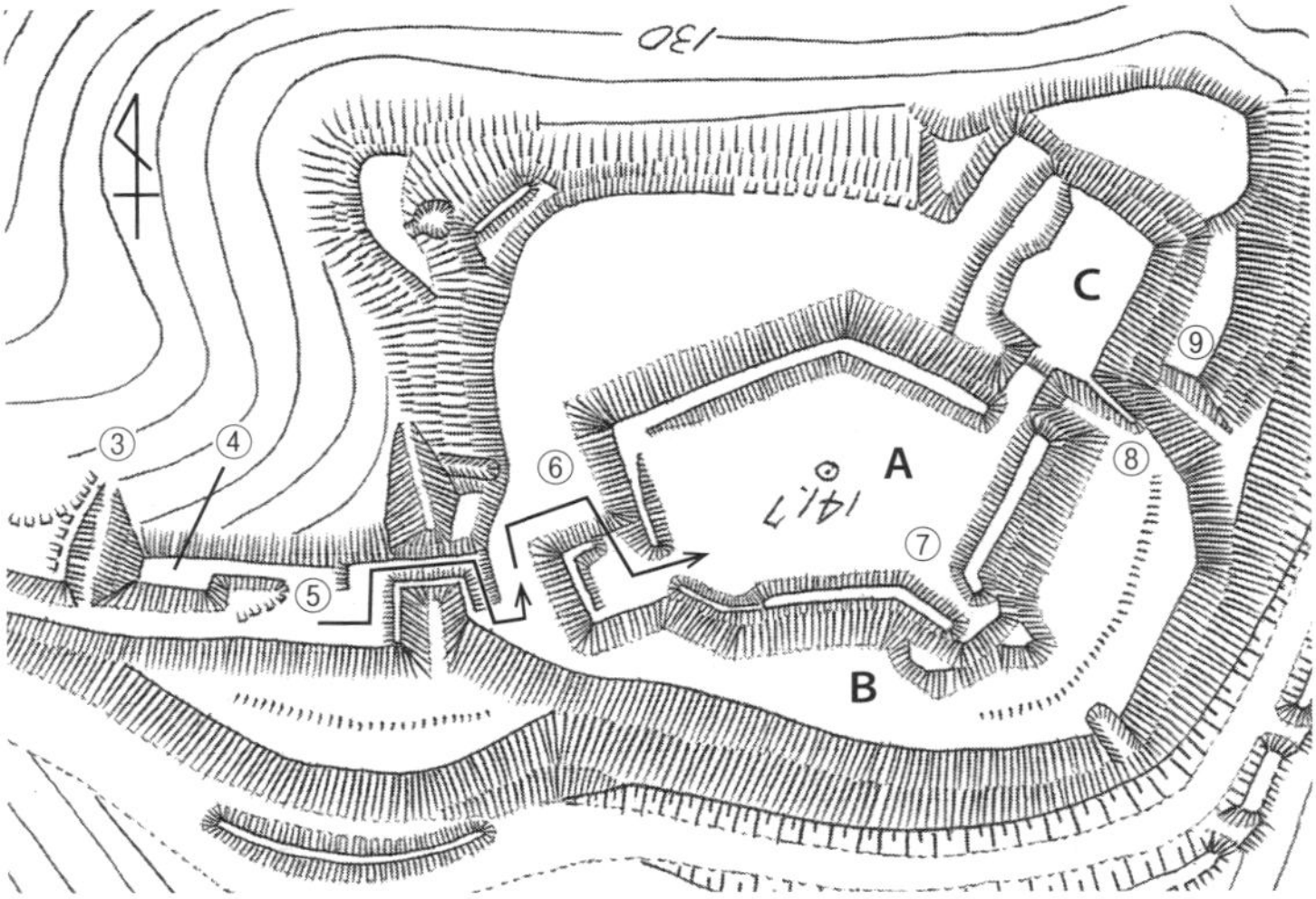

図２　主郭周辺拡大図　作図：佐伯哲也

にくい構造なのである。もちろん、佐々軍はまず小原道を遮断する防御ライン②を突破しなければならない。ここを突破しても、B曲輪の真下を通らなければならず、長時間、横矢攻撃を受けることになる。これに対して、前田軍の進軍を阻止する障壁はまったく存在せず、簡単に①地点に到達することができる。このように、佐々軍に対しては非常に進軍しにくい縄張りで、現状からも前田軍が佐々軍を食い止めるために築城したことがわかる。

①地点から入った敵軍は、堀切③及び櫓台④を通過する（図２）ことになるが、この付近に木戸が建っていたと推定される。ここが第一関門だ。

第二関門は枡形虎口⑤。枡形虎口⑤を突破した敵軍は、最後の関門となる外枡形虎口⑥へ進むことになる。この構造は、同じく前田氏が天正十三年に築城した今石動城主郭虎口と同型であり、前田氏が関与したことを裏付ける虎口として重要である。

主郭Aの周囲には、ほぼ全周に塁線土塁が巡っている。⑦地点のみ開口しているのは、B曲輪

城跡に立つ説明板

城域に隣接する小原道

と短時間で連絡できるためだろう。C曲輪は主郭Aの馬出曲輪。B曲輪に降りるには土橋⑧を用いて簡単に連絡できるが、富山方面からは竪堀⑨を渡らなければならない。通常は、竪堀⑨に木橋を架けていたが、合戦時は撤去していたと考えられる。

このように、前田方の加越国境城郭は単純な縄張りが多い中、枡形虎口や馬出曲輪を構築して防御力の高い縄張りに改修している。切山城は、佐々方の主城である松根城と対峙しているためと考えられ、前田方の主城といえるのだ。

【発掘調査による成果】　平成二十三年、金沢市教育委員会により発掘調査が実施された。[*2] 出土遺物の中で、鉄砲玉は一六世紀後半から一七世紀初頭にタイソントー鉱山（ベトナム）で製作されたことが判明した。また、主郭Aと馬出曲輪Cを繋ぐ⑩地点で礎石建物による門遺構と石敷き、さらに西側土塁上で柵列もしくは塀があることも判明した。門と柵（塀）がセットになった実例として貴重である。

【まとめ】　このように、佐々軍を強く意識した縄張りである。現存する遺構は伝承通り、天正十二年に前田利家が築城（改修）し、不破直光が守将として在城したと考えられる。

上：主郭Aを巡る土塁　下：堀切③

腰曲輪Bと主郭の切岸

＊2　『加越国境城郭群と古道調査報告書』金沢市埋蔵文化財センター、二〇一四年。

二俣道を監視・掌握した佐々方の城郭

38 加賀荒山城《かがあらやまじょう》

①金沢市荒山町
②枇杷落城
③標高269・3m、比高90m
④B（少し登る、やや登城しにくい）

【立地】　城跡北直下に、北陸街道脇道の二俣道[*1]が通る交通の要衝である。天正十二年（一五八四）、二俣道を押さえるために越中の佐々成政が松根城を大改修したと言われている。

【城主・城歴】　「故墟考」に、「方人伝へて成政哨堡の跡なりといへども、盛政より置ける加賀境の鎮塞なるべし」と述べるにすぎない。佐久間盛政の在城は確認できないが、佐々成政の使用は認めてよく、天正十三年に成政が降伏すると加賀荒山城も廃城になったのであろう。

【城跡】　越中側に堀切①・二重堀切②・堀切③（図1）を設けているが、尾根全体を遮断していない。これに対し、加賀側の堀切④は、完全に尾根全体を遮断している。しかも、堀切④の城内側に大型の曲輪を設けており、多数の城兵を駐屯させて加賀側の高峠城から進攻する前田軍を攻撃できるようになっている。

さらに、堀切④付近の二俣道に面した切岸は一番高い。現在の高さは一九メートルもあり、戦国期の高さはその半分としても、約一〇メートルはあったと考えられる。堀切④を突破したとしても、敵軍は高さ一〇メートルの頭上から弓矢を浴びせられ、甚大な被害を被ったことであろう。明らかに、前田軍を警戒している堀切の配置だ。

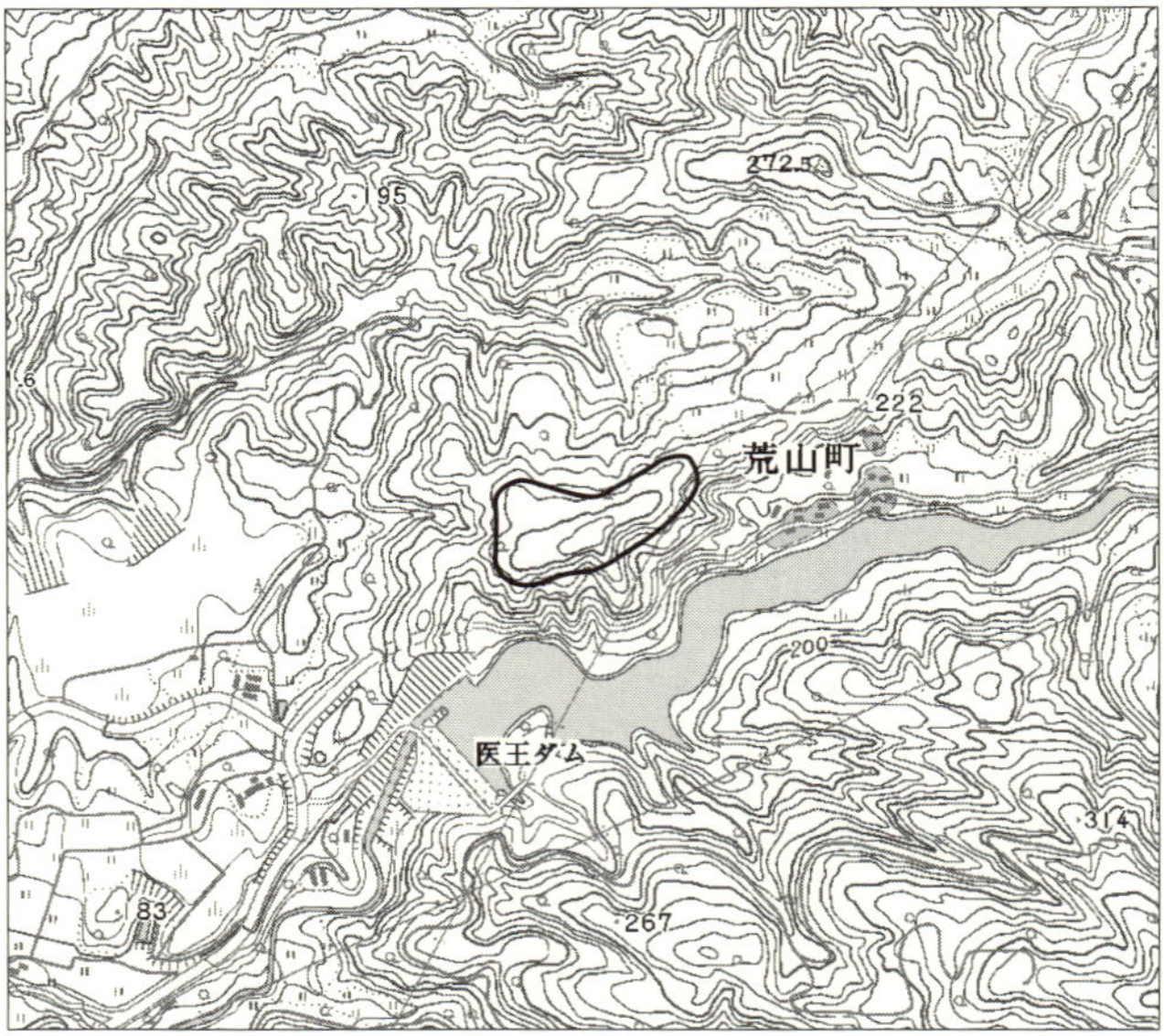

＊1　『加賀の道Ⅰ　歴史の道調査報告書第三集』石川県教育委員会、一九九六年。

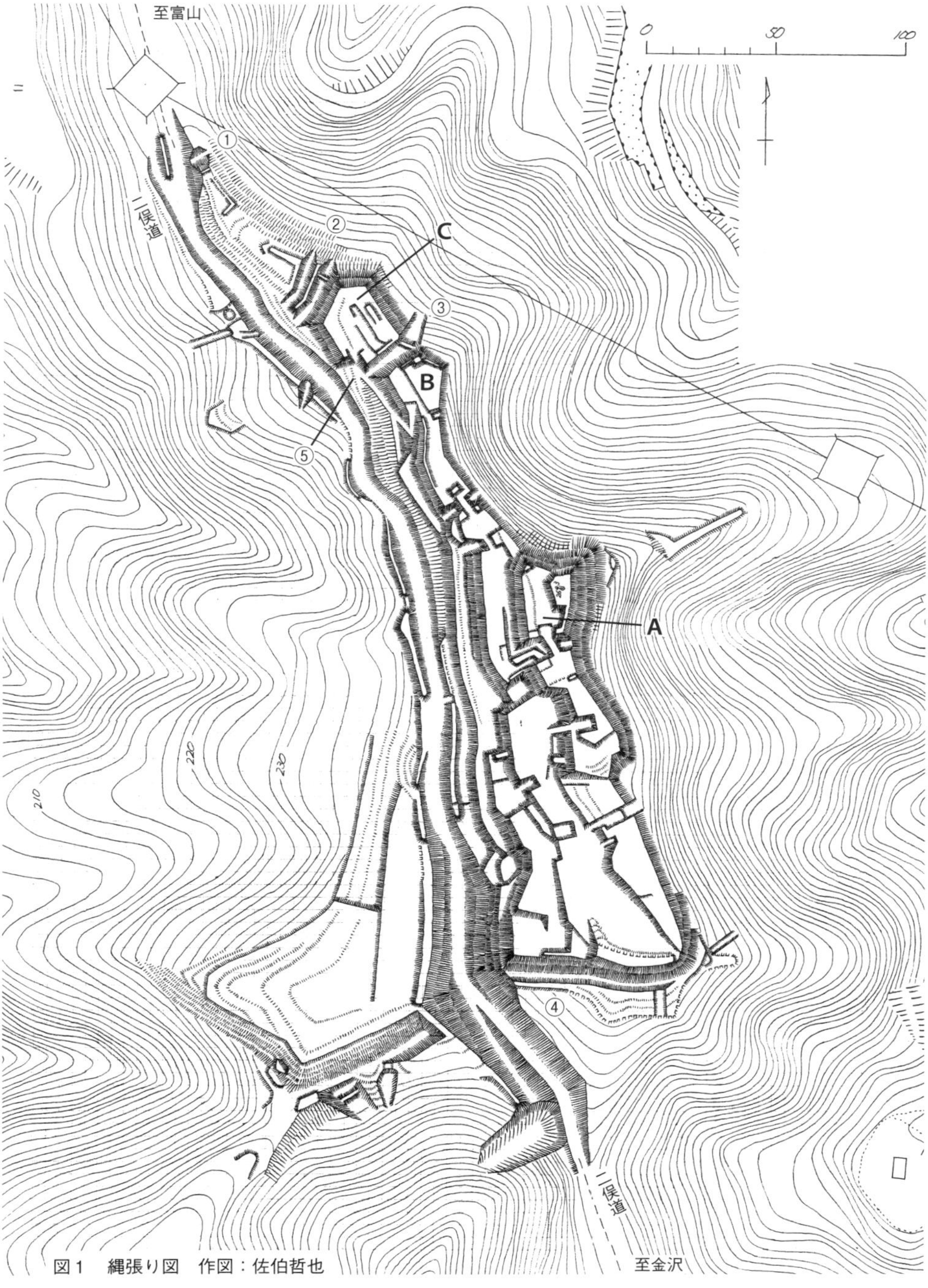

図1　縄張り図　作図：佐伯哲也

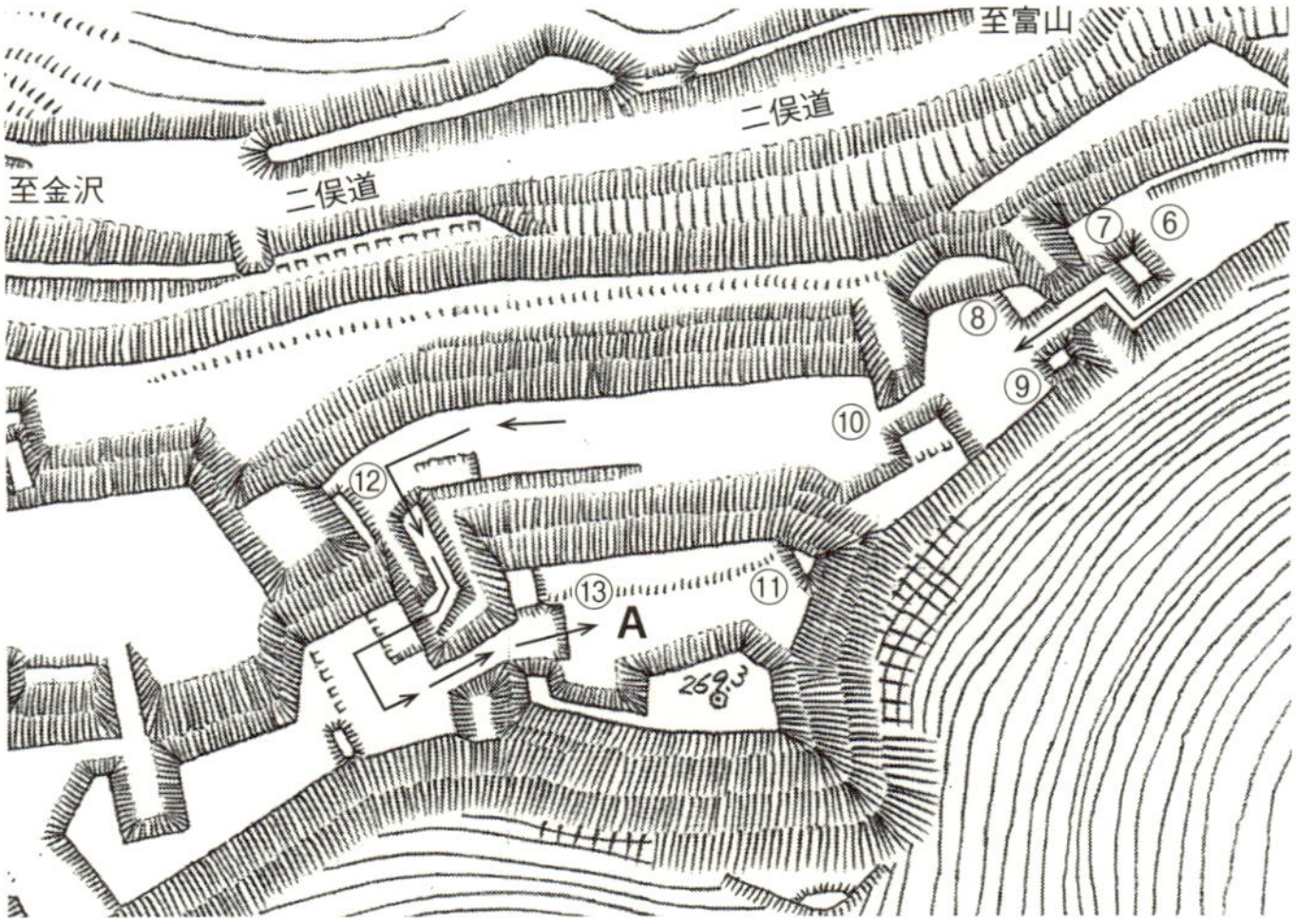

図2　主郭付近拡大図　作図：佐伯哲也

城内に入る虎口は⑤で、かなり越中側に偏った場所に設けられている。この結果、高峠城から進軍してきた前田軍は長時間、城内からの横矢攻撃に晒されるが、越中側から進軍してきた佐々軍は簡単に入れる。虎口⑤から城内に入るとき、敵軍はB・C曲輪から横矢・後矢に晒される。虎口⑤に入らない敵軍は堀切③の堀底を進むことで、土塁と櫓台に武装されたB曲輪からの横矢攻撃に晒されることになる。

しかし、虎口⑤そのものは単純な虎口で、土塁等で構築されていない。さらに虎口⑤が突破されてしまえば、C曲輪は孤立してしまう。発展途上の縄張り技術が見え隠れする構造である。

B曲輪を突破した敵軍は、外枡形虎口⑥に到達する（図2）。すると、櫓台⑦⑧⑨の両方から横矢攻撃を受けることになり、また、城兵が櫓台⑦から撤退するとき、櫓台⑧⑨から援護射撃してもらうことができる。まことにもって合理的な構造だ。虎口⑩は平虎口だが櫓台を備えており、さらに頭上の主郭Aの櫓台⑪に監視されている。

敵軍は主郭Aの横矢に晒されながら、虎口⑫に到達する。ここでは、両方を竪堀で削られた土

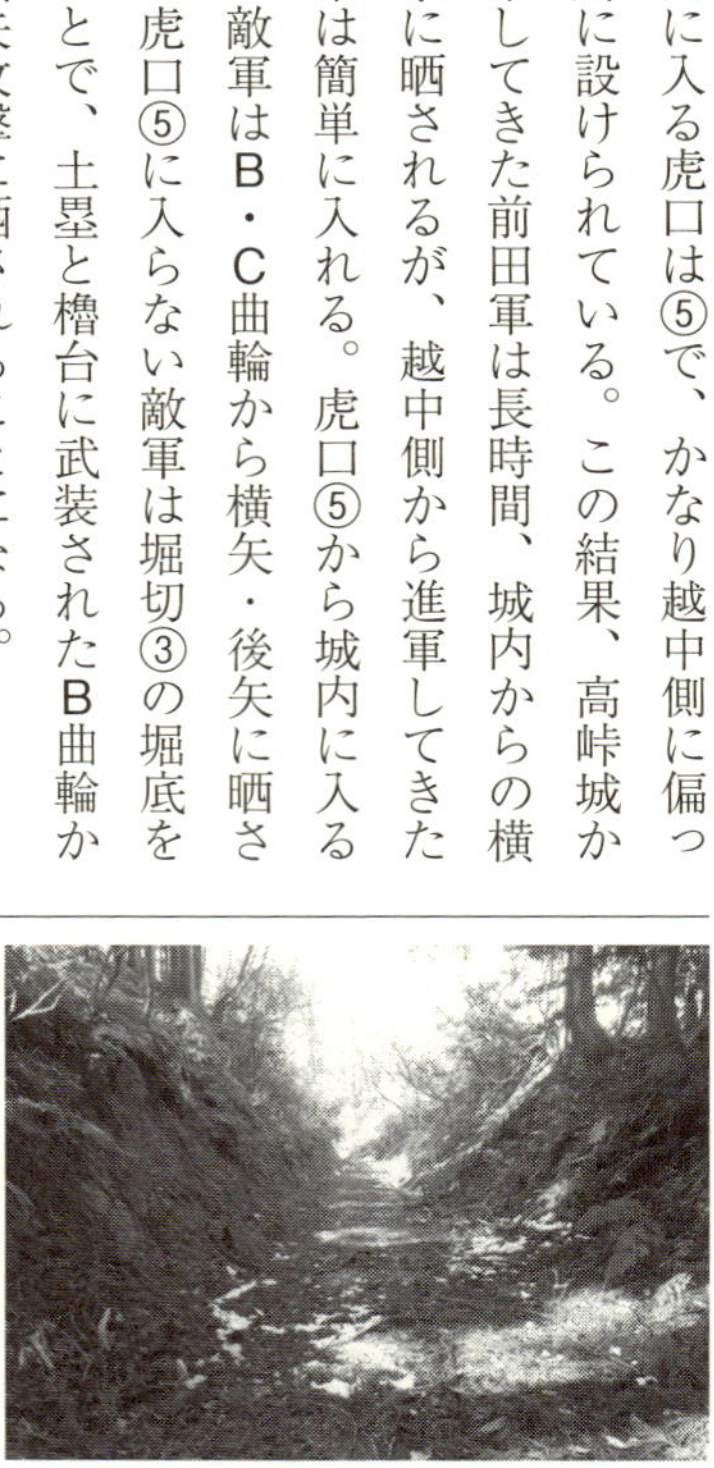
城跡に隣接する二俣道

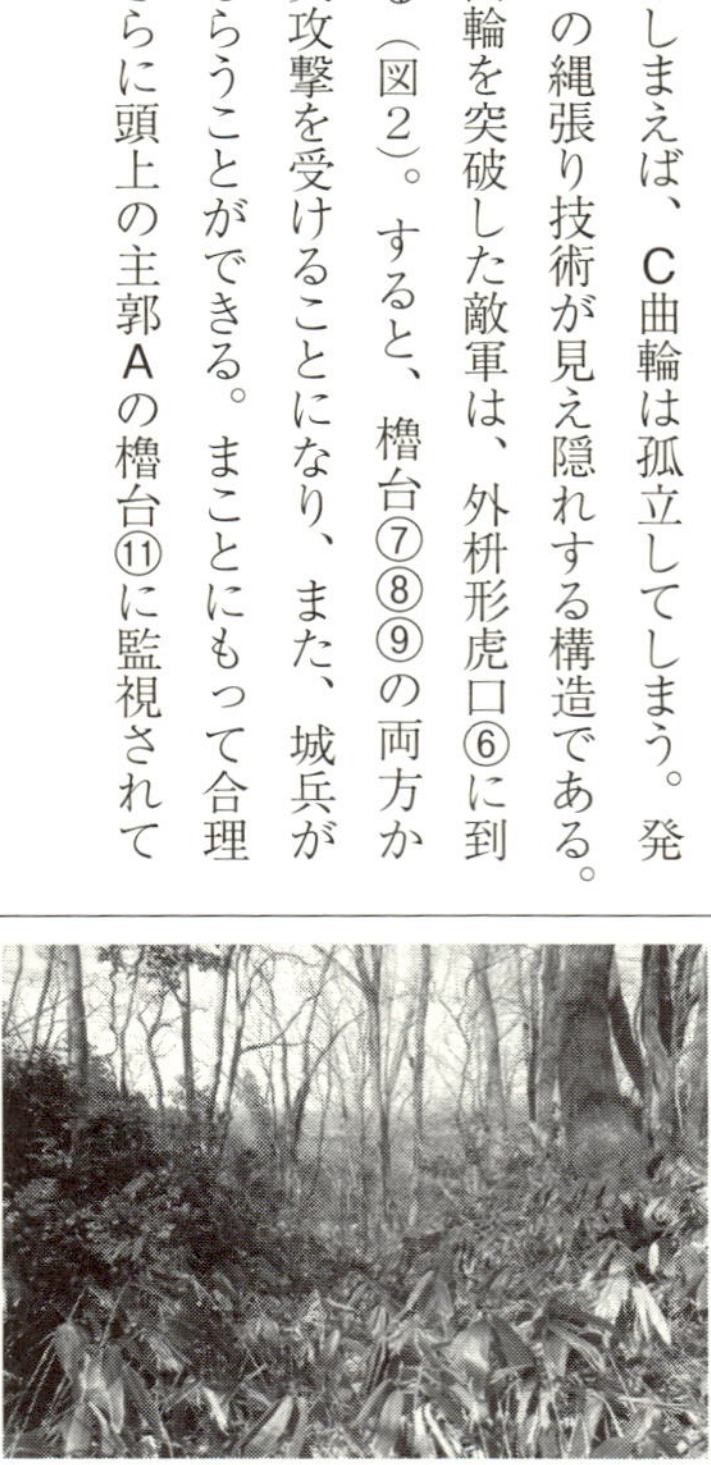
堀切③

橋通路の上を歩かされ、さらに主郭虎口⑬の櫓台から横矢を受けることになる。簡単な内枡形虎口を突破し、一八〇度屈曲して、ようやく主郭虎口⑬に到着する。このように、虎口⑤から主郭虎口⑬までは、ルートが計画的に設定されていることを読み取れる。

以上、述べてきた縄張りをまとめると、

1、城域が二俣道[＊2]に接する。
2、加賀側（高峠城方向）から進攻する敵軍を食い止めるために、大堀切を設けている。
3、大手虎口から主郭まで、計画的に設定された通路を明確に読み取ることができる。
4、虎口が枡形虎口に発達し、また、要所要所に土塁や櫓台を設けて防御力を増強している。

このように、高度な縄張り技術をもって構築されていることが判明する。しかし、虎口⑤や無計画に配置された雑多な平坦面も目立つ。おそらく、成政改修以前の遺構と考えられる。盛政時代から存在していたことを物語る傍証といえよう。

加賀側を遮断する大堀切④

【まとめ】　この特徴は松根城と酷似しており、伝承通り天正十二年に前田軍を加賀荒山城で食い止めるために佐々成政が大改修したと考えられる。しかし、城域の西側には雑然とした曲輪が並び、東側の計画的な曲輪とは明らかに違った縄張りである。伝承では、佐久間盛政の城郭が先に存在していたというが、さらに、その先からも存在していた可能性を示す縄張りである。

＊2　二俣道は別名蓮如道とも呼ばれ、中世における加越をつなぐ重要な街道だった。このため、一向一揆関係の城郭が古くから存在していた可能性を指摘することができる。加越国境城郭で、一向一揆の伝承が残る城郭は朝日山城がある。

高切岸が曲輪を取り巻く一向一揆の城

39 堅《かた》田《だ》城《じょう》

①金沢市堅田町
②観法寺城、岩出城
③標高113.3m、比高80m
④B（少し登る、やや登城しにくい）

【立地】　城跡の山麓を北陸街道の脇道小原道[*1]が通る、交通の要衝にある。

【城主・城歴】　古記録は非常に乏しく、「故墟考」に「寿永の役木曽義仲の営跡と言ひ伝ふ」と記載するのみである。しかし、後述のように遺構から、天正八年（一五八〇）に加賀一向一揆が築城した可能性が高い。

【城跡】　主郭は城内最高所のA曲輪。平坦面の北側に未整形部分が残っており、軍事的緊張が高まった結果、築城・使用された臨時城郭だった可能性を示唆する。

　主郭Aから下部のB曲輪に降りる虎口は、①②地点で確認できる。いずれも土橋通路に付属した単純な平虎口だが、①は主郭Aから、②は櫓台③から横矢が掛かる。C・D曲輪にも連絡用の土塁通路を設けている。いずれも二本で、上り下り専用通路だったようである。

　E尾根上にも、未整形ながら曲輪が構築されている。この

主郭を巡る高切岸。一向一揆城郭の特長の一つ

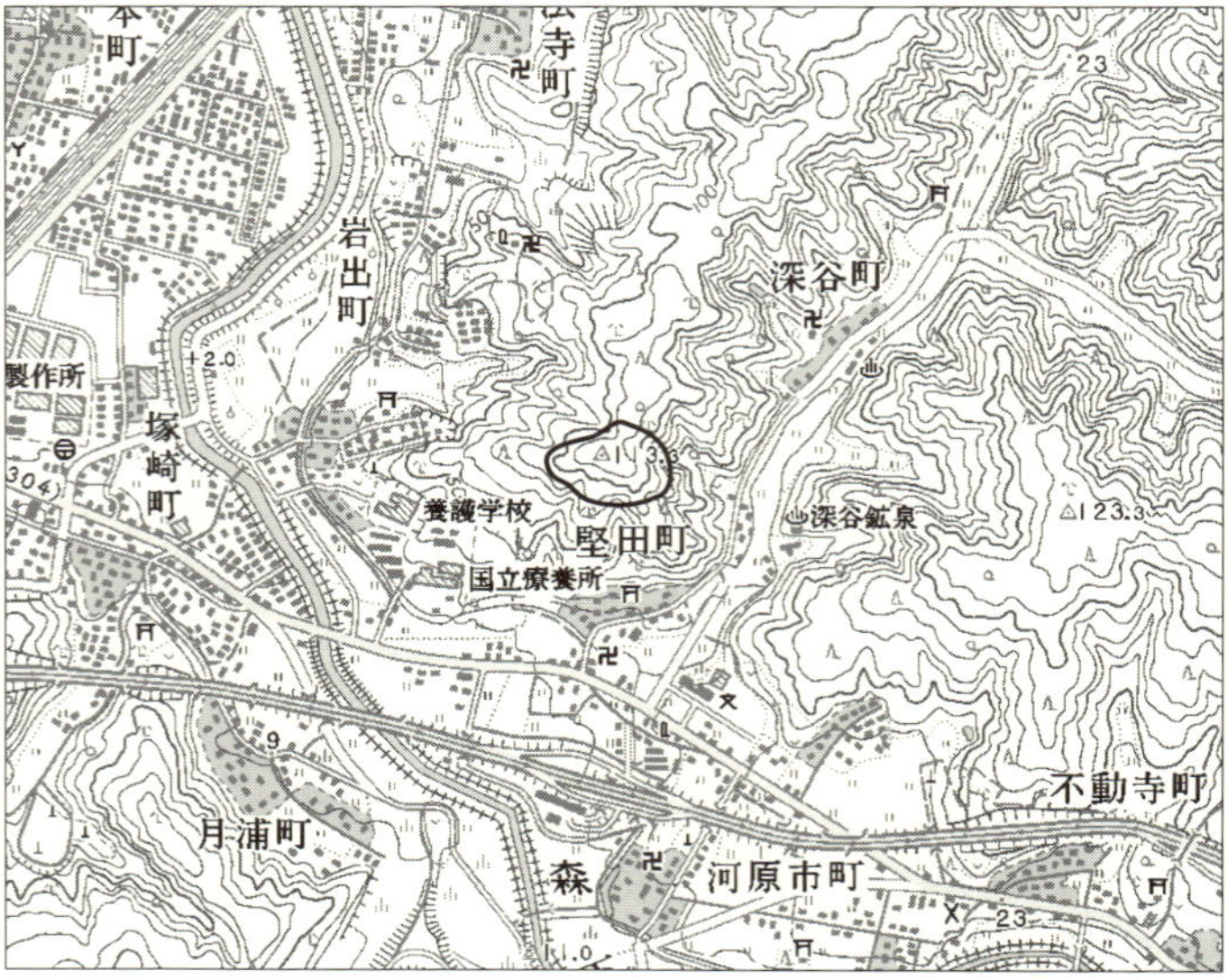

＊1『加賀の道Ⅰ　歴史の道調査報告書第三集』石川県教育委員会、一九九六年。

217 堅田城

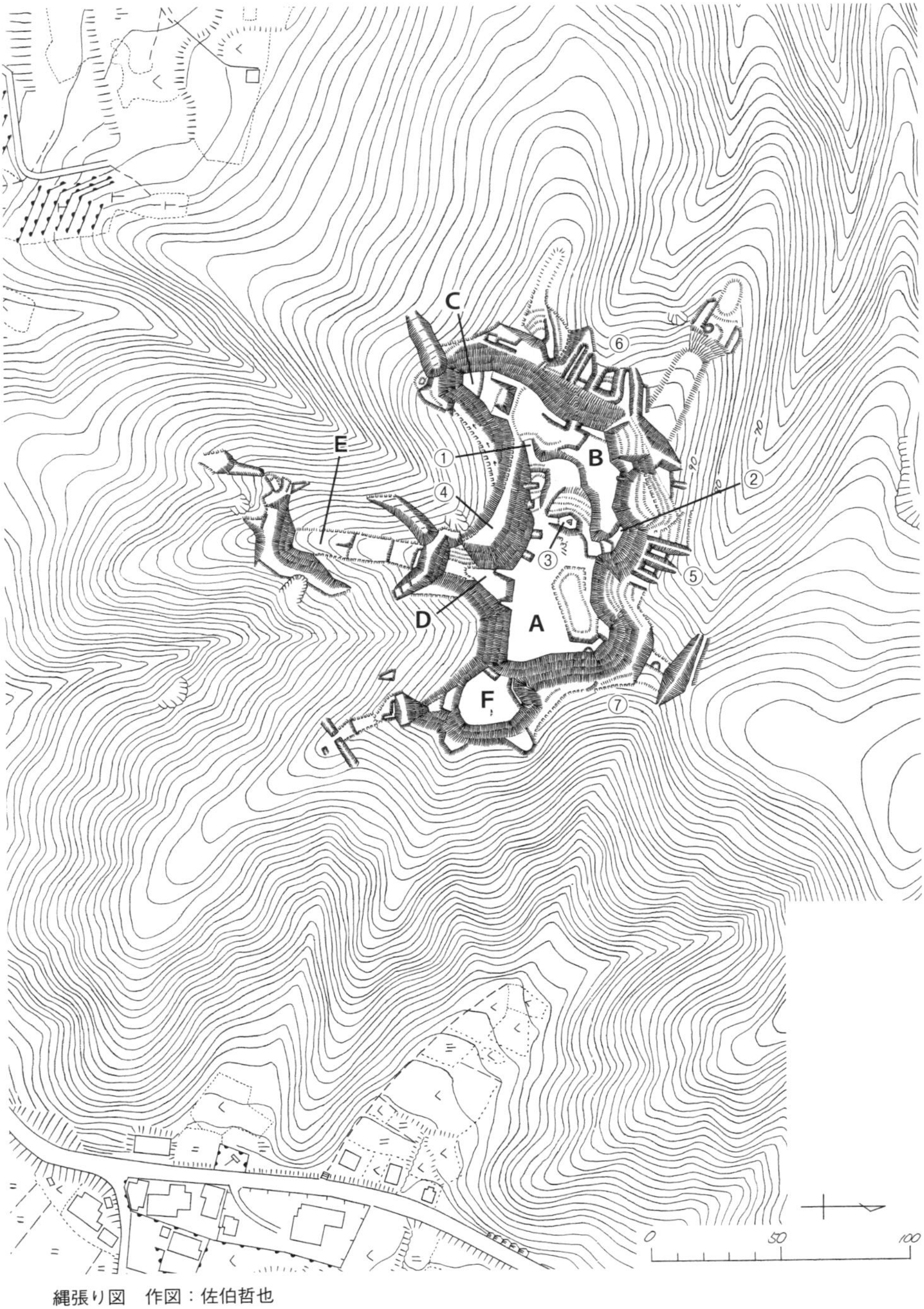

縄張り図　作図：佐伯哲也

曲輪に駐屯する城兵たちの撤退用の通路として、腰曲輪④がある。もちろん、敵軍が進攻してくる可能性もあるので、上部の主郭Aから長時間、横矢が効くように設定している。

このように、単純ながら曲輪間の通路を設定しているのに、F曲輪だけは通路を確認できない。しっかり削平された重要な曲輪と推定されるが、なぜ通路を設けていないのか、判然としない。

堅田城で注目したい遺構が二点ある。一点目は、主要曲輪群を取り巻く鋭角の高切岸である。高切岸は高い場所では一四メートルもあり、しかも傾斜は約四十五度もあり、直登は不可能。つまり、敵軍の攻撃を完全に遮断

櫓台③

しているのである。

二点目は、⑤⑥地点の畝状空堀群。地元では「ささら堀」と呼ぶ。切岸直下の全周に設けるのではなく、地形が穏やかで敵軍が移動しやすい北、および西直下のみ設けている。高切岸により行く手を阻まれた敵軍は、高切岸直下を横移動しようとするが、畝状空堀群によって動きが鈍る。鈍った敵軍に対して城内から弓矢が放たれ、敵軍は大損害を被ったことであろう。敵軍との激闘が想定される畝状空堀群の高切岸は、城兵を保護するために、とくに高くなっている。

高切岸と畝状空堀群がセットになった防御施設は、同じく金沢市の高尾城でも見られ、やはり未整形部分を多く残しており、畝状空堀群を部分的に用いる。高尾城は天正八年（一五八〇）、

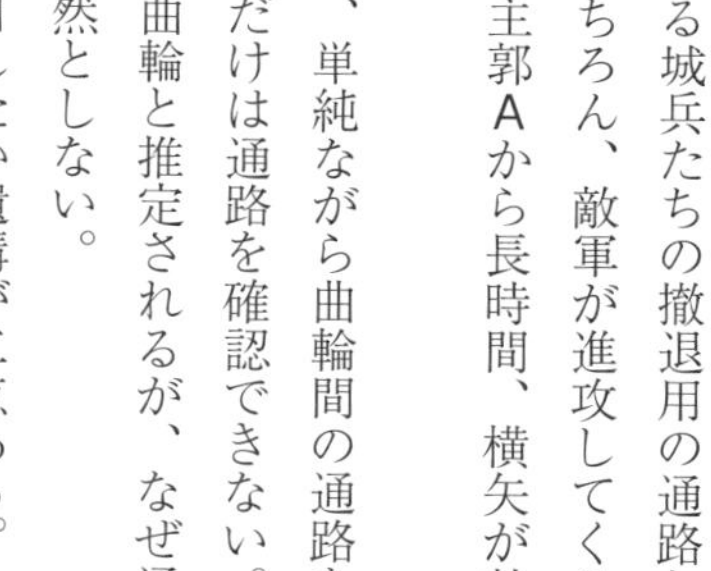

麓の案内標識。非常にわかりやすい

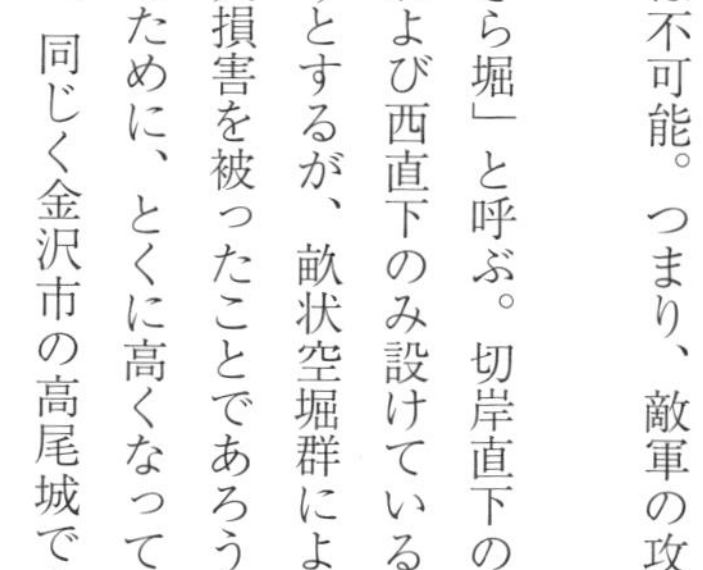

主郭に立つ説明板

堀切⑦。鋭く遮断している

織田軍の加賀進攻に備えるため一向一揆が構築したと考えられることから、堅田城も同時期に一向一揆が構築した臨時城郭と考えられる。

【発掘調査による成果】　堅田城南山麓には、堅田B遺跡と呼ばれる中世の館跡が存在する。[*2] 注目されるのは西堀で、明確な屈曲箇所が認められる。堀を最終的に廃棄した年代は一四世紀後葉と考えられており、横矢が認められる室町初期の堀として注目したい。館は一三世紀第二四半期に成立し、一四世紀後半に堀を埋めるなどして規模を縮小し、館としては一五世紀前半まで存続していたと考えられる。

出土遺物は多く、食膳具・調理具・貯蔵具・暖房器具・武具・馬具・履物・祭祀具・遊具が出土している。館の規模は方一町もあるため、かなり有力な地方領主の居館と推定される。

【まとめ】　堅田B遺跡は一五世紀前半に廃絶し、堅田城は明らかに一六世紀後半の城郭である。したがって、両遺跡の存続年代は重ならず、山頂の詰城・山麓の居館という図式は成立しなかった。至近距離にあるからといって、山城と館がセットにならない好例といえよう。

堅田城および高尾城は、天正八年に加賀一向一揆が築城したと考えられる。いずれも未整形部分が多く残っているため、急遽築城されたのであろう。迫り来る織田軍との軍事的緊張が、肌身に染みて理解できる城郭といえるだろう。

*2　『市内城館跡調査報告書』金沢市埋蔵文化財センター、二〇〇四年。

整備された遊歩道

惣構が残る金沢城の支城

40 鷹之巣城《たかのすじょう》

①金沢市瀬領町
②ー
③標高242m、比高100m
④A（城内まで車が入る）

【立地】　鷹之巣城は、浅野川と犀川《さいがわ》に挟まれた丘陵上に位置する。その丘陵は北西側に伸び、約九・六キロの地点には金沢城がある。「故墟考」が、鷹之巣城を「南を正門として尾山（金沢城）の番城とす」と記載している通り、金沢城の支城と考えられる。

【城主・城歴】　「故墟考」によれば、天正四年（一五七六）、平野神右衛門が居城していたという。天正八年に佐久間盛政が尾山（金沢）城に居城すると、配下の柘植《つげ》喜左衛門を置いたといい、また、柴田勝家の部将・拝郷家嘉《はいごういえよし》を置いたともいう。しかし、一次史料で確認することはできない。

天正十三年三月、佐々成政は鷹之巣城を襲撃して付近の村々に放火するが、前田利家が金沢城から出撃してきたため、成政は越中へ退却している。成政自ら出撃するところに、鷹之巣城の重要性を物語っている。鷹之巣城を奪取すれば、利家の居城金沢城を直撃することができる。鷹之巣城の存在は、きわめて重要と言えよう。

【城跡】　現在は城跡を貫くようにして林道が造成され、一部、遺構が破壊されている（図1）。幸いなことに「鷹巣古城大略分間図」[＊1]（文化元年〈一八〇四〉作成）と「鷹巣山城跡之図」[＊2]（文政四年〈一八二一〉作成）の二枚の絵図が現存し、非常に信憑性が高いことが判明している。この二

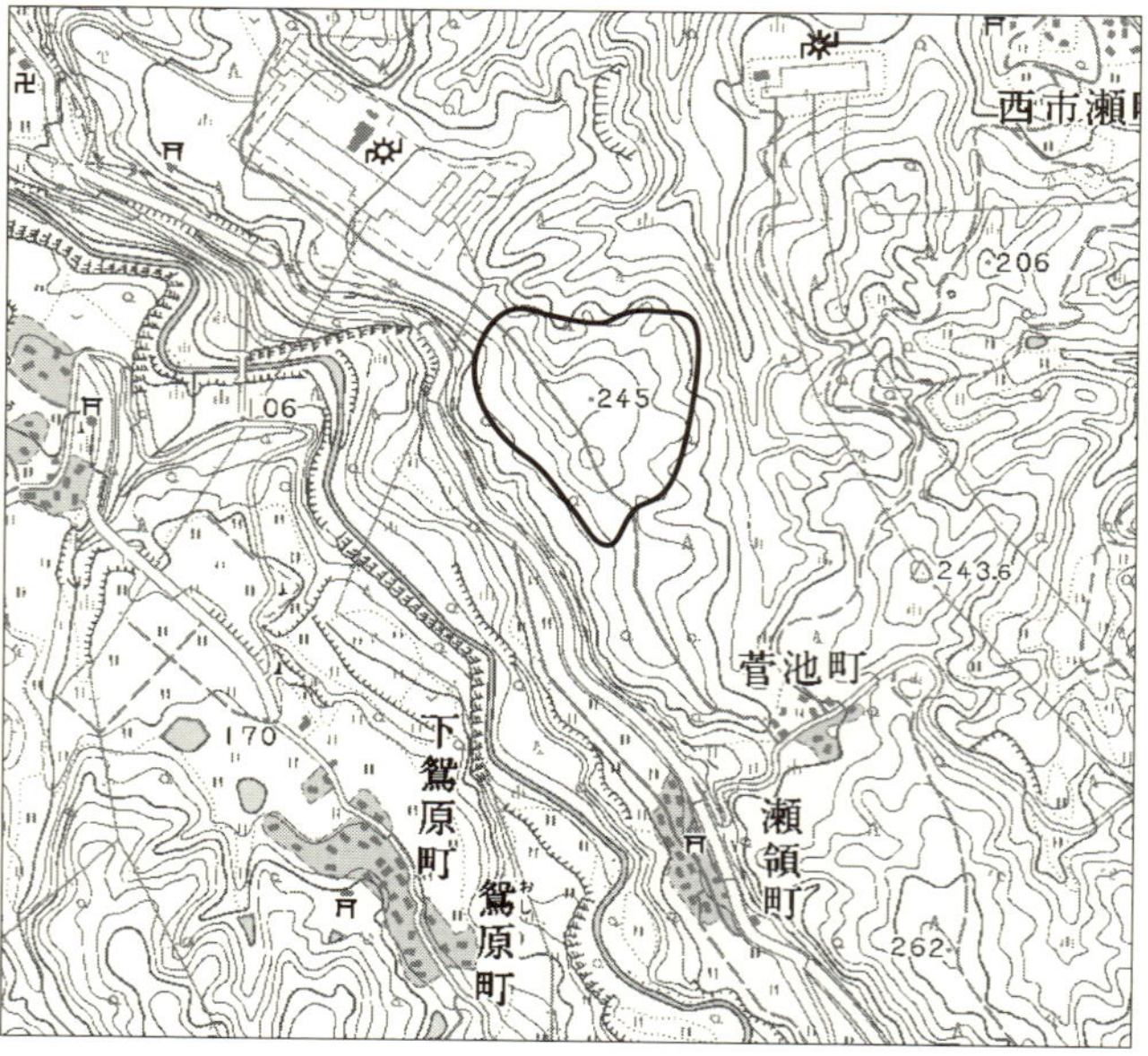

＊1・2『金沢市鷹巣城址緊急調査報告書』金沢市教育委員会、一九八〇年。

枚の絵図を元に復元したのが図2である。以下、図2を基に説明する。

主郭はA曲輪。北・東・南側に塁線土塁を巡らしており、B・E曲輪より上位の曲輪であることを示している。

注目したい点は三つある。一点目は、D曲輪から主郭Aに入るには、いったんB・C曲輪を経由しなければならないことである。これにより主郭Aは、B・C曲輪という二つの連続した馬出曲輪を配置していたことが判明する。土橋①はB曲輪からの横矢が掛かり、土橋②は主郭Aからの横矢が掛かっている。し

主郭Aを巡る横堀

図1　縄張り図　作図：佐伯哲也

かも、小規模だが竪堀③を設けているため、主郭Aの横矢に晒されながら土橋を通過し、B曲輪に入るのは、きわめて困難だったであろう。

　二点目は、B・C曲輪共に塁線土塁や横堀を巡らすが、上位曲輪方向には設けていない点である。この結果、C曲輪に侵入した敵軍はB曲輪から攻撃に直接晒されることになる。一方、B曲輪の城兵は土塁によって保護されているため、C曲輪の敵軍からの攻撃を遮断することができる。つまり、敵軍がC曲輪に侵入したとしても、城兵からの

B曲輪を取り巻く塁線土塁

図2　復元図　作図：佐伯哲也

攻撃により長時間保持できず、結局は退却せざるをえなくなるわけである。同様のことが、B曲輪にもいえる。

三点目は、土塁通路を設けている点である。C曲輪に入るには、④～⑤の土塁通路を通過しなければならず、さらに櫓台⑥を設けて「横矢」ならぬ「後矢」を効かせている。C曲輪に入る前から、敵軍は城兵からの攻撃に晒されているのである。

このように、A・B・C曲輪は完全に連動しており、B・C曲輪に対する主郭Aからの求心力はきわめて強力である。織豊系城郭の特徴をよく表していると言えよう。

B曲輪の虎口③

D曲輪は城内最大規模の外郭で、その外側には塁線土塁と横堀がセットになった長大な惣堀を設けている。惣堀を設けることにより、主郭A～F曲輪を一体化させることに成功している。しかし、惣堀は林道から下の曲輪まで及んでいない。さらに、主郭Aからの求心力もほとんど及んでいない。明らかに異質な曲輪群である。虎口等も明確になっていないことから、古い時代の遺構、おそらく平野氏時代の遺構ではなかろうか。

【まとめ】以上、述べたように、主要曲輪群は機能分化の明確化・馬出曲輪の設置・惣堀の設置など、織豊系城郭の特徴を示している。主要曲輪群は天正八年の佐久間氏以降、特に前田利家により大改修されたのではないだろうか。

主郭Aに立つ案内板

B曲輪を巡る横堀

一向一揆の縄張り技術を示唆する城

41 高《たか》尾《お》城《じょう》

①金沢市高尾
②多胡城、富樫城
③標高191m、比高140m
④B（少し登る、やや登城しにくい）

【立地】　城跡からの眺望はすばらしく、加賀平野が一望のもとだ。また、山麓には、加賀一向一揆の拠点金沢御堂と、一向一揆の金城湯池《きんじょうとうち》だった白山山内地域を繋ぐ街道が通っている。まさに、一向一揆にとって要衝中の要衝と言えよう。

【城主・城歴】　加賀守護富樫氏代々の居城とされる。築城年代は、麓の富樫氏館が一四世紀頃に構築されていることから、高尾城も同時期に富樫氏により築城されたと考えられている。一五世紀末になると、加賀一向一揆は在地勢力に大きな影響力を持つようになり、この結果、守護権力強化を目指す加賀守護・富樫政親と激突することになる。史上有名な高尾城攻防戦である。

『官地論』*1によれば、加賀一向一揆は政親の大叔父（政親の祖父の弟）で元加賀守護の泰高《やすたか》を総大将に推戴し、長享二年（一四八八）六月七日未明より政親が籠城する高尾城を攻撃する。「守護」を打倒するには、一向一揆単独では実現せず、「元守護」の権威が必要不可欠だったのである。政親方は少人数で善戦したが、守護代・山川高藤《たかふじ》の戦線離脱が致命傷となり、九日に高尾城は落城し、政親は自害する。

これにより守護体制が崩壊し、「百姓ノ持タル国」と言われるように、百姓たちによる共和制の国が誕生したという。しかし、泰高が加賀守護に再就任し、さらに守護職はその孫稙泰《たねやす》へと受

＊1　「史料戦国Ⅲ」。

け継がれていく。つまり、政親が泰高に替わっただけで、室町幕府体制によって加賀国は支配され続けたのである。

　また、加賀一向一揆の拠点・金沢御堂が天文十五年（一五四六）に建立されると、加賀一向一揆の支配層である御堂衆や、本願寺から派遣された内衆が加賀国を支配する。百姓共和国など、どこにも存在しなかったのである。

　挙句の果てに、御堂衆と内衆が加賀の

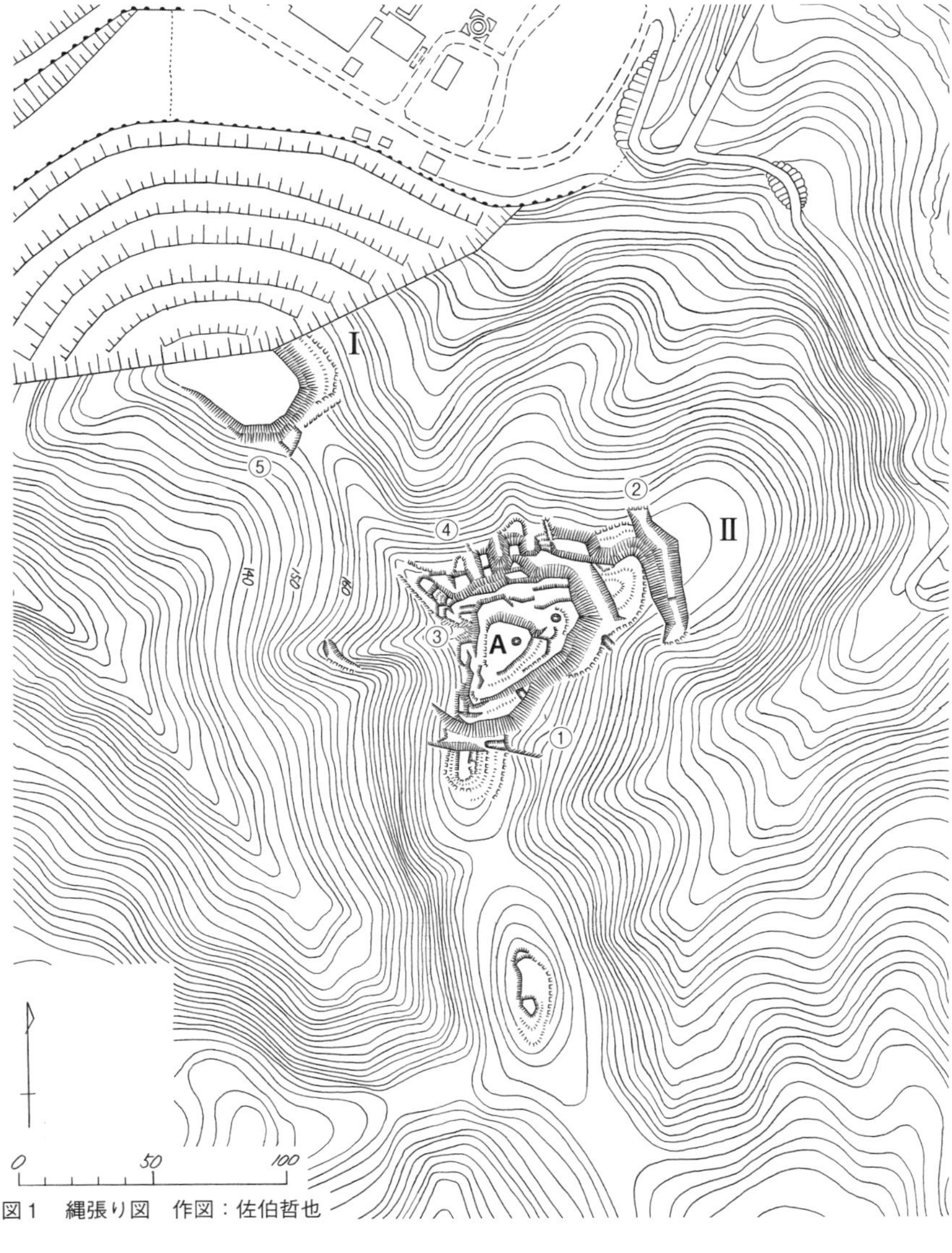

図1　縄張り図　作図：佐伯哲也

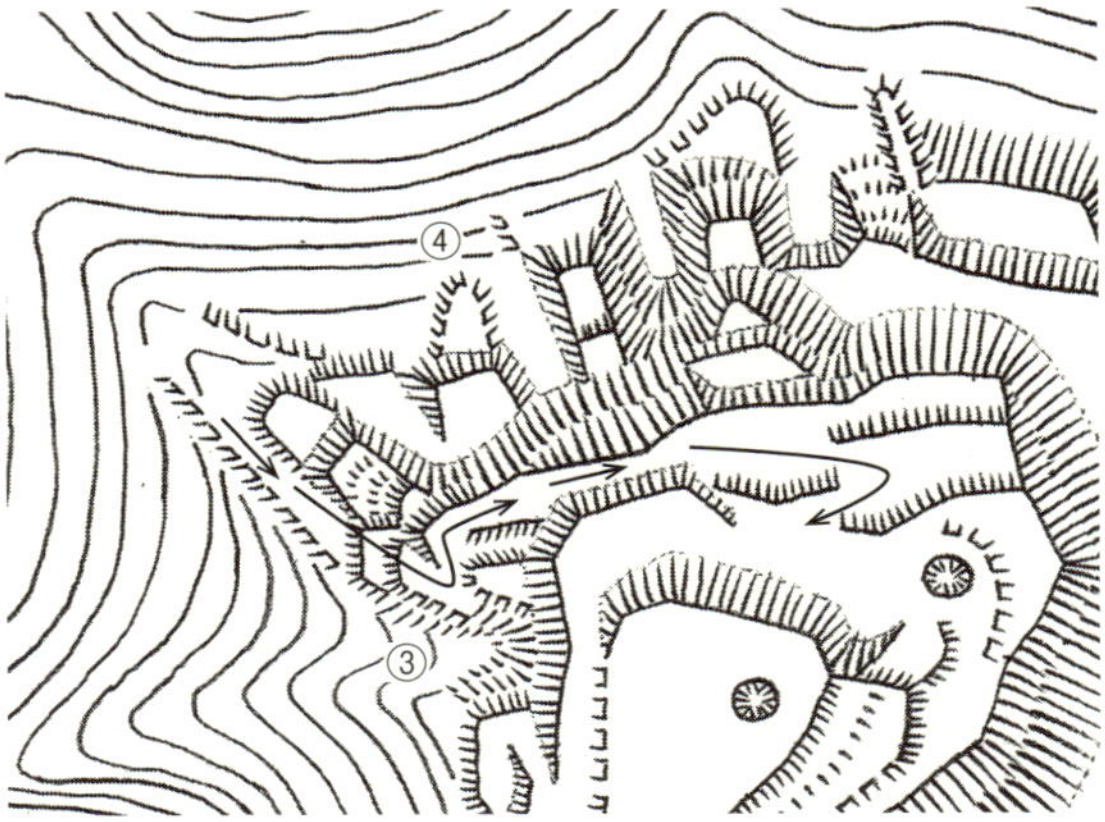

図２　虎口③周辺拡大図　作図：佐伯哲也

支配権を巡って内部闘争を繰り広げる始末である。百姓共和国を夢見て立ち上がった領民たちは、醜い権力闘争に終始する一向一揆の上層部を、どのような思いで見つめていたのであろうか。

【城跡】　城域は、ジョウヤマ地区（Ⅰ）・コジョウ地区（Ⅱ）の二地区に大別できる。高尾城は、昭和四十五年の土砂採取により全壊したと思われていた。Ⅰはほぼ全壊しているが、Ⅱの遺構は完存している。

Ⅱの主郭はA曲輪（図１）。南および東側の尾根続きには堀切①②を設け、完全に遮断する。しかし、Ⅰに繋がる北側の尾根には堀切を設けず、さらに虎口③を開口するため、ⅠとⅡは親密性の強さを物語る縄張りとなっている。虎口③（図２）は、矢印のように進んだと考えられ、少人数しか進むことができず、長時間、城内の曲輪から横矢が掛かるように設計されている。単なる平虎口より、技術的に進歩した虎口と言えよう。

注目したいのは畝状空堀群④で、虎口③に入らない敵軍が、北斜面を横移動するのを阻止するための防御施設だ。進攻速度が鈍った敵軍に対して城内から弓矢などが浴びせられ、敵軍は多大な損害を被ったことだろう。つまり、虎口③と畝状空堀群④はセットでの防御施設と考えることができ、両者は同年代に同一人物により構築された可能性を示唆する。

主郭Aの周囲には雑然とした段を設けており、さらに平坦面には自然地形も残る。これに対し

Ⅰに立つ説明板

整備された遊歩道

て、急斜面である西側を除けば、北・東・南の三方に鋭角の高切岸が巡っている。つまり、居住施設である平坦面は未完成なのだが、防御設備は完成していることになる。したがって、軍事的な目的で築城された臨時城郭の可能性が高い。

Ⅰは破壊がひどく、詳細は不明。しかし、周囲に高切岸を巡らせる点はⅡと同様である。さらに南側に両竪堀⑤を設けるが、完全に尾根続きを遮断しておらず、これもⅡとの親密性を物語る縄張りとなっている。

以上述べたように、Ⅱの縄張りは、計画的に構築された虎口③と同時期に構築された畝状空堀群④の存在、そして臨時性が高いことから、一六世紀末に軍事的緊張が高まった結果として築城された、短命の城郭と考えられる。つまり、長享二年の攻防戦のときは存在していなかったのである。金沢御堂と白山山内地域を繋ぐ街道沿いに位置していること、畝状空堀群の使用方法が堅田城と同じことから、天正八年（一五八〇）の織田軍進攻にあたり、Ⅱは加賀一向一揆が急遽築城したと考えられるのだ。

それでは、富樫政親が籠城した高尾城は残存していないのであろうか。わずかながら可能性を残すのはⅠである。Ⅰの現存遺構は一六世紀後半だが、地中には政親時代の遺構が存在している可能性は残る。しかし、ほぼ全壊状態なので、立証するのは困難と言えよう。

【まとめ】　加賀守護・富樫政親が自刃した悲劇の城として周知されてきたが、実は残存している遺構の大半は、戦国末期のものであることが判明した。さらに、一向一揆は稚拙ながらも横矢の掛かる虎口と畝状空堀群をセットで使用していることも判明した。これは、戦国末期の一向一揆の縄張り技術を知る上で重要な事実である。この事実を水平展開して、一揆の城郭を研究していくことが課題と言えよう。

堀切①

加賀百万石の居城

42 金沢城《かなざわじょう》

①金沢市丸の内
②尾山城
③標高59・5m、比高40m
④A（城内まで車が入る）

【立地】　加賀一向一揆の拠点、加賀百万石の居城として有名である。そして、北陸の大動脈である北陸街道と、飛騨へと抜ける塩硝《えんしょう》街道が城下直下で交わる交通の要衝である。

【城主・城歴】　加賀一向一揆の拠点・金沢御堂が構築されたのは天文十五年（一五四六）で、本願寺門徒だけでなく石川郡全体で費用負担したため「惣国普請《そうこくふしん》」と呼ばれた。

加賀一国を支配していた加賀一向一揆だが、天正八年（一五八〇）、柴田勝家軍の進攻により事実上滅亡する。金沢御堂陥落の時期は、勝家が閏三月二十四日、金沢一城（おそらく金沢御堂）以外の加賀は平定したと言っていること（柴田勝家書状*1）、金沢御堂家臣・波々伯部秀次《ひでつぐ》が六月二十三日の合戦で、「御山（金沢城＝柴田軍）之人数」（波々伯部秀次書状写*2）と述べていることから、四月頃に陥落したのであろう。以後、佐久間盛政が尾山（金沢）城主となるが、所領は北加賀（河北・石川郡）で、南加賀（能美・江沼郡）は柴田勝家が支配していた。*3

天正十一年四月、賤ヶ嶽合戦の後、河北・石川二郡を加増された前田利家は、七尾城から金沢城に居城を移す。以後、金沢城は加賀百万石の居城として、そして加越能三ヵ国の中心地として明治維新まで続くのである。

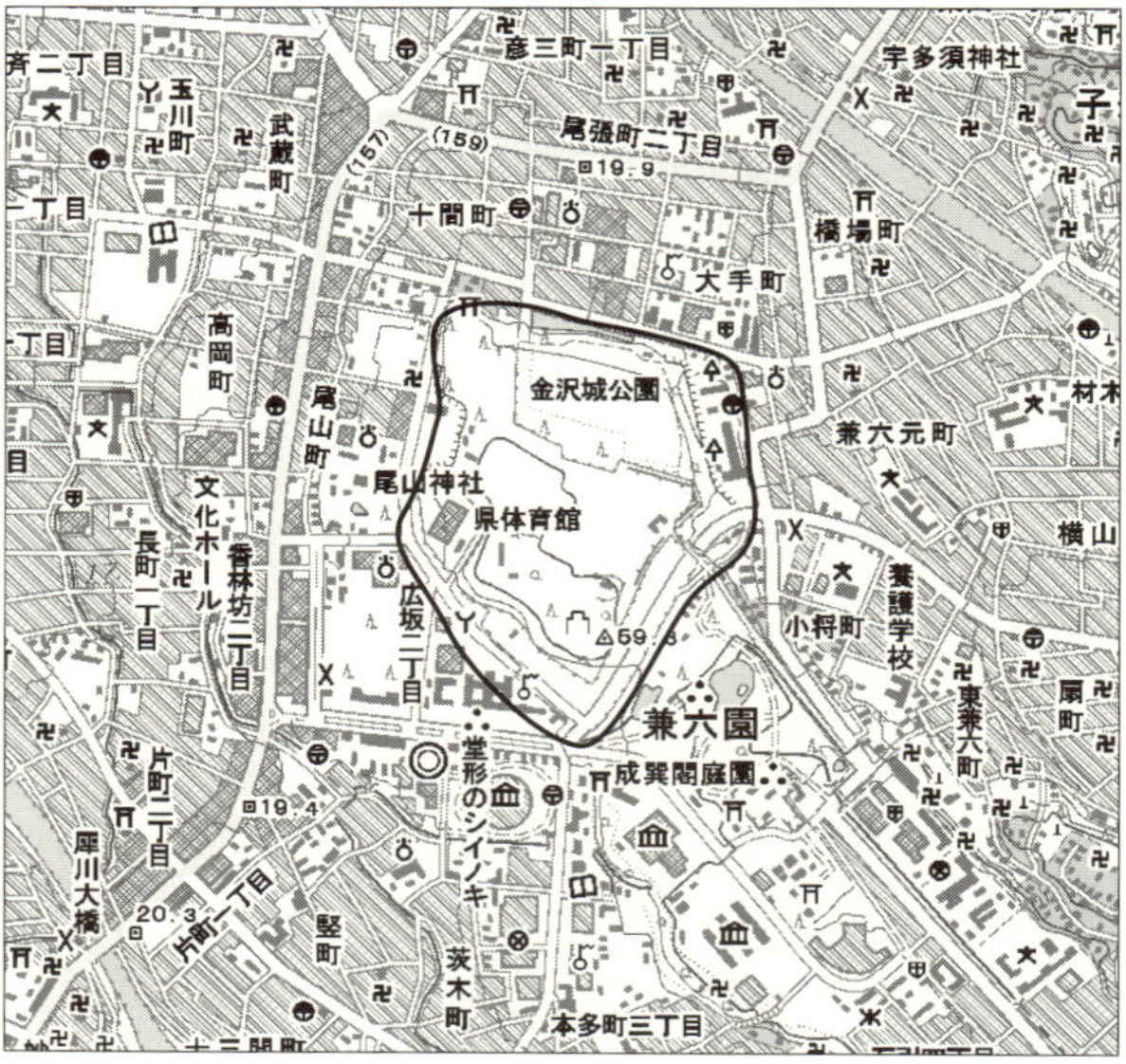

＊1　『金沢市史2』六六四。
＊2　『金沢市史2』六七四。
＊3　『よみがえる金沢城1』石川県教育委員会、二〇〇六年。

【城跡】　金沢城の主要曲輪群は、大手堀①・白鳥堀②・百間堀③・いもり堀④により防御されている。発掘調査などの結果、百間堀③が文禄元年まで、大手堀①と白鳥堀②が慶長初期に構築され、いもり堀④（旧いもり堀）が文禄年間から存在していたことが判明している。[*4]　したがって、金沢城の主要曲輪群の原形は、慶長初年頃に完成したと考えられる。

金沢城および城下町を包み込む惣構は、内惣構（⑤～⑧）が慶長四年（一五九九）、外惣構は慶長十五年に構築されたと考えられる。発掘調査の結果、外惣構の幅は、Ⅰ期は約一四メートル、Ⅱ期はおそらく一七世紀末頃に幅を一〇～一二メートルに縮小して再構築していることが判明した。[*5]　堀の内側には土塁が廻り、その幅は約六メートルと推定される。また、石垣はなかったことが判明した。

現存する最古の石垣は文禄元年（一五九二）のもので、本丸丑寅《うしとら》櫓台⑨から辰巳《たつみ》櫓台⑩の東面に残る。隅角は算木《さんぎ》積みを指向しながらも、長単の比率が一定化されていない未発達のもので、また、矢穴石も一面に数個しか見られない。

慶長年間の石垣は、金沢城大手門である尾坂門⑪付近、本丸辰巳櫓台⑩から⑫地点の南面に残る。尾坂門の石垣は、巨石（鏡石《かがみいし》）を用いており、大手口

上：金沢城を象徴する石川門　下：本丸丑寅櫓石垣。現存する金沢城最古の石垣で文禄年間のもの

＊4　＊3文献。

＊5　『西外惣構跡発掘調査現地見学会資料』金沢市埋蔵文化財センター、二〇〇五年。

唯一、水を湛えている大手堀

にふさわしい石垣になっている。[*6] 残念ながら、利家入城当初の石垣は現存しない。

利家時代の金沢城に天守閣が存在していたのは確実で、（天正十四年）六月七日前田利家朱印状[*7]に「去年かい置き候くろかね、如日起下候へく候、天守をたて候に付て入申し候」とあり、天守閣建設のための鉄を購入していることが判明する。翌天正十五年に天守閣は完成したらしく、同年四月に東北南部氏の使者とし

縄張り図　作図：佐伯哲也

て金沢を訪問した北信愛《きたのぶちか》は、天守閣の「くりん」（最上階）でもてなしを受けたと回想している。[*8]

しかし、天守閣の形状・位置などは不明である。天守閣は慶長七年（一六〇二）の落雷で焼失し、以降、三階櫓が天守閣の代用になった。三階櫓は本丸のほぼ中央に建っていたが、利家時代の天守は各地の事例から推定して、本丸のコーナーに建っていたと考えられる。一つの可能性として、本丸丑寅櫓台⑨付近を候補として挙げることができる。

金沢城の特徴の一つに、鉛瓦がある。一般には「戦いの際、鉛瓦を溶かして弾丸にするため」と言われているが、不純物が多く弾丸にはならないそうである。雪国ゆえ瓦破損防止のため、そして美観のために鉛瓦を使用したのだろう。

尾坂門石垣。大手門に相当するため鏡石を用いている

金箔瓦も使用されており、平成八年、大手堀外側の城下町より慶長期の金箔押軒丸瓦が出土した。[*9] しかし、なぜ城下町から金箔瓦が出土するのか、新たな疑問も生じる結果となった。平成十二年、旧いもり堀から金箔鯱瓦・金箔軒平瓦が出土している。旧いもり堀の埋立ては慶長期中頃以前と推定されるため、金箔瓦もそれ以前と推定される。[*10]

【まとめ】　金沢城の現存建造物として、石川門や三十三間長屋（いずれも国指定重要文化財）があり、白く輝く石川門の鉛瓦は金沢城の代名詞にもなっている。しかし、これらの建物はいずれも幕末の再建である。石垣や縄張りも、大部分は寛永の大火（一六三一）以降の大改修によるもので、創建当時の姿を残していない。現在も進行中の発掘調査によって、利家期の姿がよみがえるよう期待してやまない。

＊6　『金沢城を探る』金沢城研究調査室、二〇〇五年。
＊7　「武士編」第一章三―三。
＊8　＊3文献。
＊9　『金沢市前田氏（長種系屋敷跡）』石川県教育委員会、二〇〇二年。
＊10　『いもり堀第3次調査の概要』現地説明会資料（財）石川県埋蔵文化財センター、二〇〇〇年。

三十三間櫓。武器庫として使用されていた

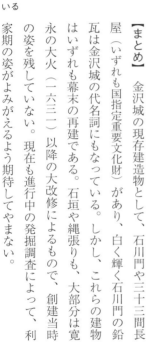

利家期の石垣が今も残る貴重な城郭

43 舟岡山城《ふなおかやまじょう》

①白山市八幡町
②剱（剣）城
③標高186・2m、比高50m
④B（少し登る、やや登城しにくい）

【立地】　能美郡との郡境には、手取川《てどりがわ》が流れている。そして、強力な一向一揆集団が形成されていた白山山内の出入口に位置し、さらに豊かな森林資源を一手に押さえることができる交通の要衝でもあった。

【城主・城歴】　築城年代、および築城者は詳らかにできない。「故墟考」によれば、長享年間（一五世紀末）に坪坂平九郎がいたとしているが、確証はない。

一般的に広く伝えられている城主として、若林長門《わかばやしながと》がいる。長門は本願寺内衆と考えられ、天正三年（一五七五）の織田信長の越前進攻にあたり、越前河野新《こうのしん》城（福井県南越前町）を守備している（『信長公記』）。河野新城陥落後に加賀へ撤退し、舟岡山城に立て籠もったのであろう。天正八年六月二十八日、白山山内衆が「山内之口」において柴田勝家軍三七〇余人を討ち取り、勝利を収めている（波々伯部秀次書状）[*1]。「山内之口」とあることから、槻橋《つきはし》城（石川県白山市）から舟岡山城辺りで合戦があったと推定され、もしかしたら若林長門も参戦していたかもしれない。

天正八年四月、加賀一向一揆の金沢御堂が陥落すると、一揆方はいくつかの拠点に分散して抵抗する。それも織田軍の掃討戦によりすべて落城したと考えられ、『信長公記』によれば、天正

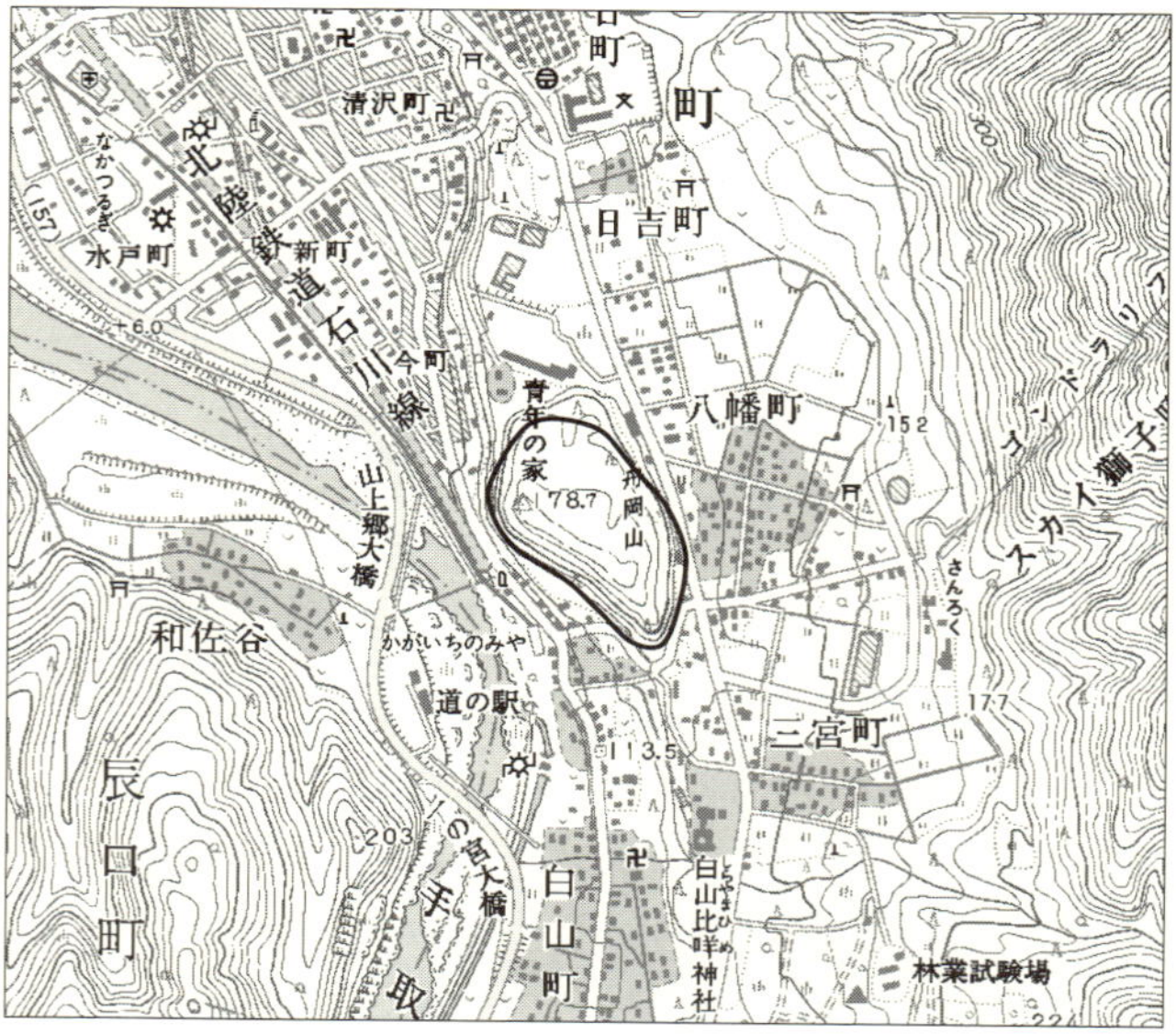

＊1　『金沢市史2』六七四。
＊2　『鶴来町史歴史編　近世・近代』鶴来町、一九九七年。
＊3　『舟岡山城跡』舟岡山城跡区域検討懇話会、二〇〇四年。

八年十一月十七日、柴田勝家が謀殺した加賀一向一揆の首謀者の中に、若林長門と子の雅楽助・甚八郎の名が見える。おそらくこのとき、柴田軍の攻撃を受け、舟岡山城も落城したのであろう。

天正十一年、加賀国河北・石川二郡が前田利家領となると、利家家臣の高畠定吉が城主となる。定吉は、利家の妹・昌を妻とする前田一門でもあった。舟岡山城は前田領南端の地にあり、さらに金沢城の重要支城として、前田一門を配置する必要があったのである。

定吉はさらに累進を重ね、文禄三年（一五九二）に石見守に叙任し、慶長四年（一五九九）二月、利家より白山村・劔村・槻橋村を含む約一万五千石の領地を賜っている（慶長四年二月前田利家知行所付状*2）。舟岡山城周辺の集落を重点的に賜っていることから、定吉が舟岡山城主だった可能性は高い。現存する石垣は、高畠定吉時代に構築されたものと考えられる。

舟岡山城の廃城時期は明確ではない。定吉は慶長五年、関ヶ原合戦で豊臣方に付くことを進言したため前田利長と対立し、慶長六年には剃髪隠居して京都に向かい、翌七年に死去する。おそらくこの頃から使用されなくなり、廃城になったのであろう。

【城跡】　主郭は中心のA曲輪であろう。両側にB・C・D曲輪を付属させている。明治五年の舟岡山地籍図*3によれば、①②にかつて土塁が存在していたことが判明する。相対する曲輪側に土塁を設けているのはA曲輪だけであり、これからもA曲輪が主郭であることが判明する。このほか、③④地点にも土塁が存在していた。したがって、敵軍の攻撃を受ける側には、すべて塁線土塁を設けていたのである。

舟岡山はなだらかな丘陵で、天然の要害をあまり期待できない。したがって、惣堀を⑤〜⑥〜⑦〜⑧と巡らして、主要曲輪群に敵軍が直撃するのを防いでいる。大手虎口は⑥。平虎口だが、東側の土塁から強力な横矢が掛かる。そして虎口⑥を突破すると、正面から櫓台⑨の攻撃を受け

入口に設けられた説明板

所々に設けられた案内板。非常にわかりやすい

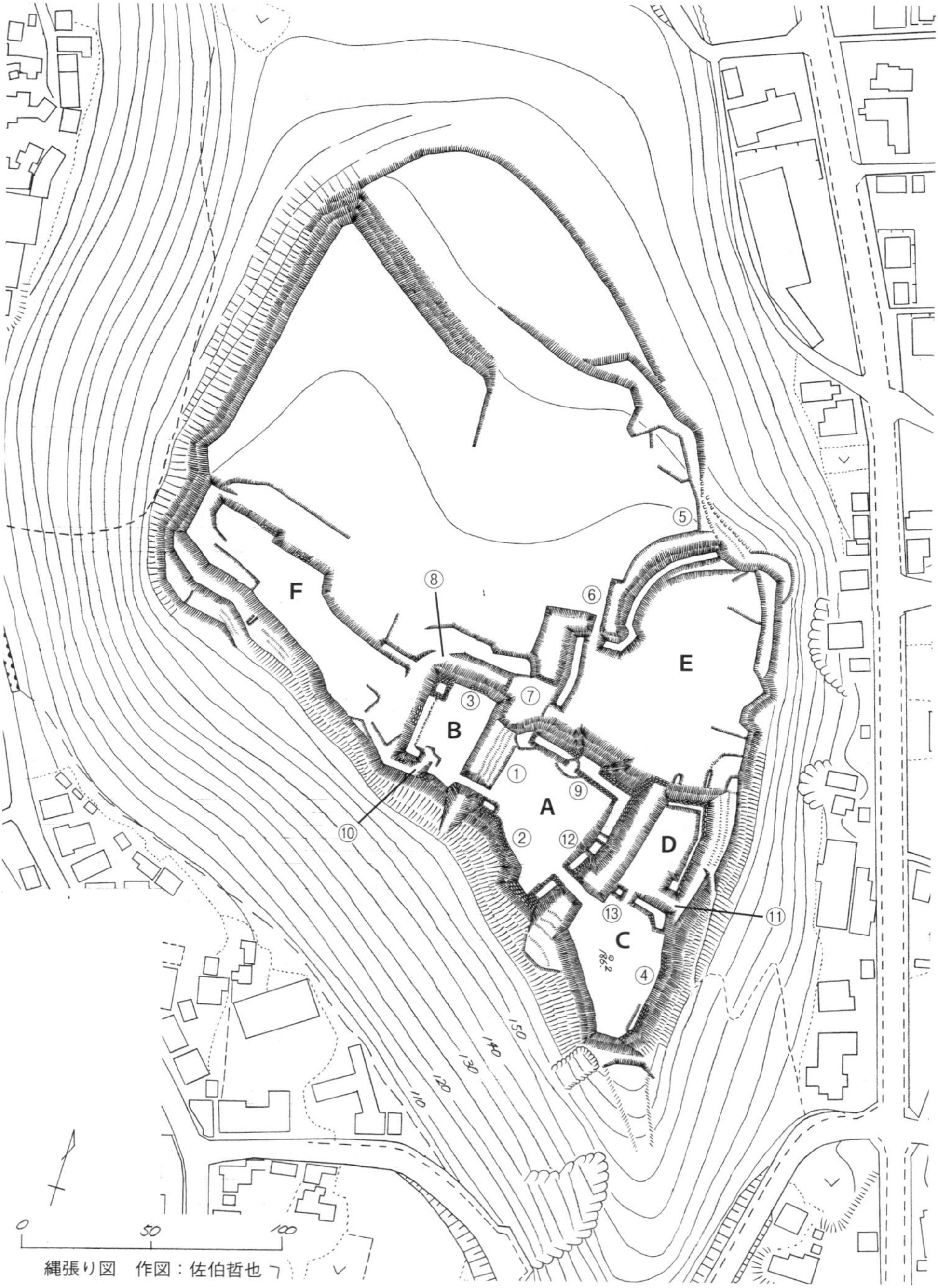

縄張り図　作図：佐伯哲也

てしまう。櫓台⑨は六×一〇メートルの城内最大の櫓台であり、さらに城内最高の高さ一〇メートルの高石垣が構築されている。主郭を守備する鉄壁な備えであるとともに、高さ一〇メートルの石垣に、登城してきた武士たちは驚嘆したことであろう。城主権力を誇示する演出と言える。虎口⑥からは⑦に直進し、そこから右折して⑧と進み、さらに左折してB曲輪の内枡形虎口⑩に入ったと考えられる。この間、すべて主郭A・B曲輪からの横矢に晒されている。

⑥から⑤に向かった敵軍もいたであろう。ここからも、D曲輪の横矢に晒されながら虎口⑪に向かう。虎口⑪を突破しても、主郭Aの櫓台⑫からの攻撃を受ける。さらに虎口⑬に入るときも、櫓台⑫からの横矢攻撃を受けてしまう。もちろん、C曲輪からの横矢も効いている。

このように、どのルートを通っても主要曲輪群からの横矢攻撃を受ける。虎口の構造そのものは単純な平虎口が多いが、櫓台で武装され、曲輪からの横矢が効いて、きわめて防御力の高い虎口となっている。また、主郭AからB・C・D・E曲輪は丸見えであり、従郭に対する主郭の求心力が強い。城主が強い権力をもっている証拠である。さらに、惣堀で城域をコンパクトにまとめている点にも注目したい。どれをとっても織豊系城郭の特徴であり、現存遺構の構築は天正十一年、高畠定吉の入城以降と推定したい。

F曲輪に塁線土塁は設けられておらず、虎口も枡形にまで発達していない。石垣もほとんど存在せず、主要曲輪群ともほとんど連動していない。定吉時代の改修は及んでいないのであろう。あるいは、若林長門時代の遺構かもしれない。

舟岡山城の特徴の一つに、石垣を多用している点がある。主郭A・B・C・D曲輪に広く分布するが、これほど広範囲に分布しているのは石川県内の中世城郭では七尾城のみであり、この点だけでも高く評価できよう。

櫓台⑧。総石垣造りとなっている

虎口⑪。両側は石垣で固められている

上：主郭Ａ南面の石垣。高さは６メートルもある
下：裏込石。厚さは約１メートルと推定される

石垣の特徴は、（a）現存する石垣のほぼ全域に裏込石を使用。（b）部分的に一メートルを越える巨石を使用。（c）隅角は算木積みだが長単の比率がそろわない初源的なもの。（d）矢穴はない。（e）最高所では一〇メートルにも及ぶ。（f）A～E曲輪には五輪塔等の転用石が見られるが、F曲輪には見られない。（g）角度は約七〇度前後、といった特徴が見られる。

天正八年以前の事例として、虚空蔵山城（旧辰口町）の石垣がある。石材は三〇～五〇センチ、裏込石は用いておらず、推定高さも二・五メートルだ。これに酷似しているのが、波佐谷城（小松市）と赤岩城（加賀市）で、三城ともに一向一揆段階の石垣である。つまり、高さが一〇メートルで裏込石を用いる舟岡山城の石垣は、一向一揆以降となる。

織豊系城郭であっても、天正九年の前田利家による七尾城（七尾市）、天正三年の佐々成政による小丸城（福井市）、そして天正八年以降、織田政権の部将により積まれたであろう鳥越城の石垣は、裏込石を用いているものの高さは四メートル以下しかない。したがって、舟岡山城の石

主郭Ａ南面の石垣。

主郭Ａ南東隅石垣。初源的な算木積みとなっている

垣の構築年代は天正十年以降となる。金沢城の最古の石垣は文禄元年（一五九二）のもので、石垣一面につき数個の矢穴が残る。しかし、舟岡山城の石垣に矢穴は残っていない。

以上の事例から、現存する舟岡山城の石垣は、天正十年から二十年に絞ることができる。したがって、天正十一年以降に高畠定吉（前田利家）が構築したと考えられる。豊臣秀吉直臣クラスの大名の石垣は、天正十年以降、飛躍的に発達している。おそらく、天正十一年から始まった大坂城築城が大きな影響を及ぼしているのであろう。

天正十一年から二十年に前田利家が舟岡山城を大改修した理由として、第一に白山山内衆に対する備えが考えられる。隠然たる実力を保持していた白山山内衆を押さえるために、石垣で固めた大城郭が必要だったのであろう。

第二に、領地境固めと推定する。舟岡山城は、丹羽長重《ながしげ》との領地境に位置し、利家領の南端を固め、金沢城を防御する重要支城として主要曲輪群を総石垣で固め、前田一門を置く必要があったのであろう。利家は、天正十三年に佐々成政との領地境に大峪城を築城し、重臣の片山延高《のぶたか》（伊賀守、最終石高一万石）を置く。前田家の威信を隣接大名に示すために、それが、たとえ同じ豊臣政権大名だとしても、大城郭を築城し、重臣を入城させることは必要不可欠なことだったのである。

【まとめ】 船岡山城は縄張り的にも、あるいは石垣的にも天正十一年から二十年に絞れそうである。前田利家期の石垣は、石川県内では七尾城と舟岡山城にしか現存せず、貴重な遺構だ。現在は遊歩道が整備され、古城の雰囲気を満喫することができる。過度な整備をすることなく、今後もごく自然な形で保存されていくことを希望する。

主郭AとD曲輪の間の横堀。幅は一三メートルもある

五輪塔（地輪）の転用石

凄惨な結末を迎えた加賀一向一揆終焉の城

44 鳥《とり》越《ごえ》城《じょう》

①白山市三坂町
②―
③標高33m、比高120m
④A（簡単に行けて登城しやすい）

【立地】　鳥越城が位置する白山山内地域は、加賀一向一揆の金城湯池であり、織田軍に最後まで抵抗した地である。鳥越城は山内地域のほぼ中央に位置し、山内地域を支配するのに最適の位置といえよう。

【城主・城歴】　鳥越城は織田軍に最後まで抵抗した城、そして加賀一向一揆終焉の地としてあまりにも有名である。この城は石山本願寺顕如《けんにょ》の命により、鈴木出羽守が築いたとされている。築城時期は元亀元年（一五七〇）というが、確証はない。

　鈴木出羽守の名は、天正四年（一五七六）九月八日の七里《しちり》頼周《よりちか》書状（『金沢市史2』六二二）に、すでに白山山内の支配者として見える。出羽守および白山山内衆は石山本願寺に忠誠を尽くしており、また、顕如も「山内の儀はとりわけ毎度粉骨有り難く候、弥《いよいよ》然るべき様たのみ入り候外《ほか》他無く候」*1と、出羽守と山内衆に絶大な信頼を寄せている。

　加賀一向一揆の拠点金沢御堂は、天正八年四月の柴田勝家軍の攻撃により陥落すると、一揆残存勢力はいくつかの拠点に籠城して抵抗する。鳥越城もその一つであった。同年十一月十七日、勝家は調略を用いて一揆軍の主だった首謀者を謀殺する。その中に、鈴木出羽守及び子の右京進・次郎右衛門・太郎、そして鈴木采女の名が入っており（『金沢市史2』六七四）、このとき鳥越城

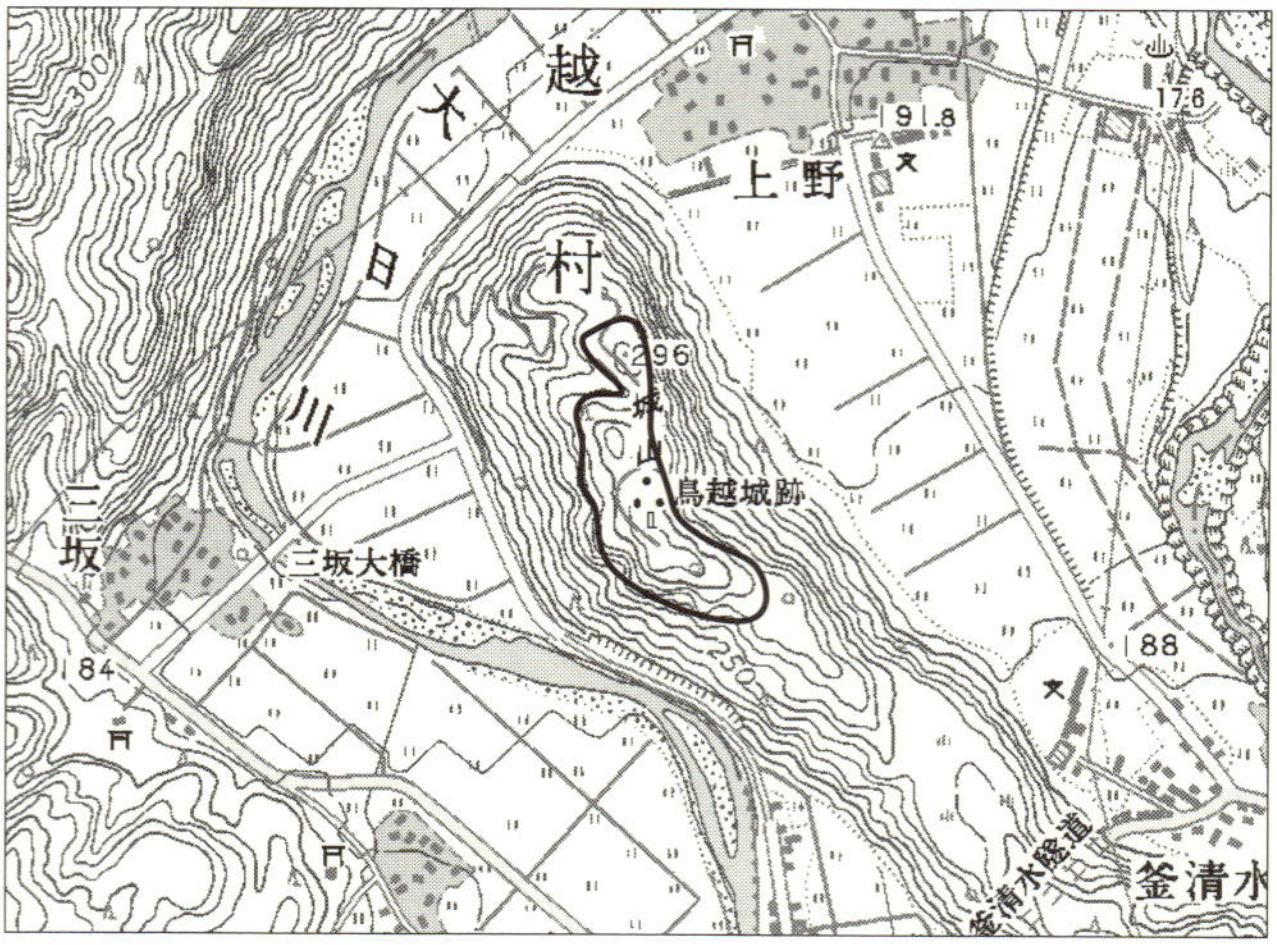

＊1　天正六年四月十二日付本願寺顕如消息『金沢市史2』六四四。

も織田方の手に落ちたのであろう。

白山山内衆の忠誠心はすさまじく、鈴木出羽守が謀殺されても崩壊することはなかった。そして天正九年三月、柴田勝家や佐久間盛政が馬揃に出陣している隙を突き、猛然と鳥越城を攻撃する。『信長公記』（『金沢市史2』六九四）によれば、勝家軍三〇〇人が常駐している「ふとうけ」城を三月九日に攻め、三〇〇人すべてを討ち果たして、鳥越城奪取に成功する。「法敵」である織田軍は、皆殺しをするに十分値する存在だったのである。もちろん、そこには「生神様鈴木出羽守」を謀殺した恨みも込められていたのであろう。「ふとうけ」城とは、鳥越・二曲《ふとげ》両城のことを指すと考えられる。しかし、佐久間盛政は急遽帰国して鳥越城を攻め、取り戻している。

発掘整備された主郭A

山内衆は天正十年二月、最後の抵抗を試み、鳥越城を奪取する。しかし、これも柴田軍の攻撃に敗れ、三月一日に鳥越城は落城、生け捕りにされた山内衆数百人が磔にされた（『金沢市史2』六九七）。これにより、加賀一向一揆および白山山内衆は完全に滅亡し、白山山内地域の集落は、しばらく人が絶えたと伝えられている。百姓共和国あるいは極楽浄土を夢見て約百年間戦い続けてきた領民たちには、凄惨な結末が待っていたのである。

その後の鳥越城については、詳らかにできない。しかし天正十一年、白山山内の監視・掌握といった機能が舟岡山城に移ったことを考えれば、天正十年三月の陥落か

整備された駐車場。トイレも併設されている

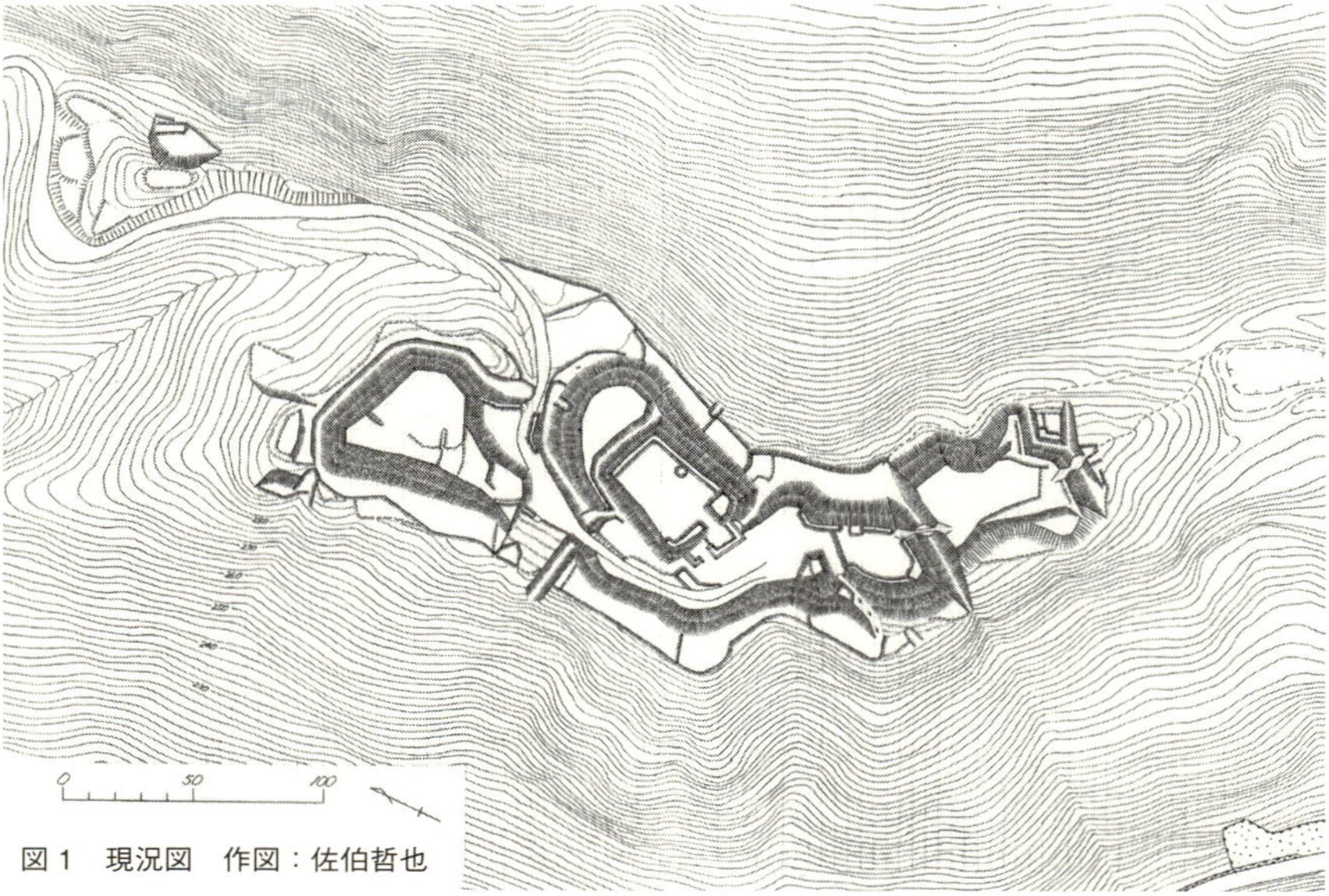

図1　現況図　作図：佐伯哲也

らさほど遠くない時期に廃城になったようだ。

【城跡】　鳥越城の現況図を図1に示す。鳥越城は林道により一部破壊されているため、図2に推定復元図を示した。以下、図2を基に説明する。

主郭はA曲輪。北側に横堀を隔ててB曲輪[*2]を設け、主郭Aを防御する。南側に石垣で固めた外枡形虎口①を設ける。外枡形虎口①は、空堀と推定される首切り谷②を埋めて構築されていることが、発掘調査で判明している。その反対側には、竪堀③を設ける。したがって②〜③地点には、かつて尾根を遮断する堀切が存在し、外枡形虎口①を構築するにあたり、堀切を埋めたと考えられる。

この考え方を基に、あらためて縄張りを見直すと、C・B・A・D・E・F曲輪が尾根上に並び、それぞれの間に堀切や横堀を設けて遮断していたことになる。

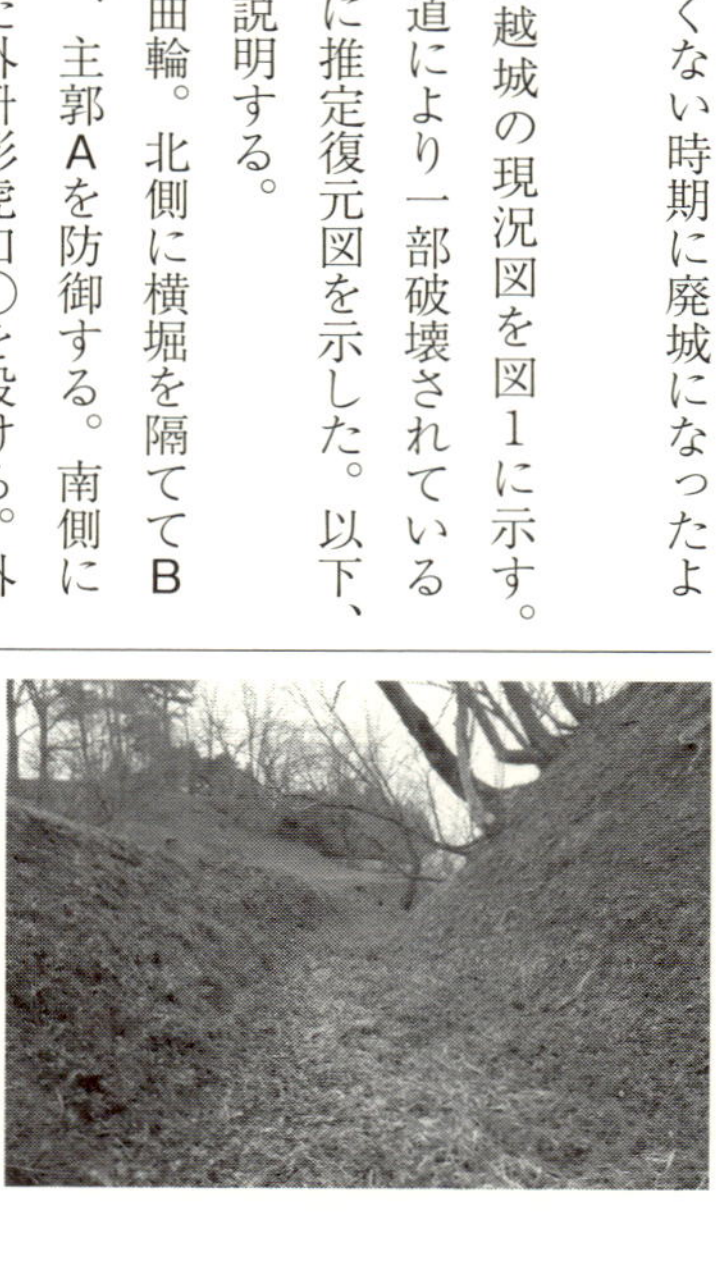

曲輪を巡る横堀

＊2　B曲輪はA曲輪の前面に位置し、A曲輪を防御しているが、両曲輪の直接の出入り口は認められない。したがって、B曲輪に対するA曲輪からの求心力は弱いと言わざるをえない。

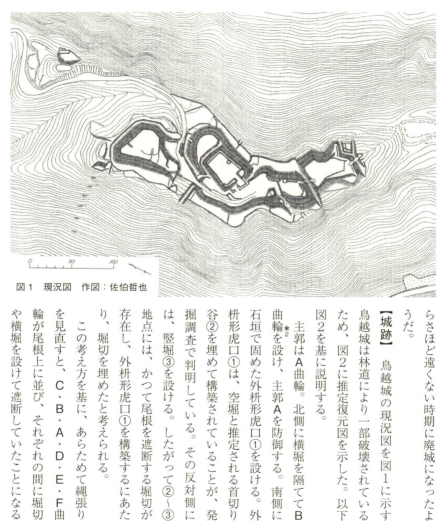

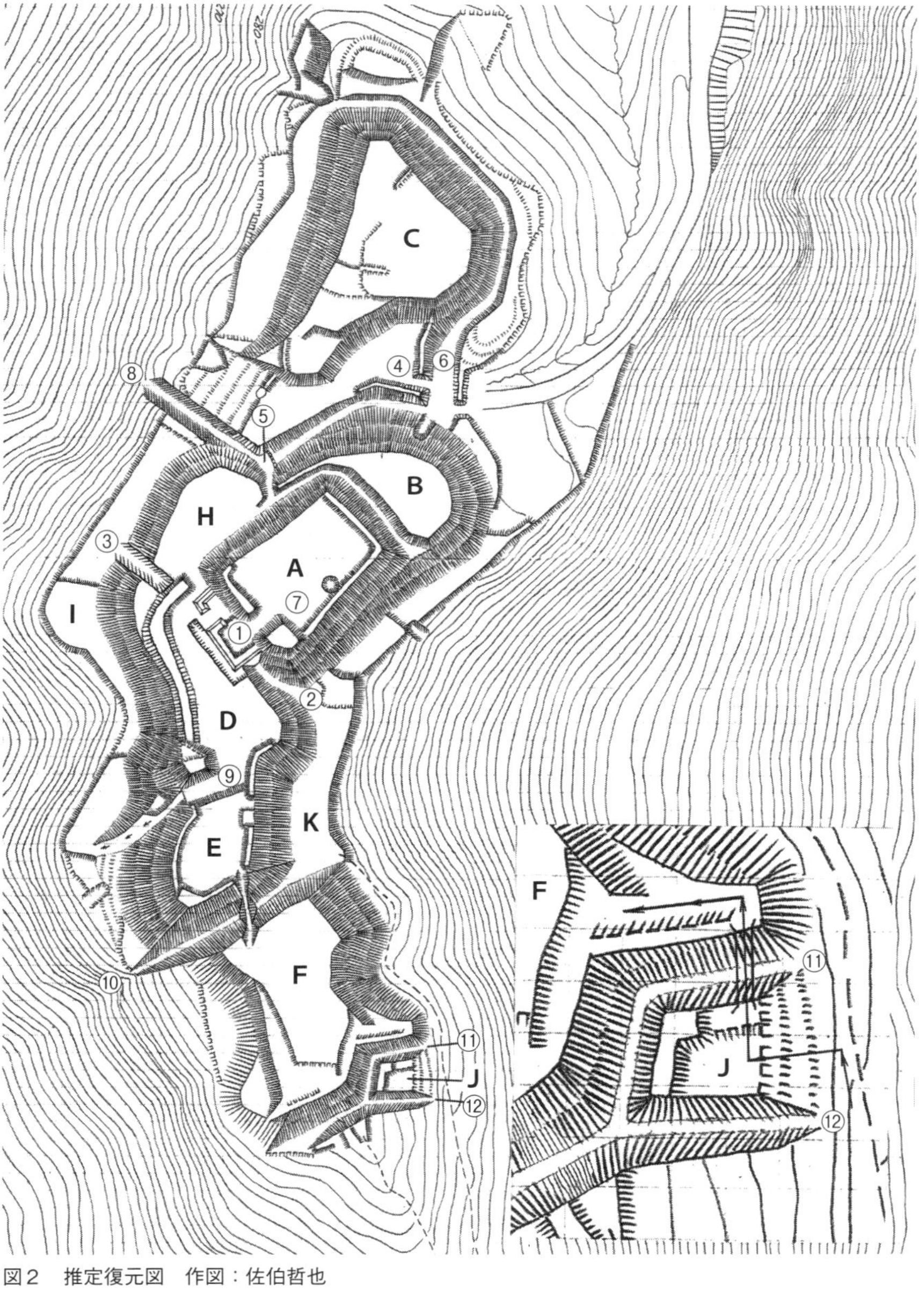

図２　推定復元図　作図：佐伯哲也

石垣で固めた虎口①　模擬門が建つ

すなわちおのおのの曲輪は独立性が強く、従郭に対する主郭Aからの求心力は弱かった縄張りとなる。外枡形虎口①は織田政権が構築したとすれば、それ以前の縄張り、すなわち独立色の強い縄張りは鈴木出羽守時代のものであろう。

大手口は④地点で、敵軍が廻り込めなくするために、B曲輪の斜面に竪堀を設ける。B・C曲輪から虎口④に対して、あまり積極的に横矢が掛からない。これは、虎口④が後付で構築されたことを推定させる。つまり、当初はB曲輪の横堀を隔てた北側に、独立性の強いC曲輪[*3]が存在していた。しかし、これでは合戦時にC曲輪が孤立する恐れがあるため、C曲輪の北から東側に横堀を巡らせてB曲輪に連結させ、C曲輪を城域内に取り組むことに成功した、という仮説が成立する。

⑥地点は「あやめヶ池」と呼ばれ、現在でも豊富に湧水が溢れる。当時の飲料水施設の存在が指摘でき、さらに横堀は一部水堀だった可能性もある。

城道を攻め上ってきた敵軍は、虎口④を突破する部隊と、B・C曲輪の両方に分散する部隊とがあった。しかし、どちらに分散しても高さ一〇メートルの高切岸のため、曲輪内に進入できない。B・C曲輪から長時間にわたって横矢攻撃を浴びせられ、多大な犠牲を被ったことであろう。

B曲輪方向に廻り込んだ敵軍は、さらに空堀（首切り谷）②を攻め上ろうとする。これに対処

主郭南部を埋めた石垣

＊3　C曲輪には意味がよくわからない低土塁が残る。無計画に設置されていることから、耕作にともなう土塁と考えたい。

するため、櫓台⑦を設けて敵軍に強力な横矢を効かせ、高さ約四メートル*4の石垣を構築し、空堀②を完全に遮断している。さらに外枡形虎口①の石塁が空堀②を狙う。敵軍の進攻を許せば、心臓部の外桝形虎口①まで敵軍が進むため、鉄壁の守りとなっている。

C曲輪をはじめとする多くの曲輪の周囲には、高さ一〇メートルにも及ぶ鋭角の高切岸を設けており、これも鳥越城の特徴の一つである。高切岸を持つ城郭は高尾城や堅田城に見られ、いずれも金沢御堂の周辺である。一向一揆城郭の特徴と言えよう。

堀切⑩　未整備だが古城の雰囲気が残る

虎口④を突破した敵軍は、B・C曲輪からの両横矢攻撃を受けながら南進し、土橋⑤・H曲輪を経由して外枡形虎口①に入ったと考えられる。もちろん、外枡形虎口①に入らず、D曲輪に進んだ敵軍もいたであろう。その敵軍は、D曲輪内の広い平坦面内で分散してしまう。また、E曲輪方向から攻めてきた敵軍もD曲輪内で分散し、外枡形虎口①に取り付いてしまう。

その結果、城兵は攻撃の焦点を絞ることができなくなる。これは虎口に通路を付属させなかったために発生したミスで、天正八年当時における織田政権城郭の技術の限界でもあった。櫓台⑦は、空堀②を攻め上ってきた敵軍に対しては強力な横矢が効くが、外枡形虎口①内の敵軍に対してはあまり横矢が効かない。これもミスといえばミスである。

F曲輪の堀切⑫が、鳥越城の城域の南限である。尾根

＊4　天正八年当時としては、高さ四メートルが限界だった。天正三年の小丸城（佐々成政の居城）や、天正九年の七尾城（前田利家の居城）の石垣もすべて四メートル以下である。

E曲輪に残る櫓台跡

主郭AとB曲輪の間に設けられた横堀。鋭く遮断している

伝いから進攻する敵軍に備えるため、堀切⑫の他に、L字形の堀切⑪を付属させ、堀切内や切岸に取り付く敵軍に対して横矢を掛けている。堀切⑪と⑫に挟まれたJ地点には土塁が残っているため、小曲輪として使用されたことは確実である。おそらく、別途拡大図のように木橋等を架けて、小曲輪JからF曲輪に入ったと考えられる。こうすれば、木橋に対してF曲輪からの横矢が効く。

以上、鳥越城の縄張りを述べた。鈴木出羽守以前は、独立性の強い縄張りだったと考えられる。天正八年に鳥越城を奪取した柴田勝家軍は独立した曲輪群をまとめるため、空堀②~③を埋め立てて外枡形虎口①を構築し、C曲輪の周囲に横堀を巡らして城域をまとめた。在地勢力の城郭を織田政権が改修した好例と言えよう。

【発掘調査による成果】　鳥越城は昭和五十二年~平成十四年にかけて発掘調査が実施された。*5 出土遺物の中でも、ほぼ純金の金片は一向一揆の軍資金として注目された。しかし、土層の関係から織田時代のものと結論付けられた。*6

建物で注目したいのは、一向一揆は同一の場所に三回以上にわたって掘建柱建物を建て替えており、対する柴田勝家軍は、奪取のたびに礎石建物を建てている。両者の建物には明確な差が存在し、縄張りはもちろんのこと、建物にも機能差*7を指摘することができよう。

鳥越城の代名詞とも言える外枡形虎口①は、現存の石垣高さは二・三メートル、推定高さは三・

*5　『第二回鳥越城跡環境整備基本計画策定委員会協議用資料』鳥越村、一九九六年。

*6　『鳥越城跡環境整備関連発掘調査概要』鳥越村教育委員会、一九九四年。

*7　礎石建物には湿気を嫌う火薬・火縄が格納されていたと推定される。よって、鉄砲関係の倉庫だったと推定されよう。

七メートルだった。裏込石を用いており、間隔を置いて大形の石（鏡石）を用いて主郭虎口の権威を高めている。また、空堀②を埋めた石垣も高さは四メートルしかない。高さが四メートルを越えるのは、天正十一年の舟岡山城以降である。このことからも、外枡形虎口①の石垣は天正八年から十年の間に柴田軍が構築したと推定できる。

注目したいのは、外枡形虎口の現存石垣の内側から旧の石垣が二〜三段確認されたことである。[*8] これは柴田軍が構築したと考えられた。足掛け三年という短期間で柴田軍は石垣を造り直していたのである。櫓台⑦も、当初は櫓台上に柵列を設けていたものを、柴田軍が後に礎石を設けて望《ぼう》楼《ろう》を構築していたことが判明している。[*9] 柴田軍も生き残りをかけて、必死に改修を繰り返していたのである。

【まとめ】 鳥越城は、一向一揆はもちろんのこと、柴田軍の改修の跡も明確に読み取ることができる。天正八年から十年の限定された年代の一向一揆・柴田軍の遺構が残る貴重な城郭と言えよう。

柴田軍が執拗に改修を繰り返したのは、一揆軍に対する恐怖心から来るものも当然あったと思われる。兵器・兵数ともに圧倒的優位だったはずの柴田軍が、である。そこには上辺《うわべ》の数字だけで読み取ってはならない、籠城する側・攻める側の心理を読み取らなくてはならないことを強く示唆しているといえよう。

＊8　西野秀和「鳥越城の発掘調査」（『北陸中世城郭の整備と活用』鳥越村教育委員会、二〇〇三年）。

＊9　『鳥越城跡環境整備関連発掘調査概要』鳥越村教育委員会、一九九五年。

陶製の案内板。腐食せず、わかりやすい

初源的な惣堀が残る織豊系城郭

45 和田山城《わだやまじょう》

①能美市和田町
②―
③標高36m、比高30m
④A（簡単に行けて登城しやすい）

【立地】 手取川左岸の微高地に築かれている。西麓には金沢城と大聖寺城を繋ぐ街道が通り、さらに手取川左岸街道が交差する交通の要衝である。城跡は、和田山・末寺山《まつじやま》古墳群として国史跡に指定されている。

【城主・城歴】 『寺井町史第一巻歴史編』（寺井町一九九二）によれば、永正三年（一五〇六）、越前朝倉氏に追われて加賀国に亡命してきた和田坊超勝寺《ちょうしょうじ》によって築城されたとしている。また、『寺井野町史』（寺井野町一九五六）によれば、柴田勝家の家臣安井左近《やすいさこん》の居城だったとしている。しかし、いずれも確証はない。

【城跡】 低丘陵の先端に和田山城は築かれている。先端のA曲輪が主郭で、本丸と呼ばれている。ほぼ中央に、九号墳を利用した櫓台①が残る。象徴的な大型の櫓が建っていたと思われる。櫓台①から東と南西側に土塁が伸びて主郭Aの一画を区切っており、いわゆる天守曲輪Bを構成している。天守曲輪は、天正年間以降に築城された織豊系城郭に見られる。事例としては、天正十八年（一五九〇）に蒲生氏郷《がもううじさと》によって大改修された会津若松《あいづわかまつ》城（福島県会津若松市）が挙げられる。

虎口②は平虎口だが、虎口③を攻める敵軍に対して横矢が掛かり、虎口②から直角に右折しなければ虎口②に入れないような配置になっている。巧妙な構造と言えよう。

和田山城は尾根の先端に位置するため、弱点部の尾根続きに防御施設を集中させている。横

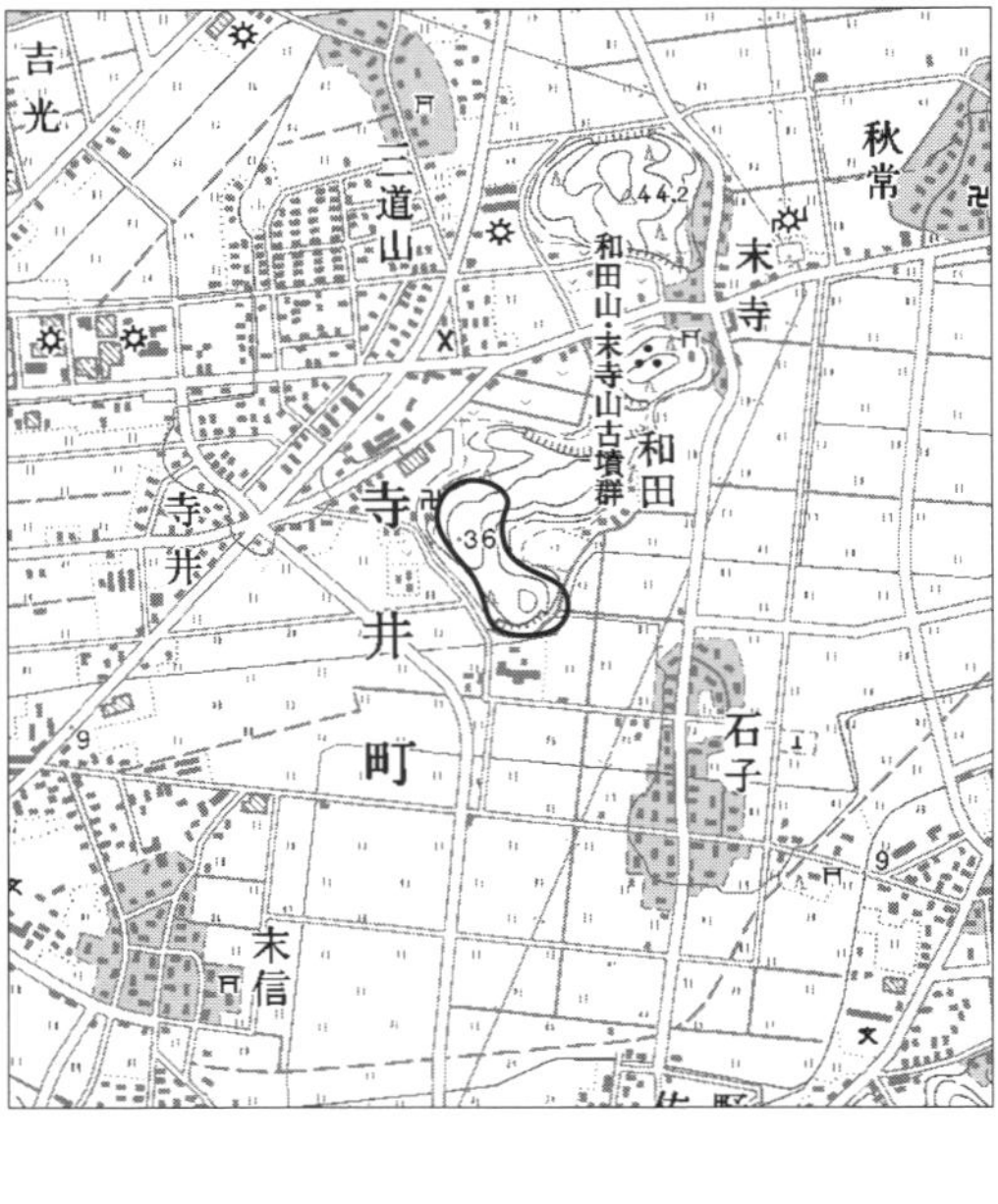

247　和田山城

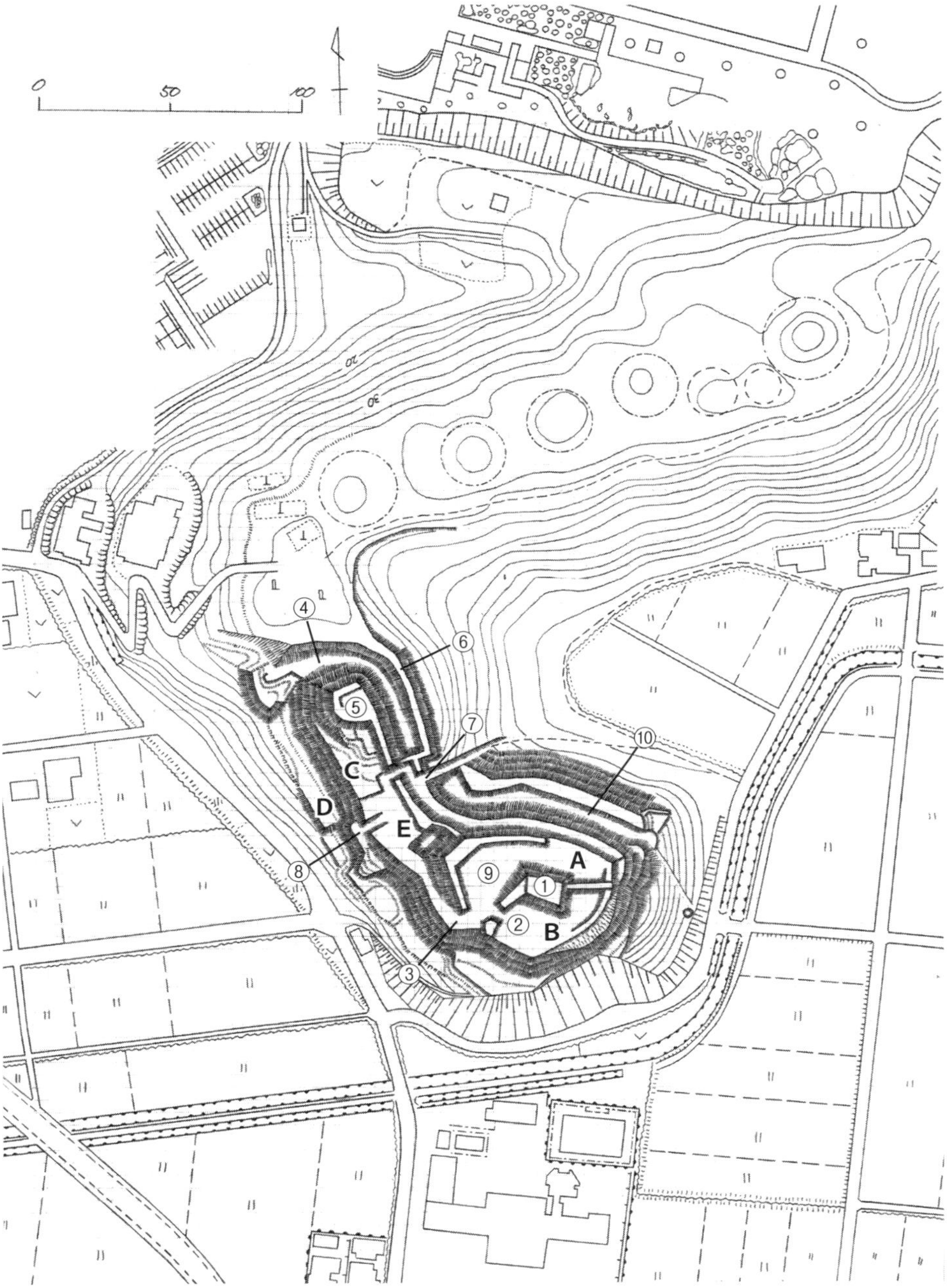

縄張り図　作図：佐伯哲也

主郭A・B曲輪を取り囲む惣堀

堀④で尾根続きを遮断し、東側に土塁道⑥を回して長時間、櫓台⑤から横矢が掛かるように設定している。櫓台⑤は八号墳を利用した櫓台で、櫓台⑤を含めたC曲輪は二の丸と呼ばれている。

それでも不安だったのであろうか、櫓台⑤の尾根続き側に土塁を設けている。西側の腰曲輪Dへ進攻した敵軍に対処するため、外枡形虎口⑧の張り出しから横矢が効いている。しかも、C曲輪西面は高さ八メートルの切岸で遮断され、C曲輪内に入ることはできない。外枡形虎口⑧は主郭A・C曲輪の西面の出入口であり、搦手口となっている。

和田山城で注目したい点の一つに、横堀④を設けることで計画的な城道（土塁道⑥）を設定し、敵軍をC曲輪東側に引導することに成功していることが挙げられる。その結果、攻撃の焦点を東側に集中することができる。攻撃の焦点を集中できるということは、少人数での籠城が可能になるということである。

土塁道⑥を多大な犠牲を払って進攻してきた敵軍だが、外枡形虎口⑦で行き止まりとなる。通常時は梯子などを設置して虎口内に入っていたが、合戦時は撤去したと考えられる。その結果、敵軍は土塁道⑥内で孤立し、C曲輪からの横矢攻撃により、さらに被害は拡大したことであろう。C曲輪も敵軍からの必死の攻撃を受けるため、東側は土塁で武装している。

大手虎口の外枡形虎口⑦は、土塁で構築された明確な虎口だ。敵軍の直撃を受けない場所に構築されていると同時に、横堀④・⑩のほぼ中央に設けられている。この横堀④・⑩は、主郭A・C・

説明板。図解入りでわかりやすい

横堀④。横堀⑩と連結して惣堀となっている

E曲輪を包み込む惣堀でもある。惣堀は、天正年間以降に築城された織豊系城郭によく見られる遺構で、合戦時に孤立しがちな各曲輪を一つにまとめている。*1

さらに、惣堀側に土塁を設けて防御力を増強させている。しかし、明確な横矢掛け箇所は見られず、初源的な惣堀と言える。外枡形虎口⑦に入らない敵軍は、土塁と横堀⑩とに挟まれた細長い平坦面を南下することになる。当然、城内からの長時間の横矢攻撃に晒され、甚大な被害を被ったことであろう。

敵軍は外枡形虎口⑦からE曲輪に入るが、正面には櫓台⑨が狙っており、さらに虎口③を入るとき、主郭Aからの横矢攻撃を受けることになる。現在、虎口③は幅が広くなっているが、かつてはもっと狭かったと考えられる。このように、外枡形虎口⑦～虎口③の間も計画的に設定された防御施設を設けており、敵軍は多大な犠牲を強いられるようになっているのである。

惣堀に設けられた枡形虎口⑦

【まとめ】　以上述べたように、和田山城には織豊系城郭の特徴が随所に見られ、現存する遺構は天正年間（おそらく天正八年）、安井左近によって構築されたと考えてよい。織田政権が構築した初源的な惣堀が残る事例として、貴重な城郭と評価できよう。

なお、古墳の調査に並行して昭和五十四年に城跡の発掘調査も実施されたが、城郭に関する遺物は出土しなかった。*2

＊1　初源的な惣堀は日谷城（加賀市）にも残っており、天正三年に織田方によって構築されたと考えられる。

＊2　『国指定史跡和田山末寺山古墳群環境整備事業報告書』寺井町教育委員会、一九八三年。

主郭Aに残る櫓台①。古墳を利用している

天正八年加賀一向一揆残存勢力の拠点

46 虚空蔵山城《こくぞうやまじょう》

①能美市下舘町
②和気山城
③標高137.7m、比高100m
④B（少し登る、やや登城しにくい）

【立地】 城跡直下に、加賀平野と白山山内地域を繋ぐ鍋谷川《なべたにがわ》街道が通る交通の要衝である。さらに古代山岳信仰の山としても知られ、修験者が修行した巨石・黒岩が存在する。おそらく、古代から地域文化の中心地だったのであろう。

【城主・城歴】『辰口町虚空蔵山城跡』（辰口町教育委員会、一九八八年。以下、「報告書」と略す）によれば、加賀守護・富樫政親の弟幸千代《こうちよ》の居城だったが、幸千代は兄政親と守護職をめぐる闘争に敗れ、虚空蔵山城は文明六年（一四七四）に落城したという。

その後、一向一揆が使用するが、天正三年（一五七五）、佐久間盛政の攻撃により落城。天正八年四月の金沢御堂陥落後、一揆の指導者たちは各地の城郭に籠城する。虚空蔵山城には、長山九郎兵衛・荒川市介が籠城するが、同年十一月、柴田勝家軍の攻撃により落城。首は安土城下に晒されている（『信長公記』）。以後、使用された形跡はなく、廃城になったと考えられる。

【城跡】 小学校の裏から登る遊歩道が大手道と推定され、通称大手門①に到達する。大手門①は平虎口で、切岸により谷を遮断し、中央に城道を通す。大手門①を通って、通称二の丸B・本丸Aに到達しているため、文字通り大手門があったと推定される。大手門①の切岸の西側は石垣で

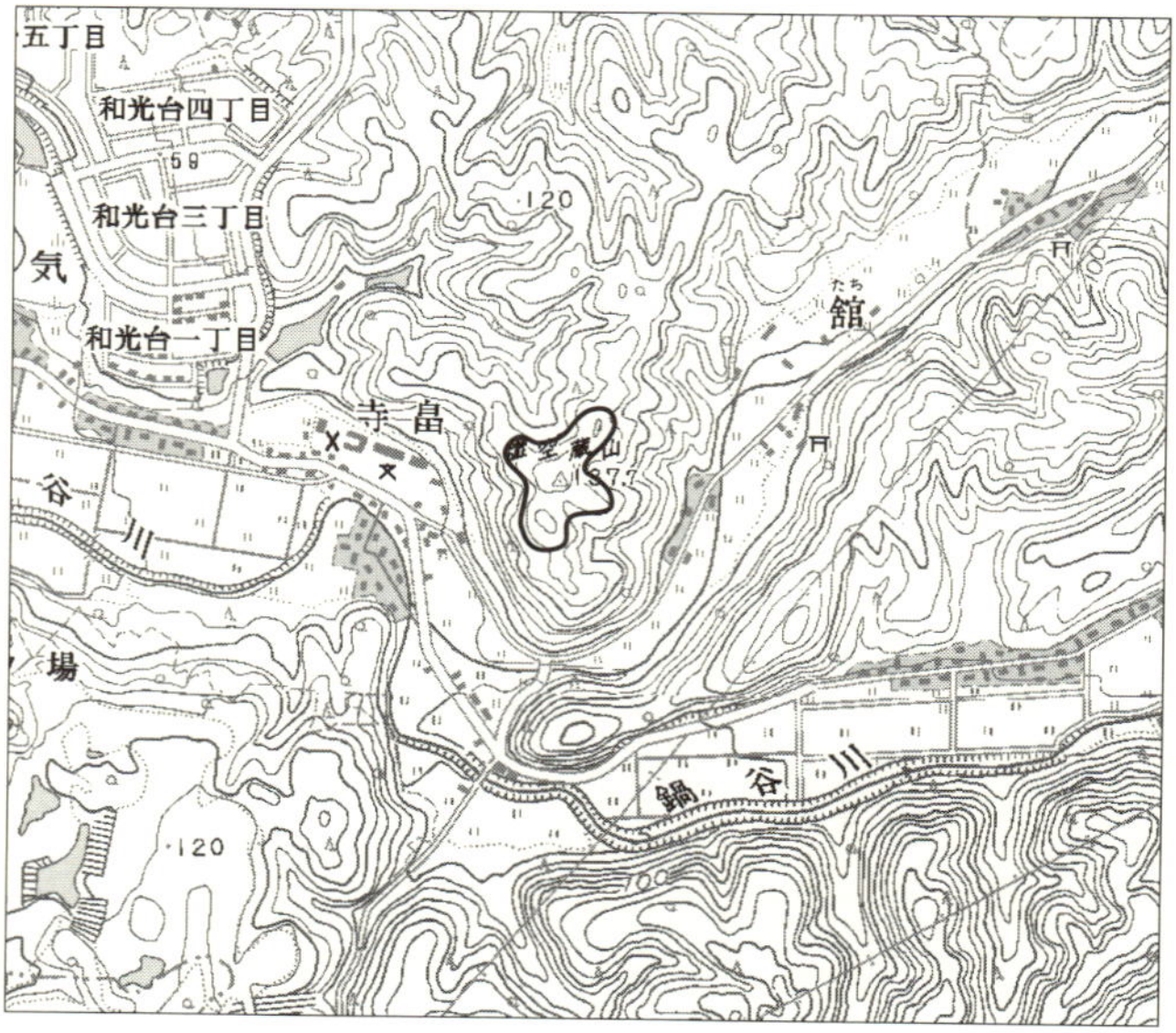

縄張り図　作図：佐伯哲也

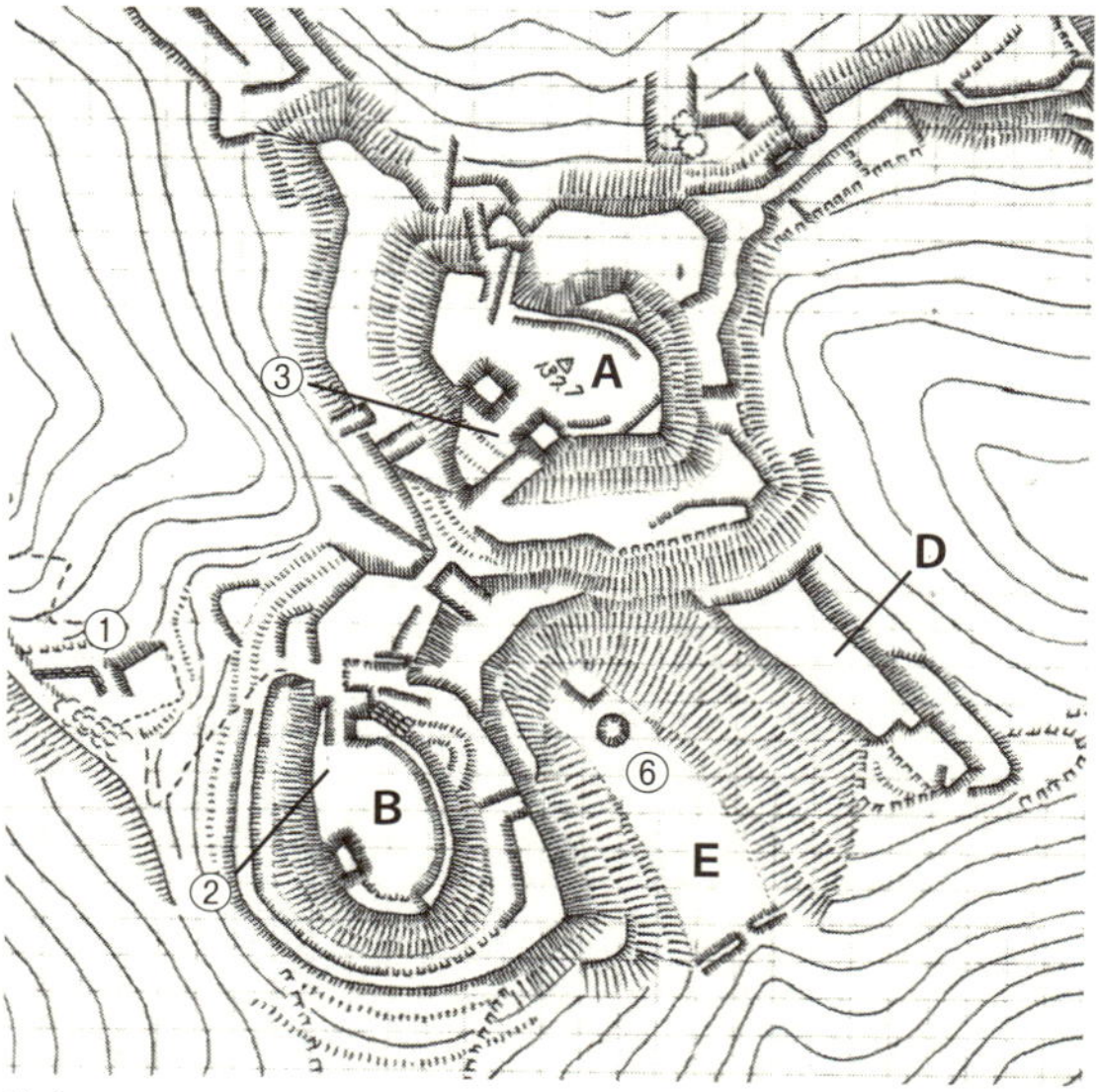

拡大図　作図：佐伯哲也

固めている。

B曲輪は、通称二の丸。ほぼ全周に塁線土塁と横堀を巡らす。虎口②は土塁で構築された平虎口で、櫓台を設け防御力を増強している。櫓台下には石垣を設けている。注目したいのは、主郭AとB曲輪の間には一部自然地形が残っており、A・B曲輪を繋ぐ明確な曲輪は存在しない。この結果、B曲輪に対する主郭Aからの求心力は及びにくくなり、B曲輪は独立色の強い曲輪となっている。

主郭はA曲輪で、本丸と呼ばれている。虎口③は両側を櫓台で固め、不明瞭ながらも外枡形虎口となっている。東半分に塁線土塁を巡らし、東端に櫓台を設ける。

C曲輪は、通称馬場（ババ）。尾根続きを堀切④で遮断し、城内側に櫓台を設けて防御力を増強している。東半分に塁線土塁を巡らし、単純ながらも平虎口⑤を設ける。E曲輪には井戸⑥が残る。東端に土塁を設けて敵軍の攻撃を遮断し、さらにB・D曲輪がE曲輪を監視しており、大切な井戸が敵軍に占領されるのを防ぐ。

大手門及び二の丸に残る石垣は、推定高さが一・三〜二・五メートル、五〇センチ内外の自然石を使用し、裏込石は使用しない。天正八年の落城以後、使用されていないため、このような石垣

案内板。非常にわかりやすい

井戸⑥。貴重な飲料水を供給していたのであろう

を一向一揆が使用した標準タイプの石垣と言えるのではないか。

以上、虚空蔵山城の縄張りは、枡形虎口・石垣・塁線土塁・横堀・櫓台を設け、防御施設として高い技術力を保有していたことが判明する。現存する遺構は天正八年頃、一向一揆によって構築されたと考えてよい。しかし、B曲輪は主郭Aの前面に位置していながら、主郭Aの防御施設としてあまり機能しておらず、さらに独立色の強い曲輪となっている。これは、城主とほとんど身分差がない曲輪主が、B曲輪に居住していたことを物語っている。

【発掘調査による成果】昭和五十六年から五十八年にかけて、大手門・B曲輪・主郭Aの発掘調査が実施された（報告書）。灰や炭を含んだ層が二～三層検出され、二回以上焼失（天正三・八年の落城か）していることが判明した。

遺物は染付皿（碗）・須恵器・中世陶磁（加賀の壺の胴部下半）等が出土し、須恵器を除けば、一三～一六世紀代の所産と推定された。特に加賀の壺は一三～一四世紀と推定され、築城以前の施設（宗教施設）関連遺物として注目したい。

二ノ丸Bに残る石垣。裏込石もなく初源的なもの

【まとめ】天正八年に一向一揆の首謀者だった長山九郎兵衛・荒川市介が籠城した状況を、如実に表した縄張りと評価できる。天正八年当時の一向一揆の状況を知る貴重な城郭と言えよう。

主郭A。広々とした平坦面が残る

二ノ丸Bを取り囲む横堀

加賀三山の一つで一向一揆の拠点

47 波《は》佐《さ》谷《たに》城《じょう》

①小松市波佐谷町
②—
③標高102m、比高60m
④B（少し登る、やや登城しにくい）

【立地】　城跡直下には、大杉谷川から大日川《だいにちがわ》を経て越前に出る街道が通る交通の要衝である。また、「加賀三山の大坊主」の一つ、波佐谷松岡《しょうこう》寺《じ》の跡とされており、古くから加賀一向一揆の拠点として使用されていた。

【城主・城歴】　松岡寺は長享の一揆（長享二年＝一四八八年）で加賀守護富樫政親を滅ぼしたあと、加賀を支配した加賀三山の一つであり、本願寺八世蓮如《れんにょ》の三男蓮綱《れんこう》によって創建された寺院である。松岡寺は享禄の錯乱（享禄四年＝一五三一年）で焼失する。

　松岡寺が移転したあと、当地に城郭を構えたのが一向一揆の部将（能美郡旗本）・宇津呂丹波《うつろたんば》とされている。加賀一向一揆の拠点・金沢御堂が天正八年（一五八〇）四月頃に陥落すると、一揆の指導者たちは地方の城郭に籠城して抵抗する。『信長公記』によれば、天正八年十一月十七日、柴田勝家が謀殺した加賀一向一揆の首謀者の首が安土城に届けられており、その中に宇津呂丹波・藤六父子の名も見えることから、波佐谷城も柴田軍の攻撃を受けて落城したのであろう。

　天正十一年、小松城に村上頼勝《よりかつ》が入城すると、波佐谷城にはその家臣の村上左衛門が入ったという。廃城は、村上氏が越後に転封となった慶長三年（一五九八）と推定される。[*1]

【城跡】　城域は四区に大別される（図1）。まず、蕪《かぶら》城《き》山あるいは出丸と称されるB曲輪。本丸

＊1　『波佐谷町史〜百戸の町の風と土〜』小松市波佐谷町内会、二〇一一年。以下、「町史」と略す。

図１　全体の縄張り図　作図：佐伯哲也

と称される（町史）A曲輪。松岡寺跡と伝える（町史）C地区。同区は上畑とも称される（町史）。土塁が残るD地区。以上、四区である。

一向一揆軍が使用したと伝わる幟旗
小松市立博物館蔵

Ⅰ、B曲輪（図2）　B曲輪は上下二段の平坦面から構成され、北側に腰曲輪が巡る。西・南・東側に土塁が巡り、南側に堀切①を設けて尾根続きを遮断している。逆に北側に土塁を巡らさず、あまり警戒していない。B曲輪の場合、尾根続き方向が弱点部となるため、土塁・堀切といった防御施設を集中させたのであろう。

注目したいのは、土塁の開口部②である。入るときに③地点から横矢が掛かり、虎口としては最適の場所である。しかし、送電鉄塔を建設したときの破壊出入り口という話もある。これを推定する一つの手掛かりとして『波佐谷町史』（波佐谷公民館、一九六九年）所収「波佐谷古城之図」*2がある。同図に虎口②が明確に描かれているため、虎口②は城郭の虎口としてよいことが判明する。同図では、「御屋敷」と記載された⑥地点（図1）からムジナ谷⑤を遡り、虎口②に入る山道を描いている。ムジナ谷を遡る山道はA曲輪にも繋がっており、こちらが大手方向と推定される。

「波佐谷古城之図」に描かれた「御屋敷」は大手道と直結し、城跡の真下に位置していること

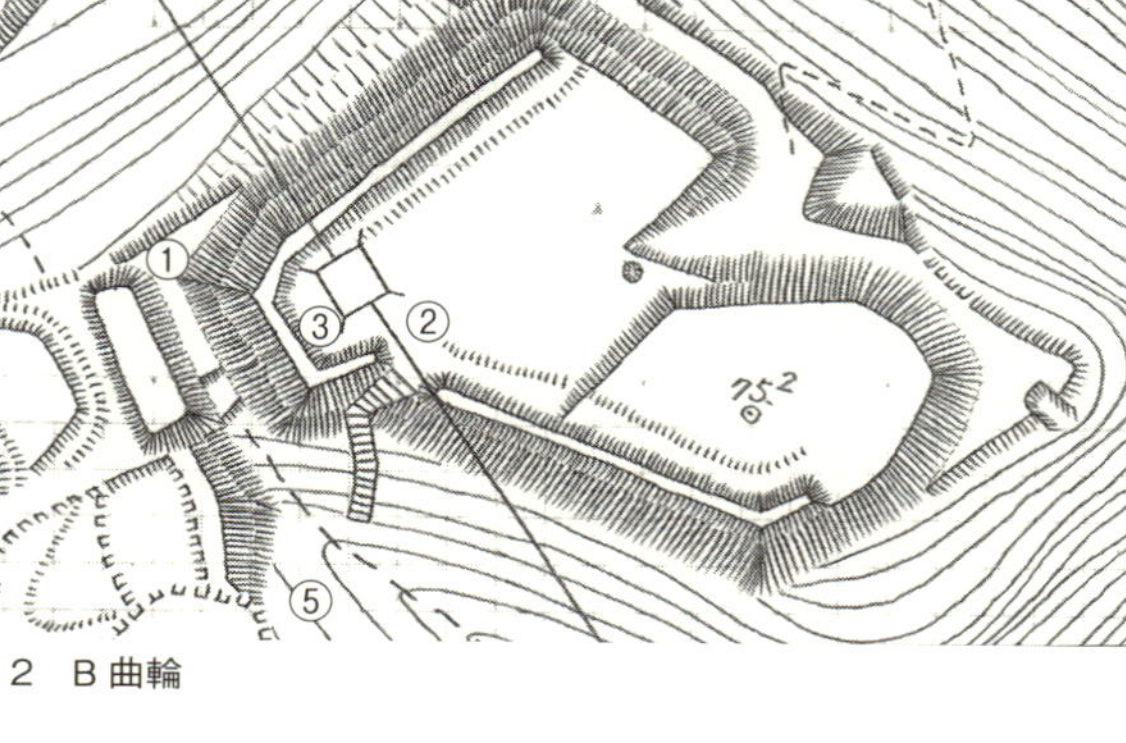

図2　B曲輪

＊2　江戸末期の絵図ながら、当時の状況を詳細に描いており、貴重な絵画資料と言える。

＊3　松岡寺に先行する寺院と考えられるが、詳細は不明。

から城主居館跡と推定できるが、詳細は不明。⑥地点付近はかなり重要な場所だったと考えられ、「波佐谷古城之図」は⑥地点に隣接して「禅宗聖興寺跡」*3「泉水庭ツクリノアト」と記述し、さらに⑦地点（図1）も「爰《こゝ》モ寺跡カト云々」と記述している。

Ⅱ、A曲輪（図3） A曲輪はB曲輪を見下ろす地点にあり、両曲輪は約一九〇メートル離れている。伝承では本丸となっているが、位置・構造からいっても主郭だろう。しかし、両曲輪の間には、両曲輪を繋ぐ曲輪等は設けられず、自然地形が広がるのみである。したがって、両曲輪は繋がっておらず、連動していない。極めて独立色の強い曲輪となっている。このような縄張りは、主郭（A曲輪）から従郭（B曲輪）に対する求心力が弱くなり、合戦時に両曲輪は孤立する。

ただし、主郭AとB曲輪の間には大規模な遮断施設は存在せず、連絡性は保っている。城道もB曲輪方向に向いており、ムジナ谷⑤（図1）を登って尾根に取り付き、A曲輪に入ったと考えられる。したがって、ムジナ谷⑤通行時は、B曲輪南直下を通行する。このときB曲輪から監視、あるいは保護（援護）されながら通行することから、両曲輪の連動性をうかがうことができる。

主郭Aは全周に上幅の広い低土塁を巡らし、B曲

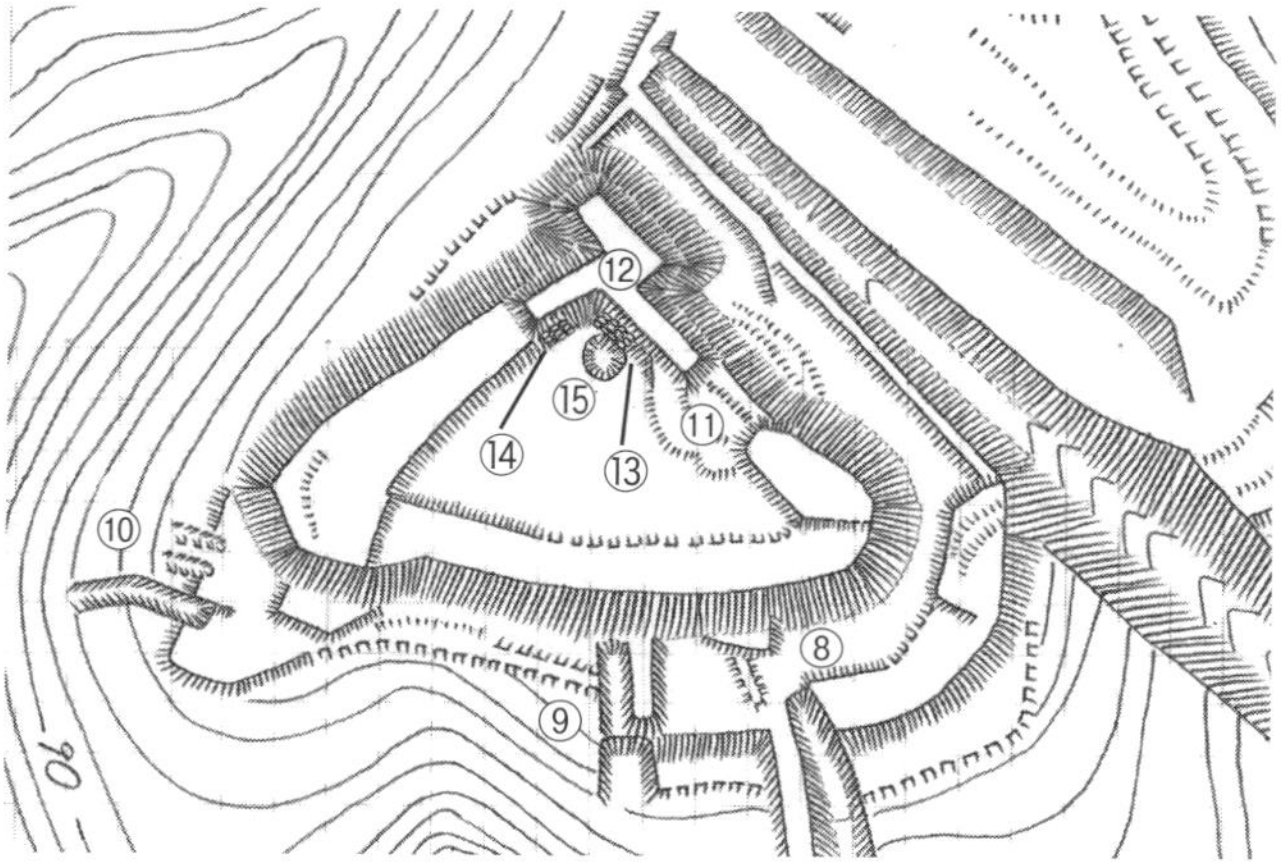

図３

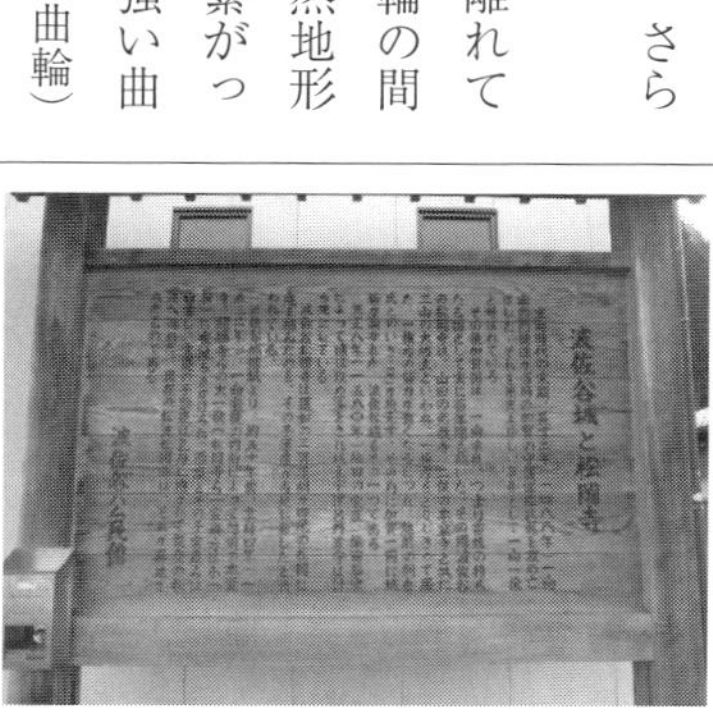

波佐谷公民館に立つ説明板

山麓に立つ案内板。非常にわかりやすい

主郭Aの周囲を巡る土塁

輪との格の違いを指摘できる。畝状空堀群⑩は、天正年間に構築された加賀一向一揆城郭に多く見られる防御施設である。したがって天正年間、宇津呂丹波によって改修された傍証の一つとなる。*4

虎口⑧からは、長時間A曲輪からの横矢攻撃を受けながら、虎口⑪に入る。虎口⑪そのものは平虎口だが、石垣で固めた櫓台⑫からの横矢が掛かる虎口で、虎口⑧から九〇度屈曲しなければ到達できない位置にある。敵軍から直撃されない位置に設けられているのである。形式だけを見ればB曲輪の虎口②と同じだが、縄張りの使い方に技術の進歩を認めることができる。つまり、B曲輪が古くから存在し、天正八年に宇津呂丹波によってA曲輪が追加されたと推定する。

主郭Aの西側には、自然の谷を利用した竪堀⑯・⑰（図1）を設けて、主郭AのみならずB曲輪も防御しており、A・B曲輪の連動性をうかがうことができる。⑬地点と⑭地点に、石垣が残り、櫓台⑫を固めるための石垣と推定される。現況高さは約一・〇メートル、推定高さは一・二〜一・七メートル、石材の大きさは五〇センチ弱で、自然石を加工せずそのまま用いている。裏込石は用いていない。これは、虚空蔵山城の石垣と同類型の石垣である。

一方、天正八年に柴田勝家の家臣・安井左近が改修した和田山城には、主郭と従郭を包み込む惣堀と、見事に連動した枡形虎口が残り、波佐谷城・虚空蔵山城とは対照的な縄張りである。ここから、波佐谷城の大々的な改修は、天正八年の宇津呂丹波段階で終了したと考える。

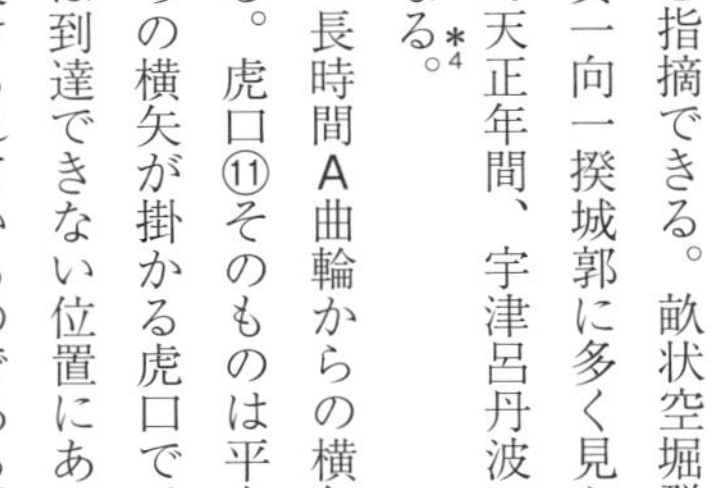

主郭A。広々とした平坦地が広がる

*4　この他、天正八年に一向一揆によって築城された城郭で畝状空堀群を持つ城郭は、堅田・高尾城がある。

問題となるのは、天正十一年から慶長三年まで村上氏によって使用されたのかどうかである。織豊系城郭の要素を残さないため、仮に村上氏が使用したとしても、宇津呂丹波段階の縄張りをそのまま利用したものではないか。

Ⅲ、C地区（図1） 松岡寺の跡とされ、上畑と称される。昭和三十年頃まで畑として耕していた（町史）ためか、寺院跡を推定させる遺構は残らない。方形の竪穴⑱は氷室跡とされ[*5]、寺院遺構ではない。仮に松岡寺跡がC地区としても、東側に竪堀⑯・⑰の防御ラインが存在しているため、主郭A・B曲輪から切り捨てられたような状態で、主郭A・B曲輪との親密性はうかがえない。

Ⅳ、D地区 平坦な自然地形に、土塁と切岸がライン状に構築されている。一部、堀切状の地形も見られるが、これがどのような性格の遺構なのか不明だ。主郭A・B曲輪やC地区と連動していないため、まったく性格の異なった遺構と考えられる。広大な範囲で土塁と切岸がライン状に巡っているため、牧場[*6]の可能性もある。

櫓台⑫を固める石垣⑬。裏込石もなく初源的な石垣

【発掘調査による成果】 小松市教育委員会により、平成十四年から十五年にかけて発掘調査が実施された。[*7]

B曲輪からの出土遺物は、中世土師器皿・磁器染付小碗・加賀甕・越前擂鉢・磁器染付碗等がある。中世土師器は一五六〇～八〇年代と推定され、一向一揆段階に使用された物証となった。瀬戸大窯稜皿は一六世紀中～後半頃、越前擂鉢は一五世紀後半～一六世紀前半の所産のため、現存遺構に先行する施設が存在していたことになる。

＊5 加賀の山野には、かつて朝廷に献上した氷を製作した氷室跡が多数残る。

＊6 加賀では少ないが、飛騨や美濃では牧場に土塁状の遺構がよく残る。

＊7 『小松市内遺跡発掘調査報告書Ⅴ』小松市教育委員会、二〇〇九年。以下、報告書と略す。

B曲輪後方を遮断する堀切

加賀甕は、生産年代の下限が十五世紀初頭のため、[*8]十三～十四世紀に何らかの施設の存在が指摘された。加賀甕は虚空蔵山城でも出土しており、山岳宗教施設からの出土遺物として捉えることも可能だ。[*9]

A曲輪からの出土遺物は、越前甕・青磁碗・白磁皿・磁器染付碗・土師質土製品がある。一五～一六世紀のもので、城郭遺構の時代と重なる。考古学的に、主郭A、B曲輪のどちらが先に構築されたかは判明しなかった。ただし、主郭AよりもB曲輪から出土した遺物が圧倒的に多いため、主郭Aは短期間の使用で廃絶し、B曲輪は長期間使用されたことがわかる。

【まとめ】　C地区には長享二年（一四八八）～享禄四年（一五三一）に松岡寺が存在し、松岡寺移転後の一六世紀後半に、在地領主の城郭としてB曲輪が構築されたと考えられる。

天正八年（一五八〇）、宇津呂丹波により主郭Aが構築されるが、主郭Aの城主はB曲輪に対して主郭Aからの求心力をほとんど感じない、きわめて独立性が高い縄張りである。天正八年当時の加賀一向一揆の内部構造を如実に物語る縄張りと言える。

天正十一年から慶長三年までの間、村上氏が使用したのかどうか、そこまでは判断できない。使用していたとしても、宇津呂丹波段階の縄張りをそのまま利用したものだろう。つまり、現存遺構は宇津呂丹波段階のものとして考える。個々の防御施設がハイレベルで、一向一揆のもつ技術の高さを示す貴重な城郭と言えよう。

井戸⑮。貴重な飲料水を貯えていたと考えられる

＊8　『波佐谷城跡確認現地説明会資料』小松市教育委員会埋蔵文化財調査室、二〇〇二年。

＊9　虚空蔵山城や波佐谷城は、なだらかな山容の山に位置する。このような山容にも山岳宗教施設が設けられる好例と言えよう。

鳥越城攻略の拠点

48 岩《いわ》倉《くら》城《じょう》

①小松市原町
②仏ヶ原城
③標高298m、比高240m
④B（少し登る、やや登城しにくい）

【立地】　城跡眼下に三坂越えの街道が通る交通の要衝である。三坂越えの街道は加賀平野と白山山内地域、特に鳥越城と繋がり、鳥越城を攻略するには非常に重要な存在だった。しかし、麓の集落から城跡はほとんど見えず、集落と密接に繋がっているとは言いがたい。このことは、築城者が在地領主ではないことを物語っている。

【城主・城歴】　城跡の伝承は残るが、城主等を記述した古記録はもちろんのこと、伝承も残らない。わずかに『原町の歴史』（川良雄、一九六七年）に城主を沢米左衛門、家老は勘右衛門・惣左衛門と記述しているのみである。沢米左衛門等についても詳細は不明。

【城跡】　主郭はA曲輪（図1）。主郭Aも含めて主要曲輪は全周に塁線土塁を巡らす。これは岩淵城（小松市）など、織田政権の城郭に見られる特徴である。櫓台①が主郭Aの櫓台であるとともに、B・C曲輪を監視している。したがって、城内の司令塔の役割を果たしていたと考えられる。

　北側の尾根続きから進攻する敵軍は、C曲輪の横矢に長時間晒されながら虎口②に入る（図2参照）。虎口②は平虎口だが、入るときにB曲輪からの横矢攻撃に晒されるように設計されている。仮に敵軍が虎口②を突破してC曲輪を占領しても、頭上の櫓台①から攻撃され、敵軍はC曲輪を

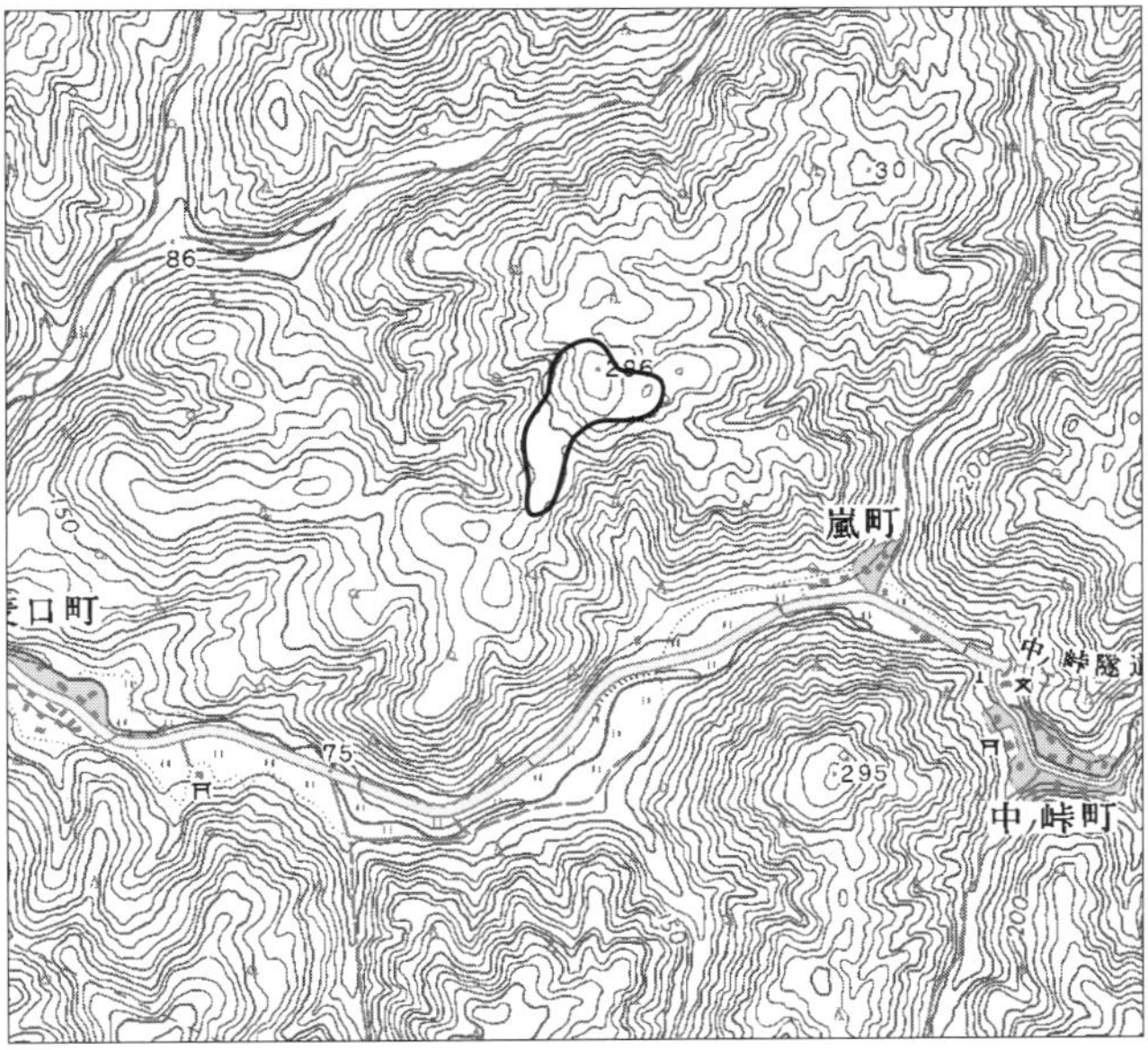

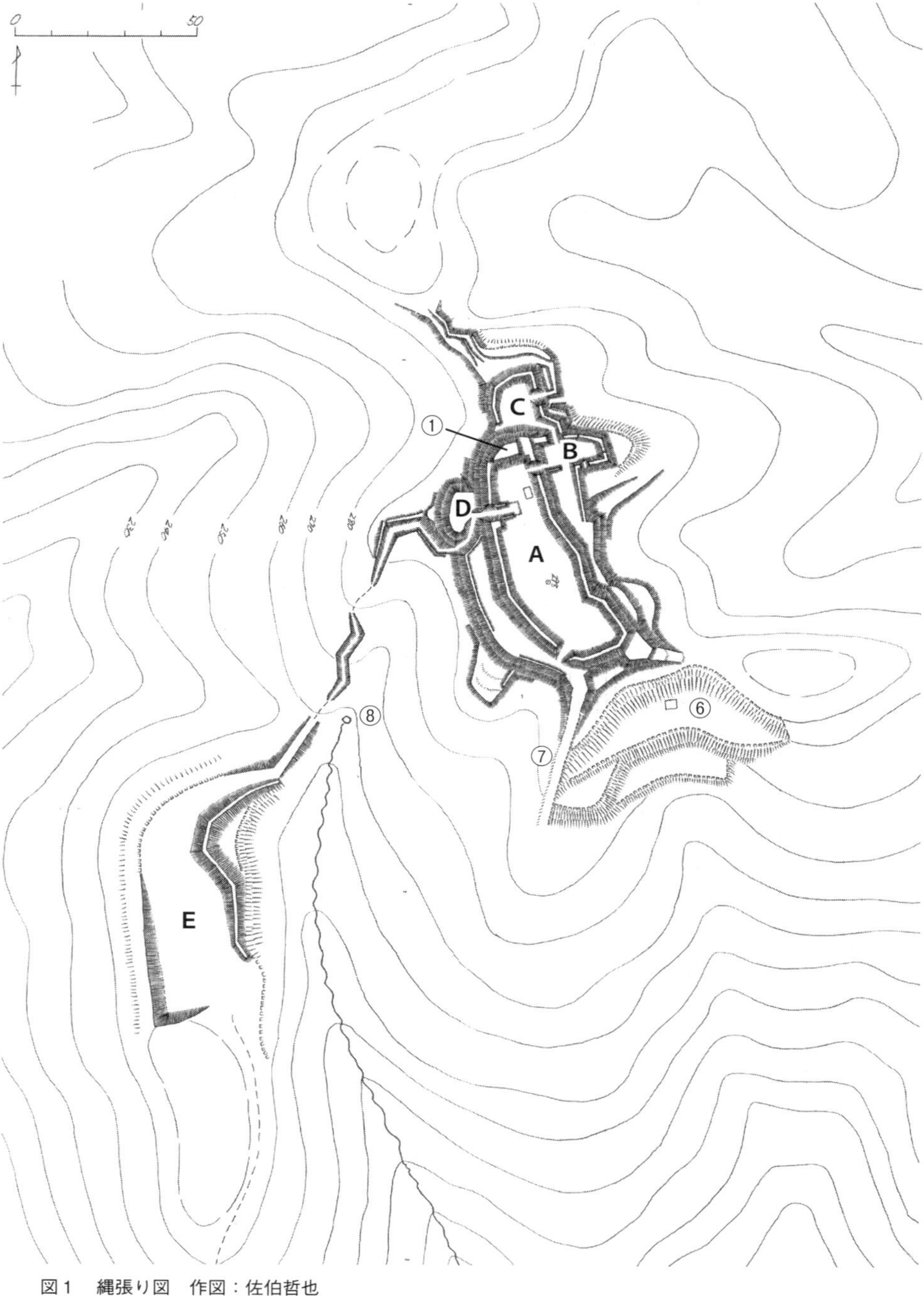

図１　縄張り図　作図：佐伯哲也

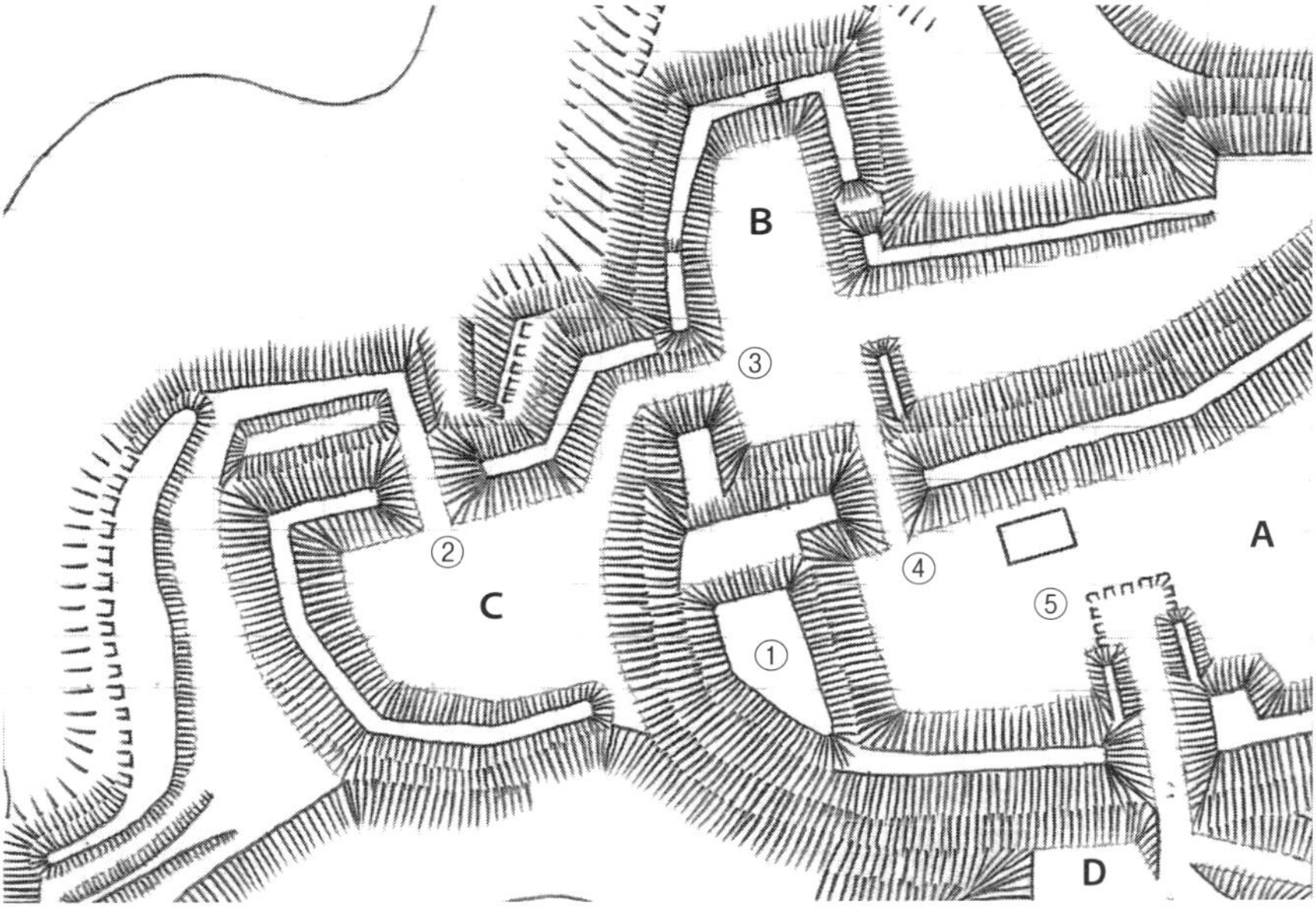

図2　作図：佐伯哲也

維持することは困難だったであろう。

同様のことは、B曲輪にも言える。仮に敵軍がB曲輪を占領しても、頭上の櫓台①から攻撃され、敵軍はB曲輪を維持することは困難と考えられる。B・C曲輪も塁線を土塁で固めているが、見方を変えれば袋小路のような曲輪で、敵軍の逃げ場がないということである。櫓台①から攻撃された敵軍は、右往左往するだけで、大損害を被ったことであろう。＊1

これを城兵側から見れば、B・C曲輪に出撃するにあたり、櫓台①からの援護射撃を受けることができ、さらに虎口を防御する城兵の駐屯地、つまりB・C曲輪は虎口空間と評価することができる。

具体的には、虎口④が内側門で、B曲輪が虎口空間、虎口③が外側門、これで一セット。虎口③が内側門で、

岩倉城説明板

＊1　上位の曲輪が下部の曲輪を監視している例として、天正十三年に前田氏が大改修した白鳥城（富山市）がある。いずれも織豊系城郭である。

上：虎口⑤
下：虎口③。狭い通路を通らなければならない

C曲輪が虎口空間、虎口②が外側門、これで一セットとなる。この虎口セットすべてを櫓台①が監視している。

BC曲輪に設けられた虎口②・③・④はすべて平虎口だが、屈曲しなければ次の虎口には進めない。そのため、虎口空間をともなった枡形虎口と評価することができる。

このように、櫓台①を中心に主郭AとB・C曲輪が連動しており、従郭に対する主郭は強い求心力を発揮している。

虎口⑤も櫓台を備えているが、基本的には平虎口である。しかし、D曲輪も外枡形虎口空間とみなすことができ、したがって、虎口⑤も外枡形虎口とすることができるのである。主郭Aは広々とした平坦面で、ほかの曲輪も含めて平坦面はきれいに削平されている。岩倉城の特徴の一つである。⑥は岩倉観音堂で、⑦は観音堂境内に下りる直線道路。先ほどの虎口とはまったく性格が異なっており、廃城後に造成された参拝道と考えられる。

⑧は岩倉清水と呼ばれ、城兵の飲料水であろう。E曲輪は米左衛門屋敷と呼ばれ、米蔵や味噌蔵があったと伝えられている。岩淵城と同様の城兵の駐屯地と考えられる。

ここで注目したいのは、城兵の駐屯地にも土塁を構築して、ある程度の防御力を持たせている

岩倉城案内板。非常にわかりやすい

米座衛門屋敷E。周囲を土塁で囲む

ことである。これは、同じく三坂越えの街道沿いに位置する岩淵城にも該当する。賤ヶ嶽合戦で利用された城塞群にも城兵の駐屯地は存在するが、土塁は構築されておらず、無防備のままである。おそらく、構築者は在地勢力の反撃（ゲリラ戦のようなもの）を恐れ、城兵の駐屯地にまで土塁を構築したのであろう。軍事的緊張が極度に高まっていたことを如実に示している。

【まとめ】　岩倉城の塁線土塁・主郭と従郭との連動性・虎口空間をともなった虎口形態は、織田政権の城郭の特徴を示している。三坂越えを見下ろす位置に選地することから、現存する遺構は、沢米左衛門の城郭を鳥越城攻めの拠点として織田政権の部将が大改修したのであろう。ただし、岩淵城とは違い、平坦面もきれいに削平され、飲料水も確保している。初めから拠点として、居住性を考慮して築城されたことを物語っている。

岩倉城は、天正三年（一五七五）に織田軍に攻略された伝承が残されている（『小松の中世城郭を探る』川畑謙二、二〇〇三年）。これが事実とすれば、白山山内と鳥越城の攻略拠点とするために織田軍が岩倉城を攻め落とし、大改修したことが考えられる。当時はまだ金沢御堂は健在のため、小松方面から最短距離で鳥越城に到達できる三坂越えは、軍事街道として重要視されていたのであろう。

岩倉清水⑧。貴重な飲料水だったと考えられる

岩倉城主郭A。広々とした平坦面が広がる

岩倉観音⑧。近世以降の民間信仰と考えられる

一向一揆が築城した加賀・越前国境の要衝

49 日谷城《ひのやじょう》

①加賀市日谷町
②―
③標高118・3m、比高90m
④B（少し登る、やや登城しにくい）

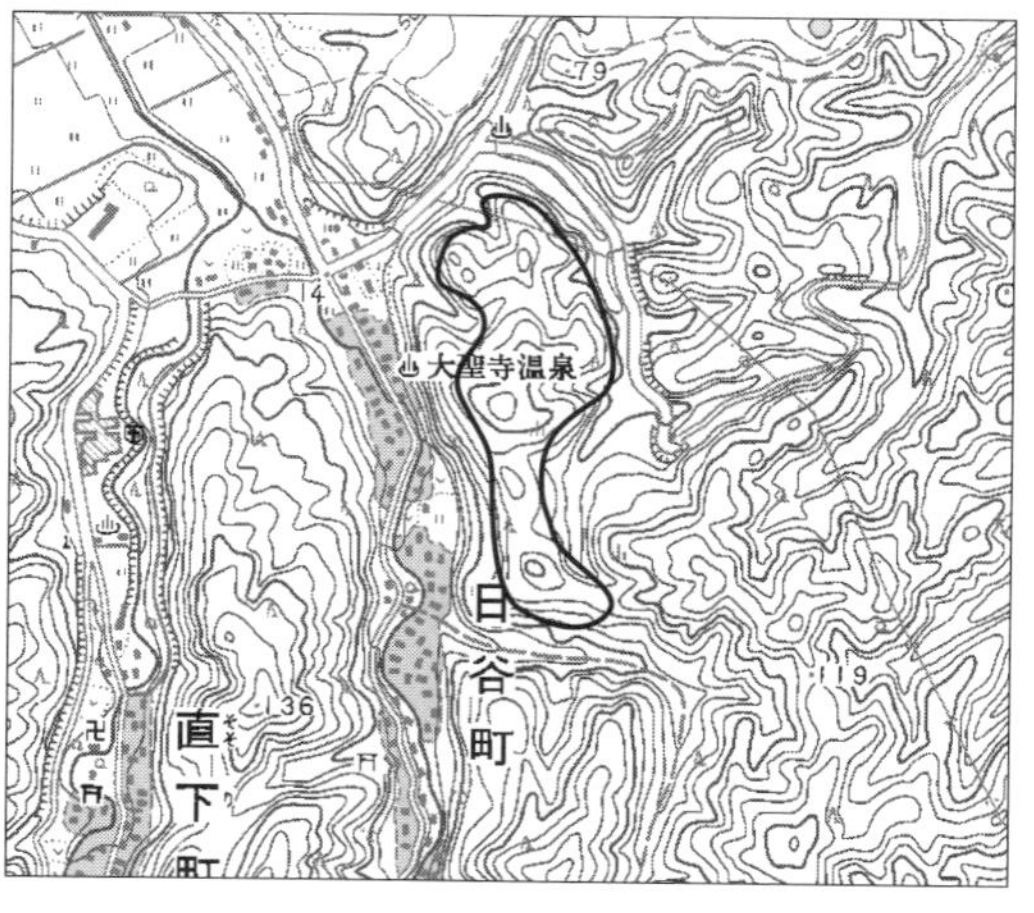

【立地】　加賀・越前の国境に位置する要衝で、加賀一向一揆・朝倉氏・織田政権の三者によって使用された拠点城郭である。

【城主・城歴】「白山宮荘厳講中記録」（『史料戦国ⅩⅣ』）によれば、弘治元年（一五五五）七月十九日に朝倉教景《のりかげ》（宗滴《そうてき》）が加賀に進攻し、七月二十三日には大聖寺・日谷城を攻め落としている。おそらく、加賀一向一揆と朝倉氏の抗争が始まった天文年間に、一向一揆により築城されたのであろう。

永禄十年（一五六七）十二月二五日、加賀一向一揆と朝倉氏は足利義昭の仲介により和睦する。和睦の条件として、一向一揆は柏野城と松山城、朝倉氏は黒谷城・日谷城・大聖寺城を放火して破却している。[*1] おそらく、弘治元年以降、朝倉氏の拠点として使用されていたのであろう。

天正三年（一五七五）八月、織田信長軍は加賀に進攻して江沼・能美二郡を制圧する。『信長公記』によれば、このとき大聖寺城・日谷城を改修し、戸次右近等を入城させている。織田軍も日谷城は加賀・越前国境の城郭として重要視していたのである。天正五年九月、上杉謙信は湊川の戦いで織田軍を撃破するが、なぜか南加賀の制圧に乗り出さず、越後に帰陣する。逆に、敗れた織田軍は同年十月、御幸塚《みゆきづか》城に佐久間盛政、大聖寺城に柴田勝家軍が入城し、南加賀制圧を進める。

天正八年四月頃に金沢御堂が陥落すると、加賀一向一揆は山麓部の城郭に籠城する。このと

＊1　『越前・朝倉氏関係年表』（福井県立一乗谷朝倉氏遺跡資料館、二〇一〇年）所収「安楽山産福禅寺年代記」。

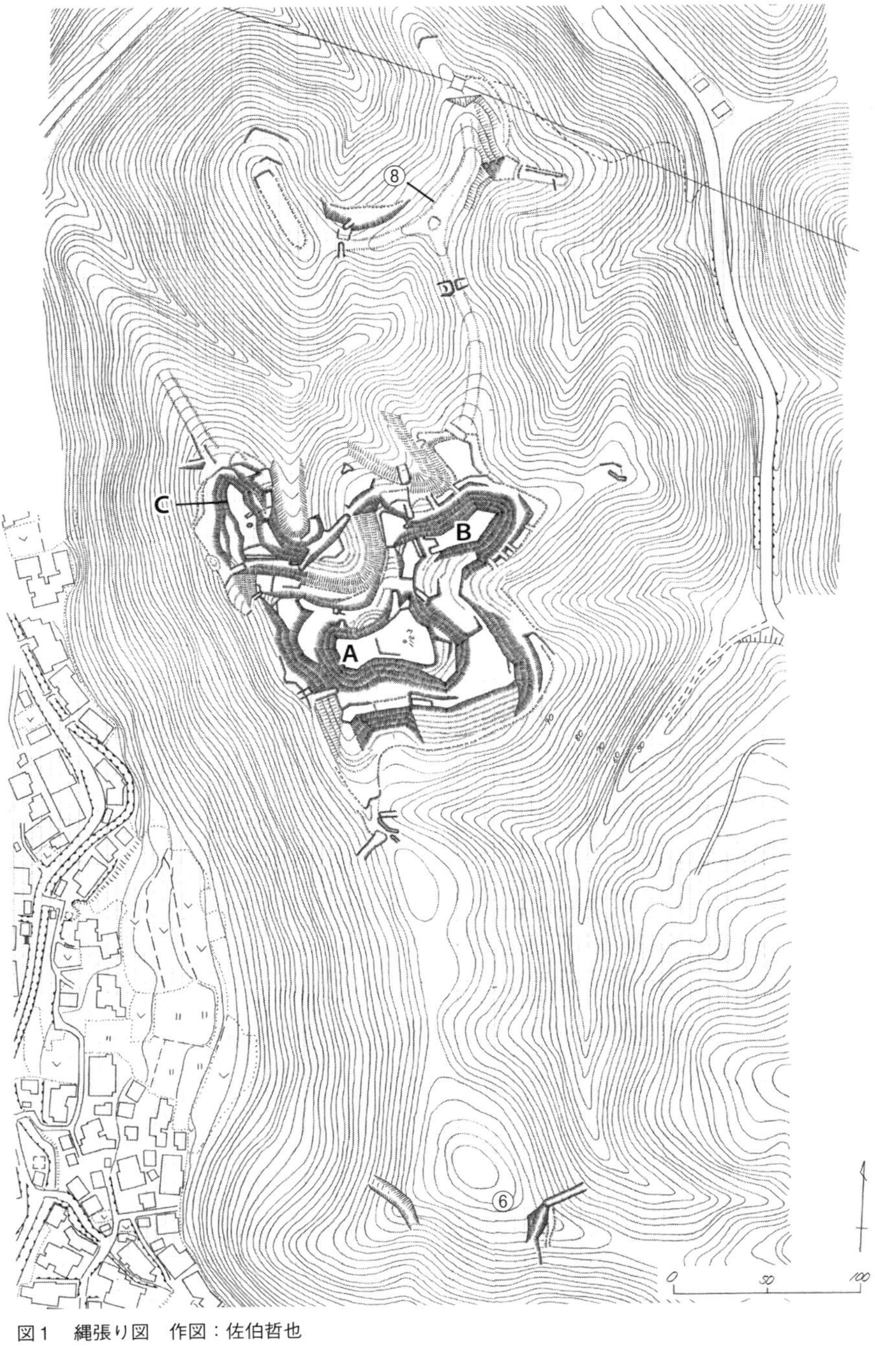

図1　縄張り図　作図：佐伯哲也

主郭Ａ南下の腰曲輪。一部横堀となる

き、岸田常徳《つねのり》と子の新四郎は日谷城に籠城する。しかし、同年十一月十七日柴田勝家の謀略により殺害され、常徳・新四郎等十九人の首が安土城下に晒されている（『信長公記』）。このとき、日谷城も落城し、廃城になったと考えられよう。

【城跡】 城内最高所のＡ曲輪が主郭（図１・２）で、土橋通路①（図２）が主郭虎口と推定されるが、枡形にまで発達していない。Ｂ曲輪は重要な従郭だが、主郭Ａとの連絡性・連動性は希薄だ。Ｂ曲輪も土橋通路を虎口として使用しており、②地点にも土橋通路が残っている。日谷城の虎口は基本的には土橋通路だったことが判明する。

南側には遮断性の強い堀切⑥（図１）を設ける。これが城域南端と推定される。ここからは尾根上を通り、⑦地点（図２）から城内に入ったのであろう。

城域の北端および大手方向は⑧地点（図１）で、小規模な堀

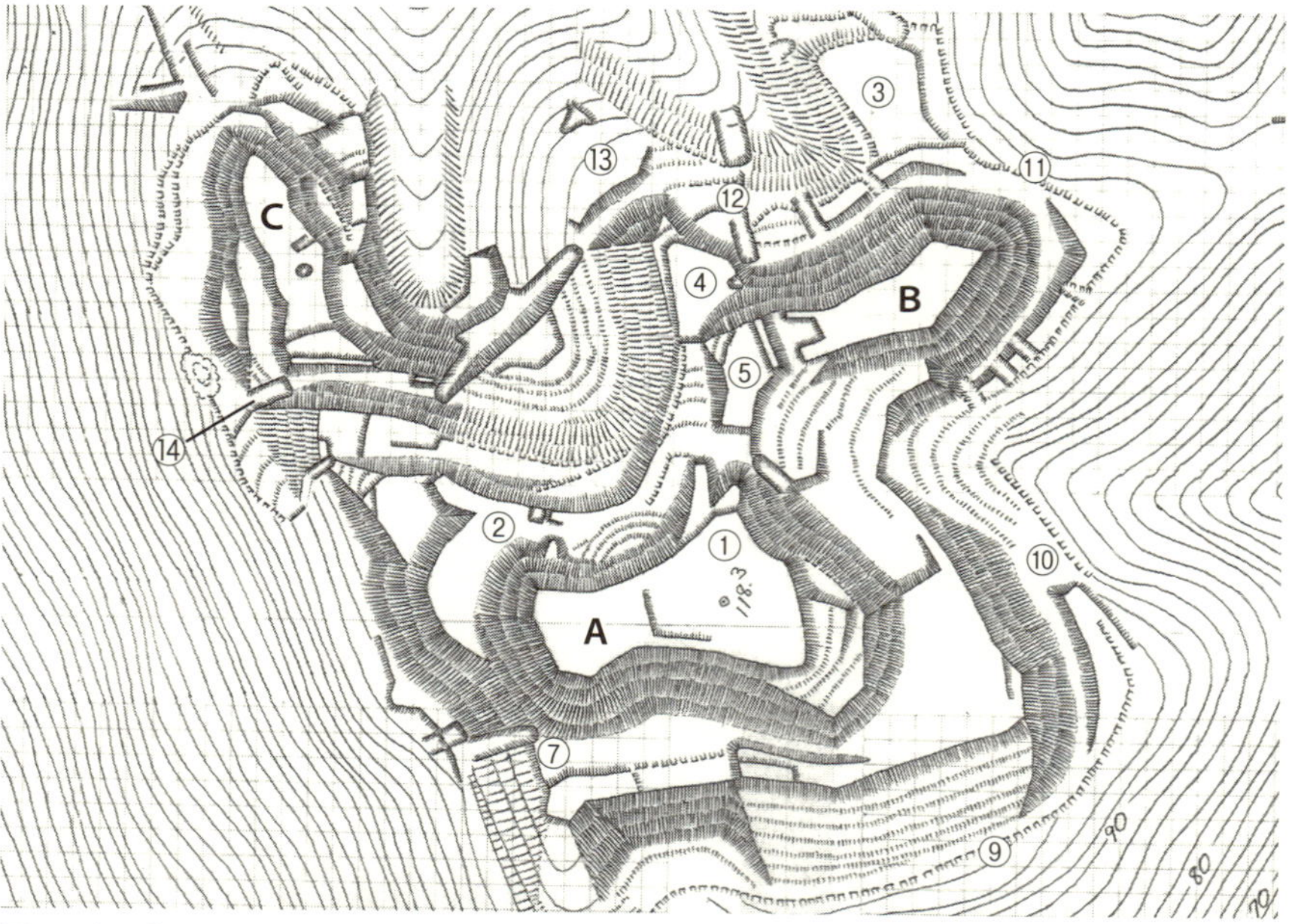

図２　虎口③周辺拡大図　作図：佐伯哲也

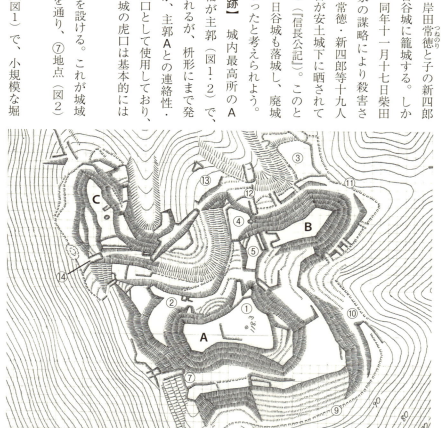

切や切岸を設けた簡素な曲輪が存在する。⑧地点から尾根を南下して③地点（図2）に入り、B曲輪からの横矢攻撃を受けながら④地点に向かう。そこからはB曲輪の一部と推定される⑤地点からの横矢攻撃を受けながら、主郭Aの土橋通路①に到達する。このルートが大手道と考えられる。B曲輪は大手方向からの敵軍に直撃されることから、防御力を増強するために、唯一切岸直下に横堀と土塁を巡らせ、さらに横移動を鈍らすため竪堀を七本設けている。朝倉氏の城郭には畝状空堀群を持つ城郭が多いため、この部分は朝倉氏時代の遺構の可能性が高い。

主郭Aの周辺には、防御ラインが設定されている。⑨〜⑩〜⑪〜⑫〜⑬〜⑭と、横堀や竪堀・堀切を繋ぐ。つぎはぎだらけの雑多な防御ラインで、改修・増築を繰り返して現形になったことが歴然である。防御ラインの構築で、従来は重要な従郭だったC曲輪はライン外。さらに、⑧地点の曲輪も放棄している。かつては広大な範囲に曲輪が散在していたが、防御上不利となるため防御ラインを設定し、城域を縮小したのであろう。

鋭く削られた切岸。切岸Fは腰曲輪となる

【まとめ】　防御ラインは、完全に統一された天正八年の和田山城よりも技術上で劣っている。さらに、発達した虎口も存在しない。とすれば、現存遺構の改修年代は天正三年の戸次右近時代と考えられる。天正八年十一月の加賀一向一揆の残存勢力の反乱が鎮圧されると、加賀・越前の国境の軍事的緊張も解消されたと推定される。このときをもって、日谷城は廃城になったと考えられよう。

案内板。非常にわかりやすい

主郭A。眺望がよい

慶長年間まで存在した数少ない中世城郭

50 大聖寺城《だいしょうじじょう》

①加賀市大聖寺地方町
②錦城
③標高67m、比高60m
④B（少し登る、やや登城しにくい）

【立地】　加賀・越前国境に位置する要衝の城郭である。錦城山《きんじょうざん》（標高六七メートル）の丘陵上に位置し、麓には旧大聖寺川が天然の堀としての役割を果たし、大聖寺城を防御している。大聖寺川の河口は天然の良港である北潟に繋がっており、日本海の水運も押さえる要衝の城郭と言えよう。

【城主・城歴】　築城は古く、『太平記』建武二年（一三三五）に「大聖寺ノ城」として登場する。しかし、詳細は不明で、実態が明らかになるのは一六世紀になってからである。

「白山宮荘厳講中記録」（「史料戦国ⅩⅣ」）には、弘治元年（一五五五）七月十九日に朝倉教景（宗滴）が加賀に進攻し、七月二十三日に大聖寺・日谷城を攻め落としている。加賀一向一揆と朝倉氏の抗争が始まった天文年間に、一向一揆により築城されたのであろう。

永禄十年（一五六七）十二月十五日、加賀一向一揆と朝倉氏は足利義昭の仲介により和睦し、その条件として、一向一揆は柏野城と松山城、朝倉氏は黒谷城・日谷（檜屋）城・大聖寺城を放火して破却する。*1 弘治元年以降は、朝倉氏の拠点として利用されていたのであろう。

天正三年（一五七五）八月、越前を制圧した織田信長軍は勢いに乗じて加賀に進攻し、江沼・

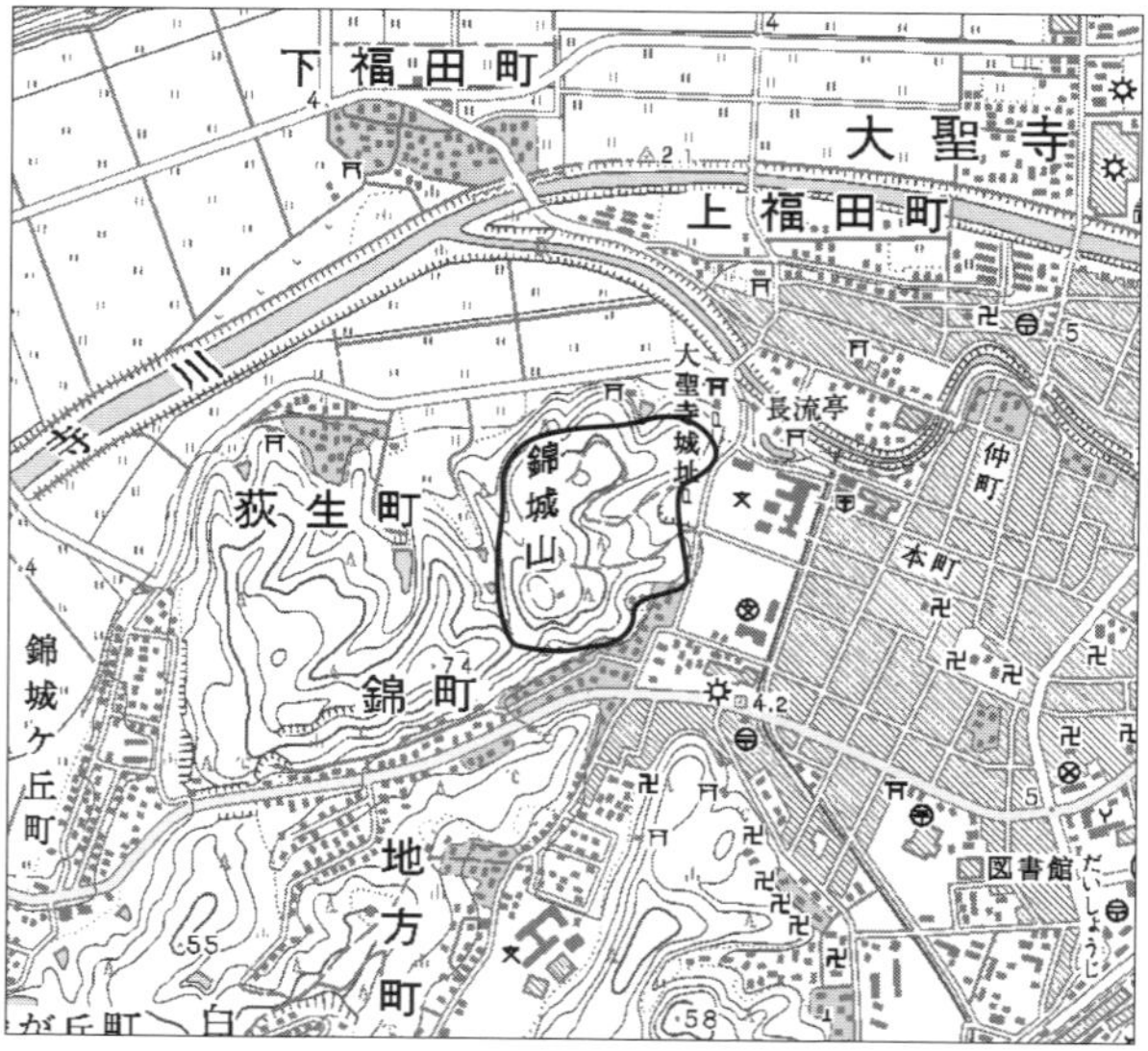

＊1　『越前・朝倉氏関係年表』（福井県立一乗谷朝倉氏遺跡資料館、二〇一〇年）所収「安楽山産福禅寺年代記」。

能美二郡を制圧する。このとき『信長公記』によれば、大聖寺城・日谷城を改修し、戸次右近等を入城させている。織田軍も、日谷城は加賀・越前国境の城郭として重要視していたのである。天正五年九月、織田軍は湊川の合戦で上杉謙信に敗れたものの、同年十月、御幸塚城に佐久間盛政、大聖寺城に柴田勝家軍を入城（『信長公記』）させているので、少なくとも江沼郡は死守していたようである。天正八年十一月、加賀一向一揆がほぼ滅亡すると、加賀国は織田政権の支配下に入り、大聖寺城は柴田勝家の部将・拝郷五左衛門家嘉[*2]が入城したという。この状況は、天正十一年四月に勝家が賤ヶ嶽合戦で滅亡するまで続く。

天正十一年四月、加賀江沼郡は丹羽長秀の与力として溝口秀勝《みぞぐちひでかつ》に与えられ（『小松市史1』四八、天正十一年四月羽柴秀吉判物）、大聖寺城に入城する。

天正十四年六月一日、越後の国主上杉景勝は上洛するにあたり、大聖寺城で一泊している（文書集二―三〇一六）。「上洛日帳」では、「六月一日、大勝寺（大聖寺）へ御着き候、城主溝口金右衛門（秀勝）在京に候へども、留守のとも馳走申し候、御宿は関白様御下向の時に造立し候御座敷候間、結構筆を尽くすに及ばず候」とある。秀勝は留守だったが、豊臣秀吉が佐々征伐のときに使用した座敷に宿泊し、大いに歓待されたことが記されている。秀勝の在城は慶長二年（一五九七）まで続き、十五年間に及んだ。現存する大聖寺城の遺構は、秀勝時代のものである可能性が高い。

慶長三年、秀勝が越後新発田へ移封された後、小早川秀秋《こばやかわひであき》の家臣・山口宗永《むねなが》が大聖寺城に入城する。慶長五年の関ヶ原合戦で金沢城主前田利長は東軍、宗永は西軍に付いたため、利長は大聖寺攻めに向かう。『加賀藩資料』所収「山口軍記」によれば、慶長五年八月一日、大聖寺城の東方八キロの松山城跡に布陣し、宗永に降伏を勧めた。しかし、宗永がこれを断ったため、三日、利長は大聖寺城の総攻撃を命じた。その日のうちに落城し、宗永は自害する（『加賀藩資料』所収

東丸D付近の説明板

＊2　南加賀（江沼・能美郡）は柴田勝家が支配していたことが判明している。

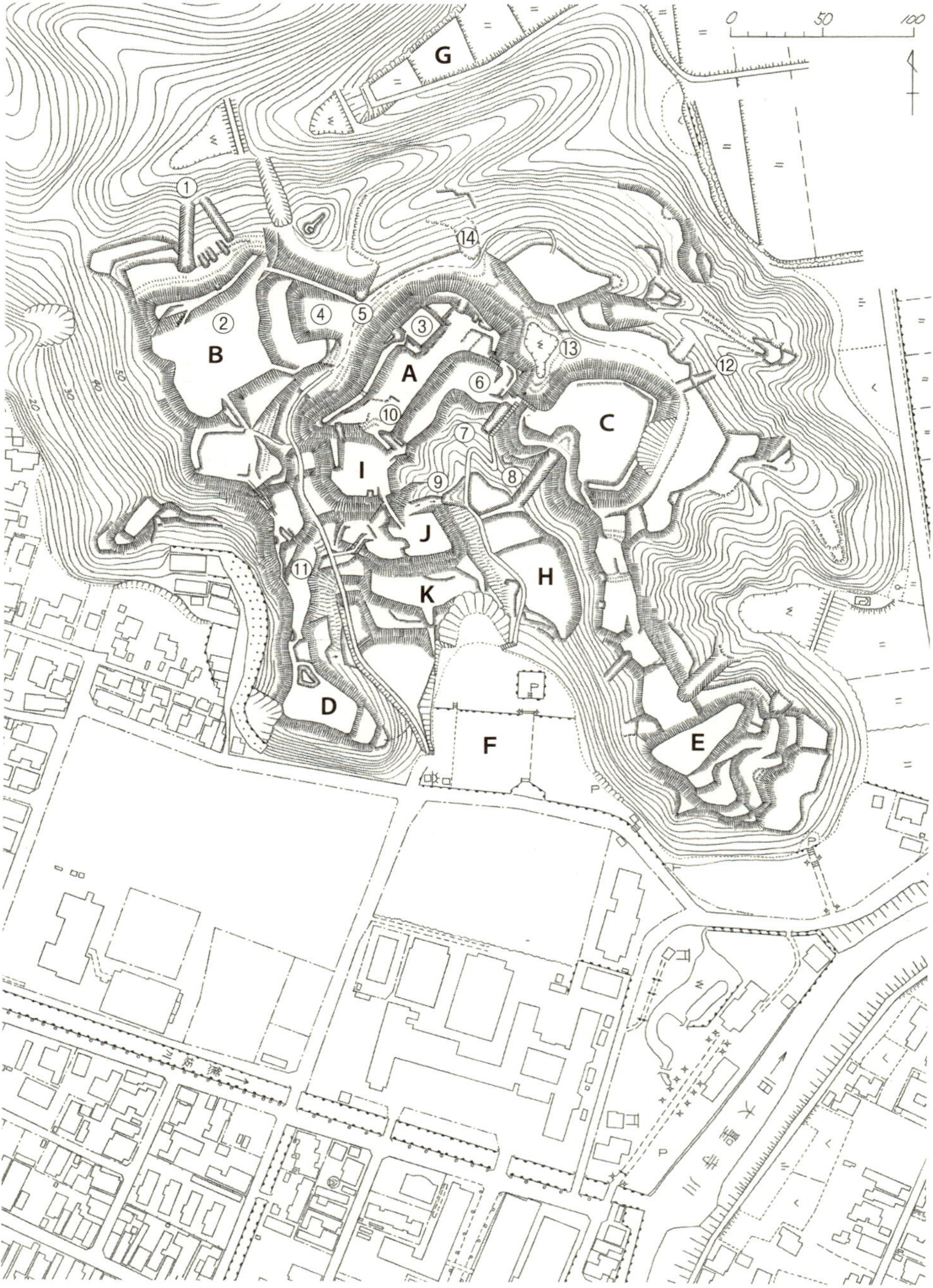

図１　縄張り図　作図：佐伯哲也

「八月三日前田利長書状」)。宗永戦死の知らせは、当然、秀秋の耳に入っていたはずである。にもかかわらず、九月十五日、秀秋は関ヶ原合戦で東軍に寝返り大封を得る。秀秋は、主人の命令に忠実に従い、そして散っていった家臣たちを、どのように見ていたのであろうか。

南加賀での戦勝により、慶長五年十月、利長は徳川家康から江沼・能美二郡を加増される*3(『加賀藩資料』所収「又新斉日録」)。これにより、加越能三ヵ国の前田氏領国化が確定する。利長は城代を置いて大聖寺城を存続させたが、元和元年(一六一五)の一国一城令により廃城となった。寛永十六年(一六三九)、前田利常《としつね》(利家の四男で、利長の弟)は三男利治《としはる》に七万石を分封して大聖寺藩を起こした。しかし、大聖寺城は使用せず、東麓に藩邸を建てたため、大聖寺城が再利用されることはなかった。

主郭Aに残る天守台③

【城跡】 ほぼ中心に位置するA曲輪(通称本丸)が主郭である。主郭Aを南北から防御するのがB曲輪(通称鐘ヶ丸)とC曲輪(通称二ノ丸・台所屋敷)。B曲輪からはD曲輪(通称東丸)に繋がる尾根、C曲輪からはE曲輪(通称戸次丸)に繋がる尾根が延び、巨視的にみれば、大聖寺城の縄張りは馬蹄形と判明する。したがって、北・西・南側の尾根に守られるように、F地点に城主居館があったと推定される。残念ながら現在は公園となり、遺構は残っていない。

大聖寺城は北東に延びる尾根の突端に位置するため、尾根続きから進攻してくる敵軍の攻撃を遮断することに重点を置く。まず、西端に位置する骨ヶ谷Gを天然の堀切として利用している。B曲輪は西面に土塁②、その直下に畝状空堀群①を設

*3 前田氏が加越能三ヵ国の大大名となるのは、慶長五年の関ヶ原合戦以降である。

東丸D付近の遊歩道。整備されすぎて古城の雰囲気がなくなっている

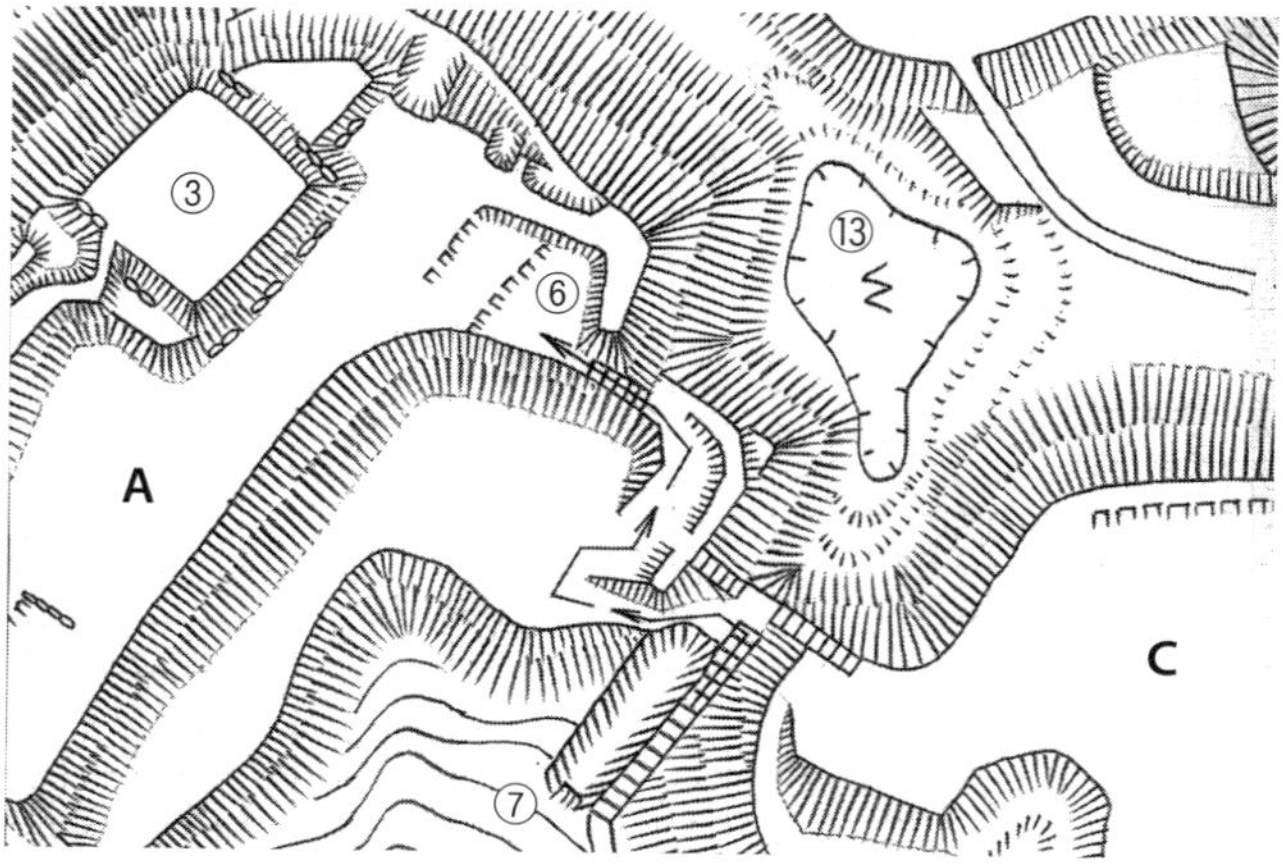

図２　作図：佐伯哲也

け、敵軍の攻撃を遮断する。畝状空堀群は、加賀一向一揆・朝倉氏時代の遺構であろう。虎口⑤は、主郭A直下を出入りする腰曲輪の虎口で、ここを突破されれば主郭AとB曲輪が分断されてしまう。そのため、武者隠し④に城兵を駐屯させて虎口⑤を守備させ、さらに主郭Aの櫓台③が虎口⑤を監視している。

B曲輪は主郭Aを防御する重要な曲輪であるが、両曲輪の間には局谷が存在しているため、両曲輪を直接繋ぐ通路はない。独立色が強い曲輪で、大聖寺城の弱点の一つでもある。*4

B曲輪からD曲輪には、階段状に曲輪を配置する。曲輪間には土橋通路を延ばして虎口としているが、平虎口が存在していたのであろう。土橋通路は曲輪全体に見られ、基本的に大聖寺城の虎口は平虎口だったと考えられる。D曲輪には楕円形の窪地があり、中央には中島がある。一見、庭園のようだが、詳細は不明。

主郭Aの西端には櫓台③があり、一七×一五メートルの規模で石垣で固めている。明らかに通常の櫓台と違った規模・構造であり、天守台相当の櫓台と言える。北側の一段下がった場所に八×八メートルの三角形の平坦面があり、こちらが櫓台の出入口と推定され、付属櫓があったのか

天守台③に残る石垣

*4　独立性の強い曲輪を持つのは、古い時代の拠点城郭の特徴でもある。

もしれない。

主郭Aの大手虎口が二重枡形虎口⑥。かつては図2の矢印ように入っていたと考えられる。著しく屈曲させているわりには、積極的に横矢が掛かる場所は少ない。少し遠い（三〇メートル）が、主郭Aから掛かる程度で、城門や守備する城兵を保護する構造にはなっていない。かつては単純な細長い土橋通路だったと考えられ、城門を保護する平坦面は構築しにくかった。*5 この弱点を克服するために、何度も屈曲させたのであろう。枡形に改修したのはもちろん織豊系武将である。

二重枡形虎口⑥は、一部で発掘調査が実施されたが、石垣・礎石は検出されなかった。石垣を用いない、積極的に横矢が掛からない点を考慮すれば、柴田勝家時代の天正三年から十一年に改修された可能性がある。それとも、大手虎口ということで徹底的に破壊され、石垣や礎石が残っていないのであろうか。

馬洗池⑬。現在も満々と水を湛えている

竪堀⑦の東方は、現在の遊歩道がそのまま大手道だったと考えられる。竪堀⑧⑨が谷を塞ぎ、強制的に敵軍を大手道に誘導する。大手道は対面所と伝わるH曲輪を通って、F地点に繋がっている。H曲輪は、C～E曲輪に繋がる曲輪や、K曲輪北側の土塁から監視されていることから重要な曲輪だったようで、登城する武士などをチェック（対面ということになろうか）する施設が存在していた可能性がある。

主郭Aの南側の虎口⑩は、北側に小竪堀をともなった土橋通路で、内側で折れる内枡形虎口だったと考えられる。発掘調査で石垣や礎石、さらには二メートル大の鏡石と推定される巨石

*5　旧城の遺構の制約を受けたため、大改修できなかったと推定される。

二ノ丸C。広々とした平坦面が残る

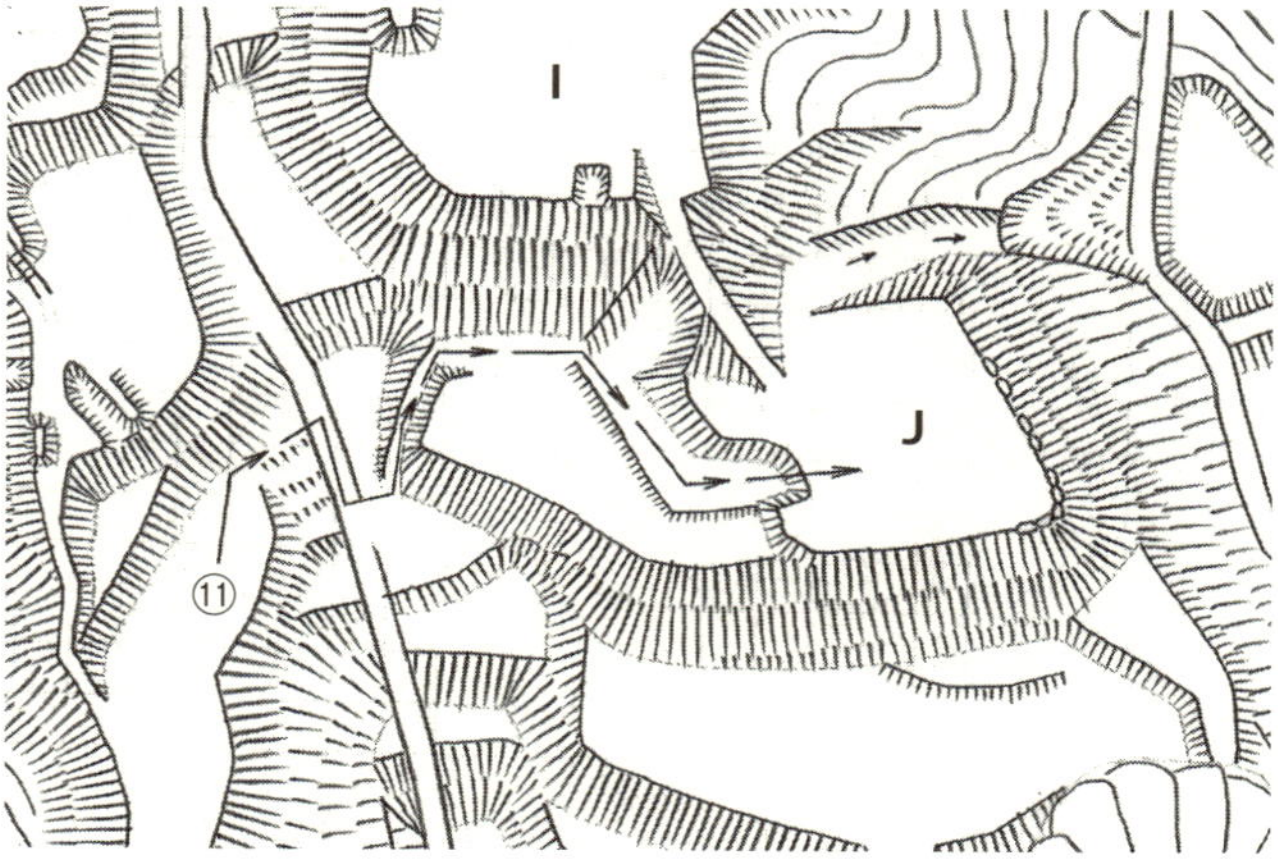

図３　作図：佐伯哲也

も検出されているため、馬出曲輪Jとセットで溝口秀勝時代に改修されたと考えられる。

馬出曲輪Jは、かつては図3の矢印のように入ったと考えられ、I・J曲輪から横矢が効く。この点、二重枡形虎口⑥と違う。馬出曲輪Jは、主郭AとC曲輪以外で唯一、石垣を使用した曲輪で、＊6 その意味でも特殊な曲輪だった。下馬屋敷⑪の正面に位置する曲輪で、下馬した武士たちに城主の威厳を示す効果もあったのであろう。鏡石を用いた虎口⑩と同様の思想で、やはり溝口秀勝時代に整えられた可能性がある。そうすれば、溝口時代の大手道は下馬屋敷⑪方向になるが、なぜ、柴田時代と溝口時代で大手虎口が違うのか、判然としない。

C曲輪は主郭Aと通路で繋がった曲輪で、二重枡形虎口⑥の防御機能も果たし、主郭Aと密接に繋がっている。主郭Aで収容しきれない城兵を収容、あるいは居住区域だったと考えられる。城内で唯一、塁線土塁と横堀がセットになっており、現在の横堀は東側から竪堀⑫で終わっているが、かつては馬洗い池⑬まで設けられていたのだろう。そうすれば、堀切を経由して⑭地点まで繋がった防御ラインが設定できる。これは、C曲輪を含めた主要曲輪群の北側防御ラインにすることができる。

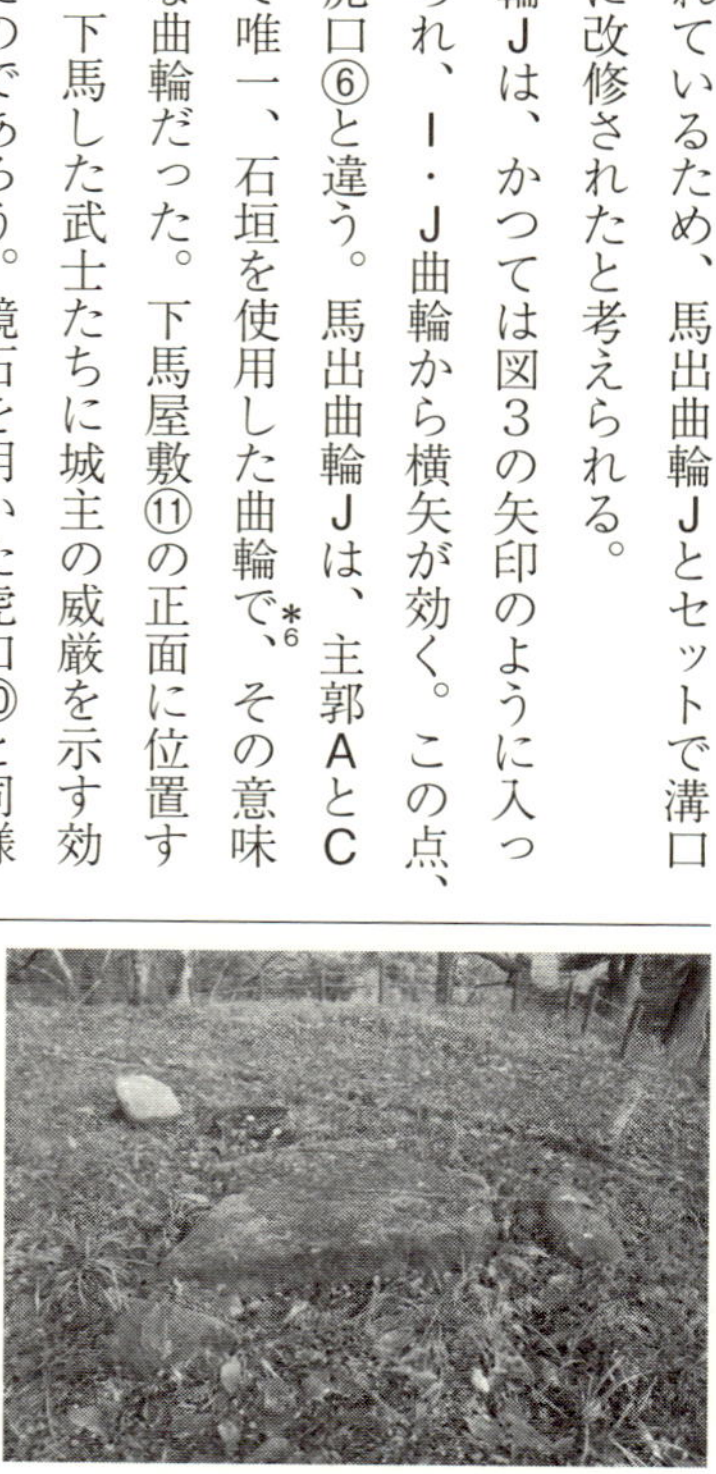
虎口⑩付近に残る巨石。鏡石だった可能性がある

＊6　石垣は、対面所Hから見える箇所のみ設けられている。この点も考慮すべきである。

C曲輪の東・北・南側に腰曲輪が巡る。現在、腰曲輪には三本の竪堀を確認することができる。塁線土塁と横堀がセットで、同様の遺構は日谷城にも残る。日谷城と大聖寺城は加賀一向一揆・朝倉氏[*7]の在城が確認されるため、この遺構も両氏時代の遺構だろう。

C曲輪から東方に延びる尾根の突端に、E曲輪（通称戸次丸）がある。伝承では、天正三年に入城した戸次右近にちなんだものという。しかし、織豊系城郭の特徴が残らず、伝承を裏付けることはできない。ただし、尾根の突端に位置するD曲輪と比較しても、付属する平坦面は多く、小城郭としての機能を有している。古い時代の遺構と考えられるため、一六世紀中頃に使用していた加賀一向一揆時代の遺構かもしれない。背後は切岸で尾根続きを遮断しているが、さらに両側に残る竪堀は、埋められた堀切の両端だった可能性がある。戸次時代に、連絡性を回復するために堀切を埋めた可能性がある。

このように、E曲輪は独立性の強い曲輪で、旧大聖寺川と街道を押さえる要衝の地であることから、大聖寺城の出発点がE曲輪だったのではないか。

【発掘調査による成果】　平成二十四～二十七年度にかけて加賀市教育委員会により発掘調査が実施され、多くの貴重な成果が得られた[*8]。まず、櫓台③の石垣は背後に裏込石を詰めていることが判明した。ただし、櫓台上からは礎石は検出されなかった。破城時に撤去されたのであろうか。

二重枡形虎口⑥は一部発掘されたが、石垣は検出されなかった。しかし、土塁を断ち割る穴状遺構が検出され、掛造の掘立柱建物の存在が指摘された。虎口⑩は石垣や礎石、二メートル大の鏡石と推定される巨石も検出されている。石垣の内側に裏込石が用いられており、櫓台③と同じ手法である。さらに、厚さ一〇センチの板状の石材を用いた溝が確認された。主郭Aの排水溝、あるいは門の雨落溝と考えられている。

＊7　朝倉氏城郭にも多くの畝状空堀群が残る。本拠一乗谷城はその好例である。

＊8　平成二十四・二十六年現地説明会資料、『大聖寺町史』大聖寺地区まちづくり推進協議会、二〇一三年。

平成五年度に、城下町の一部で加賀市教育委員会により発掘調査が実施された。[*9]特に注目したいのは、幅二〇メートル、深さ一・五メートルにも及ぶ大堀が検出されたことである。「報告書」は大聖寺城の惣構堀だった可能性を示し、元和の破城により埋められたと推定している。

もう一点注目したいのが、大聖寺城を描いた古絵図の「戦国之時御城山手入要害修理之図」（「報告書」所収。以下、「絵図」と略す）である。「絵図」は江戸末期に作成されたと考えられるが、記された惣構堀と、発掘調査で検出された水堀の位置がほぼ一致したことで、絵図の信憑性が高まった。さらに「絵図」には、典型的な聚楽第城郭としての馬出曲輪を描いており、その存在の可能性も高まった。当時、北陸や飛騨の大名は、城郭に聚楽第縄張りを採用しており、[*10]大聖寺城も、豊臣政権の影響を受けて聚楽第縄張りを採用したと考えたい。

【まとめ】　大聖寺城の出発点はE曲輪だったと推定されるが、戦国期に合戦が大規模化すると順次拡張されて、一六世紀後半頃に大聖寺城の骨格が固まったのであろう。それが、加賀一向一揆・朝倉氏時代であろう。天正三年、柴田勝家時代以降に二重枡形虎口⑥、溝口時代に石垣で固めた虎口⑩・櫓台③・馬出虎口Jが構築されたと考える。このとき、大手虎口が二重枡形虎口⑥から虎口⑩に変更されたようだが、なぜ変更されたのかは不明なままだ。

大聖寺城は、慶長五年まで拠点城郭として使用された数少ない城郭である。防御施設だけでなく、近世的な御殿施設も存在していたはずである。今後は発掘調査により建造物の存在のみならず、規模等も含めて明らかになることを希望したい。

＊9　『八間道遺跡』加賀市教育委員会、一九九六年。以下、「報告書」と略す。

＊10　天正十一年に前田利長によって大改修された松任城（松任市）は、その好例である。

あとがき

「渡りに舟」とは、まさにこのことであろう。実は、筆者は一般読者向けの城郭ガイドブックを作りたいと思っていた。そんなとき、本書の構想を戎光祥出版株式会社代表取締役の伊藤光祥氏から聞き、刊行の依頼を持ちかけられた。二つ返事でお引き受けしたのは、言うまでもない。

筆者は城郭の縄張り研究者で、縄張り図を中心とした専門書を数冊出版している。自慢ではないが、北陸を中心として作成した縄張り図は、約二〇〇〇枚に達する。縄張り図は現存の遺構を確認・理解するためには必要不可欠なアイテムであり、縄張り図を持って城郭を探索しているマニアの方を多く見かけるようになった。それはそれで結構な話なのだが、マニアの方から「もう少し内容の砕けた、そして城主や関連武将の人間性が垣間見れる一般向けの城郭本がほしい」という声が多数あった。この声に応えたい、と思い、本書の筆を執ったのである。

どうすれば「内容の砕けた一般向けの城郭本」になるのだろうか。一般論に終始すれば、砕けた内容になるのだろうが、それでは、昨今の専門指向に飢えた城郭マニアたちを喜ばせ、本書を購入させるまでには至らない。彼らを唸らせ、本書をレジまで運ばせるには、本書でしか知りえない、ワクワクするような情報、しかもそれは、一次史料で裏付けられる信憑性の高い情報を書かなければならない。ハードルはかなり高いが、筆者も初めての経験であり、未開の分野を開拓するような魅力にとりつかれ、すぐさま調査に取りかかった。

北陸で有名な戦国武将としては、上杉謙信・前田利家が挙げられる。現在、『七尾市史』や『上越市史』が刊行され、一次史料の内容も充実してきた。その結果、謙信や利家の人間像が良質な史料により語れるようになった。たとえば利家だが、世間一般的なイメージとして、豊臣家五大老時代の温厚篤実な印象が強い。しかし、能登国主時代の利家は、常に織田信長（＝社長）の機嫌を損ねまいとする繊細なサラリーマンという印象が強い。信長に気に入られるため、残虐な処刑を躊躇なく執行している。

通常、日本人の美意識として、戦後処理の一環として執行された処刑について、ほとんど記録を残さない。しかし、天正十年（一五八二）の棚木城攻め後に利家が執行した捕虜の処刑について、火炙り・釜煎りといった具体的な内容が判明する。これらはすべて一次史料で確認でき、日本の処刑史を明らかにする上でも、貴重な史料となるだろう。もちろんこれは「特ダネ」であり、本書で紹介させていただいた。

合戦で使用された武器類、特に鉄砲はオタクにとって垂涎のネタだろう。そういった分野においても、織田軍は格好の対象である。北陸でも鉄砲は織田軍だけでなく、上杉軍や一向一揆も使用していた。しかし、大砲を使用したのは織田軍だけで、天正十年の魚津城攻めで使用しているのが確認できる。これは、北陸で大砲が使用された確実な事例としては最古である。さらに織田軍は、天正十年の棚木城攻めで中筒（人間が携行できるバズーカ砲のようなものか）も使用し、狙撃部隊まで編成している。これらが一次史料で確認できる。武器オタクが泣いて喜ぶネタであろう。

上杉謙信は、半神的な戦上手《いくさ》である。しかし、謙信といえども、連戦連勝するには兵站の補給が確保されなければならず、それを確保するには中継地となる城郭を確保しなければならない。したがって謙信は、越後と越中の中継地となっていた宮崎城に対して、さまざまな指示を細々と出している。どう見ても、事務職員が帳簿のチェックをしている姿にしか見えず、馬上で颯爽と采配を振るう名将の姿ではない。しかし、それも謙信の姿なのであり、むしろ人間臭さを感じる謙信像なのだ。謙信ファンにぜひ知ってほしい謙信像であり、本書で紹介した。

筆者自身、「特ダネ」という不謹慎な書き方をしてしまったが、城郭は中世史を語ってくれる貴重な文化財であるとともに、われわれの祖先が生き死にを賭けた場所ということを再認識していただきたい。ゴミは持ち帰る、立入り禁止区域には立ち入らない、といった必要最小限のモラルを守って登城してほしい。

筆者が得意とする縄張り図は、書けない方から見ると不思議に思えるらしい。視界がほとんど利かないヤブの中で、巻尺や距離計も持たず、なぜ、正確な平面図（縄張り図）が描けるのか、である。なるほど、その通りである。しかし、三十年以上にわたって二〇〇〇枚の図面を書けば、測量業者が測量した図面以上の図面を描けるのである。これは単に「慣れ」であり、素質うんぬんの問題ではない。あえて素質を問われれば、蚊・マムシ・ハチ・毛虫・ダニ・ヒル・クモ・アブを嫌わず、一日中、薮の中で図面を描き続ける異常な精神が求められる。学歴・知識は不要である。

とはいえ、縄張り図を描くことはほんとうに楽しい。一人、山城の中に入って、「城主はなぜこのような構造にしたのだろうか」とか、「敵軍はどのように進攻したのだろうか」と考えながら図面を描いていると、戦国時代にタイムスリップし、戦国武将と同化することができる。これが縄張り図作成の醍醐味であり、至福の一時である。でなければ、二〇〇〇枚も描かない。

図面は二〇〇〇枚も描いたが、筆者は写真をほとんど撮らない。縄張り屋たるもの、写真の力は借りずに城郭を表現しなければならない、という奇妙なプロ意識が筆者には存在するのである。その結果、本書に掲載したほぼ一〇〇パーセントの写真を、新たに撮りに行くことになった。

これがまた苦労の連続で、山城の写真ほどわかりにくいものはないことを思い知らされた。北陸は、降雪期は一切の屋外活動は不可能となる。四月になって雪がなくなり、満を持して長時間かけて行った場所が雨で撮影できず、逆光で撮影できず、さらに薮がひどくて撮影できず、はたまたデジタルカメラのバッテリーがなくなり撮影できず、縄張り図のほうが簡単だとつくづく思った。ブログ等に掲載されている鮮明な写真を見て、マニアの人たちも苦労して撮影しているんだなぁ、と感心させられた次第である。

筆者なりに考え、砕けた内容を心がけ、一般読者向けの城郭ガイドブックを作成したつもりである。そうなっているであろうか。もちろん不備な点もあるであろう。ぜひ指摘していただき、次のステップに繋げていきたい。城郭を愛する皆さんが、本書を手にして城歩きをされている姿を見ることができれば、勇気百倍、今までの苦労も吹き飛んでしまうであろう。

本書刊行にあたり、筆者を戎光祥出版株式会社に紹介していただいた髙田徹氏、そして、筆者のワガママを全面的に受け入れていただいた代表取締役の伊藤光祥氏に感謝申し上げ、最後としたい。

二〇一七年七月

佐伯哲也

【著者略歴】

佐伯哲也（さえき・てつや）

1963年（昭和38）、富山県富山市に生まれる。
1996～2003年（平成8～15）、富山県・石川県・岐阜県の中世城館跡調査の調査員として各県の城館を調査する。北陸を中心として、全国の中世城館を約2,000ヶ所調査した実績を持つ。登山も30年以上のキャリアがあり、山岳信仰研究の論文も多数発表している。現在、北陸城郭研究会会長、富山の中世を語る会代表。
著書に、『越中中世城郭図面集Ⅰ～Ⅲ』（桂書房、2011～2013年）・『能登中世城郭図面集』（桂書房、2015年）・『加賀中世城郭図面集』（桂書房、2017年）などがある。

図説 日本の城郭シリーズ⑤

戦国《せんごく》の北陸動乱《ほくりくどうらん》と城郭《じょうかく》

2017年8月10日 初版初刷発行

著　者　佐伯哲也
発行者　伊藤光祥
発行所　戎光祥出版株式会社
〒102-0083 東京都千代田区麹町1-7 相互半蔵門ビル8F
TEL:03-5275-3361（代表）　FAX:03-5275-3365
http://www.ebisukosyo.co.jp
編集協力　株式会社イズシエ・コーポレーション
印刷・製本　モリモト印刷株式会社
装　丁　山添創平

ISBN978-4-86403-255-1